U0128104

經學研究叢書・經學史研究叢刊

春秋曹劌形象之研究

孔令元　著

蔡序

「一鼓作氣」是我們常常說的成語，而說出這句歷史名言的人物，就是《左傳》中的曹劌。在讀中學的時代，〈曹劌論戰〉這一課是一定要背誦的，曹劌的形象是很正面的，曹劌也是成功人物的代表之一。然而，在歷史上，曹劌的形象如何？好像沒有人做過全面的研究。令元能從這個問題切入，作為他的碩士研究課題，是很有慧眼的。

令元在碩士二年級時，選定指導老師就是我，而我的專業是研究尚書，所以，當初我跟令元商議擬定研究主題時，自然而然就選擇《尚書》為範疇；原本是看上翁方綱的《書附記》手抄稿作為研究對象的，而後來卻改題目了；應該說，令元本來就是很用心投入研究的，在不斷研究、撰寫論文，積極投稿研討會、期刊的過程中，有一天忽然間拿來了幾頁自己撰寫研究曹劌的文稿，就跟我商量，想改以這個論題來寫論文，而想將原來的翁方綱《書附記》的研究留到博士班或以後找時間再進行。對此改變，我的想法是：一方面這個曹劌的論題是他自己找到的，而我最鼓勵學生有自己的問題意識，研究起來也會特別起勁ㄦ，遇到問題時我也更有理由好好數落；另一方面是《尚書》研究的確有難度；當然我也評估過這個題目應該是有研究價值與發揮空間的。所以，我同意他的決定。而在研究過程中，令元雖然也曾遇到問題，但是我無法數落他，因為他總能將我說的材料、方法都盡心盡力地貫徹實踐，還常常有新的發展。記得有一次，我在修改他的論文稿，看到其中有錯誤處，在討論時我對他說：

這裡、那裡有錯誤，你沒有看出來，但我不直接告訴你，我將

> 錯誤處的正確答案寫在紙上，裝在密封的信封裡交給你，你自己去找正確的答案；如果最後找不到，你可以打開信封來看。或者你找到你的答案，然後打開信封對對看。

過了幾天，令元再來跟我討論時，他把信封原封不動拿回來，並且將已經修訂好的論文稿給我看，還說：

> 我相信我修改的答案，應該就是老師給的答案了。所以沒有拆看老師給的答案。

事實就是這樣；這樣的表現，當老師的還怎麼忍心再數落呢！

這樣的情形不斷地交錯出現，修訂、討論、修訂再改寫，終於論文愈來愈有結構規模了；而因為《上海博物館楚竹書》裡有一篇〈曹沫之陳〉跟曹劌有關，而且是很重要的材料，必須運用文字、聲韻的方法來處理，也展現了他對這方面的喜好與工夫。

我跟令元的淵源是很深遠的，可以說，我從他小時候就看著他長大的。當年在台北時，他母親雷僑雲教授跟我是一起在研究所上課的同學，他自己跟我大兒子金滕還曾經是小學同學呢！後來他家到了高雄，雷教授在高雄師大國文系任教，他父親孔仲溫教授是中山大學教授。而我後來也就職高雄師大，舉家南遷，跟雷教授成為同事；而孔仲溫教授是陳新雄老師的高足，我也是陳老師的學生，也同樣擔任聲韻學的教學，自然就交流密切了。印象裡，令元在就讀高師大附中時，每次看到他都有些沈默，不大說話；後來看到他時，衣著相當新潮前衛，有美西牛仔與重金屬的味儿，因為是大學在讀外文吧！再後來轉讀中文系，有志於繼承家學，尤其是孔仲溫教授的學術路線—文字、聲韻，也很用心。他參加經學研究所甄試時，帶來了一本他用毛筆抄寫的《說文解字》筆記本，當然他就順利成為經學研究所的學生了，後來也就成為我指導的學生。人生因緣際遇，實在難以捉摸呀！

碩士論文對一位學者而言，只是學術人生的一個起始里程碑，對將來有志於成為學者的人來說，是一段基礎性的訓練。將它出版，可以當作一個紀念品，也可以當作一面自我省視的光鑑。令元現在已經踏上成為學者路途上的另一層階梯—博士班—了，真是令人期待。而對我而言，最期待的是令元甚麼時候才有時間完成翁方綱《書附記》手抄稿的研究呢？就拭目以待吧。

高雄師範大學　經學研究所

蔡根祥 根祥

序於經學研究所

民國105年2月15日

黃序

研究中國先秦史確實不易。我曾在《左傳》課堂提及此事，幾位學生懷惑滿腹，藏不住心中疑問，下課時到研究室問我，何以有此觀點。依他們所認知，治先秦史毋須處理龐大史料，相較於兩宋、明、清等朝，真是容易許多。若以量的角度言之，治先秦史所需閱讀傳世文獻的確只有十餘部作品，如《左傳》、《周易》、《尚書》、《毛詩》、三《禮》、《國語》、《戰國策》、《史記》；再加數本子書，大致即可奠定基底。

然則此十餘本書的文字及內容，與近古時期較淺顯的書寫風格兩相對照，消化與吸收所耗費的時間與精力，實難以用量化方式比較。再者，雖有此十餘部文獻，但許多層面僅有零星記載，研究者須如拼圖予以綴合，方有大致輪廓可供討論。至於如何拼湊與聯結史料，正是考驗研究者智慧與功力的關鍵。

治先秦史除傳世文獻外，更須關注源源不絕的出土材料。商周甲骨、金文與戰國簡帛，此些珍貴的第一手資料，絕對是不可忽視的瑰寶。有時一個字的隸定與考釋即須反覆考量，方能正確解讀整支簡文甚或全篇內容。研究者所投入的心思與努力，恐非外人所能想像。

聽我如此解釋，幾位學生似乎已能釋疑。我詢問他們，未來是否有興趣研究先秦史呢？他們笑而不答，其中有一位直接拒絕，原因是太辛苦了。

孔令元先生所撰《春秋曹劌形象之研究》，係由所長蔡根祥教授指導，原是國立高雄師範大學經學研究所碩士論文。蔡所長邀請我參與令元的論文口試，有幸能較讀者早一步拜讀其大作。令元此書雖非新穎題目，卻能爬疏前人成果，條分縷析、綱舉目張；又能從史實切入，剖析當時齊、魯二國關係，客觀還原曹劌的表現與地位。難能可貴的是，令元能掌握王國維先生提出的「二重證據法」，援用出土資料《曹沫之陣》與傳世記載相互比較，更能全面觀照此議題。

在令元大作出版之際，特囑我撰文為序。近年國內治先秦史風氣逐漸委頓，令元的大作雖非十全完善，然以青年學者的付出與努力而言，已是一部難得佳構。衷心向讀者推薦此書，更期待令元能持續投入心血，更上層樓。

國立成功大學中國文學系副教授　黃聖松

2016年2月15日

自序

「為什麼要研究歷史？」此問題許多人想問，研究者也想說出答案，但要回答這個問題卻是相當困難。筆者上《歷代文選》時，某一日學生於課堂上舉了手問：「老師！為什麼您教課時一定要先說明歷史緣由呢？」聽到學生發問的當下，筆者瞬間停頓了下來，想說出個道理，卻滿腦子陷入了「歷史是什麼？」的議題，當自已將思緒拉回至課堂上時，看著滿臉疑惑的整班學生，筆者並未選擇當下回答，婉轉地點著頭說：「這是個非常重要的課題，沒辦法一次說清楚，老師思考完後，再向各位說明。」發問的學生默默的點了點頭，也使我自己滿懷愧疚，為什麼沒回答？因為這個問題牽涉的範圍實在是太廣也太複雜，雖然可以套用籠統的說法，但會不會澆熄學生的熱忱？今日筆者在此書成書之時，將筆者所知回答這一項艱鉅的問題。

一則完整的「歷史」，內容必須具備著「時間、主體、地點、事件及影響」，看似一則故事的架構，卻是剖析歷史事件的重要程序，然每一項程序，皆有大範圍、小範圍之分。視時間，有古、今、長、短之別；視主體，有個體、族群、國家、有生命、無生命等；視地點，有遠、近、廣、狹之差；視事件有前因、後果之序；視影響，則是時間長短、解讀角度、擴散程度而論。分析至此，相信各位讀者已可察覺，研究單一則歷史已是相當複雜的發展過程，更何況是整體歷史。視現今的文明發展與成長，則是由每一位學者不斷地發現、探究、反省、進而創造與發明，經由前人不斷地揮灑生命，用盡全力拼命探索已知及未知領域，每當推進一步，都造福著人類的未來，「歷史重不重要？」「研究歷史的目的為何？」此等問題不言便知，此書的完成，亦是由筆者的「歷史」而生。

研究曹劌的議題起源於碩士一年級的第一篇短篇論文，當時為了完成此篇論文查找了許多出土文獻，在一一對照的過程之中，筆者發現了《左傳》與《史記》中的曹劌歷史事件差異懸殊，因此當恩師蔡根祥教授審閱論文時，筆者提出了這一項發現，老師微笑著點點頭說：「先放在腦袋中，邊想邊收集資料，等資料成熟了再寫。」因此這個問題一直存放在筆者的記事本中。歷經兩年寒暑交替，伴隨著所上老師的用心栽培，筆者撰寫的文章篇數日漸豐厚，於完成第九篇的短篇論文時，已至學分修完前夕，當筆者思索著如何將這段歷程畫上完美的句點時，忽然想起了「曹劌」的議題筆者還未得到答案，據此將曹劌做為最後一篇文章的研究對象。起初筆者所選擇的史料較為簡略，僅用《春秋》三傳及《史記》作為參照對象，但持續研究之下，所面臨的困境愈來愈難以招架，只能湊合資料後，勉強提出結論。第一位審閱此篇論文的楊晉龍老師喚筆者於教室內，眼見老師翻閱筆者論文內容時，滿滿的畫上了紅線與紅字，令筆者大失所望，老師嚴肅的說：「令元，有多少證據說多少話！好好改過來，聽到沒？」筆者苦笑地收下老師的批閱稿，心想「有這麼糟糕嗎？」於是奔至所上請蔡老師再審閱一次，蔡老師在沙發上靜靜的看著筆者論文，當老師闔上論文時，大力的嘆了一口氣，淡淡地說了一句：「太鬆散了！」看到老師的反應，筆者已無話可說，在老師的鼓勵之下仍黯然離開所長辦公室。

「到底哪裡不好？」這句話懸盪在筆者心中，陰氣沉沉垮著臉進家門後，家中夫人見狀，問筆者發生何事，筆者也只能如實稟報，並強烈地指出兩位老師皆不認可此篇論文，夫人關心地說：「你要不要再修改看看！」筆者無力的點了點頭，回到書房時，一股不甘心的感受充斥著整個空間，再看看滿桌資料，心想著「難道還不夠嗎？」好奇心頓時湧現，再一次細查資料，驚覺曹劌竟然出現於十部先秦至漢代的典籍之中，如此發現使筆者重燃希望，但如此龐大的資料再加上歷代學者注疏，份量鐵定可觀，因此筆者仍慎重思考是否改寫原先的文章，還是將「曹劌」研究成為碩士論文，一方面顧慮蔡老師與自己共同訂定的題目《翁方綱尚書研究》才剛剛漸入佳境，另一方面則思考探究「曹劌」須面對多重的研究領域，自己是否能夠完整分析，猶豫的心態使筆者在客廳與書房間來回踱步，夫人坐在沙發上可能愈看愈心煩，忍不住說了一句：「你就問問蔡老師不就好了！」真是一棒敲醒夢中人呀！當下將新發現的資料整理整理放入書包，等著明日向老師商討，心中忐忑與不安使筆者久久難以入睡。隔日踏入所長辦公室，蔡老師依舊滿面春風，笑著喚筆者坐在身旁，問我找他何事，筆者第一句就是：「老師！無論如何都要向您抱歉了！」蔡老師驚愕地看著我說：「發生了什麼事？」筆者拿出前晚收集的資料，一一列在老師面前，老師拾起資料看了看，然後滿臉疑惑地說：「你是說你要改寫這篇短篇論文？這有什麼好抱歉的！」筆者鼓起勇氣說：「老師，我必須將《翁方綱尚書研究》拖至博士或之後再研究了。」蔡老師皺起了眉頭看看我，又翻了翻手邊的資料，來回幾次後問我：「為什麼！」筆者回說：「我無法擱下寫不好的文章，我想寫好曹劌。」蔡老師摸了摸下巴，兩眼雀躍地說：「好吧！不過曹劌的問題很小喔，當碩士論文可能不夠，若你能像我寫《左傳》文章一樣，我想應該還行。」看著老師雀躍的心情，筆者真是喜上眉梢，當下與老師討論研究的切入點與筆者的發現，師生倆人共同度過了一個愉快的下午，「曹劌」研究就此展開。

筆者總在諸位前輩口中聽到一句話：「研究是孤單而且寂寞的！」幸運的是筆者寫作過程與前者相反，原因在於研究「曹劌」必須接觸經學、《春秋》學、禮學、史學、子學、文字學、聲韻學與考據學等不同學門，然現今學門分立，各學門都需要老師專門指導，據此筆者請求經學研究所諸位老師幫助，黃忠天教授、楊晉龍老師、鄭卜五教授、陳政揚教授及汪治平教授皆不遺餘力幫助筆者，使文章中各個領域皆能順利完備，蔡老師最為辛苦，往往與筆者共同討論至深夜，每次文章出現問題，老師便以「最速件」馬上處理，令筆者敬佩感激。雛稿完成時已歷時四個月，蔡老師更希望筆者精益求精，不斷地批閱、修改、討論、訂正、增加、批閱、修改、討論、訂正、增加，老師的嚴格與細心如同流刺網般絕不手軟，只要有資料不符，便需要雙方資料對照，討論問題不是快樂，而是踏實穩健，又經歷了四個月的炙燒錘鍊，終得老師點頭首肯。八個月的寫作，不是苦，是雀躍、是溫馨、是訓練、是栽培、是真誠、是踏實，一篇作品要累積多少前人智慧的結晶？亦需要多少的努力與幫助？然此書之成，豈是個人之功？

《春秋曹劌形象之研究》一書，獻於指導老師蔡根祥教授、高雄師範大學經學研究所全體同仁、幫助筆者的諸位學者先進、聰穎賢淑的閭美鈴夫人、默默支持的母親雷僑雲教授、引領筆者入門的父親孔仲溫教授，以及為中國文化盡心盡力的歷代所有學者。

孔令元

序於元鈴居

二〇一六年二月歲次丙申

目次

圖目次

表目次

第一章
緒論

第一節　研究動機

中國歷史淵遠流長，在五千年的歲月當中，許多歷史真相隨著時間泛黃、流變、甚至消失，但儒家思想至今仍然深植人心，這是為何？其原由在於「貼近人生則可安身立命，放諸四海則可治國平天下」。中國多數朝代皆以儒學奉為國教，在政治的催化之下，儒家經典仍然屹立不搖，歷代學者著書立說，追求聖人之道，挖掘儒家精髓，一窺大同之境。儒家思想的起源為何？《論語・述而》中有言：「子曰：述而不作，信而好古，竊比于我老彭。」[1]對孔子而言，儒家思想根源來自於歷史，人們追尋歷史，其目的在於面對自己無法預測的未來，吸取前人的經驗則可有效處理突發狀況，因此認定「歷史」乃是「思想」之母。但是有一問題值得注意，歷史是當代人所發生的事件，歷史也是由當代人所記錄，後世研究前人事蹟是否全面，此問題乃是論文著重之要點。

曹劌，魯人也，生卒年不詳，據傳世文獻中，最早記錄此人言行，乃是周代春秋魯莊公十年（B.C.685年）的「長勺之戰」，此戰役為齊、魯兩國之間的重大事件，原因乃是齊桓公小白雖為中國歷史上第一位霸主，[2]但曹劌卻是阻止齊桓公西進的最大阻礙，就連智勇過

1　〔清〕阮元校刊：《十三經注疏・論語》（臺北市：藝文印書館，1979年3月）。

2　春秋五霸順序與時期：1. 齊桓公（B.C.685-B.C.643）；2. 宋襄公（B.C.650-B.C.637）；3. 晉文公（B.C.636-B.C.628）；4. 秦穆公（B.C.659-B.C.627）；5. 楚莊王（B.C.613-B.C.591）。

人的管仲，亦對曹劌有所畏懼，並直言「曹劌之為人也，堅強以忌，不可以約取也。」[3]曹劌有何能耐能使天下霸主畏而怯步，此問題燃起筆者檢視曹劌形象的動力。

歷代學者論曹劌形象評價兩極，如《左傳》莊公十年「公敗齊師於長勺」一事，晉代杜預曰：「齊人雖成列，魯以權譎稽之，列成而不得用，故以未陳為文。」[4]晉代杜預直言魯國使齊國雖能列陣而不得用，更以「以權譎稽」譏諷魯國無恥，但宋代呂祖謙則有不同見解，曰：「觀其從莊公戰，以我之盈乘齊之竭，以我之整逐齊之亂，機權韜畧與孫武吳起並驅爭先。」[5]大力誇讚曹劌「機權韜畧」與孫武並駕齊驅。上述二人皆論同一時段的曹劌形象，卻出現褒貶不一的評價。視此二人仍然認為史料具有真實性及可靠性，卻也有學者直接否定史料，如宋代劉敞曰：「要是傳所據者，當時雜記，妄出曹劌及戰事耳，不足以為據。」[6]綜合上述三家之說，可以明顯得知歷代學者難以斷定曹劌形象，如此困難的問題於今日出土文獻得以重整。

近年上海博物館所藏戰國竹簡（此後簡稱上博簡）問世，長年難以斷言的曹劌形象，出現了一項有利證據。此篇竹簡依成書時代而言，為戰國時期的楚國竹書，當中一篇寫有篇名的文章《曹沬之陣》，文中所述之事，正是「長勺之戰」前曹劌與魯莊公的對話，此資料與《左傳》、《國語》二書相符。筆者藉出土文獻之恩惠，將於此篇論文統整史料及歷代學者所論曹劌形象，以重塑「以力事魯莊公」的智將曹劌形象。

---

3 〔唐〕尹知章注：《管子》（上海市：人民出版社，文淵閣四庫全書），卷7。

4 〔清〕阮元校刊：《十三經注疏・左傳》（臺北市：藝文印書館，1979年3月），頁146。

5 〔宋〕呂祖謙：《左氏博議》（上海市：人民出版社，文淵閣四庫全書），卷8。

6 〔宋〕劉敞：《春秋權衡》（上海市：人民出版社，文淵閣四庫全書），卷3。

第二節　研究範圍與方法

此篇論文之主要目的為「重塑曹劌形象」，研究範圍與方法，筆者設定為四階段，一、傳世文獻曹劌形象之統整；二、歷代學者評論曹劌形象之分歧；三、據傳世文獻重整曹劌史料；四、出土文獻與傳世文獻之對勘，由下文分述之。

（一）傳世文獻曹劌形象之統整

第一階段為先秦至西漢，傳世文獻所記載之曹劌形象，據筆者查找，先秦至東漢共有十部傳世文獻記錄曹劌形象，此十部書籍為《國語》、《管子》、《戰國策》、《呂氏春秋》、《孫子兵法》、《左傳》、《公羊傳》、《史記》、《穀梁傳》、《鶡冠子》，在此十部書籍之中，記錄曹劌言行亦分為三時段，《國語》、《左傳》二書所記時間為莊公十年「長勺之戰」，以及莊公二十三年「莊公如齊觀社」，其餘史書皆記載莊公十三年「柯之盟」。據此第一階段乃是針對各傳世文獻所論曹劌形象進行歸類與分析，以此呈現傳世文獻中，曹劌形象之相似與差異。

（二）歷代學者評論曹劌形象之分歧

第二階段為東漢至清代，歷代學者據傳世文獻評論曹劌形象，自東漢何休注《公羊傳》開始，後世學者開始針對傳世文獻進行分析，然而因學派問題，學者選用主觀所認可的資料進行研究，並無全面性比對，因史料選擇不同，曹劌形象亦出現褒貶不一的問題，進而產生學者互相批判的局面，如北宋胡安國於《胡氏春秋傳》一書論曹劌形象，曰：

> 齊師伐魯，經不書伐意責魯也，詐戰曰敗，敗之者為主，或曰長勺魯地而齊師至此，所謂敵加于己，不得已而後應者也，疑若無罪，焉何以見責乎？善為國者不師，善師者不陣，善陣著不戰，故行使則有文告之詞，而疆場則有守禦之備，至于善陣德已衰矣，而況兵刃相接又以詐謀取勝乎？故書魯為主以責之，皆已亂之道，寡怨之方，王者之事也。[7]

南宋家鉉翁則於《春秋集傳詳說》批評胡安國的論點，曰：

> 胡氏曰：「齊師伐魯，經不書伐，責魯也。詐戰為敗，敗之者為主，故書魯為主以責之。」愚謂胡氏以《左氏》記事之常辭而律《春秋》經世之大法，非聖人意也。[8]

上述二者辯駁之問題乃是針對曹劌於「長勺之戰」時，是否以詐戰之法贏得勝利，以此例可知，曹劌形象歷代學者各持已見，據此第二階段乃是整合歷代學者所評論之曹劌形象，並且於對照中，整理學者互相辯駁之議題，以明歷代學者所論曹劌形象褒貶分歧原因。

（三）據傳世文獻重整曹劌史料

第三階段乃筆者依據第一階段之文獻史料，將研究時間範圍定於春秋莊公十年至莊公二十三年，齊魯二國之間的事件與關係，重新檢視各類史書所記錄的曹劌形象，並將此時段之外在環境與曹劌形象相互融通，據史料所述相互對照，並將史事依時間先後連貫，筆者以莊

7 〔宋〕胡安國：《胡氏春秋傳》（上海市：人民出版社，文淵閣四庫全書），卷8。

8 〔宋〕家鉉翁：《春秋集傳詳說》（上海市：人民出版社，文淵閣四庫全書），卷159。

公十年「長勺之戰」《管子．大匡》與《左傳》史料為例，《管子．大匡》記錄「長勺之戰」，曰：

> 公不聽，興師伐魯，造于長勺，魯莊公興師逆之，大敗之。桓公曰：「吾兵猶尚少，吾參圍之，安能圍我？」[9]

《左傳》記載為：

> 戰則請從，公與之乘。戰于長勺，公將鼓之，劌曰：「未可。」齊人三鼓，劌曰：「可矣。」齊師敗績，公將馳之，劌曰：「未可。」下視其轍，登軾而望之，曰：「可矣。」遂逐齊師。既克，公問其故，對曰：「夫戰，勇氣也。一鼓作氣，再而衰，三而竭。彼竭我盈，故克之。夫大國難測也。懼有伏焉，吾視其轍亂，望其旗靡，故逐之。」[10]

由以上二書所見，多數學者針對《春秋》三傳所載之不同而相互批評，然《公羊傳》、《穀梁傳》未記錄之「長勺之戰」內容，《左傳》、《管子》二書卻記錄相同歷史事件，以此可見歷代學者並未全面性解讀與互證史料。因此第三階段之主要目的，為對照與整理此段歷史，以歷史背景連結各史書之曹劌形象。

（四）出土文獻與傳世文獻之對勘

第四階段為出土文獻與傳世文獻之對勘，出土文獻《曹沫之陣》乃是現今最早之曹劌史料，記錄完整且殘缺甚少，學者針對《曹沫之

9　顏昌嶢：《管子校釋》（長沙市：岳麓書社，1996年2月），頁169。

10〔清〕阮元校刊：《十三經注疏．左傳》，頁146。

陣》進行文字考據，今文字解讀研究成果豐碩，筆者認為應再進一步針對義理進行剖析，並將《曹沫之陣》與第三階段所統整之結果相互對照，筆者以《左傳》與《曹沫之陣》為例，《曹沫之陣》曰：「三軍出，君自率。」[11]《左傳》則記為：「戰則請從，公與之乘。」[12]以上比較可以發現二書皆有謀合之處，可為傳世文獻之對照資料。據此第四階段之主要目的，是以出土文獻證明第三階段重整之曹劌形象。

第三節　現今研究概況

自司馬遷書《史記》以後，多數開始分析先秦至西漢所存傳世文獻，然曹劌形象亦受歷代學者討論，筆者整理東漢至清代共計六十位學者論及曹劌形象，筆者列於下表：

歷代論述曹劌形象之學者列表

時代	姓名	時代	姓名	時代	姓名
東漢	何休	南宋	趙鵬飛	明代	丘濬
東漢	高誘	南宋	葉夢得	明代	熊過
三國	韋昭	南宋	鮑彪	明代	陸粲
晉代	杜預	南宋	綦崇禮	明代	湛若水
晉代	范甯	南宋	程俱	明代	姜寶
唐代	孔穎達	南宋	鄭樵	明代	傅遜
唐代	尹知章	南宋	員宗興	明代	朱睦㮮

11 高佑仁：《上海博物館藏戰國楚竹書（四）．曹沫之陣》（臺北縣：花木蘭文化出版社，2008年3月），頁34。

12 〔清〕阮元校刊：《十三經注疏．左傳》，頁146。

時代	姓名	時代	姓名	時代	姓名
唐代	楊士勛	南宋	呂祖謙	清代	馬驌
唐代	李筌	南宋	葉適	清代	朱鶴齡
唐代	司馬貞	南宋	周必大	清代	張尚瑗
唐代	馬總	南宋	家鉉翁	清代	張自超
唐代	柳宗元	南宋	真德秀	清代	高士奇
唐代	趙匡	南宋	趙與權	清代	毛奇齡
北宋	劉敞	南宋	陳深	清代	焦袁熹
北宋	崔子方	南宋	王應麟	清代	葉酉
北宋	孫覺	南宋	黃震	清代	李鍇
北宋	張方平	元代	金履祥	清代	何焯
北宋	陸佃	元代	程端學	清代	紀昀
北宋	蘇轍	元代	楊維楨	清代	梁玉繩
北宋	胡安國	元代	鄭玉	清代 日本	瀧川龜太郎

上述歷代學者論述曹劌形象，多數學者據《史記》與《春秋》三傳相互辯駁，然此四書之資料，唯《左傳》記錄莊公十年「長勺之戰」及莊公二十三年「莊公如齊觀社」，而其餘三書則記錄莊公十三年「柯之盟」之事，且《史記》為二十五史之第一部史書，太史公將曹劌列於《刺客列傳》第一人，導致《左傳》所記錄曹劌正面形象與《史記》所載之負面形象相衝突，至今學者未能確切證明曹劌形象究竟為何，筆者於第三章全面論述歷代學者所論曹劌形象。

民國之後，學者並未深究曹劌形象，然《曹沫之陣》問世之後，學者針對文字訓詁為主要研究項目，然曹劌形象唯李零先生略為分析，書於〈為什麼說曹劌和曹沬是同一人〉[13]一文中（筆者將其原文置於附錄一），針對李零先生所言，筆者提出兩項問題：一、戰國時期曹劌形象是否已產生分歧？二、後世學者是否完全承認戰國時期曹劌刺客之說？筆者於下提出質疑。

（一）戰國時期曹劌形象是否已產生分歧？

《戰國策》與《呂氏春秋》此二書皆出於戰國時期，筆者視此二書確實提及曹劌形象，但再仔細分析此二書，《呂氏春秋》所記，乃是魯莊公為刺客，曹劌乃是助手而已，唯《戰國策》直書曹劌乃是刺客的形象，但《戰國策》所記載的曹劌刺客之說，則是出自戰國說客魯連的勸降文，既然《呂氏春秋》曹劌並非刺客，且《戰國策》乃出於說客說詞，由此可見戰國時期已出現兩種不同的史料，據此戰國時期流行曹劌為刺客之說，筆者認為仍須深究。

（二）後世學者是否完全承認戰國時期曹劌刺客之說？

據李零先生所引用梁玉繩之說及漢畫像石，皆述曹劌為刺客的形象，筆者檢視歷代學者之說法，發現一種現象，筆者所列歷代學者中，就比例而言接近三分之一的學者反對曹劌為刺客之說，且莊公十三年曹劌劫桓公一事，亦有學者給予曹劌正面評價，視梁玉繩之言：

> 無齊伐魯，及魯敗獻邑事，滅遂亦與魯無涉，此及刺客列傳同誤。劫齊事妄，說在刺客傳。[14]

---

13 李零：〈為什麼說曹劌和曹沬是同一人〉，《讀書》2004年9期，頁131-135。

14 〔清〕瀧川龜太郎：《史記會注考證》（高雄市：麗文文化事業公司，1997年1月），頁539。

更直言：

> 莊公自九年敗乾時，後至十三年盟柯，中間有長勺之勝，是魯衹一戰而一勝，安得有三敗之事，齊桓會北杏，遂人不至，故滅之。遂非魯地，何煩魯獻，此皆妄也。[15]

由上可知，梁玉繩不但否定曹劌三戰三敗之說，更否定魯國獻遂邑與劫桓公之說，由此可見，歷代皆有否定曹劌為刺客的說法，而且直至清代仍保有此說，據此歷代學者所論曹劌形象，筆者認為有重新檢視之必要。

15 〔清〕瀧川龜太郎：《史記會注考證》，頁997。

第二章
先秦至漢代時期曹劌形象

先秦至漢代述及「曹劌」其人者，共十部書籍，此十書為：《國語》、《管子》、《戰國策》、《呂氏春秋》、《孫子兵法》、《左傳》、《公羊傳》、《史記》、《穀梁傳》、《鶡冠子》。此中除《呂氏春秋》與《孫子兵法》外，成書時間皆為漢代，《國語》、《管子》、《戰國策》三書乃為先秦之遺存史料，《管子》、《戰國策》二書乃是漢代劉向、劉歆校對刪減整理後而定名成書，此稱之為先秦史書資料；漢代儒者傳抄之資料整理後而成書者為《公羊傳》、《穀梁傳》、《鶡冠子》、《史記》；《左傳》一書為漢代時期藏於秘府之古文資料，因此必須單獨論述。此章專述先秦至漢代曹劌形象，採取四種分類方式，一、先秦史料重整類中的曹劌形象，二、先秦成書類中的曹劌形象，三、漢代秘府藏書古文類中的曹劌形象，四、漢代成書類中的曹劌形象，下述以先秦史料為始。

第一節　先秦史料重整類中的曹劌形象

先秦史料重整類定義為「先秦時期所記錄之史料，至漢代而成書者」，其上述十書者，《國語》、《管子》、《戰國策》可列為此類，下文分述之。

(一)《國語》所述曹劌形象述論

1 《國語》介紹

《國語》成書之時間，最早見於司馬遷〈太史公自序〉「左丘失明，厥有《國語》。」[1]司馬遷所言，左丘明所著並非只單指《左傳》一書，《國語》亦為左丘明所作，此說雖待考證，卻也證明了《國語》一書於司馬遷前已定名成書；《後漢書‧班彪傳》曰：

> 定哀之間，魯君子左丘明論集其文，作《左氏傳》三十篇；又撰異同號曰《國語》二十一篇。[2]

班彪所言出自司馬遷，司馬遷論《國語》之源，應為最早期之說法，班固《漢書‧藝文志‧司馬遷傳》曰：

> 孔子因魯史記而作《春秋》，而左丘明論輯其本事以為之傳，又纂異同為《國語》。[3]

上述所言可得知《國語》為左丘明所書之說，以司馬遷為始，支持此說與反對此說者歷代皆有，支持此說者如：裴駰、魏徵、歐陽修、鄭樵、王堯、王應麟、晁公武、托克托等等；反對此說者有：柳宗元、朱熹等等，雖司馬遷論其出處，但至今仍非定論，而司馬遷著《史記》引用《國語》史料，可見《國語》成書之時代確實早於司馬遷之前。《國語》注本乃三國時期吳國的韋昭所書，現存版本主要有明道本與公序本[4]，全書共有二十一卷，始於西周末年，終於春秋，為周、魯、齊、晉、鄭、楚、吳、越八國之國別史，〈晉語〉分量約佔此書之一半。

---

1 〔宋〕裴駰：《史記集解》（上海市：人民出版社，文淵閣四庫全書），卷70上。

2 〔後宋〕范曄：《後漢書》（上海市：人民出版社，文淵閣四庫全書），卷130。

3 〔漢〕班固：《漢書》（上海市：人民出版社，文淵閣四庫全書），卷62。

4 此篇論文所採之版本為《四庫備要》之明道本。

2 《國語》所記曹劌形象

《國語．魯語》論述「曹劌」之處為首篇兩則，一為魯莊公十年，二為魯莊公二十三年，以下分述之。魯莊公十年原文如下：

> 長勺之役，曹劌問所以戰于莊公，公曰：「余不愛衣食于民，不愛牲玉于神。」對曰：「夫惠本而後民歸之志，民和而後神降之福。若布德于民而平均其政事，君子務治而小人務力；動不違時，財不過用；財用不匱，莫不能使共祀。是以用民無不聽，求福無不豐。今將惠以小賜，祀以獨恭。小賜不咸，獨恭不優。不咸，民不歸也；不優，神不福也。將何以戰？夫民求不匱于財，而神求優裕于享者也，故不可以不本。」公曰：「余聽獄雖不能察，必以情斷之。」對曰：「是則可矣。知夫苟中心圖民，智雖弗及，必將至焉。」[5]

文中所述，此事記載於長勺之戰時，曹劌問魯莊公如何能夠與齊軍抗衡，魯莊公所言「余不愛衣食于民，不愛牲玉于神。」認為自己對於人民與祭祀並不馬虎，因此可以與齊君對戰，但所言乃是物質上的贈與，魯莊公所回答的並非曹劌所認可者，曹劌認為國家團結並非只靠物質能夠操控，而是有更深層的問題，於是曹劌以兩種階段向魯莊公表明魯國現今存在的問題，文中所見「夫惠本而後民歸之志」乃為第一階段，第二階段則為「民和而後神降之福」；第一階段曹劌認為應以「惠本而後民歸」為主要目的，重在人和，為一國之君者，須以德為本，施惠於民，人民受其恩惠，便會愛戴領導者；政事要與人民共同承擔，在上位者決定其方向，人民依循治理並勤奮於各自的崗位，

---

5 〔漢〕韋昭注：《國語》（上海市：人民出版社，文淵閣四庫全書），卷4。

操練按時，不可過度，勿耗資財政以囤積實力。觀看曹劌所採用的政治手段，並非以權威壓迫人民，而是採取施惠於民的方針，人民感受領導者的愛護，定會效忠於國君，勤於政事，人民勤奮，百姓自然認為自己是國家的一份子，國家遇危不會逃避，定會挺身而出，操練按時，耕種按時，公家支出與收入成正比，國家便能囤積實力，不懼外患。曹劌論及的第二階段則在於祭祀，祭祀為先古人民極為重視的一環，但祭祀的花費甚巨，往往不是人民所能承擔，因此君主與人民共同祭祀，使君主與人民在共同活動中拉近距離，人民感受到國君對社稷的重視，向心力便會提升。綜合曹劌所述的兩個階段，目的為「是以用民無不聽，求福無不豐。」戰爭取勝必指日可待；因此曹劌所問乃是針對魯國「向心力」的問題，與魯莊公所言的物質差異極大，並且曹劌認為現階段的魯國「小賜不咸，獨恭不優。」向心力明顯不足，怎能與齊國對戰。魯莊公了解曹劌所言並非物質層面，因此回答「余聽獄雖不能察，必以情斷之。」魯莊公針對獄訟之事，表明自身以愛民為目的，以「情」為斷案之準則，此言乃用「心」去待民，雖與曹劌所重視的「夫惠本而後民歸之志」有些許落差，但「向心力」依然存在，曹劌認為「知夫苟中心圖民，智雖弗及，必將至焉。」乃是說明雖魯莊公才智不足，而心中是以民為優先，必能使國家團結，明示魯莊公可以打此一仗。魯莊公二十三年原文如下：

> 莊公如齊觀社。曹劌諫曰：「不可。夫禮，所以正民也。是故先王制諸侯，使五年四王、一相朝。終則講于會，以正班爵之義，帥長幼之序，訓上下之則，制財用之節，其閒無由荒怠。夫齊棄太公之法而觀民于社，君為是舉而往觀之，非故業也，何以訓民？土發而社，助時也；收攟而蒸，納要也。今齊社而往觀旅，非先王之訓也。天子祀上帝，諸侯會之，受命焉。諸

侯祀先王、先公，卿大夫佐之，受事焉。臣不聞諸侯相會祀也，祀又不法。君舉必書，書而不法，後嗣何觀？」公不聽，遂如齊。[6]

文中所示，齊桓公為顯示齊國強盛，假借祭祀之由邀請魯莊公前往合祭，曹劌認為齊桓公違背姜太公所尊崇的周制，此制度為「先王制諸侯，使五年四王、一相朝。」《國語》所記於《禮記》有云：「諸侯之于天子也，比年一小聘，三年一大聘。」[7]諸侯相見之時，應於朝見周天子之時，其目的為「以正班爵之義，帥長幼之序，訓上下之則，制財用之節。」朝會周天子，諸侯共至，依位階順序循周天子指示盡其責，齊桓公祭齊國先王、先公，乃齊國祭祀之事，各國諸侯不應前往，魯莊公若去，史書必定記載，後世人必定貶責，但最終魯莊公依然未聽取曹劌之言，至齊國觀社。

綜合以上《國語》所述曹劌形象，《國語・魯語》第一段所記載的曹劌是一位重視團結的領導人物，重視人民內心的感受，如何使國家具有向心力，並且認為穩定國家為第一要務，戰爭並不是造就威信的最終手段，若以穩定國家根本為目標，人民定會為魯莊公效力，因此曹劌形象為「重團結」；第二段所述則針對「禮」的層面，曹劌認為國君必須遵守「禮」，若君主的行為違禮，史官必定留下記錄，自己需遵循「禮」，建立良好的形象。以上所示《國語》所記錄的曹劌是一位「重團結、忠心、守禮、有道德操守的好臣子」，卻也呈現了曹劌的價值觀念已不受魯莊公所重視。

6　〔漢〕韋昭注：《國語》，卷4。

7　〔清〕阮元校刊：《十三經注疏・禮記》（臺北市：藝文印書館，1979年3月），頁225。

(二)《管子》所述曹劌形象分析

1 《管子》介紹

《管子》乃記錄管仲行事思想之書，出處最早可推至《史記・管晏列傳》，曰：

> 太史公曰：吾讀管氏〈牧民〉、〈山高〉、〈乘馬〉、〈輕重〉、〈九府〉及〈晏子春秋〉，詳哉其言之也。既見其著書，欲觀其行事，故次其傳。至其書，世多有之，是以不論，論其軼事。[8]

依司馬遷所言，《管子》於武帝時並未成書，乃是獨立之篇章，而史料確實為漢武帝時期前出現，經劉向校對後而成書，《管子・原序》曰：

> 所校讎中管子書三百八十九篇……。凡中外書五百六十四，以校除復重四百八十四篇，定著八十六篇，殺青而書，可繕寫也。[9]

依劉向所言，《管子》之原始資料共有五百六十四篇，份量極大，經劉向刪減重複，定著為八十六篇，與今本《管子》篇數皆同，據此《管子》成書之確切時間應以劉向為準，自一九七二年山東銀雀山出土之帛書，有一篇記錄魯桓公為彭生所殺之事，此出土文獻與《左傳・桓公十八年》及《管子・大匡》吻合，且於墓中亦出土《漢武帝

---

8 〔清〕瀧川龜太郎：《史記會注考證》(高雄市：麗文文化事業公司，1997年1月)，頁830。

9 〔唐〕尹知章注：《管子》(上海市：人民出版社，文淵閣四庫全書)，序。

元光元年曆譜》，由此推定《管子》於漢武帝時依然為獨立篇章。《管子》之作者並非一人一時之作，上自戰國，下至西漢，直至劉向才加以刪減整理而成書，內容涵蓋各類學門，如政治、法律、兵法、道家、儒家、陰陽五行、醫術等等。

2 《管子》所記曹劌形象

《管子》記載曹劌，乃於「長勺之戰」後三年，齊桓公再伐魯國，文中曹劌形象可分為兩段，第一段為管仲眼中的曹劌，第二段為曹劌會盟時的行為，第一段原文如下：

> 魯不敢戰，去國五十里而為之關。魯請比于關內，以從于齊，齊亦毋復侵魯，桓公許諾。魯人請盟曰：「魯，小國也，固不帶劍，是交兵聞于諸侯，君不如己，請去兵。」桓公曰：「諾。」乃令從者毋以兵。管仲曰：「不可，諸侯又加貪于君，後有事，小國彌堅，大國設備，非齊國之利也。」桓公不聽，管仲又諫曰：「君必不去魯，胡不用兵，曹劌之為人也，堅強以忌，不可以曰取也。」桓公不聽，果與之遇。[10]

齊桓公於「長勺之戰」三年後伐魯國，但魯國不敢迎戰，請求桓公會盟，會盟使者所言「魯，小國也，固不帶劍，是交兵聞于諸侯，君不如己，請去兵。」魯國期望桓公勿帶劍交涉，同行者亦不可攜帶兵器，象徵和平的舉動，桓公不疑有他，但管仲認為此舉極為冒險，「諸侯又加貪於君」，說明魯國愛貪小便宜，魯國要求之事必定不懷好意。但齊桓公仍堅持己見，管仲直接請求齊桓公出兵掃蕩，原因出

10 〔唐〕尹知章注：《管子》，卷7。

自魯將曹劌，曹劌性格「堅強以忌」，對齊國而言具有危害，與魯國會盟難保自身安全。但齊桓公不聽管仲勸諫，依然如約定赴盟，卻也因此遇上劫難。由此文管子主動提起曹劌，可推論三種可能性，一、管仲與曹劌二者熟識；二、管仲曾與曹劌交鋒；三、曹劌於春秋時期是家喻戶曉之人；上述三種推論雖無法證明，但可以知道管仲確實了解曹劌，並認為曹劌是一位「堅強並且懷有心機的危險人物」，對曹劌形象多有貶意。第二段原文如下：

> 莊公自懷劍，曹劌亦懷劍踐壇，莊公抽劍其懷曰：「魯國之境去國五十里，亦無不死而已。」左椹桓公，右自承，曰：「均之死也，戮死于君前。」管仲走君，曹劌抽劍當兩階之間曰：「二君將改圖，無有進者。」管仲曰：「君與地，以汶為竟。」桓公許諾，以汶為竟而歸。[11]

於會盟之時，曹劌與魯莊公皆有攜劍，可見曹劌與魯莊公二者早有預謀，魯莊公挾持齊桓公，並憤怒直言齊國侵魯而強佔魯境五十里，魯國失其領土只剩沒有亡國而已，既然亡國將至，魯莊公寧可選擇死於齊桓公之前，管仲見狀欲靠近齊桓公救駕，曹劌持劍擋在齊桓公與魯莊公之間脅持齊桓公，並言：「兩國國君將改變領土，不准有人靠近。」管仲因齊桓公生命受威脅之下，只能請齊桓公交還汶河以南的領土，齊桓公應允而將土地歸還魯國。

綜合上述，曹劌於《管子》中所呈現的形象，必須結合管仲心中的曹劌形象與會盟時的曹劌行為，管仲心中的曹劌是個「不達目的絕不罷休」的危險人物，此說極有貶意；於會盟時正如管仲所言，曹劌

---

11 〔唐〕尹知章注：《管子》，卷7。

與魯莊公已預謀挾持事件，明確表示管仲的認知正確也絕不失準，也藉此說明曹劌乃是陰險、狡詐之人，但筆者認為曹劌出此計謀以保全魯國國土，對魯國而言曹劌乃是有謀的「忠臣」，因此《管子》站在齊國立場，認為曹劌是「堅忍而狡詐且忠於魯國的」危險人物，而站在魯國立場反而成為保衛國土的魯國英雄。

（三）《戰國策》所述曹劌形象

1 《戰國策》介紹

《戰國策》乃為漢代劉向整理而成之書，〈戰國策序〉曰：

> 所校中戰國策書，中書餘卷，錯亂相糅丼。又有國別者八篇，少不足。臣向因國別者，略以時次之，分別不以序者以相補，除復重，得三十三篇。本字多誤脫為半字，以「趙」為「肖」，以「齊」為「立」，如此字者多。中書本號，或曰國策，或曰國事，或曰短長，或曰事語，或曰長書，或曰脩書。臣向以為戰國時，游士輔所用之國，為之策謀，宜為《戰國策》。其事繼春秋以後，訖楚、漢之起，二百四十五年間之事皆定，以殺青，書可繕寫。[12]

依劉向所言，《戰國策》乃劉向定其書名，「國策、國事、長短、事語、長書、脩書」為原名，此書無法斷定作者，但劉向認為此資料乃戰國時期游士輔佐國君之策謀，內容起於戰國，直至秦末，分為「西周策、東周策、秦策、齊策、楚策、趙策、魏策、韓策、燕策、宋衛策、中山策」共十一國國策，司馬遷於《史記》中亦有採用《戰國

12 〔元〕吳師道：《戰國策校注》（上海市：人民出版社，文淵閣四庫全書），序。

策》之史料，宋代姚寬於《戰國策序》中認為《史記》採用之資料共有「九十三事」，鄭良樹則認為實際採用共有一百四十九處，據此司馬遷著《史記》時，已採用《戰國策》之史料，可見《戰國策》之史料於漢武帝時期便已存在。

2 《戰國策》所述曹劌形象

《戰國策》論及曹劌之處可分為三，一為〈齊策・孟嘗君有舍人而弗悅〉，二為〈齊策・燕攻齊取七十餘城〉，三為〈燕策・燕太子丹質於秦亡歸〉，前二篇所述皆為魯連所言，因此可以定義為「魯連心中的曹劌形象」。先論〈齊策・孟嘗君有舍人而弗悅〉於下：

> 孟嘗君有舍人而弗悅，欲逐之。魯連謂孟嘗君曰：「猿獮猴錯木據水，則不若魚鱉；歷險乘危，則騏驥不如狐狸。曹沫之奮三尺之劍，一軍不能當；使曹沫釋其三尺之劍，而操銚鎒與農夫居壠畝之中，則不若農夫。故物舍其所長，之其所短，堯亦有所不及矣……。」[13]

此文所述，乃是孟嘗君想將門客逐出，魯連先以猿猴為例，「猿獮猴錯木據水，則不若魚鱉」與「歷險乘危，則騏驥不如狐狸」，乃說明萬物專長各不相同，適合的方式亦有所異，魯連接著以曹劌為例論述人的專長，「奮三尺之劍，一軍不能當」，魯連所述的曹劌形象乃是一名猛將，工夫相當了得，武藝尤其精湛，據此而論，魯連所言的曹劌，必定是武藝超群，令敵軍聞之色變的大將軍。〈齊策・燕攻齊取七十餘城〉原文如下：

---

13 〔漢〕高誘注：《戰國策》（上海市：人民出版社，文淵閣四庫全書），卷10。

曹沫為魯將，三戰三北，而喪地千里。使曹子之足不離陳，計不顧後，出必死而不生，則不免為敗軍禽將。曹子以敗軍禽將，非勇也；功廢名滅，後世無稱，非知也；故去三北之恥，退而與魯君計也。曹子以為遭齊桓公有天下，朝諸侯。曹子以一劍之任，劫桓公于壇位之上，顏色不變，而辭氣不悖。三戰之所喪，一朝而反之，天下震動驚駭，威信吳、楚，傳名後世。[14]

此文乃是魯連寫給燕國將軍的一封信，燕將軍因受到誹謗，因此據守聊城，田單久功不破，魯連以此信射入聊城，願燕將軍棄守，信中乃以曹劌失地之事為例，「使曹子之足不離陳，計不顧後，出必死而不生，則不免為敗軍禽將。」乃是說明曹劌三戰若以寧死不屈的方式，必定成為敗軍之將，這對曹劌而言，並不是一件勇敢的決定，「功廢名滅，後世無稱」更是曹劌所不願的，因此曹劌雖敗，退回魯國與魯莊公更謀計策，「齊桓公，有天下，朝諸侯」此言表明齊桓公是令人敬畏的人物，但曹劌「以一劍之任，劫桓公于壇位之上，顏色不變，而辭氣不悖。」面對令人畏懼的對手，曹劌依然不懼而劫之，神色自若而毫無忌憚，如此英勇的表現「三戰之所喪，一朝而反之。」曹劌之勇各國無不驚駭，曹劌的名聲也揚名於吳、楚之間。〈燕策．燕太子丹質於秦亡歸〉原文如下：

燕小弱，數困于兵，今計舉國不足以當秦，諸侯夫秦，莫敢合從。丹之私計，愚以為誠得天下之勇士，使于秦，窺以重利，秦王貪齊贄，必得所願矣。誠得劫秦王，使悉反諸侯之侵地，

---

14 〔漢〕高誘注：《戰國策》，卷13。

若曹沫之于齊桓公，則大善矣，則不可，因而刺殺之。[15]

此事乃是相當著名的戰國故事「荊軻刺秦王」，當中所述為荊軻見太子丹時，太子丹的謀略乃是「誠得天下之勇士，使于秦。」目的並非為刺殺秦王而打算，而是「使悉反諸侯之侵地」，並以曹劌挾持齊桓公為例，下下策才是刺秦王。

綜合上述所言，《戰國策．齊策》中所述的兩件事皆乃魯連所述，〈齊策．孟嘗君有舍人而弗悅〉曹劌形象為「武藝精湛，難以匹敵」的猛將；〈齊策．燕攻齊取七十餘城〉曹劌形象為「善於謀略、勇氣過人」的勇者，此二段所述相合，曹劌形象乃是智勇雙全且膽識過人；而〈燕策〉所提的曹劌形象卻是刺客，為國家不惜犧牲的偉大人物，〈齊策〉、〈燕策〉皆言曹劌為刺客，雖為刺客，卻是受人稱頌的英雄人物。

第二節　先秦成書類中的曹劌形象

先秦成書類定義為「先秦時期已成書者」，據此定義，《呂氏春秋》、《孫子兵法》可歸為此類，下文分述之。

（一）《呂氏春秋》所述曹劌形象

1 《呂氏春秋》介紹

《呂氏春秋》於先秦時已成書，作者呂不韋曾為秦王相父，喜於結交賓客，匯集諸家學者而作，《史記．呂不韋列傳》言：

15 〔漢〕高誘注：《戰國策》，卷31。

> 呂不韋以秦之彊，羞不如，亦招致士，厚遇之，至食客三千人。是時諸侯多辯士，如荀卿之徒，著書布天下。呂不韋乃使其客人人著所聞，集論以為八〈覽〉、六〈論〉、十二〈紀〉，二十餘萬言。以為備天地萬物古今之事，號曰《呂氏春秋》。布咸陽市門，懸千金其上，延諸侯游士賓客有能增損一字者予千金。[16]

司馬遷所記《呂氏春秋》成書為集結眾人之手，漢代高誘為之作注，乃現今最早注本，於〈呂氏春秋序〉曰：

> 然此書所尚，以道德為標的，以無為為綱紀，以忠義為品式，以公方為檢格，與孟軻、孫卿、淮南、揚雄相表裏也，是以著在錄略。[17]

據高誘所言，《呂氏春秋》內容相當豐富，總合各家之說，並同時具有「孟軻、孫卿、淮南、揚雄」等多家之資料總和，內容為「八覽、六論、十二紀」，「八覽」：有始、孝行、慎大、先識、審分、審應、離俗、時君；「六論」：開春、慎行、貴直、不苟、以順、士容；「十二紀」：按月而分記事。《呂氏春秋》為先秦史書中能確認作者與成書時間之書籍。

2 《呂氏春秋》所述曹劌形象

《呂氏春秋·貴信》論及曹劌之處為齊桓公伐魯國，論述需分為

---

16 〔清〕瀧川龜太郎：《史記會注考證》，頁995。

17 〔戰國〕呂不韋：《呂氏春秋》（上海市：人民出版社，文淵閣四庫全書），序。

三，一為曹劌與魯桓公於會盟前的溝通，二為會盟時曹劌的行為，三為呂不韋所述的曹劌形象；先由會盟前溝通論述之，原文如下：

> 齊桓公伐魯，魯人不敢輕戰，去魯國五十里而封之，魯請比關內侯以聽，桓公許之。曹翽謂魯莊公曰：「君寧死而又死乎？其寧生而又生乎？」莊公曰：「何謂也？」曹翽曰：「聽臣之言，國必廣大，身必安樂，是生而又生也。不聽臣之言，國必滅亡，身必危辱，是死而又死也。」莊公曰：「請從。」[18]

上文所述，曹劌所言「君寧死而又死乎？其寧生而又生乎？」語氣極為沉重，可見當時情況危急，簡而言之就是「非死即生」的說詞，卻也從「聽臣之言，國必廣大，身必安樂，是生而又生也。不聽臣之言，國必滅亡，身必危辱，是死而又死也。」此句呈現曹劌對自己相當有自信，卻也顯示出魯莊公不知所措的窘境，曹劌的形象於此文中展現「是善策劃又有自信的軍師形象」。曹劌會盟時曹劌的行為，原文如下：

> 于是明日將盟，莊公與曹翽皆懷劍至于壇上。莊公左搏桓公，右抽劍以自承，曰：「魯國去境數百里，今去境五十里，亦無生矣。鈞其死也，戮于君前。」管仲、鮑叔進，曹翽按劍當兩陛之間曰：「且二君將改圖，毋或進者。」莊公曰：「封于汶則可，不則請死。」管仲曰：「以地衛君，非以君衛地，君其許之。」乃遂封于汶南，與之盟。[19]

---

18 〔戰國〕呂不韋《呂氏春秋》，卷19。
19 〔戰國〕呂不韋《呂氏春秋》，卷19。

魯莊公與曹劌謀劃後，於會盟之時，莊公於壇上持劍挾持齊桓公，並要求退還失地至「封於汶則可」，曹劌擋住管仲與鮑叔牙，忠於魯國的形象明顯呈現，齊桓公在管仲的勸說之下，交還了魯國的土地。此段所述曹劌形象為「忠」、「勇」，忠於魯國，擋住管仲與鮑叔牙，確實英勇，但事件並未結束，呂不韋論述此事，卻有不同的看法，曰：

> 歸而欲勿予。管仲曰：「不可。人特劫君而不盟，君不知，不可謂智；臨難而不能勿聽，不可謂勇；許之而不予，不可謂信。不智不勇不信，有此三者，不可以立功名。予之，雖亡地亦得信。以四百里之地見信于天下，君猶得也。」莊公，仇也；曹翽，賊也。信于仇賊，又何況于非仇賊者乎？夫九合之而合，壹匡之而聽，從此生矣。管仲可謂能因物矣。以辱為榮，以窮為通，雖失乎前，可謂後得知矣。物固不可全也。[20]

上述所言，齊桓公想違反盟約，不願交還魯地，但管仲以「以四百里之地見信于天下，君猶得也。」勸諫齊桓公，在此可見，「侵略」得以「夫九合之而合，壹匡之而聽」的齊桓公受人稱頌，然而助魯莊公奪回失地的曹劌卻也被冠上了「賊」的名號。

綜合上述三段之曹劌形象可以發現，齊桓公侵魯時，魯莊公相當看重曹劌，而曹劌能在危急中舉出良策，確實是「智將」的形象，對魯國的忠誠由行動表現，然而曹劌的行為卻被呂不韋認定為「狡詐」，《呂氏春秋》言曹劌即有貶意。

20 〔戰國〕呂不韋：《呂氏春秋》，卷19。

（二）《孫子兵法》所述曹劌形象

1 《孫子兵法》介紹

《孫子兵法》乃戰國時期孫武所作，為中國現存最早期兵書，曹操為之寫序，曰：

> 操聞上古有弧矢之利，《論語》曰：「足兵。」《尚書》：「八政曰師。」《易》曰：「師貞，丈人吉。」《詩》曰：「王赫斯怒，爰征其旅。」黃帝湯武咸用干戚以濟世也。司馬法曰：「人故殺人，殺之可也」，恃武者滅，恃文者亡，夫差偃王是也。聖人之用兵，戢而時動，不得已而用之。吾觀兵書戰策多矣，孫武所著深矣。孫子著，齊人也，名武，為吳王闔閭作兵法一十三篇，試之婦人，卒以為將，西破強楚入郢，北威齊晉，後百歲餘有孫臏，是武之後也。審計重舉，明畫深圖，不可相誣。而但世人未知深亮訓說，況文煩富形于後世者，失其旨要，故撰為略解焉。[21]

曹操乃三國時期相當重要的軍事家，對《孫子兵法》由衷誇讚，可見此書並非一般，然《孫子兵法》乃何人所作，歷代分說不定，一方認為孫武與孫臏二者皆為同一人，另一方認為二者時代並不相同，曹操所言屬孫武與孫臏為不同時代之重要軍事家，此說直至今日方可得證，一九七二年於山東銀雀山挖掘漢代古墓時，同時出現《孫子兵法》與《孫臏兵法》二書，由此可見於漢代時期，此二書存在，並且為兩套不同的兵書，出土之《孫子兵法》與今本無甚差易，最早為曹

---

21 〔清〕孫星衍：《孫子集註》（臺北市：東大出版社，2006年4月），序。

操所注。《孫子兵法》內容共計十三篇，分別為〈計〉、〈作戰〉、〈謀攻〉、〈形〉、〈埶〉、〈虛實〉、〈軍爭〉、〈九變〉、〈行軍〉、〈地形〉、〈九地〉、〈火攻〉、〈用間〉，記錄完整戰爭形貌，諸多朝代皆有參用，今日雖無法實踐於近代戰爭之中，卻在經濟上呈現功效，視為兵家重要典籍。

2 《孫子兵法》所述曹劌形象

《孫子兵法》論述曹劌之處為〈九地〉篇，原文如下：

> 凡為客之道，深入則專。主人不克，掠于饒野，三軍足食；謹養而勿勞，併氣積力；運兵計謀，為不可測。投之無所往，死且不北。死焉不得，士人盡力。兵士甚陷則不懼，無所往則固，深入則拘，不得已則鬥。是故其兵不修而戒，不求而得，不約而親，不令而信，禁祥去疑，至死無所之。吾士無餘財，非惡貨也；無餘命，非惡壽也。令發之日，士卒坐者涕沾襟，偃臥者涕交頤，投之無所往，諸、劌之勇也。

據孫武所言，侵略的最佳方法是深入敵陣，深入則能提升士氣，當對方不能抑制自軍深入，自軍便可索取所需物資，足以讓三軍使用，不可過度進軍，要累積體力，軍隊指派乃要使對方無法預測與防備，進軍時必須義無反顧，兵士深陷而無退路時，便會拚死抵抗勇往直前，因此軍隊必須遵受紀律，才能達到互助的效果。深入敵軍的兵士，孫武以專諸與曹劌為喻，專諸為春秋時期著名刺客，與曹劌同置於文中，可見孫武所述的曹劌形象乃是一名刺客，形象則是「深入敵陣，因勇氣而無所畏懼」。

第三節　漢代秘府藏書古文類中的曹劌形象

漢代秘府藏書古文類定義為「漢代時期，藏於秘府，伏而未發之古文史料」，若單論史料而言，古文《尚書》與《左傳》皆在此類，由於古文《尚書》今已失傳，據此歸於此類者，唯《左傳》一書，述之於下。

（一）《左傳》介紹

《左傳》列為漢代秘府藏書古文類，漢代古文書籍由《漢書・藝文志》記載中得知：

> 《古文尚書》者，出孔子壁中。武帝末，魯恭王壞孔子宅，欲以廣其宮，而得古文《尚書》及《禮記》、《論語》、《孝經》凡數十篇，皆古字也。……孔安國者孔子後也，悉得其書。[22]

班固所言，除《古文尚書》外另有《禮記》、《論語》、《孝經》等書籍，但並未提及《左傳》，論《左傳》為古文者於《漢書・楚元王傳・劉歆移讓太常博士書》：

> 及春秋左丘明所修，皆古文舊書，多者二十餘通，藏于秘府，伏而未發。[23]

22 〔漢〕班固：《漢書》，卷30。
23 〔漢〕班固：《漢書》，卷36。

依班固言《左傳》乃為古文舊書，但未能施行而藏書於秘府，其後〈劉歆傳〉曰：

> 歆校秘書，見古文《春秋左氏傳》，大好之。從尹咸及丞相翟方進問大義，初《左氏傳》多古字古言，學者傳訓詁而已。及歆治左氏，引傳文以解經，輾轉發明，由是章句義理備焉。歆以為左丘明好惡與聖人同，親見夫子。而《公羊》、《穀梁》在七十子後，傳聞之與親見之，其詳畧不同。向好《穀梁》春秋，歆以是質之，向不能非。[24]

劉歆見其《左傳》大好之，因此重新訓詁解經，而成現今《左傳》，也因此曾有學者認為《左傳》乃劉歆所偽造。《左傳》以隱公元年為始，哀公二十七年為終，時代事件記錄完整，與《公羊傳》、《穀梁傳》並列為「春秋三傳」。

（二）《左傳》所述曹劌形象

《左傳》記錄曹劌事蹟於二處可見，一為魯莊公十年，二為魯莊公二十三年，莊公十年曹劌需分為兩段而述，一為「長勺之戰」前，曹劌與魯莊公之對談，二為「長勺之戰」時曹劌之行為。曹劌與魯莊公之對談原文如下：

> 〈傳十年〉春齊師伐我，公將戰，曹劌請見。其鄉人曰：「肉食者謀之，又何閒焉？」劌曰：「肉食者鄙，未能遠謀。」乃入見，問何以戰。公曰：「衣食所安，弗敢專也，必以分

---

24 〔漢〕班固：《漢書》，卷36。

> 人。」對曰：「小惠未徧，民弗從也。」公曰：「犧牲玉帛，弗敢加也，必以信。」對曰：「小信未孚，神弗福也。」公曰：「小大之獄，雖不能察，必以情。」對曰：「忠之屬也，可以一戰。」[25]

上文所記時間為「長勺之戰」前曹劌與魯莊公的對話，魯莊公十年春時，莊公欲與齊戰，但若要戰爭，關係國家存亡，因此曹劌入見莊公，並問莊公有何條件與齊一戰，莊公回答「衣食所安，弗敢專也，必以分人。」曹劌認為小施小惠不足以使人民跟隨。莊公又言「犧牲玉帛，弗敢加也。必以信。」曹劌認為對神的小小崇敬並不足以讓神明眷顧，最後莊公所言「小大之獄，雖不能察，必以情。」此言正中曹劌所問之問題，曹劌認為莊公獄訟以情，可以與齊一戰。曹劌並不認為魯莊公有能力與齊國一戰，但於對談之中發現魯莊公「獄訟以情」，人民對魯莊公會有向心力，因此可以一戰，也由此證明曹劌所重並非物質上的充足或是不一定能庇佑自己的鬼神，而是人民對國家的向心力。及至面臨戰爭之時，「長勺之戰」時曹劌之行為，原文如下：

> 戰則請從，公與之乘。戰于長勺，公將鼓之，劌曰：「未可。」齊人三鼓，劌曰：「可矣。」齊師敗績，公將馳之，劌曰：「未可。」下視其轍，登軾而望之，曰：「可矣。」遂逐齊師。既克。公問其故，對曰：「夫戰，勇氣也。一鼓作氣，再而衰，三而竭。彼竭我盈，故克之。夫大國難測也。懼有伏焉，吾視其轍亂，望其旗靡，故逐之。」[26]

---

25 〔清〕阮元校刊：《十三經注疏・左傳》（臺北市：藝文印書館，1979年3月），頁146。

26 〔清〕阮元校刊：《十三經注疏・左傳》，頁147。

「長勺之戰」時莊公與曹劌同車，曹劌要求待齊師三鼓之後才可鳴鼓攻之，其原因為「夫戰，勇氣也。一鼓作氣，再而衰，三而竭。彼竭我盈，故克之。」《史記・韓長孺列傳》所述之「強弩之極，矢不能穿魯縞」此原理相同，齊師先攻，勇氣漸衰，兵士行遠而不見敵，恐有詐，因懼怕而失其勇氣，正如「強弩之末」，彼衰我盛，必可潰之。對於「追擊」齊師，曹劌做法相當謹慎，「夫大國，難測也，懼有伏焉。吾視其轍亂，望其旗靡，故逐之。」因此必須「視其轍亂，望其旗靡」方可逐之，若無視齊師是否真正敗走而貿然追擊，則有敗師的可能性。魯莊公二十三年原文如下：

> 二十三年夏，公如齊觀社，非禮也。曹劌諫曰：「不可，夫禮所以整民也，故會以訓上下之則，制財用之節。朝以正班爵之義，帥長幼之序，征伐以討其不然。諸侯有王，有巡守以大習之，非是君不舉矣，君舉必書，書而不法，後嗣何觀？[27]

上文乃是魯莊公欲至齊國觀社，此行非禮也，因此曹劌勸諫，曹劌認為巡守其他國家乃是周王的義務，非魯莊公可做之事，今魯莊公欲至齊國參加社祀，已違反周朝禮制，若莊公堅持，史書必會記載，便難以向後世交代。

綜合以上三段記錄顯示，「長勺之戰」前，曹劌認為能否戰爭的主要因素在於向心力，魯莊公以情為獄訟之標準，人民向心力是足夠的，因此魯國足以一戰，可見曹劌形象應為鞏固國家為第一要務的政治家；「長勺之戰」時曹劌善用戰法，而非隨意用兵，並且於追擊時小心警慎，可見曹劌於戰爭時形象為「慎戰而具有謀略的軍事家」；第三段魯莊公如齊觀社之處，曹劌以周代禮制為基準，違禮之行絕不

---

27 〔清〕阮元校刊：《十三經注疏・左傳》，頁171。

可為，曹劌形象為「尊禮、避戰的好臣子。」三述所合，曹劌形象為「警慎、守禮並善戰的忠臣。」《左傳》所言內含褒意。

第四節　漢代成書類中的曹劌形象

漢代成書類定義為「漢代時期，經口述、記憶、眾史料選取而成書者」；經口述、記憶而成書者為《公羊傳》、《穀梁傳》、《鶡冠子》，眾史料選取而成書者為《史記》，分述如下：

（一）《公羊傳》所述曹劌形象

1 《公羊傳》介紹

《漢書・藝文志》言公羊高「公羊子齊人」[28]，〈徐彥疏引戴宏序〉曰：

> 子夏傳于公羊高。高傳與其子平。平傳與其子地。地傳與其子敢。敢傳與其子壽。直至漢景帝時，壽乃與齊人胡母子都，著于竹帛。[29]

按徐彥所言，《公羊傳》為子夏之言傳於公羊高，由齊人所傳之《春秋》至漢景帝時，才由公羊壽及胡母子都共書而成，成書時間是以「直至漢景帝時，壽乃與齊人胡母子都，著于竹帛」為是；公羊學之興盛與傳授於《漢書・儒林傳》曰：

---

28 〔漢〕何休：《春秋公羊傳注疏》（上海市：人民出版社，文淵閣四庫全書），提要。
29 〔漢〕何休：《春秋公羊傳注疏》，提要。

> 胡母生字子都，齊人也。治公羊春秋，為景帝博士；與董仲舒同業，仲舒著書稱其德。年老歸，教于齊。齊之言《春秋》者，宗事之。公孫弘亦頗受焉。而董生為江都相，自有傳。弟子遂之者，蘭陵褚大、東平嬴公、廣川段仲溫、呂步舒。大至梁相，步舒丞相長史；唯嬴公守學，不失師法。為昭帝諫大夫，授東海孟卿，魯眭孟。孟為符節令。[30]

上文所言可知董仲舒乃為公羊學之推行者，仲舒與胡母子都同業，並稱胡母子都之德，據此公羊學分為兩處流傳，唯董仲舒所傳之學具推廣性，仲舒傳於褚大、嬴公、段仲溫、呂步舒，褚大、嬴公二人後任朝中大臣，而董仲舒於武帝任官時罷黜百家、廣推儒學、設立學官，公羊學說受此滋養，其後又受仲舒弟子推廣，公羊學說盛行於西漢而不衰。王靜芝先生於《經學通論》一書中對《公羊傳》之傳授以圖表示（見附錄圖一）[31]，圖中所示可知一項要點，於子夏所傳授直至公羊壽皆為家傳之學，此說難以證明，而公羊壽與胡母子都二者共同傳書，何以不見公羊壽之流傳，據此胡母子都與公羊壽共同傳書一事，並不足以採信，確切源流應由胡母子都與董仲舒為始。《公羊傳》內容多為解《春秋》經文為主，確實為注《春秋》所作，所錄時間始於隱公元年，終於哀公十四年。

2 《公羊傳》所述之曹劌形象

《公羊傳》所記曹劌於魯莊公十三年，此文須分為兩段論述，一為柯之盟前曹劌與魯莊公對談，二為會盟時曹劌的行為，下文分述之。曹劌與魯莊公對談原文如下：

---

30 〔漢〕班固：《漢書》，卷88。

31 王靜芝：《經學通論》（臺北市：環球書局，1972年9月），頁170。

> 冬，公會齊侯盟于柯，何以不日，易也，其易奈何？桓之盟不日，其會不致信之也。其不日何以始乎？此莊公將會乎桓。曹子進曰：「君之意如何？」莊公曰：「寡人之生，則不若死矣。」曹子曰：「然則，君請當其君，臣請當其臣。」莊公曰：「諾。」[32]

上段此事乃柯之盟前魯莊公與曹劌對談，魯莊公以「寡人之生，則不若死矣」說明自身的痛苦與失望，宛如「生不如死」，而曹劌言「君請當其君，臣請當其臣」，何休所釋：「當猶敵也，將劫之詞。」據此，曹劌乃期望魯莊公擋其齊桓公，曹劌擋其臣子，確實為劫持之辭，因此劫齊桓公一事，乃為曹劌所謀策之事。柯之盟時曹劌之行為，原文如下：

> 于是會乎桓，莊公升壇，曹子手劍而從之，管子進曰：「君子何求乎？」曹子曰：「城壞壓境，君不圖與。」管子曰：「然則君將何求？」曹子曰：「願請汶陽之田。」管子顧曰：「君許諾。」桓公曰：「諾。」曹子請盟，桓公下與之盟，已盟，曹子摽劍而去之。要盟可犯，而桓公不欺；曹子可讎，而桓公不怨；桓公之信著乎天下，自柯之盟始焉。[33]

上文所言，曹劌持劍而從，但並無記載劫持之實據，然管仲見曹劌持劍，於是便問曹劌所求為何，曹劌要求齊桓公交還魯國邊界，並非魯莊公所言，此處可見曹劌之氣勢已超越魯莊公，「摽劍而去之」雖展現曹劌英勇與瀟灑，但亦可從上文間發現，《公羊傳》所展現的只是

---

32 〔清〕阮元校刊：《十三經注疏．公羊傳》（臺北市：藝文印書館，1979年3月），頁92。

33 〔清〕阮元校刊：《十三經注疏．公羊傳》，頁93。

為宣揚齊桓公之德而記述，「桓公之信著乎天下」正表此意，曹劌於《公羊傳》為「強勢、善謀略與勇者」的形象。

（二）《穀梁傳》所述曹劌形象

1 《穀梁傳》介紹

《楊士勛春秋穀梁傳序疏》曰：

> 穀梁子名淑，字元始，魯人，一名赤，受經于子夏，為經作傳。[34]

上文所言，《穀梁傳》與《公羊傳》同為子夏所傳，《穀梁傳》傳授脈絡《漢書・儒林傳》曰：

> 瑕丘江公授《穀梁春秋》及《詩》于魯申公。傳子至孫，為博士。武帝時，江公與董仲舒並，仲舒通五經，能持論，善屬文；江公吶于口，上使與仲舒議，不如仲舒，而丞相公孫宏本為公羊學，比輯其義，卒用董生。于是上因尊公羊家，詔太子受《公羊春秋》。由是公羊大興。太子既通，復私問穀梁而善之。其後浸微，唯魯榮廣，王孫皓星公二人受焉。廣盡能傳其《詩》、《春秋》，高才捷敏，與公羊大師眭孟等論，數困之。故好學者頗復受穀梁。沛蔡千秋少君，梁周慶幼君，丁姓子孫，皆從廣受。千秋又事皓星公，為學最篤。宣帝即位，聞衛太子好《穀梁春秋》，以問丞相韋賢，長信少府夏侯勝，及侍中樂陵侯史高，皆魯人也。言穀梁子本魯學，公羊氏迺齊學

34 〔晉〕范甯：《春秋穀梁傳注疏》（上海市：人民出版社，文淵閣四庫全書），提要。

> 也，宜興穀梁。時千秋為郎，召見，與公羊家並說。上善穀梁說，擢千秋為諫大夫給事中。[35]

上述所言，《公羊傳》於漢武帝時已成書，未能廣為流傳，乃因董仲舒論《公羊春秋》之能，後因漢宣帝好《穀梁》因而重用之，文中有一處必須重視「《穀梁春秋》為魯學，《公羊春秋》為齊學」，此說法可斷定《公羊傳》、《穀梁傳》二傳並非出於同源，若為同源，思想必定出於同系；王靜芝先生於《經學通論》一書中對《穀梁傳》之傳授以圖表示（見附錄圖二）[36]，圖中所示，《穀梁傳》之流傳須重視兩點，其一，子夏傳至江公一處難以定其真偽，因以江公為流傳之始；其二，視其傳承脈絡，劉向並非單習《公羊春秋》，亦習其《穀梁春秋》，劉向校對統整之書，注解其餘史料亦含《公羊》、《穀梁》之說，此問題確實必須列入考量。《穀梁傳》內容特色，可由晉代范甯評議「春秋三傳」中得知，《春秋穀梁傳注疏》曰：

> 《左氏》艷而富，其失也巫。《穀梁》清而婉，其失也短。《公羊》辯而裁，其失也俗。[37]

范甯論《穀梁傳》解經之特色在於「清而婉」，與《公羊傳》「辯而裁」不同，公、穀二書仍為解《春秋》經文而成書，確實為注《春秋》所作，所錄時間亦與《公羊傳》同，始於隱公元年，終於哀公十四年，與《左傳》、《公羊傳》合稱「春秋三傳」。

---

35 〔漢〕班固：《漢書》，卷58。

36 王靜芝：《經學通論》，頁187。

37 〔晉〕范甯：《春秋穀梁傳注疏》，序。

2 《穀梁傳》所述之曹劌形象

《穀梁傳》論及曹劌只有一處，為魯莊公十三年「柯之盟」，原文如下：

> 冬，公會齊侯盟于柯。曹劌之盟也，信齊侯也，桓盟雖內，與不日信也。[38]

上述原文雖短，卻明顯點出「柯之盟」應為「曹劌之盟」，楊士勛注曰：

> 曹劌之盟，經傳無文，蓋有信者也。《公羊傳》曰：「要盟可犯，而桓公不欺曹子可讎，而桓公不怨，桓公之信著乎天下，自柯之盟始。」[39]

楊士勛認為，《春秋》與《左傳》二書皆無曹劌劫齊桓公的記錄，因此《穀梁傳》「曹劌之盟」應與《公羊傳》所載曹劌劫桓公一事相符，《穀梁傳》所述曹劌形象，與《公羊傳》同，皆為「強勢、善謀略與勇者」的形象。

（三）《鶡冠子》所述曹劌形象

1 《鶡冠子》介紹

《鶡冠子》最早可見《漢書．藝文志》，《漢書．藝文志》將此書

38 〔清〕阮元校刊：《十三經注疏．穀梁傳》（臺北市：藝文印書館，1979年3月），頁52。

39 〔清〕阮元校刊：《十三經注疏．公羊傳》，頁52。

列為道家之說，曰：「楚人，居深山以鶡為冠。」[40]上述所言，《鶡冠子》一書於班固前已成書，但確切成書時間並未論述，唐代時期，柳宗元書〈鶡冠子辨〉，文中詆毀《鶡冠子》之文，並認為《鶡冠子》有可能是偽作，劉勰《文心雕龍》則言：「鶡冠緜緜，亟發深言。」[41]韓愈則言：

> 《鶡冠子》十有六篇，其詞雜黃老刑名，其〈博選〉篇四稽五至之說當矣，使其人遇其時，援其道而施于國家，功德豈少哉。〈學問〉篇稱賤生于無所用，中流失船，一壺千金者，余三讀其辭而悲之。[42]

綜和上述所言，《鶡冠子》須定義為道家學說，多「黃老刑名」之學，宋代陸佃為之作序，曰：

> 鶡冠子，楚人也，居于深山，以鶡為冠，號曰鶡冠子。其道踳駁，著書初本黃老，而末流迪于刑名，傳曰：「申韓厲名，實切事情其極慘礉少恩，而原于道德之意，蓋學之弊有如此者也。」故曰孔孟之後，儒分為八，墨離為三。嗚呼！可不慎哉。此書雖雜黃老刑名，而要其宿時，若散亂而無家者，然其奇言奧旨，亦每每而有也，自〈博選〉篇至〈武靈王問〉，凡十有九篇，而退之讀此，云十有六篇者，非全書也。今其書雖具在，然文字脫繆，不可考者多矣。[43]

---

40 〔漢〕《鶡冠子》（上海市：人民出版社，文淵閣四庫全書），提要。

41 〔後梁〕劉勰：《文心雕龍》（上海市：人民出版社，文淵閣四庫全書），卷4。

42 〔漢〕《鶡冠子》。

43 〔漢〕《鶡冠子》，序。

陸佃所言明確指出鶡冠子為楚人，《鶡冠子》此書內容初為黃老，末為刑名，其篇散亂，卻有奇言奧旨，共計十九篇。柳宗元視其偽書之說，成書時間確實難究是非，只能確定班固時期已成書。《鶡冠子》篇目共有〈博選〉、〈著希〉、〈夜行〉、〈天則〉、〈環流〉、〈道端〉、〈近迭〉、〈度萬〉、〈王鈇〉、〈泰鴻〉、〈泰錄〉、〈世兵〉、〈備知〉、〈兵政〉、〈學問〉、〈世賢〉、〈天權〉、〈能天〉、〈武靈王問〉，全文共計十九篇。

2　《鶡冠子》所述之曹劌形象

《鶡冠子》論及曹劌之處為〈世兵第十二〉，原文如下：

> 曹沫為魯將與齊三戰而亡地千里，使曹子計不顧後，刎頸而死，而不免為敗軍擒將，非勇也。國削民滅，非智也。身死君危，非忠也。夫死人之事者，不能續人之壽，故退與魯君計。桓公合諸侯，曹子以一劍之任，劫桓公墠位之上，顏色不變，辭氣不悖，三戰之所亡，一旦而反，天下震動，四鄰驚駭，名傳後世。扶杖于小愧者，大功不成，故曹子去忿悁之心，立終身之功，棄細忿之愧，立累世之名。故曹子為知時，魯君為知人。劇辛為燕將與趙戰，軍敗，劇辛自剄，燕以失五城；自賊以為禍門，身死以危其君，名實俱滅，是謂失此不還，人之計也，非過材之莿也。[44]

上文所述曹劌，同時具有「勇、智、忠」三種形象，《鶡冠子》所述曹劌於三戰皆敗後，選擇退回魯國，乃因「刎頸而死，而不免為敗軍擒將，非勇也。」可見《鶡冠子》所言之「勇」，並非犧牲生命才叫勇，而是進退合時方可稱勇，據此〈世兵〉篇認為「明將不倍時而棄

44 〔漢〕《鶡冠子》，卷下。

利，勇士不怯法而滅名，欲踰至德之美者，其慮不與俗同」。「明將」與「勇士」與一般人所想並不相同，不會因逆境而放棄利益，不會因為制度而放棄成功的機會，而曹劌三敗而不棄，是為「勇」也；《鶡冠子》論「智」以曹劌為例，「國削民滅，非智也」（指戰爭頻繁，極度消耗國力，國家衰弱而遭受滅國，此為不智之舉），因此「將軍野戰則國獘民，罷城守則食人灼骸。」曹劌退回魯國並非不勇，而是「智」的表現，若國家棟樑為勇而死，豈有人能保衛國土；「忠」是以「身死君危，非忠也」而論，將帥若犧牲性命，則國君由何人守護，因此「是以忠臣不先其身而後其君」才是正確的抉擇。

綜合上述《鶡冠子》所述之曹劌形象，「退與魯君計，桓公合諸侯，曹子以一劍之任，劫桓公墠位之上，顏色不變，辭氣不悖，三戰之所亡，一旦而反，天下震動，四鄰驚駭，名傳後世。」同時具有「勇、智、忠」三種面向，而曹劌行為雖有違禮法，卻是正確的抉擇，魯國因此收回失地，雖行為不正，卻也是成功的重要關鍵，《鶡冠子》以劇辛自剄，燕國失城為例讚美曹劌的智慧。

（四）《史記》所述曹劌形象

1 《史記》介紹

《史記》乃漢代司馬談及司馬遷所作，為中國二十五史之首，《漢書．司馬遷傳》曰：

> 著十二本紀，作十表、八書、三十世家、七十列傳，凡百三十篇，五十二萬六千五百字。為《太史公書》。序略以拾遺補藝，成一家之言。[45]

45 〔漢〕班固：《漢書》，卷58。

上文所載，《史記》一書於漢代時期皆稱《太史公書》，最初以史記為名者，按《三國志．魏書．王肅傳》曰：

> 帝又問：「司馬遷以受刑之故，內懷隱切，著《史記》，非貶孝武，令人切齒。」對曰：「漢武帝聞其述《史記》，取孝景及本紀覽之，于是大怒，削而投之。」[46]

由上文已明顯得知，三國時期《太史公書》已採用《史記》之名。司馬遷撰《史記》所選用之書籍《漢書．司馬遷傳》曰：

> 自古書契之作而有史官，其載籍博矣。至孔氏篹之，上繼唐堯，下訖秦繆。唐虞以前雖有遺文，其語不經，故言黃帝、顓頊之事，未可明也。及孔子因魯史記而作《春秋》，而左丘明論輯其本事以為之傳，又篹異同為《國語》。又有《世本》，錄黃帝以來至春秋時帝王公侯卿大夫祖世所出。春秋之後，七國並爭，秦兼諸侯，有《戰國策》。漢興伐秦定天下，有《楚漢春秋》。故司馬遷據《左氏》、《國語》，采《世本》、《戰國策》，述《楚漢春秋》。[47]

班固所言《史記》之源出於《左傳》、《國語》、《世本》、《戰國策》，但司馬遷真實採用之書籍並非如此而已，亦有《秦記》、《列封》、《論語》、《孟子》、《荀子》、《孫子》、《離騷》、《九歌》、管子資料、《晏子春秋》、《山海經》等等，所集資料豐富詳實，堪為歷史巨作。此書內容已於上文《漢書．司馬遷傳》所示，乃「十二本紀、十表、八書、

46 〔晉〕陳壽：《三國志》（上海市：人民出版社，文淵閣四庫全書），卷13。
47 〔漢〕班固：《漢書》，卷62。

三十世家、七十列傳，凡百三十篇，五十二萬六千五百字。」起於五帝，終於孝武，乃為漢武帝前之歷史總集。

2 《史記》所述之曹劌形象

《史記》論曹劌形象分為三處，一為〈齊太公世家〉，二為〈魯周公世家〉，三為〈刺客列傳〉，下文分述之；〈齊太公世家〉原文如下：

> 五年，伐魯。魯將師敗，魯莊公請獻遂邑以平。桓公許，與魯會盟于柯。魯將盟，曹沫以匕首劫桓公于壇上，曰：「反魯之侵地。」桓公許之已而曹沫去匕首，北面就臣位。桓公後悔，欲無與魯地而殺曹沫，管仲曰：「夫劫許之，而背信殺之，愈一小快耳，而棄信于諸侯，失天下之援，不可。」于是遂與曹沫三敗所亡之地于魯。諸侯聞之，皆信齊侯而欲附焉。[48]

〈齊太公世家〉全文著重並非於曹劌劫桓公，而著重在「桓公不欺曹子」，曹劌形象並不鮮明，但仍有兩處可見曹劌形象，一為「魯將師敗，魯莊公請獻遂邑以平」，至「曹沫以匕首劫桓公于壇上，曰：『反魯之侵地。』」由此事可見，曹劌與齊戰時，已明確知道魯國必輸，因此魯莊公將遂邑獻與齊桓公，在獻遂邑的會盟上，曹劌劫齊桓公要求交還侵地，可見曹劌當初獻遂邑的主要目的，就是預謀劫齊桓公之事，由此可見曹劌極具謀略，可為「智」的形象；二為「曹沫去匕首，北面就臣位。」曹劌於劫齊桓公之時並不畏懼，而桓公許之還地，曹劌無懼而回臣位，確實具有「勇」的形象；〈魯周公世家〉原文如下：

48 〔清〕瀧川龜太郎：《史記會注考證》，頁539。

> 十三年，魯莊公與曹沫會齊桓公于柯，曹沫劫齊桓公，求魯侵地，已盟而釋桓公。桓公欲背約。管仲諫，卒歸魯侵地。……二十三年，莊公如齊觀社。[49]

上文所述所記與〈齊太公世家〉並無出入，皆記錄曹劌劫齊桓公，齊桓公不欺曹子，歸還魯國失地，但所劫之事簡略。專述曹劌劫齊桓公，由〈刺客列傳〉記錄最為詳細，原文如下：

> 曹沫者，魯人也，以勇力事魯莊公。莊公好力。曹沫為魯將，與齊戰，三敗北。魯莊公懼，乃獻遂邑之地以和，猶復以為將。齊桓公許與魯會于柯而盟，桓公與莊公既盟于壇上，曹沫執匕首劫齊桓公，桓公左右莫敢動，而問曰：「子將何欲？」曹沫曰：「齊強魯弱，而大國侵魯亦甚矣。今魯城壞即壓齊境，君其圖之。」桓公乃許盡歸魯之侵地。既已言，曹沫投其匕首，下壇，北面就群臣之位，顏色不變，辭令如故。桓公怒，欲倍其約。管仲曰：「不可。夫貪小利以自快，棄信于諸侯，失天下之援，不如與之。」于是桓公乃遂割魯侵地，曹沫三戰所亡地盡復予魯。[50]

〈刺客列傳〉所述之曹劌分為三階段論述，第一階段為「曹沫為魯將」至「猶復以為將」；第二階段是「齊桓公許與魯會于柯而盟」至「桓公乃許盡歸魯之侵地」；第三階段則由「桓公怒，欲倍其約」至「棄信于諸侯，失天下之援，不如與之」。此篇分為三階段。此篇開始便點明曹劌為「勇」將，第一階段為「劫持齊桓公前」，由於齊國

---

49 〔清〕瀧川龜太郎：《史記會注考證》，頁558。

50 〔清〕瀧川龜太郎：《史記會注考證》，頁997。

強大，導致魯國敗戰三次，魯莊公因為恐懼只好獻遂邑以平，且依然任用曹劌為將；至此筆者提出質疑，敗軍之將正常而言會去其職，更何況曹劌三戰三敗，魯莊公仍用之，是否因為：一、魯莊公恐懼曹劌造反；二、魯莊公有把柄在曹劌手中；三、魯莊公與曹劌有所密謀。第二段則是「劫持中」，會盟之時，曹劌以匕首挾持齊桓公，並逼迫齊桓公交回所有齊國侵佔的魯地，並言「齊強魯弱，而大國侵魯亦甚矣。今魯城壞即壓齊境，君其圖之」，齊桓公生命受到威脅，迫於無奈只能答應，曹劌雖三戰皆敗，卻一次奪回魯國侵地，此謀略確實設想周到，以小博大、以弱勝強，曹劌真乃智將也。第三階段則是齊桓公歸國後欲違約，被管仲阻止，並直言「夫貪小利以自快，棄信于諸侯，失天下之援，不如與之。」看似管仲以信為先，卻可以由中發現管仲是利用信任，替齊桓公獲取成為霸主的重要契機，各路諸侯若能信任齊桓公，齊桓公稱霸指日可待。曹劌雖有智奪回失地，而管仲則用「智」奪取天下霸主，真可謂「塞翁失馬，焉知非福」。

綜合《史記》所記，雖於〈齊太公世家〉、〈魯周公世家〉所述並不完備，於〈刺客列傳〉論述卻是相當詳細，曹劌成為刺客之首也自司馬遷為始，〈刺客列傳〉的曹劌形象，不只具有「下壇，北面就群臣之位，顏色不變，辭令如故」的勇者形象，更在「曹沫三戰所亡地盡復予魯」展現曹劌的智慧與謀略，只可惜一山總比一山高，曹劌料想不到自己成為齊桓公稱霸的墊腳石，曹劌形象為「勇」與「智」。

小結

先秦至漢代個書籍記載之曹劌形象資料相當豐富，將上述十本書籍所記錄之時間與曹劌形象排序，可得下表：

先秦至漢代傳世文獻曹劌形象統整表

	莊公十年（長勺之戰）	莊公十三年（柯之盟）	莊公二十三年（如齊觀社）	形象
國語	○		○	重團結、忠心、守禮
管子		○		堅忍、狡詐、勇、忠心
戰國策		○		猛將、勇、善謀略、忠心
呂氏春秋		○		狡詐、勇、忠心
孫子兵法		○		勇、忠心
左傳	○		○	重團結、忠心、守禮
公羊傳		○		勇、忠心、善謀略
穀梁傳		○		勇、忠心、善謀略
鶡冠子		○		猛將、勇、善謀略、忠心
史記		○		善謀略、勇

○　出現時間

上表所示曹劌形象若依時間劃分，《國語》與《左傳》二書記載曹劌之時間，皆為「魯莊公十年」與「魯莊公二十三年」，曹劌形象乃「重團結、忠心、守禮」。《管子》、《戰國策》、《呂氏春秋》、《孫子兵法》、《公羊傳》、《穀梁傳》、《鶡冠子》、《史記》皆著重於「莊公十三年」魯莊公時的「柯之盟」，曹劌形象於此八書中亦分褒貶，褒者有《戰國策》、《鶡冠子》，此二書所述之曹劌形象為「猛將、勇、善謀略、忠心」，《孫子兵法》雖單以「勇」、「忠」論述曹劌形象亦列入褒者；貶者為《管子》、《呂氏春秋》、《公羊傳》、《穀梁傳》，《管子》、

《呂氏春秋》所記曹劌形象為「堅忍、狡詐、勇、忠心」，而《公羊傳》、《穀梁傳》所記曹劌形象則為「勇、忠心、善謀略」；《史記》較為特殊，《史記》雖為先秦至西漢史料之總和，然司馬遷以「勇」與「智」而述曹劌形象，據此先秦至漢代的曹劌形象並非單一，而是呈現多元的現象，分析此種現象將由下章示之。

第三章
各朝代論述曹劌之形象

依據上章所述，史書所記曹劌形象分為四種形貌，一、《國語》與《左傳》曹劌形象為「重團結、忠心、守禮」；二、《戰國策》、《鶡冠子》、《孫子兵法》曹劌形象為「猛將、勇、善謀略、忠心」；三、《管子》、《呂氏春秋》、《公羊傳》、《穀梁傳》曹劌形象為「堅忍、狡詐、勇、忠心」；四、《史記》曹劌形象為「勇」、「智」；此四種形貌皆為東漢前的曹劌形象，東漢後論述曹劌並未依據新資料新證據，而是引用現存資料加以注疏，此章專門探討後世學者論述曹劌形象以及立場差異。

第一節　東漢至唐代學者所論曹劌形象

東漢時期，學者開始針對傳世史料進行分析，但東漢至魏晉時期之各家注解，於現今所存資料略顯稀少，而唐代時期所存各家注疏資料較為完備，因此筆者將此段時間合為一節，再由中依時間先後分序而論，共分為：一、東漢時期；二、三國時期；三、晉代；四、唐代。由下文分述之。

（一）東漢時期

1 何休

現存《公羊傳》最早注者乃東漢何休，何休論曹劌形象於原文

「莊公將會乎桓，曹子進曰：『君之意何如？』」便可見得，何休曰：「進，前也。曹子見莊將會，有慙色，故問之。」[1]何休言魯莊公將與齊桓公會盟前，曹劌發現魯莊公慙媿[2]的神色，因此問之，此處可直言曹劌形象為「忠」；於後曹劌對魯莊公言：「然則君請當其君，臣請當其臣。」何休曰：「當猶敵也，將劫之辭。」[3]此言乃指曹劌替魯莊公策謀劫齊桓公，呈現「狡詐」之形象；「曹子手劍而從之。」何休曰：「莊公上壇造桓公前而脅之，曹子本謀當其臣更當其君者，見莊公有不能之色。」[4]此處不但言曹劌之忠，亦於「曹子本謀當其臣更當其君者，見莊公有不能之色。」言曹劌之勇；最終於「要盟可犯，而桓公不欺曹子，可讎而桓公不怨，桓公之信著乎天下自柯之盟始焉。」何休總合曹劌形象曰：

> 諸侯猶是翕然信鄉服從，再會于鄄，同盟于幽，遂成霸功，故云爾。劫桓公取汶陽田，不書者諱行詐劫人也。[5]

曹劌策謀並與魯莊公共謀，以劫齊桓公取回汶陽之田，何休論曹劌形象為「狡詐」之徒。

2 高誘

現存《戰國策》最早注者乃東漢高誘，但是〈齊策六・燕功齊取

---

1 〔清〕阮元校刊：《十三經注疏・公羊傳》（臺北市：藝文印書館，1979年3月），頁92。

2 見《說文解字》「慙，媿也。」、「媿，慙也。」、「愧，媿或从恥省。」「愧、媿」源為同字，而「慙、媿」二字轉注。

3 〔清〕阮元校刊：《十三經注疏・公羊傳》，頁92。

4 〔清〕阮元校刊：《十三經注疏・公羊傳》，頁92。

5 〔清〕阮元校刊：《十三經注疏・公羊傳》，頁93。

七十餘城〉以及〈燕策三・燕太子丹質於秦亡歸〉二文中皆未書其注解，唯〈齊策三・孟嘗君有舍人而弗悅〉略有提及，於原文「曹沫奮三尺之劍，一軍不能當」注為「曹沫，魯莊公士也，傳曰曹劌也。」[6]由上文可以發現「高誘欲以《左傳》為對照資料」，而筆者視〈齊策六・燕功齊取七十餘城〉之原文，〈齊策三〉曹劌為刺客一說，與《左傳》所述之曹劌形象相差甚遠，若引《左傳》為依據，曹劌形象將衝突而不能互證，據此高誘雖欲以《左傳》為對照素材，卻明顯呈現二書曹劌形象無法相容的現象。

（二）三國時期

（東吳）韋昭

現存《國語》最早注者乃三國時期東吳學者韋昭，所使用的參照書籍為《左傳》，視《國語》原文「長勺之役，曹劌問所以戰于莊公。」韋昭注於下：

> 長勺魯地也，曹劌魯人也，莊公同也，初襄公立，其政無常，鮑叔牙曰：「君使民慢，亂將作矣。」奉公子小白奔莒。魯莊公八年，齊無知殺襄公，管夷吾、召忽奉公子糾奔魯，九年夏，莊公伐齊，納子糾，小白自莒先入，與莊公戰于乾時，公敗績，故十年齊興師伐魯，戰于長勺。[7]

韋昭所注內容出自《左傳》「莊公八年」，原文如下：

6　〔漢〕高誘注：《戰國策》（上海市：人民出版社，文淵閣四庫全書），卷10。

7　〔漢〕韋昭注：《國語》（上海市：人民出版社，文淵閣四庫全書），卷4。

> 鮑叔牙曰：「君使民慢，亂將作矣。」奉公子小白出奔莒，亂作，管夷吾、召忽奉公子糾來奔。[8]

由此可見韋昭認為《國語》與《左傳》二書，所呈現的曹劌形象應出自同源；韋昭評論曹劌形象，則由《國語》原文「夫惠本而後民歸之志。」提及，韋昭以「樹德施利、歸之志志歸于上。」解釋曹劌所答，其目的乃勸諫魯莊公建立德行、利於人民，人民自然歸志於魯莊公；祭神之事則是「民，神之主；民和神乃降福。」在讓神降福之前，必須追求民和，神不會只降福於魯莊公一人，乃是降福於國家，人民當然為國家之一份子，應以民和為重，祭祀必定與人民一起共祀，「無不共祀，非獨己也。」便是此意，「動不違時，氣不過用」則注為「不過用禮。」然而「小賜，臨戰之賜；獨恭，一身之恭。」並不足以使人民願意為魯莊公賣命，「本先利民，莫不共祀」乃直言共祀為民和之主要條件，然魯莊公所言「聽獄以情斷」此事，曹劌言「可以」，韋昭引《左傳》「可者未大備，可以一戰。傳曰：齊師敗績。」[9]其後以「誠以中心圖慮民事，其智雖有所不及，必將至于道也。」為終。

綜合上述所言，韋昭所述之曹劌形象是一位注重「向心力」的政治家，「樹德施利、歸之志志歸于上」、「民，神之主；民和神乃降福」、「無不共祀，非獨己也」皆以君主應與人民貼近，共祀是鞏固向心力的最佳方法；「不過用禮」則是言曹劌重「禮」，最後以「誠以中心圖慮民事，其智雖有所不及，必將至于道也」收尾，韋昭認為曹劌要求魯莊公「以誠而慮民事」，雖無過人之智，依然於正道之上。韋昭給與曹劌相當良好的評價，是個「重團結、忠心、守禮」的出色政治家。

---

8 〔清〕阮元校刊：《十三經注疏．左傳》，頁144。

9 〔漢〕韋昭注：《國語》，卷4。

（三）晉代

1 杜預

現存《左傳》最早注者乃晉代學者杜預，杜預所論曹劌形象，並非直接論述，而是以曹劌所策劃的戰爭計謀為評斷依據，《左傳》莊公十年「公敗齊師於長勺」一事，杜預曰：「齊人雖成列，魯以權譎稽之，列成而不得用，故以未陳為文。」[10]杜預直言魯國使齊國雖能列陣而不得用，更以「以權譎稽」譏諷魯國無恥，此時已點出曹劌這位策劃者，正是「狡詐」的小人，筆者認為杜預於此所述的曹劌負面形象，是以齊師為立場；曹劌的正面形象，出現於曹劌與魯莊公的對答之間，「小惠未徧，民弗從也。」[11]為始，杜預注為：「分公衣食，所惠不過左右，故曰未徧。」[12]「不過左右」乃說明魯莊公分衣分食，只是賞給身邊所及的下人，並非廣泛的普及全民；其次為「小信未孚，神弗福也。」[13]杜預注為「孚，大信也。」[14]說明魯莊公對神的承諾只是小信，非大信便不足以讓神降福；最後為「忠之屬也，可以一戰。」[15]杜預曰：「上思利民，忠也。」[16]杜預引《左傳》桓公六年「季梁諫追楚師」為例，曰：「所謂道，忠于民而信于神也。上思利民，忠也；祝史正辭，信也。」[17]曹劌言「忠之屬也。」季梁曰「上思利民，忠也。」皆述為民之事，然獄訟之事，乃不分身分且全

---

10 〔清〕阮元校刊：《十三經注疏．左傳》，頁146。

11 〔清〕阮元校刊：《十三經注疏．左傳》，頁146。

12 〔清〕阮元校刊：《十三經注疏．左傳》，頁146。

13 〔清〕阮元校刊：《十三經注疏．左傳》，頁147。

14 〔清〕阮元校刊：《十三經注疏．左傳》，頁147。

15 〔清〕阮元校刊：《十三經注疏．左傳》，頁147。

16 〔清〕阮元校刊：《十三經注疏．左傳》，頁147。

17 〔清〕阮元校刊：《十三經注疏．左傳》，頁110。

民通用，察之以情則全民受利，因此「上思利民」則人民必定忠心以報，按杜預所言，曹劌認為戰爭的決勝關鍵，是人民的向心力。物質上的施惠於民，並不會讓人民團結；祭祀並非單純祭祀神明，而是在祭祀的過程中使人民團結；呈現曹劌「重團結」的政治形象，但戰爭時的曹劌形象，杜預並未全面性解讀，唯「懼有伏焉」注以「恐詐奔」[18]說明了曹劌對軍情判斷是以謹慎為主。杜預論莊公如齊觀社，曰：「齊因祭社蒐軍實，故公觀之。」[19]此言說明魯莊公至齊國觀社的目的是蒐集齊國軍實。

綜合杜預所言，「齊人雖成列，魯以權譎稽之」是以齊師為立場闡述，說明魯國的戰爭謀略陰險狡詐，曹劌乃戰略的謀畫者，可見曹劌形象為「狡詐」，但是於後所言，則是站在曹劌的立場而言，曹劌形象則是「重團結」、「善謀慎戰」的忠臣，曹劌形象明顯因立場不同而產生矛盾。

2 范甯

現存《穀梁傳》最早注者乃晉代學者范甯，曹劌形象於《穀梁傳》原文「曹劌之盟也，信齊侯也。」中呈現，注解如下：

> 曹劌之盟，經傳無文，蓋有信者也。《公羊傳》曰：「要盟可犯，而桓公不欺曹子，可讎而桓公不怨，桓公之信，著于天下自柯之盟始。」[20]

18 〔清〕阮元校刊：《十三經注疏．左傳》，頁147。

19 〔清〕阮元校刊：《十三經注疏．左傳》，頁171。

20 〔清〕阮元校刊：《十三經注疏．穀梁傳》（臺北市：藝文印書館，1979年3月），頁52。

范甯所言《穀梁傳》「曹劌之盟」一辭，經傳皆無此文，而「曹劌之盟」由何而來，范甯引《公羊傳》為證，以此可見「曹劌之盟」乃是《公羊傳》所記錄的「柯之盟內容」，桓公因不欺而得信於天下，才是此文的重點，亦可知范甯注《穀梁傳》的曹劌形象，與《公羊傳》相同，皆以「狡詐」解讀曹劌是刺客的負面形象。

（四）唐代

1 孔穎達

孔穎達論曹劌形象於《左傳》「公敗齊師於長勺」處，孔穎達曰：

> 例稱敵未陳曰敗某師，皆陳曰戰，此傳稱齊人成陳擊鼓，不應稱敗齊師，故解之孫子兵書曰：「誓稽之，使失其先後。」謂稽留彼敵不時與戰，使先後失其次第，魯以曹劌之語，權謀譎詐以稽留之，列成而不得用，與未陳相似，故以未陳為文。[21]

孔穎達引孫子「誓稽之，使失其先後。」此為逸文，今無資料可以察找，但於文中以「魯以曹劌之語，權謀譎詐以稽留之」明言曹劌之策略「權謀譎詐」，非正人君子所為，齊國雖列陳而不得其用，依孔穎達所言，曹劌形象為「奸邪狡詐」之謀臣，魯國勝齊出於「權謀譎詐」。

2 尹知章

《管子》最早注者於《四庫全書》所載為唐代房玄齡，然徐漢昌

---

21 〔清〕阮元校刊：《十三經注疏．左傳》，頁147。

先生《管子思想之綜合研究》一書中，已將《管子》最早注者為房玄齡或尹知章綜合而述，原文如下：

> 《管子》書自劉向編定後，下訖于唐，始有尹知章為之注，後又有所謂房玄齡注。雖房注大行于世，然下至于明焦竑《國史經籍志》，仍著錄有尹知章注之《管子》，惟已殘存為十九卷矣。明楊慎《丹鉛續錄》卷之一，亦曾稱引尹知章《管子》注，可證尹注本仍存于明季。[22]

於文後引唐代杜佑《管子指略》、張嵲《四部叢刊》、王應麟《困學紀聞》三家之說證明房玄齡注與尹知章注實為尹知章一人，據此最早注《管子》者應為尹知章。尹知章論曹劌形象可分為兩段，第一段為管仲言「曹劌之為人也，堅強以忌，不可以約取也。」尹知章曰：「不可以盟取信也。」[23]尹知章贊同管仲所述，曹劌為人「堅強以忌」，魯國欲盟之詞難以取信，曹劌形象為「堅忍、狡詐」；第二段則為魯莊公劫齊桓公之時曹劌之行為，尹知章注曰：「拔劍當階，所以拒管仲，言魯齊二君將欲改先者之所圖，今不當有進者也。」[24]曹劌雖非劫桓公之人，卻是劫齊桓公的謀劃者與協助者，由文中可見，曹劌除了「忠」與「勇」，亦包含「善謀略」的形象。綜合上述，尹知章所注與《管子》原文並無差異，曹劌形象為「善謀略、狡詐、忠、勇」。

---

22 徐漢昌：《管子思想之綜合研究》（臺北市：國立政治大學中文研究所博士論文，1987年6月），頁50。

23 〔唐〕尹知章注：《管子》（上海市：人民出版社，文淵閣四庫全書），卷7。

24 〔唐〕尹知章注：《管子》，卷7。

3 楊士勛

唐代楊士勛於《穀梁傳》原文「曹劌之盟也，信齊侯也。」論及曹劌形象，原文如下：

> 傳云：「曹劌之盟也。」而注云：「經傳無文」者，謂曹劌與齊侯盟，為信之事，《穀梁》經傳不說也。注又云：「蓋有信者也。」故即引《公羊》「桓公為信」之事以結之。一解云：「經傳無文」者，不如《公羊》具詵劌盟之狀也。」與前解少異耳，大旨亦同。「要盟可犯而桓公不欺」，曹子手劒劫齊侯共盟，使歸汶陽之田，而齊侯終亦還之，是也。「曹子可讎而桓公不怨」，謂以臣劫君，是可讎也，桓公終不罪曹子，是不怨也。[25]

楊士勛之說，以《公羊傳》為《穀梁傳》參照對象，並認為此二傳所記之曹劌資料，是《公羊傳》所述略為詳細，而《穀梁傳》「曹劌之盟」應以《公羊傳》解較為適當，由此可見楊士勛所認為的曹劌形象，應與范甯相同皆為「狡詐」的負面形象。

4 李筌

唐代《孫子兵法》注者李筌，於「諸劌之勇」注曰：「夫獸窮則搏，鳥窮則啄，令急迫，則專諸曹劌之勇也。」[26]此句所言點出曹劌之勇，然專諸與曹劌為何勇猛，確實是受到壓迫而不得不勇，依此舉

---

25 〔清〕阮元校刊：《十三經注疏‧穀梁傳》，頁52。

26 〔清〕孫星衍：《孫子集註》（臺北市：東大出版社，2006年4月），頁229。

例野獸因自身困迫而拚命一搏，鳥因饑餓而反啄，然曹劌何以如同飢獸餓鳥，則須視曹劌劫桓公之緣由，據司馬遷所記載於《史記‧刺客列傳》，曹劌形象為勇，「曹沫為魯將，與齊戰，三敗北。魯莊公懼，乃獻遂邑之地以和。」曹劌三戰而失魯地，如此重大的錯誤不只是會喪失魯國國土，曹劌性命亦有可能不保，因此曹劌不劫齊桓公必死，劫齊桓公若成則不一定會死，此為曹劌之必死之勇，據此李筌以飢獸餓鳥而述曹劌，確實正確，李筌所述的曹劌形象雖「勇」，卻乃是「受迫而勇」。

5 司馬貞

唐代司馬貞《史記索引》於原文「曹沫者，魯人也」注曰：

> 沫，音亾葛反，《左傳》、《穀梁》竝作曹劌，然則沫宜音劌，沫、劌聲相近而字異耳，此作曹沫，事約《公羊》為說，然彼無其名，直云曹子而已，且《左傳》魯莊十年，戰于長勺，用曹劌謀敗齊，而無劫桓公之事。十三年，盟于柯，《公羊》始論曹子，《穀梁》此年惟云：「曹劌之盟，信齊侯也。」又記不具行事之時。[27]

司馬貞先論「沫、劌」，並認為《史記》所記之「曹沫」乃因司馬遷採《公羊傳》之史料，然而《公羊傳》只以「曹子」述其「曹劌」，乃是因為「曹劌無名」，因此以「曹子」記錄，其後又言《公羊傳》最先認定曹劌為刺客，而《左傳》未記，曹劌為刺客之說不足以為

27 〔清〕瀧川龜太郎：《史記會注考證》（高雄市：麗文文化事業公司，1997年1月），頁997。

證。筆者認為司馬貞此說仍有疑慮，其一：《史記》所載曹劌為「曹沫」不應源自於《公羊傳》，《公羊傳》記錄曹劌為「曹子」，且從文中並未提及「曹沫」，實難相信《史記》資料出於《公羊傳》，再者《戰國策》與《鶡冠子》皆以曹劌為「曹沫」，何以不述《史記》是採此二書之說？其二：司馬貞論曹劌為刺客之說最早出於《公羊傳》，筆者認為戰國末期《呂氏春秋》，提及曹劌乃為刺客，多數學者認為《公羊傳》乃是漢代成書，因此司馬貞以《公羊傳》為證，說明《史記》曹劌史料源自《公羊傳》，此說難以使筆者信服。《史記・刺客列傳》原文「獻遂邑之地以和」司馬貞注曰：

> 《左傳》「齊人滅遂。」杜預云：「遂國在濟北，蛇丘縣東北也。」[28]

司馬貞此言雖單純論述遂國之所在，亦引《左傳》杜預注為證，可見司馬貞對「獻遂邑之地以和」採《左傳》史料為對照，司馬貞應認為「獻邑」之說為妄。

綜合司馬貞所述，司馬貞否定了《史記・刺客列傳》的史料記錄，並認為曹劌為刺客之說是以《公羊傳》為始，若以《左傳》對照，曹劌並未劫齊桓公，《史記・刺客列傳》曹劌刺客形象為妄說。

6 馬總

唐代馬總於《意林》論述曹劌形象曰：

> 齊桓公以魯為南境，魯公憂，三日不食，曹沫請擊頸以血濺桓

28 〔清〕瀧川龜太郎：《史記會注考證》，頁997。

> 公，公懼不知所措，管仲乃勸與之盟，曹沫匹夫之士，布衣柔履之人，一怒卻萬乘之師，存千乘之國，此君子之勇也。[29]

由上文所見，馬總認為曹劌雖為「匹夫」，卻能策劃使齊桓公恐懼的謀略，且能一怒而退齊國大軍，避免魯國遭受戰爭之害，曹劌形象為「忠」與「勇」。

7 柳宗元

唐宋八大家之一的柳宗元於《柳河東集注．問戰》論及《國語》中的曹劌形象，曰：

> 長勺之役，曹劌問所以戰于嚴公云云，公曰：「小大之獄，必以情斷之。」曹劌曰：「可以一戰。」非曰：劌之問洎嚴公之對，皆庶乎知戰之本矣，而曰：「夫神求優裕于饗，不優，神不福也。」是大不可；方鬬，二國之存亡以決民命，不務乎實而神道焉是問，則事幾殆矣。既問公之言獄也，則率然曰：「可以一戰。」亦問略之尤也。苟公之德可懷諸侯而不事乎戰則已耳，既至于戰矣，徒以斷獄為戰之具，則吾未之信也。劌之辭宜曰：「君之臣謀而可制敵者誰也，將而死者幾何人，士卒之熟練者眾寡，器械之堅利者何若，趨地形得上游以延敵者何所，然後可以言戰。」若獨用公之言而恃以戰，則其不誤國之社稷無幾矣，申包胥之言戰得之，語在吳篇中。[30]

柳宗元認為，戰爭之本重在「民命」，若莊公以民命為本，必定不會

---

29 〔唐〕馬總：《意林》（上海市：人民出版社，文淵閣四庫全書），卷1。

30 〔唐〕柳宗元：《柳河東集注》（上海市：人民出版社，文淵閣四庫全書），卷上。

願意戰爭，但現已處於軍臨城下的窘境，「祭祀」與「獄訟」非當下必須探討的問題，曹劌應問魯莊公「將而死者幾何人，士卒之熟練者眾寡，器械之堅利者何若，趨地形得上游以延敵者何所」，並以《國語・吳語》申包胥勸諫吳王夫差伐齊，原文如下：

> 吳王夫差既許越成，乃大戒師徒，將以伐齊。申胥進諫曰：「昔天以越賜吳，而王弗受。夫天命有反，今越王句踐恐懼而改其謀，舍其愆令，輕其征賦，施民所善，去民所惡，身自約也，裕其眾庶，其民殷眾，以多甲兵。越之在吳，猶人之有腹心之疾也。夫越王之不忘敗吳，于其心也侙然，服士以伺吾間。今王非越是圖，而齊、魯以為憂。夫齊、魯譬諸疾，疥癬也，豈能涉江、淮而與我爭此地哉？將必越實有吳土。王其盍亦鑒于人，無鑒于水。昔楚靈王不君，其臣箴諫以不入。乃築臺于章華之上，闕為石郭，陂漢，以象帝舜。罷弊楚國，以間陳、蔡。不修方城之內，逾諸夏而圖東國，三歲于沮、汾以服吳、越。其民不忍饑勞之殃，三軍叛王于乾谿。王親獨行，屏營仿徨于山林之中，三日乃見其涓人疇。王呼之曰：『余不食三日矣。』疇趨而進，王枕其股以寢于地。王寐，疇枕王以墣而去之。王覺而無見也，乃匍匐將入于棘闈，棘闈不納，乃入芋尹申亥氏焉。王縊，申亥負王以歸，而土埋之其室。此志也，豈遽忘于諸侯之耳乎？今王既變鯀、禹之功，而高高下下，以罷民于姑蘇。天奪吾食，都鄙薦饑。今王將很天而伐齊。夫吳民離矣，體有所傾，譬如群獸然，一個負矢，將百群皆奔，王其無方收也。越人必來襲我，王雖悔之，其猶有及乎？」[31]

31 〔春秋〕左丘明：《國語》（臺北市：九思出版社，1975年11月），頁597-600。

柳宗元引申包胥之說，著重於「夫齊、魯譬諸疾，疥癬也，豈能涉江、淮而與我爭此地哉？將必越實有吳土。王其盍亦鑒于人，無鑒于水。」此段，申包胥以地理位置告訴夫差，齊國與魯國因地理位置的問題，對當時的吳國並無威脅，然而吳國與越國卻是鄰國，自從夫差將勾踐釋放回國後，「舍其愆令，輕其征賦，施民所善，去民所惡，身自約也，裕其眾庶，其民殷眾，以多甲兵。」其目的便是報復夫差，如同「猶人之有腹心之疾也」，今夫差以討伐齊魯為第一要務，人民難以容忍長年戰爭，必定離國而去，若攻伐齊國勾踐必定趁虛伐吳，夫差應以人民為考量，放棄戰爭以養民力。柳宗元引此篇的主要目的，乃是曹劌問戰於莊公應以討論地理位置為優先，而不是「惠民、祭祀與獄訟」，因此柳宗元不相信《國語・魯語》中「曹劌問莊公」的內容，否定《國語・魯語》史料。筆者認為柳宗元之說恐有問題，夫差伐齊是因為夫差為主動方，而曹劌問戰於莊公則是齊國來伐，若主動出征則必須知道對方地理環境是否合適出兵，而抵禦外侮則必須探討能不能承受對方的攻擊，攻守雙方準備方針並不相同，柳宗元之說無法說服筆者。

8 趙匡

唐代趙匡之言，由元代程端學記錄於《三傳辨疑》一書中，趙匡認為《公羊傳》於莊公十三年柯之盟時，曹劌劫桓公一事，曰：

> 趙氏曰：「按桓公未嘗侵魯地及盟後，未嘗歸魯田，其事既妄又不可訓。」[32]

32 〔元〕程端學：《三傳辨疑》（上海市：人民出版社，文淵閣四庫全書），卷5。

趙匡認為齊桓公自即位之後，未曾侵略魯國，而柯之盟後也未曾歸還汶陽之田，《公羊傳》所記曹劌劫齊桓公一事，皆為妄說且難以為證，直接否定《公羊傳》曹劌為刺客的形象。

綜合此節所言，各家論曹劌形象，筆者以下表呈現：

東漢至唐代學者所論曹劌形象總表

朝代	注者	注書	引用	莊公十（長勺之戰）	莊公十三（柯之盟）	莊公二十三（如齊觀社）
東漢	何休	公羊傳			（負面）：狡詐	
原因：爾劫桓公取汶陽之田，不書者諱行詐劫人也。						
東漢	高誘	戰國策	左傳		無法對照	
原因：〈齊策三〉曹劌為刺客一說，與《左傳》曹劌形象相差甚遠。						
三國	韋昭	國語	左傳	（正面）：重團結		
原因：誠以中心圖慮民事，其智雖有所不及，必將至於道也。						
晉代	杜預	左傳		（負面）：狡詐 （正面）：重團結		
原因：（負面）齊人雖成列，魯以權譎稽之，列成而不得用，故以未陳為文。 （正面）所謂道，忠於民而信於神也。						
晉代	范甯	穀梁傳	公羊傳		（負面）：狡詐	
原因：《穀梁傳》的曹劌形象，與《公羊傳》相同。						
唐代	孔穎達	左傳	孫子佚文	（負面）：狡詐		
原因：敵未陳曰敗，魯以曹劌之語，權謀譎詐以稽留之。						

<table>
<tr><th>朝代</th><th>注者</th><th>注書</th><th>引用</th><th>莊公十
（長勺之戰）</th><th>莊公十三
（柯之盟）</th><th>莊公二十三
（如齊觀社）</th></tr>
<tr><td>唐代</td><td>尹知章</td><td>管子</td><td></td><td>（負面）：
狡詐
（正面）：
忠、勇</td><td></td><td></td></tr>
<tr><td colspan="7">原因：（負面）曹劌之為人也，堅強以忌，不可以盟取信也。
（正面）拔劍當階，所以拒管仲，二君欲改先者所圖，今不當有進者也。</td></tr>
<tr><td>唐代</td><td>楊士勛</td><td>穀梁傳</td><td>公羊傳</td><td></td><td>（負面）：
狡詐</td><td></td></tr>
<tr><td colspan="7">原因：以《公羊傳》為《穀梁傳》參照對象，《公羊傳》所述略為詳細。</td></tr>
<tr><td>唐代</td><td>李筌</td><td>孫子
兵法</td><td></td><td></td><td>（正面）：
勇</td><td></td></tr>
<tr><td colspan="7">原因：夫獸窮則搏，鳥窮則啄，令急迫，則專諸曹劌之勇也。</td></tr>
<tr><td>唐代</td><td>司馬貞</td><td>史記</td><td>左　傳
公羊傳
穀梁傳</td><td></td><td>否定史料</td><td></td></tr>
<tr><td colspan="7">否定：《史記》曹劌形象出自《公羊》，以《左傳》對照，並無記載劫桓公之事。</td></tr>
<tr><td>唐代</td><td>馬總</td><td></td><td></td><td></td><td>（正面）：
忠、勇</td><td></td></tr>
<tr><td colspan="7">原因：一怒卻萬乘之師，存千乘之國，此君子之勇也。</td></tr>
<tr><td>唐代</td><td>柳宗元</td><td>國語</td><td>國語</td><td>否定史料</td><td></td><td></td></tr>
<tr><td colspan="7">否定：以獄訟而戰，未之信也。曹劌應問：「謀敵、兵力，練兵、器械、地形。」</td></tr>
<tr><td>唐代</td><td>趙匡</td><td>公羊傳</td><td></td><td></td><td>否定史料</td><td></td></tr>
<tr><td colspan="7">否定：桓公未嘗侵魯地及盟後，未嘗歸魯田，其事既妄又不可訓。</td></tr>
</table>

據上表所見，曹劌負面的形象為「狡詐」，正面的形象為「重團結」、「忠」、「勇」，亦有學者否定注疏的史料，筆者分為三項探討：一、負面形象；二、正面形象；三、否定史料。

曹劌負面形象為「狡詐」，最早提出此觀點者乃東漢何休，何休認為《公羊傳》不書「曹劌」而書「曹子」，是因為曹劌劫桓公取汶陽之田，齊桓公欲成霸業卻受曹劌劫持，因此曹劌陰險狡詐；第二位認為曹劌乃狡詐之人者乃晉代杜預，杜預於《左傳》莊公十年認為曹劌狡詐，並提出「長勺之戰」時，曹劌使齊師列陣而不能用，因此魯國狡詐，而出此計謀的曹劌更是狡詐至極；第三位為晉代范甯，范甯於《穀梁傳》莊公十三年「曹劌之盟」一處，引《公羊傳》之說，認為「曹劌之盟」便是「曹劌劫桓公」一事；第四位為唐代孔穎達，孔穎達直言，自莊公十一年時《左傳》原文已出現「未陳曰敗」一詞，因此「公敗齊師於長勺」乃是諷刺魯國詐戰，因此曹劌形象應為狡詐。第五位乃唐代尹知章，尹知章依據《管子》之言，曹劌「堅強以忌」證明曹劌「狡詐」的一面；第五位為唐代楊士勛，楊士勛與范甯想法相同，認為《穀梁傳》「曹劌之盟」應與《公羊傳》「曹劌劫桓公」一事參照，且《公羊傳》所述詳盡，因此以《公羊傳》所述為準。上述五位乃東漢至唐代時期，認定曹劌形象為「狡詐」，由五位所述內容可以發現三項問題：一、曹劌劫桓公的目的為何？二、曹劌是否真的詐戰？三、未陣曰敗之說由何而來。三項問題於此節暫且不論，於後文述之。

曹劌的正面形象乃是「重團結」、「忠心」與「勇」，第一位以此論述曹劌者乃三國時期的韋昭，韋昭認為《國語・魯語》中的曹劌思想為「中心圖慮民事」，乃是以民為主，且以「重團結」為戰爭的策略方針；第二位則是晉代杜預，杜預於前段時，筆者已述杜預認為曹劌有詐戰之嫌，但於文中又注「所謂道，忠于民而信于神也」，給與曹劌「知其道」的評價，曹劌形象出現兩種矛盾，既詐戰又知其戰勝之道，曹劌是否詐戰可能就需要考慮了，但杜預所認為的曹劌確實具有「重團結」的形象；第三位則是唐代尹知章，尹知章雖以管仲之言認定曹劌為奸詐小人，但也認定曹劌擋住管仲救駕確實具有忠心及勇的精神；第四位時間推至唐代，唐代李筌認為《孫子兵法》中的曹劌之勇，應列定為受迫而勇，受於何事而有所迫於文中並無述說，因此難以斷定是何事使曹劌受迫而勇；第五位為唐代馬總，馬總認為曹劌一怒而劫桓公，使魯國不戰而勝，曹劌之勇以保魯國，與李筌所認為的受迫之勇截然不同，曹劌劫桓公乃出於已發與自願，保全魯國乃忠，劫桓公無懼乃勇，皆是為魯國設想的舉動。上述五位所言，出現兩種特別現象：一、「狡詐」形象無法與《國語》及《左傳》曹劌形象相合；二、莊公十三年，曹劌劫桓公一事已出現不同評價，曹劌原為狡詐形象，至唐代卻出現以「勇」表示曹劌劫桓公之說，曹劌漸漸受到正面肯定。

否定史料最早為唐代司馬貞，司馬貞認為《史記．刺客列傳》曹劌為刺客之說應來自《公羊傳》，因《左傳》並無記錄，所以史料不足採信；第二人為唐代柳宗元，柳宗元認為曹劌以「獄訟之事」斷定是否能戰，此說不足採信，否定《國語》史料；第三人則為唐代趙匡，趙匡認為齊桓公並無侵犯魯國的證據，既無侵犯又何必還田，因此《公羊傳》所說為不可採信。上述三位所言，筆者發現兩項問題：一、《左傳》沒記錄的史料，是否真沒發生過？二、獄訟之事是否可斷定能否一戰？兩項問題於此節暫且不論，於後文述之。宋代學者論及曹劌形象將由下節述之。

第二節　宋代學者所論曹劌形象

宋代乃是論述曹劌形象的全盛時期，據筆者所計，共二十六位學者對曹劌形象提出看法，筆者將宋代分為兩個時期，一為北宋，二為南宋，由下文依時代先後分別論述之。

（一）北宋

1 劉敞

北宋劉敞於《春秋權衡》一書中論及「長勺之戰」，原文如下：

> 十年，公敗齊師于長勺，左氏曰：「戰于長勺，曹劌請見」云云，杜氏曰：「齊人雖成列，魯以權譎稽之，列成而不得用，故以未陳為文。」非也，傳本說皆陳曰戰，未陳曰敗之例者，見正不正也，此既皆陳矣，是正也，雖復鼓之有先後，亦何謂之以權譎稽之？列成而不得用乎？要是傳所據者，當時雜記，妄出曹劌及戰事耳，不足以為據。[33]

劉敞對杜預「以權譎稽」的說法產生質疑，並反駁《左傳・莊公十一年》原文，曰：「皆陳曰戰，未陳曰敗。」[34]視長勺之戰，兩軍皆陳，而齊軍先行，豈是「以權譎稽」，視《左傳》莊公九年至十三年的戰役，「戰于乾時，我師敗績」、「齊師敗績」、「大敗宋師于乘丘」、「宋師未陳而薄之，敗諸鄑」，四次戰役中，敵未陳而敗之例只有與宋國

---

33 〔宋〕劉敞：《春秋權衡》（上海市：人民出版社，文淵閣四庫全書），卷3。

34 〔清〕阮元校刊：《十三經注疏・左傳》，頁152。

之兩次戰事，然《左傳・莊公十一年》原文：「宋為乘丘之役故侵我，公禦之，宋師未陳而薄之，敗諸鄑。」[35]此段為史料之原文，宋國侵魯，魯國於宋國未陳時先擊，導致宋國戰敗，已明言「宋師未陳而薄之」[36]，其後書「凡敵未陳曰敗某師，皆陳曰戰，未陳曰敗……。」[37]依《左傳》原文而言，劉敞反對杜氏之說確實有理，「傳所據者，當時雜記妄出，曹劌及戰事耳，不足以為據。」此句卻將曹劌及戰事一同抹滅，此法雖是大膽，卻也過於果斷，反杜預之說應以「魯並無以權譎稽」便可。綜合劉敞之懷疑，曹劌問戰、參戰、追擊並無實證，乃為雜說之引用，劉敞否定曹劌之存在。

2 崔子方

北宋崔子方於《崔氏春秋經解》一書中論及「長勺之戰」，原文如下：

> 十年春，王正月，公敗齊師于長勺。凡言敗某師者，未得乎戰也，詐戰也不正，公一歲而兩敗人之師，故皆不日以見譏。[38]

崔子方以《左傳・莊公十一年》「未陳曰敗。」[39]為證，認為魯國並未等齊師列陣便發動攻擊，以此明示為詐戰，而莊公十年兩場戰役皆為詐戰而勝，因此《春秋》不書日，則是諷刺魯國詐戰而勝，乃不正之舉，策謀者曹劌乃是「狡詐」之徒。

---

35 〔清〕阮元校刊：《十三經注疏・左傳》，頁152。

36 〔清〕阮元校刊：《十三經注疏・左傳》，頁152。

37 〔清〕阮元校刊：《十三經注疏・左傳》，頁152。

38 〔宋〕崔子方：《崔氏春秋經解》（上海市：人民出版社，文淵閣四庫全書），卷3。

39 〔清〕阮元校刊：《十三經注疏・左傳》，頁152。

3 孫覺

北宋孫覺於《孫氏春秋經解》一書中論及曹劌形象共分為兩處，一為「長勺之戰」，二為「柯之盟」，論「長勺之戰」原文如下：

> 十年春，王正月，公敗齊師于長勺。《春秋》之義，內不言戰，言戰則敗內與外，戰而敗外師者，直書曰敗也，以明內無可敵之道來斯敗之矣，敗必稱師，重其君以無辜之眾驅之戰而又使之敗也。莊公去年納子糾罰齊威公，小白既入而報其見伐役來戰于長勺，而莊公帥師敗之故，書曰敗齊師于長勺，《穀梁傳》曰：「不日疑戰也。」按《春秋》不以日月為例，詳略因舊史爾，疑戰之例不通也。[40]

孫覺認為，依據《春秋》的文義，內亂不以「戰」而書之，若是《春秋》記錄為「戰」則是內外皆勝，若是以無內亂而敗他國之師，則是直接以「敗」書之，然而「敗齊師」一詞，則是凸顯魯莊公以人民之力使齊國戰敗。又言「長勺之戰」的發生時間與《春秋》成書時間相差甚遠，因此記載難以詳盡，因此《穀梁傳》以「不日疑戰也」而譏魯國，孫覺認為不足以成說，曹劌詐戰亦不足採信。

論「柯之盟」原文如下：

> 秋七月，公會齊侯盟于柯。魯與齊為世讎，又小白之入，魯納子糾伐之至于屢戰，則齊魯不合久矣，于是齊威求伯，欲與魯平，故為柯之盟也。《左氏》曰：「始及齊平是也。」《公羊》載

40 〔宋〕孫覺：《孫氏春秋經解》（上海市：人民出版社，文淵閣四庫全書），卷3。

> 曹劌劫盟之事，以謂齊數侵地而齊遂歸汶陽之田，按實侵地《經》當書其所侵，齊實歸田《經》當書其所歸，今《經》無其事未可遽信，趙子曰：「其事迹既妄又不可以訓。」此說是也。[41]

孫覺認為「柯之盟」的始因來自於齊桓公欲稱霸，齊國與魯國多年來的恩怨，導致兩國無法和平相處，因此齊桓公為稱霸之私利才與魯國談和，並以《左傳》「始及齊平。」為證，否定《公羊傳》所載「曹劌劫盟」一事，若真有劫盟，何以《春秋》不書？其後引趙匡之說為，評劫盟之事出自妄說。

綜合孫覺所言，「長勺之戰」魯國勝齊為真實事件，《春秋》不書日，只是史料未能盡詳，而「曹劌劫盟」則是出於妄說。孫覺之言凸顯曹劌因「善謀略」而使魯國勝齊。

4 張方平

北宋張方平於《樂全集》一書中論及曹劌形象，曰：

> 魯與齊戰，曹劌請見魯公，問將和以戰，公曰：「小大之獄雖不能查，必以情。」劌曰：「此可以一戰。」蓋謂其重人命也。[42]

張方平所言雖短，只一句「蓋謂其重人命」，卻點出曹劌具有「愛民」的形象，給予曹劌肯定的評價。

---

41 〔宋〕孫覺：《孫氏春秋經解》，卷3。

42 〔宋〕張方平：《樂全集》（上海市：人民出版社，文淵閣四庫全書），卷26。

5 陸佃

北宋陸佃於《鶡冠子・世兵第十二》論及曹劌形象，曰：

> 賢者誠重其死，雖然，曹沫之事，適遭管仲不欲愈一小快而以齊信于諸侯，故能成其名也。若夫李陵之降，欲以報漢，而卒族妻母，隴西之士，用為恥焉，則沫之劫致，豈可以為常哉？矧又霸者之事也。至于正德之人，誠信素明，則將無與魯地而誅沫矣，何足貴乎？[43]

陸佃論曹劌劫齊桓公一事乃是彰顯賢者以誠信為懷，管仲要求齊桓公遵守約定，主要目的是使齊桓公能取信諸侯，其後引飛將軍李廣之孫李陵為例，李家三代為漢代抵禦匈奴，然漢武帝誤以為李陵降於匈奴，因此弒其全家，李陵憤而真降匈奴，陸佃認為投降之舉乃報復漢武帝抄家滅門，故鄉之人定覺得羞恥，因此曹劌劫齊桓公一事，凸顯齊桓公以誠信為稱霸的手段，諷刺齊桓公並非正德之人。

6 蘇轍

唐宋八大家之一的蘇轍，於《古史》一書中論曹劌形象，曰：

> 曹沫之事予以《左氏》考之，魯莊公十年，沫始以謀于莊公，公用之敗師于長勺，自是魯未嘗敗，十三年而會齊侯于柯，安得所謂三戰三敗沫以匕首劫齊桓求侵地者哉？始公羊高采異說載沫事，于春秋後戰國游士多稱沫，以為口實而實非也，莊公

---

43 〔宋〕陸佃：《鶡冠子注》（上海市：人民出版社，文淵閣四庫全書），卷下。

> 之禦齊，沫問所以戰，以小惠小信為不足以恃，唯忠為可以一戰，沫蓋知義者也，而肯以其身為刺客之用乎？春秋宋楚盟于城下，齊魯盟于夾谷，以要盟不書，書平及會而已，使沫信以匕首劫桓公，得非要盟乎？而《春秋》書公會齊侯盟于柯，足以知其非要盟也，是以削去曹沫而錄其四人，然亦非所謂賢也。[44]

蘇轍以《左傳》否定曹劌「三戰三敗」之說，蘇轍認為，依據《左傳》所載，自「長勺之戰」時魯莊公任用曹劌，直至莊公十三年魯國皆無敗績，因此何來「曹劌劫桓公要求歸還侵地」之事？並認為三戰三敗出自《公羊傳》，戰國游士多以曹沫記錄曹劌，然而《左傳》所記錄的曹劌則是知義的正人君子，不可能是劫齊桓公的刺客，再者《春秋》記載「柯之盟」極為簡略，應不是重要的會盟，若真有「曹劌劫盟」《春秋》必定書之。由上文可見，蘇轍認為曹劌應為「重義」之人，不可能成為刺客，否定曹劌為刺客的史料，給與曹劌正面的評價。

7 胡安國

北宋胡安國於《胡氏春秋傳》一書論曹劌形象，曰：

> 齊師伐魯，經不書伐意責魯也，詐戰曰敗，敗之者為主，或曰長勺魯地而齊師至此，所謂敵加于己，不得已而後應者也，疑若無罪，焉何以見責乎？善為國者不師，善師者不陣，善陣著不戰，故行使則有文告之詞，而疆埸則有守禦之備，至于善陣

44 〔宋〕蘇轍：《古史》（上海市：人民出版社，文淵閣四庫全書），卷59。

德已衰矣，而況兵刃相接又以詐謀取勝乎？故書魯為主以責之，皆已亂之道，寡怨之方，王者之事也。[45]

胡安國認為，《春秋》不書齊伐魯，主要目的是貶責魯國詐戰，詐戰者《春秋》以「敗」以示貶，齊國伐魯國若不是魯國詐戰，《春秋》為何以書「敗」責魯？以善治國者不以征伐為主，善於戰略者不以列陣為主，善於陣形者不以交戰為主，因此於攻伐前先以文與告，而戰場上敵軍則有防禦的準備，曹劌善陣代表魯國之德早已衰敗，魯國詐戰便是理所當然了，《春秋》以「敗」貶魯國詐戰，是因為魯國無道，而是以寡怨而戰。

（二）南宋

1 趙鵬飛

南宋趙鵬飛於《春秋經筌》論及「長勺之戰」，曰：

十年春，王正月，公敗齊師于長勺。齊伐我也，何以不書伐，不與齊之來伐我也，乾時之敗，齊取子糾殺之，齊亦可以恝然矣，今又稱兵以涉吾地，幸而潛知逆而敗之長勺魯地也，聖人書公敗之而不書來伐，予奪蓋可見矣。桓十三年，齊、衛、鄭來戰于郎，內無詞以敵之，故以「三國自戰」為文，今公敗齊師于長勺，無詞來伐，故以偏敗為文，內外異體，戰敗名而曲直，一判《春秋》之文，誠不可俄而度也。[46]

45 〔宋〕胡安國：《胡氏春秋傳》（上海市：人民出版社，文淵閣四庫全書），卷8。
46 〔宋〕趙鵬飛：《春秋經筌》（上海市：人民出版社，文淵閣四庫全書），卷3。

趙鵬飛認為《春秋》「公敗齊師于長勺」不書「齊師伐我」，其原因為齊國於乾之戰後再犯魯國，而魯國先發制人擊敗齊師，因此《春秋》書「敗」之原因乃齊國欲奪魯地，其後引桓公十三年「齊、衛、鄭來戰于郎」為證，說明魯國有被伐之由，因此以「戰」書之，「長勺之戰」乃是齊國無由伐魯，因此以「敗」書之，內外曲直由一字中便可理解。

2 葉夢得

南宋葉夢得汲取《公羊傳》、《穀梁傳》及《左傳》三家之說，論及曹劌形象共可分為五書二處，五書為《春秋考》、《葉氏春秋傳》、《春秋左傳讞》、《春秋公羊傳讞》及《春秋穀梁傳傳讞》，二處為莊公十三年「柯之盟」、莊公二十三年「公如齊觀社」及《春秋》三傳之真實性。筆者先論「柯之盟」，於《春秋公羊傳讞》曰：

> 曹子《左氏》所謂曹劌者也，司馬遷以為沬，以《傳》考之其事皆無有，且所謂城壞壓竟者，謂齊侵魯地而深入也。按齊自莊公以來，兩主王姬之嫁，夫人饗會齊侯與如齊師者四，皆與齊為好，齊未嘗加兵于我，至十年我以子糾之故一敗齊師于長勺，齊亦未嘗報，安得所謂城壞壓竟者哉？齊既未嘗侵我地，則固無曹子請田之事，歸汶陽之田亦不見經，至鞌之敗以晉，令始歸我事，在成二年與此不相接，此《公羊》傳聞之誤，戰國之士從文之復，謂魯于齊嘗三戰三敗，與經書長勺事正相反，尤可見其妄。[47]

47 〔宋〕葉夢得：《春秋公羊傳讞》（上海市：人民出版社，文淵閣四庫全書），卷2。

葉夢得以《左傳》為證，認為《公羊傳》所載「曹子」便是曹劌，而《史記》則稱之為「曹沬」，而「曹劌劫盟」之事《左傳》並未記載，且《公羊傳》書「城壞壓境」是代表齊師已深入魯地，葉夢得認為自莊公即位以來，文姜與齊國交好，齊國沒有理由攻伐魯國，而莊公十年時，魯國又因公子糾之事攻伐齊國，齊國也未曾報復魯國，據此 「曹劌劫盟」之事與「汶陽之田」皆是戰國之士妄說，《史記》所言「三戰三敗」亦不可信。

莊公二十三年「公如齊觀社」，葉夢得共有《葉氏春秋傳》及《春秋左傳讞》二書中提及，《葉氏春秋傳》曰：

> 夏，公如齊觀社。社者何？春蒐田之祭也，古者天子祀上帝，諸侯會之受命焉，諸侯祀先公卿大夫佐之受事焉，未聞諸侯而會祭也，蓋曰觀焉則非以為祭者也，故曰：「齊棄太公之法而觀民于社，君為是舉而往觀之，非禮也。」曹劌固知之矣。[48]

據葉夢得所言，莊公如齊觀社，「社」字乃是春天的「蒐田之祭」，而天子祭祀上帝是由諸侯陪祭，諸侯祭祀先祖則由卿大夫陪祭，並無諸侯相會共祭之例，因此「觀社」則代表魯莊公並為祭祀，只是單純的參觀，因此齊桓公棄太公尊周法之道，而魯莊公欲前往觀之，如此之舉乃違周代禮法之行，葉夢得對曹劌守禮的原則表示肯定，曹劌形象為知禮的忠臣。於《春秋左傳讞》則曰：

> 劌言朝會征伐之義是已，然天子之禮也何與于諸侯？劌以

48 〔宋〕葉夢得：《葉氏春秋傳》（上海市：人民出版社，文淵閣四庫全書），卷6。

告公固非矣，傳錄之又非也。[49]

葉夢得認為《左傳》所記錄的「朝以正班爵之義，帥長幼之序，征伐以討其不然。」確實為天子爭伐的意義，但此為天子爭伐違禮諸侯，與諸侯跟諸侯之間的征伐並無關聯，因此曹劌勸諫魯莊公時已用錯周禮，因此《左傳》所記曹劌之說亦是錯誤，據此《左傳》錯誤之源來自於曹劌。

葉夢得於《春秋考》驗證春秋三傳的真實性，曰：

> 莊公柯之盟，《左氏》初不為說，但言始及齊平爾，蓋自十年敗齊長勺之後，齊魯未嘗通，至是三年春北杏之會，齊始霸而魯不預，故冬為此盟，或是魯畏齊彊請之以釋，憾《左氏》為近實矣，《公羊》《穀梁》獨以不書曰，遂為桓盟不日之論，《穀梁》曰：「曹劌之盟也。桓盟雖內與不日信之也。」《公羊》曰：「桓盟不日，其會不致，信之也。」據《左氏》曹劌始以十年見莊公，正當長勺之役，公問何以戰，以小惠小信不足恃，惟忠為可遂敗齊師，而柯之盟劌無預焉，《公羊》載曹子升壇之事，以曹子手劍從之，劫小白請汶陽之田，小白許諾不與之盟，以為要盟可犯，而桓公不欺曹子，可讎而桓公不怨，桓公之信著乎天下自柯之盟始，而司馬遷為〈刺客傳〉以曹子為曹沫，又附益之言，小白既割魯侵田，曹沫三戰所亡地盡復與魯。沫劌音相近意《穀梁》言劌即沫也，然觀劌始見莊公論戰，蓋近于知義者，非刺客一夫之勇與沫事不類，且《春秋》書「取汶陽之田」在成二年，而長勺之戰魯既敗齊，安得

49 〔宋〕葉夢得：《春秋左傳讞》（上海市：人民出版社，文淵閣四庫全書），卷2。

> 齊有侵地？柯盟之後，未再與齊交兵，亦安得有三戰復地之事，二者皆無實，此蓋六國之辯士假託之言無足取信，而《公羊》、《穀梁》拘于日月為例之說，見魯與外，諸侯盟多書日，故為公與外盟書日之例，然「公及邾儀父盟于蔑」、「公及齊侯盟于落姑」固不書日也，何必皆日乎？審以盟柯為信小白，則蔑與落姑復何信？而然二子曾不之悟而強取沫事以成其說，是以不說察其妄也。[50]

葉夢得直言《左傳》為記錄「柯之盟」較貼近史實，原因是魯國於北杏之會前，齊魯因恩怨而無交集，但北杏之會的發生，令魯國在毫無預警之下發現自己處於劣勢，因此請盟於齊國，而《公羊傳》、《穀梁傳》則針對「其會不日」，認為因齊桓公之信，因此不用記日，據「劌沫音近」，可知《左傳》「長勺之戰」、《公羊傳》《穀梁傳》、《史記》中的曹劌皆為同一人，但據《左傳》莊公十年「曹劌問戰」一事，可見曹劌乃「知義」者，與刺客形象不符，且長勺之戰魯國勝齊，焉需劫桓歸田；柯之盟之後與齊國並無戰爭，怎有三戰三敗之說；種種資料顯示「曹劌劫盟」乃戰國時期六國辯士的假託之言。《公羊傳》、《穀梁傳》所探討的「桓盟不日」，葉夢得認為《春秋》中許多會盟皆不書日，因此以「桓盟不日」評斷褒貶不足採信。

綜合葉夢得所言，莊公十三年「柯之盟」的史料，應以《左傳》為準，《公羊傳》、《穀梁傳》及《史記》所記載的「曹劌劫盟」一事皆為妄說，《左傳》所記載的「曹劌」乃重義之人，必定不會是刺客，因此葉夢得對曹劌讚譽有嘉，曹劌形象為「知義」之人。

---

50 〔宋〕葉夢得：《春秋考》（上海市：人民出版社，文淵閣四庫全書），卷10。

3 鮑彪

南宋鮑彪於《鮑氏戰國策注》一書中論及曹劌形象，曰：

> 此霸者之事，欲興霸則可責以義，故沫與魯君計言此。[51]

鮑彪認為柯之盟的成因，來自於齊桓公欲成霸主，而齊國對魯國的壓迫與爭戰，將成為魯國的籌碼，若齊桓公稱霸，魯國便可以義而責之，因此曹劌三敗之後與魯莊公討論的計謀，便是「以義責之」，由此可見鮑彪認為曹劌乃「善謀略」的忠臣。

4 綦崇禮

南宋綦崇禮於《北海集》論及曹劌形象，曰：

> 臣觀昔人論一戰之勝負，不視其曲直彊弱，而視所以用其人之道為如何耳，齊背蒞之盟以來伐魯，則魯以為有辭，故經書不書伐，是曲在齊而直在魯也，齊以兵先入魯地為客，魯兵後動而應之則為，主用兵者主多勝，客多不勝，況其曲直如此，是彊在魯而弱在齊也，曲直彊弱較然，可知曹劌不以是言魯之戰可勝，而必問其何以戰者，蓋欲觀其人心之得失而已，昔齊小白出見老父有饑寒之色，賜之衣曰：「願賜天下之人衣。」與之食曰：「願賜天下之人食。」蓋稼穡之利，不違其時，則菽粟不可勝食也，絲枲之功不奪其力，則布帛不可勝用也，必得人人而與之衣，人人而與之食，亦已狹焉，然則小惠未徧未足以致民之從也，隋季梁有言：「夫民，神之主也。」是以聖王

51 〔宋〕鮑彪：《鮑氏戰國策注》（上海市：人民出版社，文淵閣四庫全書），卷4。

> 先成民而後致力于神，故奉牲以告曰：「博碩肥腯。」謂民力之普存也，奉盛以告曰：「潔粢豐盛。」謂其三時不害而民和年豐也，奉酒醴以告曰：「嘉栗旨酒。」謂其上下皆有嘉德而無違心也，故務其三時修其五教，親其九族以致其禋祀，然後民和而神降之福，然則小信謂乎，未足以徼神之福也，若夫小大之獄必以情，非忠厚惻隱之誠心存于中而形于外，則不足以至于此，堯舜之盛必曰：「好生之德，洽于民心，求其所以然。」不過曰：「欽哉！欽哉！惟刑之恤哉！」而已，大小之獄必以情，庶幾乎聖人之用心，其于得民也何有以是而用其人戰，豈有不勝者？故曰：「得道者多，助失道者寡，助寡之不可以敵眾。」理所固然，曹劌之論豈其好異而不切于事者歟？後之言長勺之戰者，常疑于其詞，則亦不思而已矣。[52]

綦崇禮認為前人討論戰爭勝負，往往不視「曲直強弱」，而著重在用人得當與否。齊國違背葴之盟伐魯國，直在魯而曲在齊，因此《春秋》不書伐是因為齊國背信，「長勺之戰」，齊為客、魯為主，多數戰爭皆是主勝客，因此魯強齊弱，魯勝齊乃是必然。綦崇禮認為曹劌問戰並非著重在戰勝與否，而是著重人心得失，並以齊桓公賜衣與食為例，說明魯莊公對人民的恩惠太過薄弱，再以隋侯及季梁的對話，說明祭祀之目的為「親其九族」，魯莊公以情斷獄則是「忠厚惻隱之誠心」，已是如同聖人，既得民心戰又何懼不勝？曹劌之言確實是戰爭之本。據綦崇禮所言，「長勺之戰」無論是戰爭的正當性，或是戰爭的主客問題，魯國都處於優勢，著重人心的曹劌，乃是「知其安國之道」、「重團結」的忠臣。

---

52 〔宋〕綦崇禮：《北海集》（上海市：人民出版社，文淵閣四庫全書），卷22。

5 程俱

南宋程俱於《北山集·內制篇》中，將《左傳》「莊公十年春齊師伐我」與《史記·齊世家》「威王西擊趙衛」二文並述，原文如下：

> 臣觀齊魯方戰，曹劌問何以戰，而莊公答所以戰者，不曰人卒之眾多，甲兵之堅利，將帥之才勇，而以惠民、事神、察獄之事卜之，何其迂也？史稱齊威王起兵西擊趙衛，因以彊霸亦不曰勵兵秣馬，陳師奮武，而言：「誅一阿大夫，封一即墨大夫。」而出師克敵如此，此又何也？豈非惠信孚于上下，刑賞當于人心，則人悅服，則士氣振，士氣振則赴功徇國，忘軀衛上之心生矣，如是則唯吾君之所欲為而已。苟為惠不足以及下，誠不足以格神，獄訟則失有罪而及無辜，而又姦諛苟婾者以蔽蒙而獲榮譽，首公盡力者以介特而見毀，如是則羣下莫不解體矣；羣下莫不解體而能敗敵人而成霸業者乎？然則曹劌之問、齊威之舉，非迂闊也，不然，何以〈詩序〉周宣之中興，必曰內修政事而後繼之以外壤夷狄！政事不修于內而欲求攘夷狄之功，蓋未之有也。[53]

程俱上文同時評論《左傳》「齊師伐魯」與《史記·齊世家》「威王攘夷狄」，針對曹劌與魯莊公對答，程俱以《詩經·小雅·車攻》詩序「內修政事，外壤夷狄」[54]為例，善戰之人並不單著重於士卒、兵甲、將帥，而是著重於國家內政，賞罰分明能使人悅服，更能提升士氣，

53 〔宋〕程俱：《北山集》（上海市：人民出版社，文淵閣四庫全書），卷28。

54 〔清〕阮元校刊：《十三經注疏·詩經》（臺北市：藝文印書館，1979年3月），頁366。

因此以誠對神，獄訟不失則是安國之道，其後再論爭伐，則可無患也。據此程俱所論之曹劌形象乃是重士氣且善於政事之「忠」臣之人。

6 鄭樵

南宋鄭樵論曹劌形象乃將史書資料總合一併而述，《通志》原文如下：

> 曹劌以勇力聞于諸侯，莊公十年齊師伐魯，公將戰，曹劌請見。其鄉人曰：「肉食者謀之，又何閒焉？」劌曰：「肉食者鄙，未能遠謀。」乃入見，問何以戰，公曰：「衣食所安，弗敢專也，必以分人。」對曰：「小惠未徧，民弗從也。」公曰：「犧牲玉帛，弗敢加也，必以信。」對曰：「小信未孚，神弗福也。」公曰：「小大之獄，雖不能察必以情。」對曰：「忠之屬也，可以一戰。」戰則請從公，與之乘。戰與長勺，公將鼓之，劌曰：「未可。」齊人三鼓，劌曰：「可矣。」齊師敗績，公將馳之，劌曰：「未可。」下視其轍，登軾而望之，曰：「可矣。」遂逐齊師既克。
>
> 公問其故，對曰：「夫戰，勇氣也。一鼓作氣，再而衰，三而竭。彼竭我盈，故克之。夫大國難測也。懼有伏焉，吾視其轍亂，望其旗靡，故逐之。」夏六月，齊師宋師次于郎，公用公子偃之謀，大敗宋師于乘邱，齊師乃還，其以不得志于魯也，故欲益兵以伐魯，魯不敢戰，去國五十里而為之關，請比于關內以從，齊桓公許之，魯人請盟，故會于柯，桓公與莊公既盟于壇上，曹劌執匕首劫桓公，桓公左右莫敢動而問曰：「子將何求？」劌曰：「齊強魯弱，而大國侵魯亦已甚矣，今魯城壞而壓齊境，君其圖之？」桓公乃許，盡歸魯之侵地，既已言，

> 曹劌投其匕首，下壇北面就臣位，顏色不變，辭令如故。桓公怒，欲背其約，管仲曰：「不可夫貪小利亦自快而棄信于諸侯，失天下援不如與之。」于是桓公遂割所侵地以盡復于魯。二十三年，公將如齊觀社，曹劌諫曰：「不可，夫禮所以整民也，故會以訓上下之則，制財用之節，朝以正班爵之義，率長幼之序，征伐以討其不然，諸侯有王，王有巡守，以大習之非世均不舉矣，君舉必書，書而不法，後嗣何以觀？」公不聽遂如齊。[55]

鄭樵所述乃將《左傳》、《管子》、《史記》、《國語》四書相互融通，時間則是以《春秋》所記為標準，取用《左傳》之處為「莊公十年齊師伐魯」至「大敗宋師于乘邱，齊師乃還」，當中之資料皆出自《左傳》，文中曹劌形象與《左傳》相同，皆為重團結、善謀略之忠臣；莊公十三年「柯之盟」之處，則以《管子》與《史記》並用，「魯不敢戰，去國五十里而為之關，……故會于柯。」此段為《管子》之資料，其後則是《史記・刺客列傳》之內容，曹劌形象與《史記》所述同，為勇、忠心、猛將的形象；第三段銜接莊公二十三年「莊公如齊觀社」，所採資料為《國語・魯語》，因此曹劌形象如同《國語》，皆為重團結、忠心、守禮的形象。鄭樵雖使用多家史料銜接，但卻由中發現曹劌有一固定形象為「忠」，無論是莊公十年、莊公十三年及莊公二十三年，曹劌的言語行為皆以魯國利益為優先，確實值得斟酌。

7 員興宗

南宋員興宗於《辯言》一書中論及曹劌形象，曰：

---

55 〔宋〕鄭樵：《通志》（上海市：人民出版社，文淵閣四庫全書），卷89。

> 太史公曰：「齊魯會盟于柯，曹沫以劒劫之，曰：『城壞至境，君不圖歟？』于是還魯三亡之地。」穀梁子亦云也。辯曰：「曹沫之事不足書也，以千乘之相而躬匹夫之行，此宜匹夫稱之也，一劒之任，計無復之耳，昔者召公日闢國百里，聞以道用，周未聞以劒劫也。」[56]

員興宗論《史記．刺客列傳》曹劌為刺客之說，於《穀梁傳》亦有記載，員興宗認為曹劌之事不應記載於史料上，原因乃魯國如此強大的千乘之國，居然接受曹劌如此狡詐的計謀，匹夫正是說明曹劌的形象，並引用《詩經．召旻》「昔先王受命，有如召公，日闢國百里」[57]說明召公為武王之重臣，以武王之道闢國百里，今魯國接受曹劌狡詐的計謀而奪領地，實乃無德之國與狡詐之臣，給與曹劌負面評價。

8 呂祖謙

宋代呂祖謙共有《左氏傳續說》、《左世博議》二書提及曹劌形象。《左氏傳續說》需分為四段討論，第一段於「公將戰，曹劌請見。」原文如下：

> 劌平時，初未嘗仕于魯，何故卻自出來為之謀？蓋魯是劌父母之邦，前年乾時之戰，社稷幾不可保，此一戰若再大敗，則社稷必危，劌不忍坐視父母之邦至于殄滅，其勢不得不自出來向使大勢未到急處時，劌亦未便自出；以此見乾時之戰，是魯大敗處，況當其時，齊之興勢方強，而魯之在位者又皆非深謀遠

56 〔宋〕員興宗：《辯言》（上海市：人民出版社，文淵閣四庫全書），卷1。

57 〔清〕阮元校刊：《十三經注疏．詩經》，頁699。

> 慮之士，劌于此不出，則魯未必有復存之理，故自此長勺既勝之後，魯卻用曹劌于朝覲諫，觀社處便見。[58]

呂祖謙所言，曹劌為何任官替魯國效力，其原因為魯國於乾之戰時大敗，若長勺之戰魯國再敗，祖國可能不復存在，因此曹劌必須毛遂自薦，魯國因此大敗齊師，曹劌由此受魯莊公重用，呂祖謙引《左傳》莊公二十三年「莊公如齊觀社」為例；第二段為「小惠未徧，民弗從也，小信未孚，神弗福也。」原文如下：

> 曹劌之言，正與季梁之諫相似，蓋古人只理會神民，如《周禮》所說賓祀處皆是此兩事，春秋去古未遠，尚知此理；自秦漢而下，鮮能識此者。[59]

呂祖謙論祭祀於神之處，引《左傳》桓公六年「季梁諫追楚師」一事，言古人對於天神與人民之事相當重視，而春秋與遠古時間相距不遠，因此信天神、重人民之觀念差異不大，然秦代之後，此種觀念已不再受到重視，呂祖謙之說，視「季梁諫追楚師」原文：

> 少師歸，請追楚師。隨侯將許之。季梁止之，曰：「天方授楚；楚之羸，其誘我也！君何急焉？臣聞小之能敵大也，小道大淫。所謂道，忠于民而信于神也。上思利民，忠也；祝史正辭，信也。今民餒而君逞欲，祝史矯舉以祭，臣不知其可也。」公曰：「吾牲牷肥腯，粢盛豐備，何則不信？」對曰：

58 〔宋〕呂祖謙：《左氏傳續說》（上海市：人民出版社，文淵閣四庫全書），卷3。

59 〔宋〕呂祖謙：《左氏傳續說》，卷3。

「夫民，神之主也。是以聖王先成民，而後致力于神。故奉牲以告曰『博碩肥腯』，謂民力之普存也，謂其畜之碩大蕃滋也，謂其不疾瘯蠡也，謂其備腯咸有也。奉盛以告曰『絜粢豐盛』，謂其三時不害而民和年豐也。奉酒醴以告曰『嘉栗旨酒』，謂其上下皆有嘉德而無違心也。所謂馨香，無讒慝也。[60]

引此段乃是將曹劌言「小惠未徧，民弗從也，小信未孚，神弗福也。」與季梁言「忠於民而信於神也。上思利民，忠也；祝史正辭，信也。」相互印證，「忠於民」與「信於神」二者皆為同樣重要，據此呂祖謙所言「蓋古人只理會神民」確實可以為證，筆者以《論語・述而》為證：「子之所慎：齋、戰、疾。」[61]齋為「祭祀」，戰為「戰爭」，祭祀為取信於神，戰爭為取忠於民，呂祖謙所言確實無誤。第三段為「忠之屬也」，原文如下：

言亦是忠之一端耳，觀此數條，亦似迂闊而不切于戰，然以理論之，可謂得其要處，大抵得民之心，便是得軍心，然莊公素不達此，何故便能悟其言，蓋劌自前面鋪敘有來歷，所以見得明白。[62]

呂祖謙於此段中已明示曹劌連問魯莊公三項問題，絕非物質上的贈與與祭祀，而是人民對君主是否具有向心力，「忠之一端耳」便是表明是由人民對魯莊公，而非魯莊公對人民，得其民心便得其軍心，民忠可以戰。第四段為「齊師敗績，公將馳之，劌曰未可，下視其轍，登

60 〔清〕阮元校刊：《十三經注疏・左傳》，頁110。
61 〔清〕阮元校刊：《十三經注疏・論語》（臺北市：藝文印書館，1979年3月），頁61。
62 〔宋〕呂祖謙：《左氏傳續說》，卷3。

軾而望之」之處，乃論述曹劌於戰場時的形象：

> 軾是中車之軾板，劌所以登軾而望之者，蓋軍敗有兩般；有果敗者、有詐敗者；詐敗者旗雖亂，而行伍進退之節初未嘗亂，乃是變陣，特偽亂旗以誤敵耳，自非真知兵法者不能識之，劌正恐齊人復有變陣，設伏兵以誤我，故登軾而望之，故曰：「夫大國難測也，懼有伏焉，吾視其轍亂，望其旗靡故逐之。」[63]

上述所言，呂祖謙論戰時曹劌之形象以「真知兵法者」形容，因敵軍敗退有兩種現象，一為真敗，二為詐敗，曹劌於戰時相當慎重，因此需仔細觀察戰況才能追擊，據此曹劌形象是有謀又慎重的軍事家。綜合呂祖謙上述四段論述的曹劌形象，曹劌為重視國家、重視團結、有謀且慎的軍事家。

《左氏博議》論曹劌形象曰：

> 齊魯戰長勺，士蔿諫晉侯伐虢，迂儒之論，每為武夫所輕，鉦鼓震天，旌旗四合，車馳轂擊，百死一生，而迂儒曲士乃始緩視闊步，誦詩書談仁義，于鋒鏑矢石之間，宜其取踞牀溺冠之辱也，魯莊公與齊戰于長勺，兩軍相望此為何時，而以聽獄用情，對曹劌之問戰，何其迂闊而遠事情耶是言也，持以語宋襄陳餘則見許矣，語孫武吳起則見侮矣，彼曹劌遽以一戰許之意者，亦迂儒曲士之流歟，觀其從莊公戰，以我之盈乘齊之竭，以我之整逐齊之亂，機權韜畧與孫武吳起並驅爭先，初非宋襄陳餘儕匹也，使莊公之言誠迂闊而不切事情，豈足以動劌之聽

63 〔宋〕呂祖謙：《左氏傳續說》，卷3。

耶，其所以深賞而亟許之者殆必有說也，馬之所以不敢肆足者，銜轡束之也，臣之所以不敢肆意者，法制束之也，銜轡敗然後見馬之真性，法制弛然後見民之真情，困之不敢怨虐之，不敢叛者劫于法制耳，大敵在前搶攘駭懼，平日之所謂法制者，至是一日渙然而解散矣，法制既散，真情乃出，食馬之恩、羊羹之怨，恩恩怨怨各肆其情以報其上，苟非暇豫之時，深感固結于法令之外亦危哉，況人之易感而難忘者，莫如窘辱怵迫之時，子羔為衛政刖人之足，子羔走郭門，刖者守門曰：「于此有室！」子羔入追者罷，子羔將去謂刖者曰：「吾親刖子之足，此乃予報怨之時也，何故逃我？」刖者曰：「君之治臣也，先後臣以法，欲臣之免于法也，臣知之獄決罪定，臨當論刑，君愀然不樂見于顏色，臣又知之此臣之所以脫君也。」蓋人之方在縲絏之中，錙銖之施視若金石，毛髮之惠視若丘山，子羔一有司，耳徒有哀矜之意，初無哀矜之實，其遇寇難人猶且報之，若是況莊公君臨一國，小大之獄皆必以情，及其遇寇人之思報，豈子羔比耶，獄死地也，戰亦死地也，昔居死地常受其賜，今安得不赴死地，以答其賜哉。民既樂為之死，則陷堅卻敵特餘事耳，莊公之言吾見其切而不見其迂也，吾嘗論古人之言兵，與後人之言兵，皦然不同，曹劌問何以戰，公始對以惠民，劌不以為然，則對以事神，劌又不以為然，則對以聽獄，三答曹劌之問略無片言及于軍旅形勢者何耶？蓋有論戰者有論所以戰者，軍旅形勢者戰也，民心者所以戰也，二者猶涇渭之不相亂，河濟之不相涉，問所以戰而答之以戰，是問楚而答燕也。晉士蔿諫晉侯伐虢亦曰：「虢公驕若驟勝，必棄其民，夫禮樂慈愛，戰所畜也。虢弗畜也。」亟戰將饑，當時之論兵者每如此，魯莊公晉士蔿，在春秋時未嘗以學術著名，

> 而所論鈎深致遠得戰之本，豈非去古未遠，人人而知此理耶？唐柳宗元號為當代儒宗，其論長勺之役乃謂徒以斷獄為戰之具，吾未之信，乃歷舉將臣士卒地形之屬，宗元之所言，皆所謂戰而非所以戰也，吾視以知春秋之時，雖不學之人一話一言有後世文宗巨儒所不能解者也，况當時所謂有學術者耶？況上而為三代為唐虞者耶？新學小生區區持私智之蠡，而欲測古人之海，妄生譏評，聚訟不已，多見其不知量也。[64]

呂祖謙此文必須分為兩段論述，一、曹劌是否為迂儒？呂祖謙認為「曹劌問戰于莊公」與「士蔿諫晉侯伐虢」，往往使人覺得所談論內容與戰爭無關，只是迂儒論仁義而已，「獄訟以情」更與戰爭毫無關聯，迂儒一詞用於「宋襄陳餘」確實如此，但用在「孫武、吳起」上則是汙辱，曹劌是否也為迂儒之流，則必須由「長勺之戰」而論。呂祖謙論「長勺之戰」時曹劌以「我之盈乘齊之竭，以我之整逐齊之亂」，此戰略與孫武、吳起並駕齊驅，真正迂闊而不切實際者應是魯莊公，魯莊公以「惠民」、「祭祀」回答曹劌時，曹劌不以為然，直到魯莊公提及「獄訟以情」時曹劌才同意一戰，為何曹劌會有如此反應，呂祖謙引「子羔為衛政刖人之足」一事，說明獄訟以情能使百姓為其賣命，因此曹劌是注重民心的戰略家。二、曹劌是否知戰之本？呂祖謙於文中直接否定柳宗元的論斷，柳宗元於《柳河東・問戰》中，認為戰爭之本為兵力、地形、人數、練兵等等，曹劌以獄訟判斷可否一戰，柳宗元並不採信，呂祖謙認為曹劌時期的戰略考量與後世的並不相同，以「士蔿諫晉侯伐虢」為證，二者皆以民心為準。戰略考量應分為兩類，一為重軍旅形勢，二為重民心，兩者本就不同不能相提

64 〔宋〕呂祖謙：《左氏博議》（上海市：人民出版社，文淵閣四庫全書），卷8。

並論，因此呂祖謙肯定曹劌，乃是「善謀略」、「重民心」的軍事家。

綜合呂祖謙二書所言，曹劌形象為「忠誠」、「重團結」、「重民心」、「善謀略」，給與曹劌正面評價。

9 葉適

南宋葉適於《習學記言》一書中論及曹劌形象，曰：

> 遷言訪曹沫以匕首劫齊桓公，遂與沫三敗所亡地此事《公羊》先見，按《左氏》魯莊公九年納糾敗于乾時，幾獲十年有長勺之勝，劌實主之，齊猶未已。與宋次乘丘，公子偃敗宋師，十三年北杏之會，齊將稱霸，其冬魯乃會盟于柯，是三戰而再勝未嘗失地，三年不交兵何用要劫？二十三年曹劌復諫觀社，詳其前後詞語，豈操匕首于壇坫之間者耶？意當時處士謂劌自鄉人拔起有功業，宗主之不以為德，而以為刺習俗之陋，何獨後世可哀也已。[65]

葉適認為曹劌三戰三敗之說出自於《公羊傳》，並以《左傳》為證，魯國自乾之戰後，未曾敗戰於齊，魯國未曾失地又何須劫桓公，又以莊公二十三年「莊公如齊觀社」為證，認為曹劌的不可能為刺客，當時記錄「莊公如齊觀社」曹劌勸諫，乃是說明魯莊公雖為一國之主，卻不以德治國，凸顯魯莊公的無能而已，葉適否定《史記》曹劌為刺客一說。

10 周必大

南宋周必大於《文忠集》一書論及曹劌形象，曰：

---

65 〔宋〕葉適：《習學記言》（上海市：人民出版社，文淵閣四庫全書），卷19。

> 某聞戰以勝為主，然所以致勝者蓋有二道，下得民心上符天意是謂必勝之理，將帥智勇甲兵犀利是謂必勝之具，以必勝之理濟必勝之具，不戰則已戰，則無敵于天下者帝王是也，恃其將帥甲兵置民心天意而不問，雖或幸勝終亦必敗者秦隋是也，春秋之時固不及帝王之盛，然其遺風猶有序者，觀曹劌之問莊公之對，始欲加民以惠，次欲事神以信，終欲察獄以情，得民得天庶或兩盡，然後因曹劌之謀而用其將帥甲兵之力，齊師雖眾能勿敗乎？厥後僖公遵先烈而定淮夷，魯人作泮宮之詩，美之其三章曰：「魯侯戾止，在泮飲酒，既飲旨酒，水錫難老，順彼長道，屈此群醜。」此言得人情而後可以成功，即莊公惠徧民從之義也。其四章曰：「允文允武，昭假烈祖，靡有不孝，自求伊祜。」此言合神聖而後可以獲祐，即莊公信乎神福之義也。其五章曰：「矯矯虎臣，在泮獻馘，淑問如皋陶，在泮獻囚。」此又言以情察大小之獄，然後能成其功也。此二公者，時雖不同而先後之序若合符節其戰勝之良法歟。[66]

周必大認為戰爭的主要目的就是戰勝，若要戰勝則必須同時具備兩項要素，一為「下得民心上符天意是謂必勝之理」，二為「將帥智勇甲兵犀利是謂必勝之具」，若同時具備兩項要素，戰前便能知勝敗，若不顧民心及天意，雖因運氣而勝，但此勝不會長存，此戰勝之法雖春秋時期不及周武王時期，但此風依然存在，曹劌問戰魯莊公先以惠民回答，於後以祭祀回答，最終以獄訟回答，符合「下得民心上符天意」，曹劌於長勺之戰時的戰略，符合「將帥智勇甲兵犀利」，齊國焉能不敗？周必大引《詩經．泮水》僖公之事為證，認為「魯侯戾止，

66 〔宋〕周必大：《文忠集》（上海市：人民出版社，文淵閣四庫全書），卷159。

在泮飲酒，既飲旨酒，水錫難老，順彼長道，屈此群醜。」[67]與惠民相符；「允文允武，昭假烈祖，靡有不孝，自求伊祜。」[68]與祭祀相符；「矯矯虎臣，在泮獻馘，淑問如臯陶，在泮獻囚。」[69]與獄訟相符，二公雖有前後之差，但成其功業之法確實相同，因此周必大所言的曹劌，則是「智勇雙全」的軍事家，給與曹劌正面的評價。

11 家鉉翁

家鉉翁於《春秋集傳詳說》一書論及曹劌形象，曰：

> 十年春，王正月，公敗齊師于長勺。此敵讎也，讎伐我而敗之，我之所得為也，《左氏》詐戰之例本不可用，而況以此施之敵讎之師乎？胡氏曰：「齊師伐魯，經不書伐，責魯也。詐戰為敗，敗之者為主，故書魯為主以責之。」愚謂胡氏以《左氏》記事之常辭而律《春秋》經世之大法，非聖人意也。齊于魯為不共戴天之讎，魯莊孱不能報，更為之納亡公子焉？此《春秋》所為甚閔，欲其自強而不可得者也，乾時敗歸齊人得志，取子糾而殺之，魯復不敢校，而桓公挾其殺糾之餘怒，以兵加魯，魯之師直，桓之師曲，《春秋》書法坦然易見也。幸魯有君子曰曹劌，明義正色與之爭，于是有長勺之勝，《春秋》幸魯莊能與讎國為敵而又勝之，書曰：「公敗齊師于長勺。」喜之也，胡氏乃律以詐戰之例，謂《春秋》有責于魯，吁曹劌陳，義如此謂之詐可乎？書法如此謂之貶可乎？明于復讎大義者，而後可語之以此讎雖殞讎國，無時而可忘也。自是

67 〔清〕阮元校刊：《十三經注疏・詩經》，頁768。
68 〔清〕阮元校刊：《十三經注疏・詩經》，頁768。
69 〔清〕阮元校刊：《十三經注疏・詩經》，頁769。

> 魯及齊宋三戰三勝，春秋皆以直敗書直敗者，僅能郤而去之耳，必如傳例是三戰皆及其未陳無是理也。蓋大崩曰敗績，小勝則書曰敗某師。[70]

家鉉翁論《春秋》所記「十年春，王正月，公敗齊師于長勺。」乃齊國報復魯國而被魯國所敗，更認為《左傳》莊公十一年「未陳曰敗」與長勺之戰記錄不能相符，因此詐戰之說不能採信，其後引胡安國「責魯詐戰」之說，直言《春秋》書法並非聖人之意，具史料記載，齊魯二國有不共戴天之仇，魯莊公無法報殺父之仇，又被逼迫殺害公子糾，因此《春秋》記載此事之目的乃是說明「長勺之戰，齊曲魯直」。然而魯國有正仁君子曹劌與齊國對抗，才得以在長勺之戰戰勝齊國，因此「公敗齊師于長勺。」是書《春秋》者愉悅的口氣，因此胡安國詐戰之說不足以採信，是魯國於莊公十年至莊公十二年，共有三次戰勝記錄，《春秋》皆直接以「敗」書之，若是真如胡安國所說，魯國三次戰役皆為詐戰，此說相當不合理，因此《春秋》書法應為「大崩曰敗績，小勝則書曰敗某師」。由上述可見，家鉉翁認為曹劌乃是正仁君子，亦是魯國英雄，非胡安國所言的奸詐小人，給予曹劌正面的評價。

12 真德秀

宋代真德秀於《文章正宗》中，論及曹劌形象於〈齊策六‧燕功齊取七十餘城〉，真德秀於原文「士民見公如見父」直至此篇之終，只單純以「此下云云皆誘惑燕將之辭，非事實也。」[71]總結而論，可

---

70 〔宋〕家鉉翁：《春秋集傳詳說》（上海市：人民出版社，文淵閣四庫全書），卷159。

71 〔宋〕真德秀：《文章正宗》（上海市：人民出版社，文淵閣四庫全書），卷6。

見真德秀認為魯連書此文所言，皆不足以採信，文中述之曹劌劫桓公之處亦不得信，據此真德秀否定魯連所述之形象與事件。

13 趙與權

元代程端學於《三傳辨疑》引南宋趙與權之說，曰：

> 存耕趙氏曰：「長勺之役，劌與莊公言戰，如彼詳緩觀社之行，劌諫莊公之辭，根據義理，必非懷利以僥倖者，且乾時敗績，安有城壞壓境之事，汶陽之取，何所據而云：『爾邪』。」[72]

趙與權認為《左傳》莊公十年「曹劌問戰於莊公」與莊公二十三年「莊公如齊觀社」，二事中曹劌形象可以相符，證明曹劌並非懷利而僥倖者，且齊魯之間對戰只有「乾之戰」時戰敗，「城壞壓境、汶陽之取」並無根據，因此刺客之說是為妄說。

14 陳深

南宋陳深於《讀春秋編》一書中論及曹劌形象，曰：

> 《傳》例皆陣曰戰，未陣曰敗，今不先書戰而書敗，惡詐戰也。蓋及其未陣以計勝之，敗齊師者僥倖耳。[73]

陳深以莊公十一年「皆陣曰戰，未陣曰敗」為依據，因此《春秋》記載「公敗齊師于長勺」乃是記載魯國詐戰，齊國於未列陣時受魯國擊

72　〔元〕程端學：《三傳辨疑》，卷5。

73　〔宋〕陳深：《讀春秋編》（上海市：人民出版社，文淵閣四庫全書），卷3。

敗，魯敗齊只是僥倖而已。陳深所述曹劌形象為詐戰的「狡詐」之人。

15 王應麟

南宋王應麟論曹劌形象記錄於黃震《黃氏日抄》一書中，曰：

> 《左氏》載曹劌問戰諫觀社，藹然儒者之言，《公羊》乃有盟，柯之事太史公遂以曹沫列為刺客之首，此戰國之風，春秋初未有此習也，此游士之虛語，而燕丹之用荊軻，欲以齊桓待秦政，不亦愚乎。[74]

王應麟認為《左傳》所記錄的曹劌言論，具有儒者風範，而曹劌為刺客形象源出於《公羊傳》，而後司馬遷便以曹劌列為刺客之首，然刺客之風應出自戰國時期，春秋並無此風，因此曹劌為刺客之說為戰國游士的虛詞，而《戰國策‧燕策‧燕太子丹質於秦亡歸》中太子丹以曹劌為例一詞更是愚而不實。王應麟採信《左傳》所記錄的曹劌形象，以「儒者之言」說明曹劌的正面形象。

16 黃震

南宋黃震於《黃氏日抄》一書論及曹劌形象，曰：

> 《公羊》謂不背曹沫之盟者也，然此戰國之說也，齊威方以禮合諸侯，寧有是事《春秋》之所不書，不可信也。[75]

---

74 〔宋〕王應麟：《黃氏日抄》（上海市：人民出版社，文淵閣四庫全書），卷31。

75 〔宋〕黃震：《黃氏日抄》（上海市：人民出版社，文淵閣四庫全書），卷31。

黃震認為《公羊傳》所記載「桓公之信著乎天下」此說乃戰國後世之論，齊桓公以「禮」九合諸侯，並非以「信」及「不怨」，若此事真有發生，《春秋》定會記載，據此《公羊傳》之說不足為信。

綜合此節所言，各家論曹劌形象，筆者以下表呈現：

宋代學者所論曹劌形象總表

<table>
<tr><th>朝代</th><th>注者</th><th>注書</th><th>引用</th><th>莊公十
（長勺之戰）</th><th>莊公十三
（柯之盟）</th><th>莊公二十三
（如齊觀社）</th></tr>
<tr><td>北宋</td><td>劉敞</td><td>杜預注</td><td>左傳</td><td>否定史料</td><td></td><td></td></tr>
<tr><td colspan="7">否定：杜預「齊人雖成列，魯以權譎稽之，列成而不得用，故以未陳為文。」非也。
原因：要是傳所據者，當時雜記，妄出曹劌及戰事耳，不足以為據。</td></tr>
<tr><td>北宋</td><td>崔子方</td><td>春秋</td><td>左傳・莊公十一年</td><td>（負面）：
狡詐</td><td></td><td></td></tr>
<tr><td colspan="7">原因：凡言敗某師者，未得乎戰也，詐戰也不正。</td></tr>
<tr><td>北宋</td><td>孫覺</td><td>穀梁傳
公羊傳</td><td>趙匡
春秋</td><td>否定史料</td><td>否定史料</td><td></td></tr>
<tr><td colspan="7">否定：《穀梁傳》曰：「不日疑戰也。」按《春秋》不以日月為例，詳略因舊史爾，疑戰之例不通也。
否定：《公羊》載曹劌劫盟之事，《經》無其事未可遽信，趙子曰：「其事迹既妄又不可以訓。」</td></tr>
<tr><td>北宋</td><td>張方平</td><td>左傳
國語</td><td></td><td>（正面）：
愛民</td><td></td><td></td></tr>
<tr><td colspan="7">原因：「小大之獄雖不能查，必以情。」劌曰：「此可以一戰。」蓋謂其重人命也。</td></tr>
<tr><td>北宋</td><td>陸佃</td><td>鶡冠子</td><td></td><td></td><td></td><td></td></tr>
<tr><td colspan="7">原因：正德之人，誠信素明，則將無與魯地而誅沬矣，何足貴乎？</td></tr>
<tr><td>北宋</td><td>蘇轍</td><td>公羊傳</td><td>左傳</td><td>（正面）：
知義</td><td>否定史料</td><td></td></tr>
</table>

<table>
<tr><th>朝代</th><th>注者</th><th>注書</th><th>引用</th><th>莊公十
（長勺之戰）</th><th>莊公十三
（柯之盟）</th><th>莊公二十三
（如齊觀社）</th></tr>
<tr><td colspan="7">否定：《公羊傳》三戰三敗之說；「柯之盟」應不是重要的會盟。
原因：沫蓋知義者也，而肯以其身為刺客之用乎？</td></tr>
<tr><td>北宋</td><td>胡安國</td><td>春秋</td><td></td><td>（負面）：
狡詐</td><td></td><td></td></tr>
<tr><td colspan="7">原因：齊師伐魯，經不書伐意責魯也，詐戰曰敗，敗之者為主。……故書魯為主以責之，皆已亂之道，寡怨之方，王者之事也。</td></tr>
<tr><td>南宋</td><td>趙鵬飛</td><td>春秋</td><td>春秋・桓公十一年</td><td></td><td></td><td></td></tr>
<tr><td colspan="7">原因：公敗齊師於長勺，無詞來伐，故以偏敗為文，內外異體，戰敗名而曲直。</td></tr>
<tr><td>南宋</td><td>葉夢得</td><td>公羊傳
穀梁傳
左　傳</td><td>左傳</td><td>否定史料
否定史料</td><td>否定史料
否定史料</td><td>忠</td></tr>
<tr><td colspan="7">否定：觀劌始見莊公論戰，蓋近于知義者，非刺客一夫之勇與沫事不類；柯盟之後，未再與齊交兵，亦安得有三戰復地之事，二者皆無實，此蓋六國之辯士假託之言無足取信。</td></tr>
<tr><td>南宋</td><td>鮑彪</td><td>戰國策</td><td></td><td></td><td>（正面）：
善謀略、
忠</td><td></td></tr>
<tr><td colspan="7">原因：此霸者之事，欲興霸則可責以義，故沫與魯君計言此。</td></tr>
<tr><td>南宋</td><td>綦崇禮</td><td>左傳
國語</td><td></td><td>（正面）：
知安國之道、重團結</td><td></td><td></td></tr>
<tr><td colspan="7">原因：大小之獄必以情，庶幾乎聖人之用心，其於得民也何有以是而用其人戰，豈有不勝者？</td></tr>
<tr><td>南宋</td><td>程俱</td><td>左傳
國語</td><td>詩經・車攻</td><td>（正面）：
重士氣</td><td></td><td></td></tr>
<tr><td colspan="7">原因：惠信孚於上下，刑賞當於人心，則人悅服，則士氣振，士氣振則赴功徇國，忘軀衛上之心生矣。</td></tr>
</table>

<table>
<tr><th>朝代</th><th>注者</th><th>注書</th><th>引用</th><th>莊公十
（長勺之戰）</th><th>莊公十三
（柯之盟）</th><th>莊公二十三
（如齊觀社）</th></tr>
<tr><td>南宋</td><td>鄭樵</td><td>左傳
國語
管子
史記</td><td></td><td>（正面）：
忠</td><td>（正面）：
忠</td><td>（正面）：
忠</td></tr>
<tr><td colspan="7">原因：莊公十年採《左傳》、《國語》，莊公十三年採《管子》、《史記》，莊公二十三年採《左傳》、《國語》。</td></tr>
<tr><td>南宋</td><td>員宗興</td><td>史記</td><td>穀梁傳</td><td></td><td>（負面）：
狡詐</td><td></td></tr>
<tr><td colspan="7">原因：曹沫之事不足書也，以千乘之相而躬匹夫之行，此宜匹夫稱之也。</td></tr>
<tr><td>南宋</td><td>呂祖謙</td><td>左傳</td><td>周禮</td><td>（正面）：
重團結、重國家、有慎有謀</td><td></td><td></td></tr>
<tr><td colspan="7">否定：宗元之所言，皆所謂戰而非所以戰也，吾視以知春秋之時，雖不學之人一話一言有後世文宗巨儒所不能解者也，況當時所謂有學術者耶？
原因：蓋有論戰者有論所以戰者，軍旅形勢者戰也，民心者所以戰也，二者猶涇渭之不相亂，河濟之不相涉。</td></tr>
<tr><td>南宋</td><td>業適</td><td>公羊傳</td><td>左傳</td><td></td><td>否定史料</td><td></td></tr>
<tr><td colspan="7">否定：三戰而再勝未嘗失地，三年不交兵何用要劫？二十三年曹劌復諫觀社，詳其前後詞語，豈操匕首於壇坫之間者耶？</td></tr>
<tr><td>南宋</td><td>周必大</td><td>左傳</td><td>詩經・畔水</td><td>（正面）：
智勇雙全</td><td></td><td></td></tr>
<tr><td colspan="7">原因：曹劌之問莊公之對，始欲加民以惠，次欲事神以信，終欲察獄以情，得民得天庶或兩盡，然後因曹劌之謀而用其將帥甲兵之力，齊師雖眾能勿敗乎？</td></tr>
<tr><td>南宋</td><td>家鉉翁</td><td>左傳</td><td>胡安國</td><td>（正面）：
君子</td><td></td><td></td></tr>
<tr><td colspan="7">否定：愚謂胡氏以《左氏》記事之常辭而律《春秋》經世之大法，非聖人意也。</td></tr>
</table>

<table>
<tr><th>朝代</th><th>注者</th><th>注書</th><th>引用</th><th>莊公十
（長勺之戰）</th><th>莊公十三
（柯之盟）</th><th>莊公二十三
（如齊觀社）</th></tr>
<tr><td colspan="7">原因：桓公挾其殺糾之餘怒，以兵加魯，魯之師直，桓之師曲，《春秋》書法坦然易見也。幸魯有君子曰曹劌，明義正色與之爭，於是有長勺之勝。</td></tr>
<tr><td>南宋</td><td>真德秀</td><td>戰國策</td><td></td><td></td><td>否定史料</td><td></td></tr>
<tr><td colspan="7">否定：此下云云皆誘惑燕將之辭，非事實也。</td></tr>
<tr><td>南宋</td><td>趙與權</td><td>公羊傳</td><td>左傳</td><td></td><td>否定史料</td><td></td></tr>
<tr><td colspan="7">否定：劌與莊公言戰，如彼詳緩觀社之行，劌諫莊公之辭，根據義理，必非懷利以僥倖者。</td></tr>
<tr><td>南宋</td><td>陳深</td><td>左傳</td><td>左傳・莊公十一年</td><td>（負面）：
狡詐</td><td></td><td></td></tr>
<tr><td colspan="7">原因：《傳》例皆陣曰戰，未陣曰敗，今不先書戰而書敗，惡詐戰也。</td></tr>
<tr><td>南宋</td><td>王應麟</td><td>史記</td><td>左傳</td><td></td><td>否定史料</td><td></td></tr>
<tr><td colspan="7">否定：柯之事太史公遂以曹沫列為刺客之首，此戰國之風，春秋初未有此習也，此游士之虛語。</td></tr>
<tr><td>南宋</td><td>黃震</td><td>公羊傳</td><td>春秋</td><td></td><td>否定史料</td><td></td></tr>
<tr><td colspan="7">否定：《公羊》謂不背曹沫之盟者也，然此戰國之說也，齊威方以禮合諸侯，寧有是事《春秋》之所不書，不可信也。</td></tr>
</table>

於上表整理中，共有三種現象呈現：一、上表二十三位宋代學者中，自劉敞否定杜預注開始，共有九位學者否定「曹劌劫桓公」之事；二、認為曹劌形象為「狡詐」的學者，人數減少至四位；三、八位學者給與曹劌正面的評價；筆者於下逐一分析。

宋代學者自劉敞開始，諸多學者否定曹劌為刺客的形象，否定的原因可分為兩類，第一類為「春秋無記，故無此事」，以此說否定史料者為劉敞、孫覺、蘇轍、葉適、王應麟、與黃震六位學者，但此說令筆者難以採信，依據《春秋》為魯國史料，而「長勺之戰」與「柯之盟」乃齊魯二國發生之事，因此以魯史未述而否定史料，史料完整性無法全面，筆者認為有必要重新審視；第二類為「曹劌形象，各史書所述不一」，以此支持《左傳》曹劌形象而否定其餘史書者為蘇轍、葉夢得、真德秀及趙與權四位學者，筆者認為《左傳》與《國語》二書雖相符合，但上章筆者所列，曹劌共出現於十本史料當中，以二書否定其餘史料，難以使筆者信服。總和以上兩類，筆者發現有一共同之處，此共同處為歷代學者否定曹劌為刺客之說，主要目的是使曹劌形象趨於單一化，而各史書所論形象差異，導致學者必須否定某一方才能得以詮釋，但筆者認為分析史料必須全面性檢視，才能了解曹劌形象是否真有差異。

認為曹劌形象為「狡詐」者，自宋代以來已漸漸成為少數，第一位提出曹劌詐戰之說的杜預亦受到宋代學者否定，但此時學者提出《左傳》中，記錄曹劌「詐戰」的有利史料，源於《左傳》莊公十一年：「敵未陣曰敗某師。」此說由唐代孔穎達為第一位提出此事者，而後宋代則由崔子方所提出，之後胡安國與陳深依據此說認定曹劌詐戰，對此現象筆者懷疑「敵未陣曰敗某師。」一詞是否真為《左傳》原文，視莊公十一年原文：

> 十一年，夏，宋為乘丘之役故，侵我，公禦之，宋師未陳而薄之，敗諸鄑，凡師，敵未陳曰敗某師，皆陳曰戰，大崩曰敗績，得儁曰克，覆而敗之曰取某師，京師敗，曰，王師敗績于某。[76]

由上文所見，宋國伐魯於乘丘，魯莊公處於抵禦的狀態，然而宋國之師自己未列陣而且兵力薄弱，因此被魯國擊潰，在此文句上可見「未

76 〔清〕阮元校刊：《十三經注疏．左傳》，頁152。

陣而敗」並非魯國的奇襲，而是宋國自身的問題，其後便是「敵未陳曰敗某師」等體例，宋軍自身準備不足而被擊潰並非因為魯國詐戰所導致，因此魯國詐戰之說並不合理，再者若「長勺之戰」魯國當真詐戰，為何不於莊公十年時便書於文後，此兩項懷疑令筆者難以採信莊公十一年所記「敵未陣曰敗某師。」之體例，現今仍無法證明此體例之來源，只能說某些學者以此為據。

宋代曹劌正面形象大於負面，筆者於上表所呈現之正面形象乃是粗略所分，筆者再進一步整理認定正面形象可分為三時段四分類，第一時段乃莊公十年，此時段共有三種形象，第一類形象為「知義」，認定曹劌有此形象者共有蘇轍及家鉉翁兩位，二者皆認為曹劌於莊公十年時為魯國出力，主要原因為「齊曲魯直」，曹劌見國家有難，因此替魯莊公測謀劃計；第二類則為「智」，認定曹劌有此形象者共綦崇禮、程俱、呂祖謙、周必大四位，四者皆認為「獄訟以情」是提振國家士氣的最佳手段，以人民的團結作為得勝的利器，此為優秀的戰略方針；第三類則比較特殊，張方平認為「獄訟以情」是以「重人命」為考量並不牽涉戰略的問題，筆者認為是可列入考慮，但張方平所言尚淺，參考價值並不大。第二時段為莊公十三年，此處必須先提出一種現象，宋代直述莊公十三年「柯之盟」曹劌形象者極為少數，在少數中否定史料者又佔十分之七，給與曹劌正面評價者唯獨鮑彪及鄭樵，二者認為曹劌劫齊桓公乃是出於忠心，雖鮑彪言「則可責以義」，但筆者認為若非曹劌之忠，「責以義」的決策便不會出現，因此筆者將鮑彪所言列為此類。第三時段則為莊公二十三年，論此時段曹劌形象者，唯獨葉夢得與鄭樵二位，筆者將此歸類於忠，原因為曹劌若非忠臣，便不會以禮勸戒魯莊公，因此葉夢得雖以「知禮」為形象，亦須歸類為忠的層面。

綜合上述筆者分析，可得知宋代學者多數否定曹劌為刺客之說，一反東漢至唐代學者對曹劌的既定印象，曹劌形象漸趨正面，但史料的依據卻有偏頗，《左傳》史料明顯受到重視，雖認定曹劌形象為正面，但難以說服筆者全面採信，據此史料仍需重新檢視。元代至明代學者論述曹劌形象，由下節述之。

第三節　元代至明代學者所論曹劌形象

元代至明代論述曹劌形象學者人數漸緩，據筆者統計，元代只有四位學者提出看法，明代則有七位，總人數十一位，因此筆者將此時段合於一節，先論元代學者所述。

（一）元代

1 金履祥

元代金履祥於《御批資治通鑑綱目》論及曹劌形象，曰：

> 履祥按此，齊桓修納糾之怨也，魯事齊讐為所弱矣，至是曹劌用而始勝齊，然魯之用奇，自是始《春秋》書敗齊師，書其實亦以示貶也。[77]

金履祥認為「長勺之戰」齊國伐魯，主要的原因為魯國接納公子糾，然而魯國弱於齊國，而曹劌以奇襲而使齊師戰敗，因此《春秋》書「敗齊師」以示貶意，魯國詐戰由此可見，謀略者曹劌乃是「狡詐」的形象。

77〔元〕金履祥：《御批資治通鑑綱目》（上海市：人民出版社，文淵閣四庫全書），卷10。

2 程端學

元代程端學論曹劌形象可分為三書二事，三書乃《春秋本義》、《程氏春秋或問》及《三傳辨疑》，二事則為莊公十年「長勺之戰」及莊公二十三年「公如齊觀社」二事。莊公十年「長勺之戰」論述於下。

程端學於《春秋本義》論述莊公十年「公敗齊師于長勺」，文中開始便引隱公十年為證，曰：「不書伐而書敗某師，書法與隱十年公敗宋師于管同，後不復解。」[78]其後引杜預注及《左傳》原文，曰：「未詳信否。」此說似乎毫無根據，於末文又引趙與權之說曰：「小白報乾時之役也，魯師敗矣，子糾殺矣，亦可以已乎愚，謂魯亦有以召之其幸，而勝不足論也。義又見隱二年鄭伐衛。」[79]程端學引隱公十年「公敗宋師于管」，此事件與「公敗齊師于長勺」唯一相同之處獨「公敗……師于……」之《春秋》書法，但事件本身並不符合，於後又引趙與權之說，趙與權引隱公二年「鄭人伐衛」為證，「鄭人伐衛」之主因起於隱公元年，《左傳》原文如下：「鄭，共叔之亂，公孫滑出奔衛，衛人為之伐鄭取廩延。」[80]於次年「鄭人伐衛，討公孫滑之亂。」[81]衛國於隱公元年時，假借平定鄭國動亂，佔取鄭地廩延，引發鄭國不滿，因此於次年討伐衛國以報共叔之亂時佔地之仇，此說恰與莊公九年齊魯二國「戰于乾」事件近似，齊國認為魯國假借送公子糾回國之名，實則為佔取齊國西半部土地，因此長勺之戰為報乾時之仇。據此程端學於文始便以體例而論，最後引趙與權判斷事件緣由

78 〔元〕程端學：《春秋本義》（上海市：人民出版社，文淵閣四庫全書），卷7。

79 〔元〕程端學：《春秋本義》，卷7。

80 〔清〕阮元校刊：《十三經注疏・左傳》，頁40。

81 〔清〕阮元校刊：《十三經注疏・左傳》，頁42。

之法為終，可謂體例與事件相合之法，魯國因曹劌智謀而勝，並非魯國有能力戰勝齊國，長勺之戰曹劌以「智」保其國土。於《程氏春秋或問》則曰：

> 或問曰：公敗齊師于長勺先儒皆謂詐戰，然乎曰不然也，此《左氏》、《穀梁》凡例之弊也，經書敗某師者矣，豈皆詐戰者乎？《左氏》于十一年，公敗宋師于鄑，當曰：「凡敵未陳者敗某師，皆陳曰戰」，既為之凡例矣，又必撰其詐戰之事以實之，今此《左氏》既曰齊師伐我，公將戰，用曹劌之言，齊三鼓魯一鼓則是皆陳而非詐戰明矣，何以又書曰公敗齊師乎？此《左氏》自相矛盾者也，至《穀梁》則以不日為疑戰，又其謬之尤者，先儒鑒此，亦可少變而求之《春秋》之本義矣，而又不察而踵其弊焉，可嘆也已。[82]

程端學認為《左傳》於莊公十一年書體例「敵未陳者曰敗某師。」不足採信，若此例可於《左傳》全文通用，又何必書「宋師未陳而薄之，敗諸鄑。」且《左傳》莊公十年時，記錄「公將戰，用曹劌之言，齊三鼓魯一鼓。」已直言齊魯二軍皆已列陣，何來未陣而詐戰？此為《左傳》記錄中自相矛盾之處。《穀梁傳》以「不日為疑戰」更是荒謬，之前儒者有此詐戰之說，皆是不追求《春秋》本義，後世學者更不察而支持其說。

莊公二十三年「莊公如齊觀社」，程端學於《春秋本義》曰：

> 朱子曰：「社者主神。」《左氏》曰：「公如齊觀社，非禮也。

82 〔元〕程端學：《程氏春秋或問》（上海市：人民出版社，文淵閣四庫全書），卷3。

曹劌諫曰：『不可！夫禮所以整民也，故會以訓上下之則，制財用之節，朝以正班爵之義，帥長幼之序，征伐以討其不然，諸侯有王，王有巡守以大習之，非是君不舉矣，君舉必書，書而不法，後嗣何觀？』」愚謂諸侯非王事不出境，且諸侯各有其社舍所事，而觀他國之社已非禮矣，況齊為讎國，又有新婚之嫌，于此見莊公之棄國政，無君父，壞禮法，忘廉恥，縱遊觀臯具見矣。[83]

程端學認為，莊公至齊國觀社為無禮之舉，諸侯除朝會時會出國境，除此之外則須在國內治理事務，並且諸侯之社為獨立祭祀，他國觀禮明顯有違周代禮制，更何況齊國乃魯莊公殺父之仇國，且於《左傳》莊公二十二年所記：「冬，公如齊納幣。」[84]明顯表示魯莊公無視國政、無君無父、敗壞周禮、遺忘廉恥，曹劌直言勸諫乃「知禮」的忠臣。於後則曰：

愚案《左氏》、《魯語》所載，曹劌一時之言，不同而俱有義，故附見焉，獨觀民于社一語，未詳是否。[85]

程端學認為《左傳》與《國語》二書雖為不同史料所載，但內容與意義相似，唯獨「觀民于社」的目的未能解讀。

綜合程端學之說，莊公十年長勺之戰時，魯國幸有曹劌救國，才能使曹劌用智保其國土，而《左傳》莊公十一年「敵未陳曰敗某師」

83 〔元〕程端學：《春秋本義》，卷7。

84 〔清〕阮元校刊：《十三經注疏・左傳》，頁162。

85 〔元〕程端學：《春秋本義》，卷7。

則與莊公十年史事產生矛盾，因此此體例之真實性令人存疑，而《穀梁傳》以不書日而說明魯國詐戰，此說更是荒謬而難以相信；莊公二十三年「莊公如齊觀社」之事，程端學點出《左傳》與《國語》應出於同源，曹劌皆為「知禮」的忠臣；程端學給與曹劌正面良好的評價。

3 楊維楨

元代楊維楨於〈送周處士還山序〉一文中論及曹劌形象，曰：

> 余讀魯莊公之春秋，未嘗曰不義曹劌之為人也，劌非魯之在位大夫也，又非魯之疇人鉅室也，公將與齊戰，在位者亡言而劌出見公開說戰論，劌豈懷利以要君盜名，以奸世乎？魯為齊弱，誠不忍其君將或北而其宗社之或社也，噫使魯在位君子皆如劌之憂，為其君深謀而遠計，魯有不霸乎？[86]

楊維楨認為《左傳》所記錄的曹劌形象並非不義之人，曹劌既非官員，又非皇室大戶，魯國將危之時挺身而出，此種人格必定不是奸邪小人。魯國弱於齊國，在魯國將被齊國奪地時，曹劌為魯莊公分擔憂勞，為魯莊公深謀遠計，若魯國之臣皆如曹劌，必定能成為霸主。楊維楨認為曹劌應是為魯莊公「深謀遠計」的忠臣。

4 鄭玉

元代鄭玉於《春秋闕疑》「公敗齊師於長勺」之處，曰：

> 高氏曰：「公曷為敗齊師，能強也；我因敗績而修備，齊師恃

---

86 〔元〕楊維楨：《東維子集》（上海市：人民出版社，文淵閣四庫全書），卷9。

勝而益驕，是以能敗之，所以齊師之來，不書侵伐，蓋因齊兵入吾境而遂敗之，不待交戰也。」家氏曰：「乾時敗歸，齊人得志，取子糾而殺之，魯復不敢校，而桓公挾其殺糾之餘怒，以兵加魯，魯之師直，桓之師曲，《春秋》書法，坦然易見也。幸魯莊能與讐國為敵而又勝，故書曰：『公敗齊師于長勺。』喜之也。」愚謂《春秋》之法，詐戰曰敗，然魯之敗齊，齊曲魯直，故《春秋》喜魯之勝，非喜其勝也，喜其勝于齊也。[87]

鄭玉引高閌之說，高閌認為齊師於長勺之戰時因自傲而敗給魯師，為何書敗則是齊師剛入境，便遭受挫敗，因此直書敗；於後又引家鉉翁之說，家鉉翁以為長勺之戰「齊曲而魯直」，因此《春秋》筆法言「公敗齊師於長勺」此說，應為書者悅魯國勝仇敵齊國而述之；鄭玉借二人之言而論《春秋》筆法，書《春秋》者因視其魯國敗仇敵齊國，因此喜悅而書「敗」。

(二) 明代

1 丘濬

明代丘濬於《大學衍義補》論「公敗齊師于長勺」，述及曹劌形象之處，原文如下：

臣按曹劌對魯莊公之言，既得用兵之本，復得用兵之法，所謂小惠之未徧，小信之未孚，皆不可以戰，惟察獄以其情，是為

87 〔元〕鄭玉：《春秋闕疑》(上海市：人民出版社，文淵閣四庫全書)，卷7。

> 盡心之忠，如是而後可戰，可謂得戰之本矣。若夫三鼓則氣竭，懼其有伏，必其轍亂旗靡然後逐之，可謂得戰之法矣。其答鄉人之問，而謂肉食者鄙，不能遠謀，是誠天下後世之通患也。噫！食人之祿而不能謀人之事，其人固可鄙矣，所以用其人而不知其人之可鄙者，不亦可鄙之甚哉。[88]

丘濬先述曹劌深刻了解戰爭之本質，乃人民對國君之忠，人民具有忠心才可戰，其次再論戰爭之法，「三鼓則氣竭、懼其有伏必其轍亂旗靡然後逐」都為戰勝之法，然丘濬論此戰之特別之處，則為「肉食者鄙，不能遠謀」，丘濬言「肉食者鄙，不能遠謀」乃為天下之通病，若為臣者食人之祿而不能為國家有所貢獻，說此人鄙確實如此，而魯莊公用曹劌，是為正確的抉擇。丘濬論於此賦予曹劌正面的形象，曹劌不但是「重團結」的忠臣，更是優秀的軍事謀略家。

2 熊過

明代熊過於《春秋明志錄》論及曹劌形象，曰：

> 長勺魯地，經不書齊伐魯，蓋齊兵有涉魯地者，魯潛人潛知而敗之，古者車戰之法，定日刻期兩陣而決之與此說矣，胡氏謂責魯詐謀是也，然欲修文告，但當以假道問之，謂敵加于己者，非事實也。[89]

熊過認為《春秋》不書伐魯，是因為魯國知齊國欲伐自己，因此於齊

---

88 〔明〕丘濬：《大學衍義補》（上海市：人民出版社，文淵閣四庫全書），卷115。

89 〔明〕熊過：《春秋明志錄》（上海市：人民出版社，文淵閣四庫全書），卷3。

國進軍中襲擊，並認為古時候車戰，雙方須講定時間對決，因此熊過認同胡安國魯國詐戰之說，魯國詐戰又以文告說明齊國侵伐魯國，並非依事實而論。熊過同胡安國所言曹劌形象為「狡詐」。

3 陸粲

明代陸粲於《春秋胡氏傳辨疑》論及曹劌形象，曰：

> 長勺之役，曹劌與莊公論戰，其言甚誼而正，至于知彼竭我盈之可克，視轍亂旗靡而逐焉，亦用師之道，當然不可謂之詐，且大敵壓境，國之安危係焉，而曰善陣不戰，是與宋襄之不鼓不成列何異，其不至于敗亡者幾稀矣。[90]

陸粲認為莊公十年「長勺之戰」，曹劌與莊公的對談合乎時宜，且正直無詭，曹劌藉由彼竭我盈之法擊潰齊師，又視齊師轍亂旗靡而追擊，這不能稱作詐戰，胡安國曾言：「善為國者不師，善師者不陣，善陣著不戰」，齊大軍壓境而不陣不戰，與莊公十一年「宋襄之不鼓不成列」的宋師有何區別，皆是讓敵軍宰割的對象，因此胡安國知說不足採信，陸粲所述曹劌形象為「智」。

4 湛若水

明代湛若水於《春秋正傳》論述曹劌形象分為兩段，一為莊公十年「長勺之戰」，二為莊公十三年「柯之盟」，莊公十年曹劌形象如下：

> 正傳曰：「長勺魯地，書公敗齊師于長勺，紀國之大事著應敵

90 〔明〕陸粲：《春秋胡氏傳辨疑》（上海市：人民出版社，文淵閣四庫全書），卷上。

之兵也，何以知之，以地而知之，長勺魯地，齊來加兵而魯禦之也，非取其能敗人也，春秋無義戰，此所謂彼善于此者也，《左氏》曰：……。愚謂此其實傳也，胡氏又有不書齊伐魯責魯之說，有詐戰曰敗之說，殆謂此類歟，又曰或謂長勺魯地而齊師至此，所謂敵加于己，不得已而後應者也，疑若無罪焉，何以見責乎？善為國者不陣，善陣者不戰，故行使則有文告之詞，而疆場則有守禦之備，至于善陣德已衰矣，而況兵刃相接又以詐謀取勝，故書魯為主以責之，皆以亂之道，寡怨之方，王者之事也。愚謂此極致之論，然曹劌與公所言，皆主于忠，至于相時而動，好謀而成，亦兵家之道，未見其有詐謀取勝之跡也，舍是則不為，宋襄陳餘之兵者幾希矣，所謂敗者，敗其兵乃勝之別名耳，詐戰曰敗亦後儒起例之說也。」[91]

湛若水認為《春秋》記錄「公敗齊師于長勺」，由地名便可得知是齊伐魯國，魯國並非以擊敗為目的，而是抵禦外侮，因此《春秋》所記不會以負面評論魯國，曹劌的形象應出自於《左傳》，胡安國所言魯國詐戰，應是以《傳》為依據，湛若水認為曹劌對魯莊公所言內容皆出於「忠」，而「一鼓作氣」之法則是兵家之道，曹劌形象為「智」，並無詐戰的跡象，捨其對抗之心便會毫無作為，如同莊公十一年「公敗宋師於乘丘」宋師未陣而薄，因此《春秋》所謂的「敗」，應是戰勝他國之別名而已，詐戰則是後起的說法。

莊公十三年「柯之盟」所論於下：

冬，公會齊侯盟于柯。正傳曰：「柯者齊之阿邑，書公會齊侯

91 〔明〕湛若水：《春秋正傳》（上海市：人民出版社，文淵閣四庫全書），卷8。

> 盟于柯，則忘讎之罪，會盟之非自著矣。《左氏》曰：「冬，盟于柯始及齊平也。」《公羊》曰：……要盟可犯，而桓不欺曹子，可讎而桓公不怨，桓公之信著乎天下自柯之盟始焉。」愚謂會盟以講信修睦也，莊公用曹子之謀，而必且行劫焉，此愚所謂會盟之非也，胡氏曰：「始及齊平也，世讎而平可乎？」于《傳》有之，敵惠敵怨不在後嗣，魯于襄公有不共戴天之讎，當其身則釋怨，不復而主，王姬狩于禚、會伐衛、同圍郕、納子糾，故聖人詳加譏貶，以著其忘親之罪，今易世矣，而桓公始合諸侯安中國，攘夷狄尊天王乃欲修怨，怒鄰而危其宗社，可謂孝乎？愚謂九世之讎猶可復，況易世乎？不修怨可也，忘怨以會盟不可也，此愚所謂忘讎之罪也。」[92]

湛若水認為「柯」為齊國之地，《春秋》所言：「公會齊侯盟于柯。」則是有責魯之意涵，齊國為魯莊公的殺父之國，而魯莊公與齊國「王姬狩于禚、會伐衛、同圍郕、納子糾」，此為忘其弒親之仇，因此聖人書此乃譏諷魯莊公不孝；「柯之盟」時魯莊公以曹劌之計，劫桓公於壇上，此為會盟之非；綜合兩點，曹劌形象乃是違禮的「狡詐」者。

綜合湛若水兩段時間所述，可以發現曹劌形象有明顯變化，莊公十年曹劌為「忠」、「智」，助魯國戰勝齊國，但莊公十三年「柯之盟」時，卻以計謀劫持齊桓公，曹劌形象又轉為「狡詐」，筆者認為湛若水所言值得參考，人的形象轉變往往受到外在事物所影響，所以曹劌形象轉變也未嘗不無可能。

---

92 〔明〕湛若水：《春秋正傳》，卷8。

5 姜寶

明代姜寶於《春秋事義全考》論及曹劌形象，曰：

> 十年春，王正月，公敗齊師于長勺。魯莊挾不能納糾之憤，因齊師來伐而逞其狙詐以敗之，非待敵之道也，經故書敗以見魯之非。他處言詐戰，皆未為陣，此獨非也，蓋齊人三鼓則既陣矣，當時自一鼓至于再鼓，皆齊師成列而欲戰也，而曹劌以為不可，俟其三鼓之後，彼竭我盈而後克之，此則所謂詐謀取勝爾，若視其轍亂望其旗靡，此又是逐奔之法，非詐戰也。[93]

姜寶認為《春秋》書「公敗齊師于長勺」確實是貶責魯國，魯莊公因不能納公子糾，而在齊國攻打魯國時以計謀詐戰而勝，其餘戰事魯國詐戰皆為未陣而敗，唯獨「長勺之戰」與其餘戰事不同，視《左傳》內容，三鼓時兩軍皆陣，其後又以逐奔之法追擊齊師，因此不是詐戰。

6 傅遜

明代傅遜於《春秋左傳屬事》論「公敗齊師于長勺」，述及曹劌形象曰：

> 曹劌，魯士肉食，在位。者間猶與也。衣食為小惠，不過左右，故未徧。信，誠也，每事不敢欺神，然德不足以致享，而徒以品物為敬，故曰「小信」。以情必盡以情，此以誠心體民，故曰「忠」。乘，同車也；長勺，魯地，有伏，恐詐奔；轍亂旗靡，怖遽真敗矣。[94]

---

93 〔明〕姜寶：《春秋事義全考》（上海市：人民出版社，文淵閣四庫全書），卷3。

94 〔明〕傅遜：《春秋左傳屬事》（上海市：人民出版社，文淵閣四庫全書），卷13。

傳遜直述「此以誠心體民，故曰忠」以說明曹劌形象以「忠」為主，忠乃是述其人民對魯莊公之忠，據此曹劌乃是重團結，忠心之人。

7 朱睦㮮

明代朱睦㮮於《五經稽疑》論及曹劌形象，曰：

> 公敗齊師于長勺。齊桓既立，報其納糾之役，戰于長勺，魯幸而捷，故書公敗齊師于長勺，傳者以未陣為敗詐也，夫魯敗某師多矣，無有書戰者，豈皆未陣而敗乎？此以納糾致寇亦自足責，奚用詐謀為貶乎？[95]

朱睦㮮認為《左傳》莊公十一年：「敵未陣曰敗某師。」一說難以為證，於《春秋》中記載敗某師所見不鮮，這些戰役不可能都是詐戰，因此「敵未陣曰敗某師。」體例不足採信。《春秋》貶魯是因為魯莊公納仇人之子公子糾，因此而責之，並非詐戰而責之。

綜合此節所言，各家論曹劌形象，筆者以下表呈現：

元代至明代學者所論曹劌形象總表

<table>
<tr><th>朝代</th><th>注者</th><th>注書</th><th>引用</th><th>莊公十
（長勺之戰）</th><th>莊公十三
（柯之盟）</th><th>莊公二十三
（如齊觀社）</th></tr>
<tr><td>元代</td><td>金履祥</td><td>春秋</td><td></td><td>（負面）：
狡詐</td><td></td><td></td></tr>
<tr><td colspan="7">原因：曹劌用而始勝齊，然魯之用奇，自是始《春秋》書敗齊師，書其實亦以示貶也。</td></tr>
</table>

95 〔明〕朱睦㮮：《五經稽疑》（上海市：人民出版社，文淵閣四庫全書），卷4。

<table>
<tr><th>朝代</th><th>注者</th><th>注書</th><th>引用</th><th>莊公十
（長勺之戰）</th><th>莊公十三
（柯之盟）</th><th>莊公二十三
（如齊觀社）</th></tr>
<tr><td>元代</td><td>程端學</td><td>左傳
穀梁傳</td><td>趙與權</td><td>（正面）：
智
否定史料</td><td></td><td>忠</td></tr>
<tr><td colspan="7">否定：《左傳》：既曰齊師伐我，公將戰，用曹劌之言，齊三鼓魯一鼓則是皆陳而非詐戰明矣。
否定：《穀梁傳》：則以不日為疑戰，又其謬之尤者。
原因：（智）謂魯亦有以召之其幸，而勝不足論也。
（忠）諸侯非王事不出境，且諸侯各有其社舍所事，而觀他國之社已非禮矣。</td></tr>
<tr><td>元代</td><td>楊維楨</td><td>春秋</td><td>左傳</td><td>（正面）：
智、忠</td><td></td><td></td></tr>
<tr><td colspan="7">原因：魯為齊弱，誠不忍其君將或北而其宗社之或社也，噫使魯在位君子皆如劌之憂，為其君深謀而遠計，魯有不霸乎？</td></tr>
<tr><td>元代</td><td>鄭玉</td><td>胡安國</td><td>高閌
家鉉翁</td><td>否定史料</td><td></td><td></td></tr>
<tr><td colspan="7">否定：愚謂《春秋》之法，詐戰曰敗，然魯之敗齊，齊曲魯直，故《春秋》喜魯之勝，非喜其勝也，喜其勝於齊也。</td></tr>
<tr><td>明代</td><td>丘濬</td><td>左傳</td><td></td><td>（正面）：
智、忠</td><td></td><td></td></tr>
<tr><td colspan="7">原因：惟察獄以其情，是為盡心之忠，如是而後可戰，可謂得戰之本矣。若夫三鼓則氣竭，懼其有伏，必其轍亂旗靡然後逐之，可謂得戰之法矣。</td></tr>
<tr><td>明代</td><td>熊過</td><td>春秋</td><td>胡安國</td><td>（負面）：
詐戰</td><td></td><td></td></tr>
<tr><td colspan="7">原因：古者車戰之法，定日刻期兩陣而決之與此說矣。</td></tr>
<tr><td>明代</td><td>陸粲</td><td>左傳</td><td></td><td>（正面）：
智</td><td></td><td></td></tr>
<tr><td colspan="7">原因：曹劌與莊公論戰，其言甚誼而正，至於知彼竭我盈之可克，視轍亂旗靡而逐焉，亦用師之道，當然不可謂之詐。</td></tr>
</table>

<table>
<tr><th>朝代</th><th>注者</th><th>注書</th><th>引用</th><th>莊公十
（長勺之戰）</th><th>莊公十三
（柯之盟）</th><th>莊公二十三
（如齊觀社）</th></tr>
<tr><td>明代</td><td>湛若水</td><td>左傳
公羊傳</td><td></td><td>（正面）：
智、忠</td><td>（負面）：
狡詐</td><td></td></tr>
<tr><td colspan="7">原因（正面）：曹劌與公所言，皆主於忠，至於相時而動，好謀而成，亦兵家之道，未見其有詐謀取勝之跡也。
原因（負面）：莊公用曹子之謀，而必且行劫焉，此愚所謂會盟之非也。</td></tr>
<tr><td>明代</td><td>姜寶</td><td>胡安國</td><td>左傳</td><td>否定史料</td><td></td><td></td></tr>
<tr><td colspan="7">否定：彼竭我盈而後克之，此則所謂詐謀取勝爾，若視其轍亂望其旗靡，此又是逐奔之法，非詐戰也。</td></tr>
<tr><td>明代</td><td>傅遜</td><td>左傳</td><td></td><td>（正面）：忠</td><td></td><td></td></tr>
<tr><td colspan="7">原因：以情必盡以情，此以誠心體民，故曰「忠」。</td></tr>
<tr><td>明代</td><td>朱睦㮮</td><td>左傳</td><td></td><td>否定史料</td><td></td><td></td></tr>
<tr><td colspan="7">原因：傳者以未陣為敗詐也，夫魯敗某師多矣，無有書戰者，豈皆未陣而敗乎？</td></tr>
</table>

於上表整理中，共有三種現象呈現：一、元代至明代時，莊公十年曹劌形象趨近單一化；二、雖仍有學者認為曹劌詐戰，但人數相當稀少；三、《左傳》莊公十一年「敵未陣曰敗某師」之說，多數學者存質疑態度；筆者於下逐一分析。

元代至明代多數學者將曹劌形象著重於「長勺之戰」，曹劌形象漸趨單一化，曹劌退齊師之法及忠於魯國的行為受到學者肯定，支持此說者為程端學、楊維楨、丘濬、陸粲、湛若水及傅遜，學者論述曹劌為忠，多數依據「獄訟以情」而視，當國君以情待民，則人民必定忠於國家；而曹劌以「三鼓而攻」之法，學者認為是極為精湛的兵法，不應定義為詐戰。

認為曹劌詐戰者為金履祥與熊過，所認定的方式除引用胡安國之說，或是引用《左傳》莊公十一年「敵未陣曰敗某師」，較為特殊者則是熊過以「古者車戰之法，定日刻期兩陣而決之與此說矣」認定魯國詐戰，此說出於何處則難以得知，因此此說筆者採保留的態度。

元代至明代學者反對《左傳》莊公十一年：「敵未陣曰敗某師。」此體例，反對學者有程端學、鄭玉、姜寶及朱睦㮮四人，反對的理由是《左傳》於莊公十年時已述，「長勺之戰」乃齊魯二師皆已列陣，所差之別只有進軍時間之不同，既然雙方列陣，「敵未陣曰敗某師。」之說便難以於「長勺之戰」成立，筆者同意此說。

綜合上述各家之說，筆者認為元代至明代學者，已將曹劌「狡詐」的負面形象轉移至「長勺之戰」的詐戰問題，莊公十三年「柯之盟」學者已不再闡述，曹劌的正面形象已受多數學者認可，但筆者仍就對曹劌是否真劫持齊桓公存疑？此問題於後討論。清代學者論述曹劌形象，由下節述之。

第四節　清代學者所論曹劌形象

清代學者論述曹劌形象學者多於元、明兩代，據筆者統計，總人數共有十三位，因瀧川龜太郎乃清代至民初之學者，筆者亦將瀧川龜太郎歸類於清代學者。

1 馬驌

清代馬驌於《繹史》中論及《呂氏春秋》所述曹劌形象，曰：

> 《左氏》不載曹子事，而諸家亟稱之，恐亦非實也。[96]

96 〔清〕馬驌：《繹史》（上海市：人民出版社，文淵閣四庫全書），卷44。

馬驌直言《左傳》並無記載「柯之盟」曹劌劫桓公一事，但仍有學者贊同曹劌為刺客之說，曹劌為刺客之事應非真有其事。筆者認為若以各史書所記為比例，多數史書皆有記載莊公十三年曹劌為刺客一事，以《左傳》之說否定多數史書之載，較為不妥。

2 朱鶴齡

清代朱鶴齡於《讀左日鈔》中論曹劌形象分為兩段，一為莊公十年「長勺之戰」，二為莊公十三年「柯之盟」，論「長勺之戰」曹劌形象於下文：

> 十年一鼓作氣再而衰三而竭，張預曰：「氣者戰之所恃也。」敵人新來而氣盛，則且以不戰挫之，俟其衰倦而後擊，故彼之銳氣可以奪也。曹劌言一鼓作氣者，謂初來之氣盛也，再而衰，三而竭者，謂陳久而人倦也。[97]

朱鶴齡依據張預之說，於此文專論曹劌兵法，曹劌「一鼓作氣」之法，主要目的是使對方失去士氣，齊師至魯地時氣焰極盛，但魯國不攻，而齊師因為長時間的等待，士氣逐漸衰弱，此時曹劌發兵猛攻，導致齊師潰散，曹劌之法可謂「使敵陳久而人倦」，曹劌形象為「智」。

論莊公十三年「柯之盟」曹劌形象於下：

> 十三年冬，盟于柯，始及齊平也。按柯之盟，《左傳》不詳其故，《公》、《穀》皆載劫盟事，《公羊》云：「曹子蓋曹沬也。」

97 〔清〕朱鶴麟：《讀左日鈔》（上海市：人民出版社，文淵閣四庫全書），卷2。

> 《穀梁》直云：「曹劌。」劌之論戰與諫觀社不類劫壇者，太史公好奇，遂以列刺客之首，王伯厚（王應麟）深疑之，辨詳急說。[98]

朱鶴齡認為曹劌為刺客一事《左傳》不書，而《公羊傳》、《穀梁傳》皆有記載，但《左傳》莊公十年及莊公二十三年的曹劌形象，明顯與《公羊傳》、《穀梁傳》不同，司馬遷可能是因為好奇，所以將曹劌列為刺客之首，南宋王應麟強烈懷疑《史記．刺客列傳》曹劌為刺客的真實性，朱鶴齡採王應麟之說，可見朱鶴齡否定《史記．刺客列傳》曹劌為刺客之說。

綜合於上所述，朱鶴齡認為曹劌乃是善謀策的軍事家，又《左傳》所記載的曹劌形象與《公羊傳》、《穀梁傳》有異，因此否定曹劌為刺客的說法。

3 張尚瑗

清代張尚瑗於《三傳折諸．左傳折諸》及《三傳折諸．公羊折諸》二書言曹劌形象，皆論於莊公十三年「柯之盟」，筆者先以《三傳折諸．左傳折諸》分析之：

> 曹劌請見。葉水心曰：「潁考叔、曹劌、燭之武皆自草莽起，以人才見于《春秋》。」《左氏》載劌，皆忠信禮義之詞，後世雜說，始有盟柯劫齊桓公，司馬遷遂列于刺客之首，是時東遷未百年，人才雖陋，未至便為刺客，遷考之不詳也。[99]

---

98 〔清〕朱鶴麟：《讀左日鈔》，補卷上。

99 〔清〕張尚瑗：《三傳折諸．左傳折諸》（上海市：人民出版社，文淵閣四庫全書），卷3。

張尚瑗依據葉水心之說，認為《左傳》所記載的曹劌形象乃「忠信禮義」，然而後世雜說開始出現「曹劌劫桓公」一事，司馬遷便以曹劌列為刺客之首，雖周室東遷未到百年，人才已不如周初，但國家風氣不會淪落至刺客，張尚瑗否定曹劌為刺客之說。

《三傳折諸．公羊折諸》論曹劌形象曰：

> 曹子手劍而從之。《史記》刺客傳，據此與《左傳》互異，觀仲連遺燕將書亦稱之戰國去春秋未遠，所傳想未盡訛也，《內傳》作曹劌，《史記》作曹沫，《呂氏春秋》作曹翽。[100]

張尚瑗認為《史記．刺客列傳》與《左傳》莊公十三年所呈現之史料互異，其後引《戰國策．仲連遺燕將書》為證，認為戰國時期與春秋時期，時間上差距並不遠，因此《公羊傳》所言未必盡訛。

綜合以上所言，筆者發現張尚瑗之說出現矛盾，前文乃言「東遷未百年，人才雖陋未至便為刺客」，曹劌不可能是刺客，又於後文言「戰國去春秋未遠，所傳想未盡訛也」，曹劌有可能為刺客，是史料不同而判斷產生差異，還是未能全面性探究，筆者認為二者皆有，史料所記不同必定會造成判斷上的困難，而史料未能全面性探究，則容易導致偏坦一方，因此曹劌史料有重整的必要性。

4 張自超

張自超於《春秋宗朱辨義》中論及曹劌形象，曰：

100 〔清〕張尚瑗：《三傳折諸．公羊折諸》（上海市：人民出版社，文淵閣四庫全書），卷2。

乾時之戰既為所敗矣，子糾既取而殺之矣，而齊師猶壓其境，是欺我也，此時乃責其不修文告之詞，為非己亂之道，亦太苛矣。故雖用詐取勝，而春秋不當深罪之也，春秋所以罪之者，謂大夫既能用，謀士既能效死，齊雖強未嘗不可一戰而勝，而十年以來，何不用以報怨哉？故前之為齊所敗為辱，而此之敗齊，亦不得為榮也。[101]

張自超認為魯國於乾之戰時敗給齊國，被齊國逼迫殺公子糾，齊師又於之後攻伐魯國，確實欺人太甚，《春秋》責魯並非不修文告，亦非己亂之道，也不是詐戰問題，而是魯國大夫及謀士皆是可用之才，足以戰勝齊國之師，然而莊公執政十年為何不發動戰爭以報殺父之仇？乾之戰時魯國被齊國所敗，就算「長勺之戰」中魯國勝齊，也不覺得光榮。筆者認為張自超點出了一項重要的問題，魯國有曹劌如此傑出的軍事家，為何於莊公即位至莊公九年未報殺父之仇，此問題於第四章第一節探究。

5 高士奇

清代高士奇於《左傳記事本末》論「公敗齊師于長勺」，述及曹劌形象之處，原文如下：

襄公淫于文姜而戕魯桓，天理人心，澌滅已盡，跡其生平，遷邢鄑郚三邑以逼紀卒使大去其國。總天子之罪人，連五國以伐衛而取其寶玉，會魯圍郕而獨納其降書，于經者無一善狀。又按桓公之語管仲曰：「昔我先君築臺以為高位，田狩畢弋，不

101 〔清〕張自超：《春秋宗朱辨義》（上海市：人民出版社，文淵閣四庫全書），卷3。

> 聽國政，卑聖侮士，而唯女是崇，九妃六嬪，陳妾數百，食必粱肉，衣必文繡，戎士凍餒車待，游車之裂，戎士待陳，陳妾之餘，優笑在前，賢才在後，是以國家不日引，不月長。」今觀瓜期不恤與戎士凍餒之言合，而徒人費石之紛如，與夫孟陽之屬，皆所謂優笑在前者也，荒淫若此，未有不亡，而況失職之公孫與怨望懷歸之戍卒，會其及也，豈不宜連稱之妹間襄公而襄公死，襄公之妹賊魯桓而魯桓死，桓之死報隱公也，襄之死報魯桓也。天道好還，其應不爽，而皆以一婦人與其間，亦足以為女禍之戒矣。彭生豕立，其說似誕，然蒼犬建祟，大厲披髮，載在簡冊，惡已盈而妖氣得以乘之，有何怪哉？魯桓疆吏之戒，得守禦之備，曹劌揶揄肉食，逞三鼓以勝齊，律以王事，真小人矣。[102]

高士奇所言齊國於長勺敗戰之主要因素，源自齊國內政問題，文中列出「遷邢鄑郚三邑」、「逼紀卒使大去其國」、「連五國以伐衛而取其寶玉」、「會魯圍郕而獨納其降書」等齊襄公之罪狀，此乃單純論述國政，齊襄公之行為則由《國語‧齊語》為證，「築臺以為高位」、「田狩畢弋」、「不聽國政」、「卑聖侮士」、「唯女是崇」皆為驕傲、自大、淫亂等負面形象，高士奇認為齊國與魯國之間的恩怨情仇皆出自於「女禍」，齊政衰敗也不足為奇，然曹劌乘齊國衰敗而勝齊軍，乃是小人之舉。據此，高士奇論曹劌形象為「狡詐」，所言極具貶責。

6 毛奇齡

清代毛奇齡於《春秋毛氏傳》論曹劌形象分為兩段，一為莊公十

102 〔清〕高士奇：《左傳記事本末》（上海市：人民出版社，文淵閣四庫全書），卷13。

年「長勺之戰」，二為莊公十三年「柯之盟」，論「長勺之戰」曹劌形象原文如下：

> 十年春，王正月，公敗齊師于長勺。此齊人伐我，而我應之者其不書彼伐，而蔑書敗，彼甚善，我之能敗彼也。臨難避雠，不廢權譎，況用兵乎？此用曹劌之計，初稽其陳列。[103]

毛奇齡認為《春秋》不書伐的原因乃「魯國為被動」，因此不書齊師伐我，而是我敗齊師，而曹劌「狡詐」之由，則是使齊師雖「陳列」而不得其用，毛奇齡更認為魯國修文告都能「不廢權譎」，兵法上的狡詐更是理所當然。

論莊公十三年「柯之盟」於下文述之：

> 冬，公會齊侯盟于柯。魯自長勺、乘丘之役見忌于齊，故專為此盟，據傳莊公升壇，曹子手劒劫桓公，要反侵地，管子請桓反汶陽之田，此雖戰國荊聶之習從此而開，然魯則自是有立矣！要非悉能制勝不至此。柯齊地。[104]

毛奇齡認為魯國自「長勺之戰」與「乘丘之役」後，開始覬覦齊國領土，因此特於此盟要求齊國交還侵地，刺客之事雖然為戰國風氣，但曹劌劫桓公之事應有發生，所以史書記載。

綜合毛奇齡所言，曹劌兵法是以「初稽其陳列」，而刺客之事亦是事實，無論「長勺之戰」或「柯之盟」，曹劌形象皆為「狡詐」。筆

---

103 〔清〕毛奇齡：《春秋毛氏傳》（上海市：人民出版社，文淵閣四庫全書），卷10。
104 〔清〕毛奇齡：《春秋毛氏傳》，卷10。

者認為毛奇齡所言看似合理，但齊國侵魯是事實，抵禦外侮而以兵法退之者，豈為「狡詐」之人？再者曹劌劫齊國要求交還侵地，並非奪取齊國領地，是非曲直似未釐清，毛奇齡之說難以使筆者採信。

7 焦袁熹

清代焦袁熹於《春秋闕如編》論曹劌形象分為兩段，一為莊公十年「長勺之戰」，二為莊公十三年「柯之盟」，論「長勺之戰」曹劌形象原文如下：

> 十年春，王正月，公敗齊師于長勺。齊師果來伐也。長勺，魯地。齊師到此，公得敗之，不須言伐，伐可知也。敗齊師者，我能敗之也。書公敗者，如言齊之仇我深矣，我之屈于齊亦甚矣，賴公此舉能敗之爾。兵不厭詐，何云：「惡也」？況此舉亦非詐，《左氏》序之詳矣。[105]

焦袁熹認為《春秋》不言伐的主要原因，乃是因為魯國抵禦齊國，因此以敗齊師表示魯國為被動方，且齊國與魯國仇恨已深，魯國又屈服齊國已久，魯國敗齊師是難得的勝利，再者所謂「兵不厭詐」，曹劌以計勝齊師何詐之有？焦袁熹以「智」形容曹劌形象。

論莊公十三年「柯之盟」於下文述之：

> 冬，公會齊侯盟于柯。自敗師長勺之後，二國兩相猜憾，故北杏之會，魯不與焉，蓋齊亦不召，魯亦不來也。然齊欲圖伯，未有可釋魯者，而魯斯時愈益心畏齊，見諸侯親附，齊漸眾，

---

105 〔清〕焦袁熹：《春秋闕如編》（上海市：人民出版社，文淵閣四庫全書），卷2。

> 安能耿介自立，取孤危之禍乎？故于是焉而與齊侯會，得曹子之力，取舊所失之田，盟誓既定而退也。桓志在成伯，功不念舊惡，示之信義，魯自是將一意從齊國得小安矣。[106]

焦袁熹認為自「長勺之戰」以後，魯國與齊國互相猜疑，因此北杏之會的召開，魯國並未參與，然而齊桓公欲稱霸，因此攏絡各地諸侯，周邊鄰國漸漸依附齊國，魯國擔心自己受到孤立，因此借會盟之時，以曹劌之計要求齊桓公交還魯國侵地，齊桓公不念舊惡以信為先，於後魯國依附齊國而得小安。焦袁熹的說詞乃依據史料前後而進行判斷，所述內容較為完整，但桓公不念舊惡之說，筆者認為齊魯歷史乃是「齊曲魯直」，與焦袁熹所言的「不念舊惡」不相符合，有過度誇耀齊桓公之德的可能，因此「不念舊惡」仍須斟酌。

8 葉酉

清代葉酉於《春秋究遺》論「公敗齊師于長勺」，述及曹劌形象之處，原文如下：

> 十年春，王正月，公敗齊師于長勺。《傳》：「齊師伐我，公將戰，曹劌請見……公與之乘，戰于長勺……公將鼓之，劌曰：『未可！』齊人三鼓，劌曰：『可矣！』齊師敗績。」按《傳》例：「未陣曰敗某師。」蓋兩軍甫交，此軍用謀而敵軍遽潰，本未嘗戰，故不書戰，先儒謂惡其詐，非也。若惡其詐，孰有詐如城濮之戰者乎？且長勺之戰並無詐謀，不過待其衰而鼓之耳，若聖人于此即以其詐而惡之，則必如宋襄之不

106 〔清〕焦袁熹：《春秋闕如編》，卷2。

> 鼓、不成列，然後可矣，有事理乎？[107]

葉酉認為《左傳》莊公十一年「敵未陣曰敗某師。」之體例，乃是因為曹劌用謀而齊師未交戰便潰敗，因此「敵未陣曰敗某師。」並非詐戰，若提及詐戰，晉文公與楚師戰於城濮所用之計[108]才稱作詐戰。

9 李鍇

清代李鍇於《尚史》論及曹劌形象，曰：

> 《史》又曰：「五年伐魯，魯將師敗，公獻遂邑以平。」又曰：「與曹沬三敗所亡地。」《國策》亦曰：「三戰之所亡，一朝而復之。」按遂國名舜後，以不會北杏故滅之，非魯邑也，且長勺、郎之師、魯皆勝，無三敗事，《史》誤又曹沬事傳不載，《公羊》、《穀梁》、《呂氏春秋》皆有之。[109]

李鍇分析《史記》所述二事，一為「魯莊公獻遂邑以平」，二為「曹沬三戰三敗」，李鍇認為遂國為舜後代之國名，並非魯國之邑，因此魯國無法獻遂與齊國，而《左傳》所載，魯國於莊公十年至莊公十三年，共勝三場戰役，「長勺之戰」、「公敗宋師于郎」、「公敗宋師于乘丘」三次戰役皆為魯國所勝，因此《史記》有誤，最後點出三戰三敗於《公羊傳》、《穀梁》、《呂氏春秋》皆有記載。筆者認為李鍇之說有兩處問題，第一為遂地雖非魯國之地，但是否為魯國附庸？此是李鎧

---

107 〔清〕葉酉：《春秋究遺》（上海市：人民出版社，文淵閣四庫全書），卷3。

108 〔清〕阮元校刊：《十三經注疏‧左傳》，頁272。

109 〔清〕李鍇：《尚史》（上海市：人民出版社，文淵閣四庫全書），卷12。

並未論述；第二為「曹劌三戰三敗」與《公羊傳》、《穀梁》、《呂氏春秋》三書皆載，筆者是三書之資料，三書皆未述曹劌三戰三敗[110]，因此李錯所言《史記》「三戰三敗」之說出自於此三書，筆者認為有需要再次考證。據上述所言，李錯否定《史記》所載曹劌形象。

10 何焯

清代何焯於《義門讀書記》論及曹劌形象，曰：

> 刺客列傳曹沫篇。曹沫之事，亦戰國好事者為之，春秋無此風也，又況魯又禮義之國乎？[111]

何焯認為《史記．刺客列傳》曹劌之事皆為戰國好事者所為，《春秋》時期並無刺客風氣，何況魯國為禮義之邦。筆者認為「禮義之邦」此說略為主觀，魯國是否真不違禮法，筆者認為並不盡然，莊公二十三年「公如齊觀社」便是最好例證何焯否定曹劌為刺客的形象。

11 紀昀

清代紀曉嵐於《御纂春秋直解》論及曹劌形象，曰：

> 十年春，王正月，公敗齊師于長勺。凡魯勝則曰：「敗某師。」蓋平辭也。而為之說者曰：「病公。」謂納糾以來，齊師己實，有咎又憤而與之戰，意責己也。夫長勺，魯地。齊師

110 陳奇猷：《呂氏春秋校釋》（上海市：新華書店，1995年10月），頁1303。〔清〕阮元校刊：《十三經注疏．公羊傳》（臺北市：藝文印書館，1979年3月），頁92。〔清〕阮元校刊：《十三經注疏．穀梁傳》，頁52。

111 〔清〕何焯：《義門讀書記》（上海市：人民出版社，文淵閣四庫全書），卷14。

> 加己而應之，何己之責？或又謂魯以曹劌之語，權謀取勝，非三代用師，比此宋襄不鼓、不成列，之謂聖人因時以制義，未可以迂儒眇見窺之也。[112]

紀曉嵐否定了魯國詐戰，認為「長勺之戰」乃齊國伐魯，《春秋》應無責魯之意，更以莊公十一年「公敗宋師于乘丘」為例，認為「敵未陣曰敗某師」書於莊公十一年，而莊公十年「長勺之戰」並未述之，聖人豈有因時以制義，此說乃迂儒所說。紀曉嵐否定《左傳》「敵未陣曰敗某師」之體例。

12 梁玉繩

清代梁玉繩之說，於瀧川龜太郎記載於《史記會注考證》之中，共分為三段論述曹劌形象，於〈齊世家〉所言如下：

> 梁玉繩曰：「齊桓公五年，為魯莊十三年，桓公為北杏之會，遂人不至，故滅之。無齊伐魯，及魯敗獻邑事，滅遂亦與魯無涉，此及刺客列傳同誤。」[113]

梁玉繩認為莊公十三年時，北杏之會遂人不至導致齊國滅遂，遂國與魯國並無關聯，因此《史記·齊世家》所載「魯敗獻邑事」應為司馬遷所誤，《史記·刺客列傳》同誤。

於〈魯世家〉所言如下：

112 〔清〕紀昀：《御纂春秋直解》（上海市：人民出版社，文淵閣四庫全書），卷3上。
113 〔清〕瀧川龜太郎：《史記會注考證》，頁539。

梁玉繩曰：「劫齊事妄，說在刺客傳。」[114]

梁玉繩直言曹劌劫齊桓公一事為妄說。

於〈刺客列傳〉所言如下：

梁玉繩曰：「莊公自九年敗乾時，後至十三年盟柯，中間有長勺之勝，是魯祇一戰而一勝，安得有三敗之事，齊桓會北杏，遂人不至，故滅之。遂非魯地，何煩魯獻，此皆妄也。」[115]

梁玉繩以《左傳》為證，認為莊公九年至莊公十三年，魯國與齊國之間的勝負唯一勝一敗，敗於乾之戰而勝於「長勺之戰」，並無三敗之事，且遂國並非魯邑，遂國被齊國所滅乃是北杏之會不至，與魯國並無關係，因此為妄說。

綜合梁玉繩之說，筆者發現梁玉繩共否定了三項史料記錄，第一點為「魯國與遂國毫無關係」，第二點為「三戰三敗之說不足為信」，第三點為「曹劌劫桓公皆是妄說」，綜合以上所言，梁玉繩全面反對曹劌的負面形象。

13 瀧川龜太郎

瀧川龜太郎於《史記會注考證》中，論曹劌形象極為豐富，以〈刺客列傳〉，亦分四處論述，第一處為《史記》原文「曹沫者，魯人也」，瀧川龜太郎所注，原文如下：

114 〔清〕瀧川龜太郎：《史記會注考證》，頁558。

115 〔清〕瀧川龜太郎：《史記會注考證》，頁997。

> 張照曰：「按沬、劌聲近而字異，由申包胥之為芬冒勃蘇耳，必音沬為濊，反涉牽混，三傳不一其說，傳疑可也。蘇子《古史》，據《左傳》問戰事，謂沬蓋之義者，安肯身為刺客，則直以劌為沬，未免武斷。《呂氏春秋・貴信》篇曰：『柯之會，莊公與曹翽皆懷劍至壇上，莊公左搏桓公，右抽劍以自承，管仲、鮑叔進，曹翽按劍當兩陛之間，曰：『二君將改圖，毋或進者。』桓公許之，封于汶南，乃盟而歸。』按此則以沬為劌之證，而字又小異，胡非子，曹劌匹夫之士，一怒而劫桓公，萬乘之主，反魯侵地亦以為曹劌。」梁玉繩曰：「曹子之名《左》、《穀》及人表《管子・大匡》皆作劌，《呂》覽〈貴信〉作劌，〈齊〉、〈燕〉策與〈史〉俱作沬，蓋聲近而字異耳。」《索引》于〈魯仲連傳〉作昧，疑譌。[116]

瀧川龜太郎引清代學者張照之說，張照言「沬、劌」聲近，以「沬、濊」為證，然三傳論曹劌形象之差異，是三傳可疑之處，於後引宋代蘇轍《古史》之說，蘇轍以《左傳》對照《史記》，認為《左傳》中的曹劌形象著重在「義」，不會有刺客之行，據此《左傳》與《史記》曹劌應為兩人，張照以《呂氏春秋・貴信》為例，以史料內容證明「曹劌、曹沬」是為同一人；瀧川龜太郎最後引梁玉繩之說作結，劌、沬音近，但皆為同一人。

第二處原文「獻遂邑之地以和」，瀧川龜太郎所注，原文如下：

> 梁玉繩曰：「莊公自九年敗乾時，後至十三年盟柯，中間有長勺之勝，是魯祇一戰而一勝，安得有三敗之事，齊桓會北杏，

---

116 〔清〕瀧川龜太郎：《史記會注考證》，頁997。

遂人不至，故滅之。遂非魯地，何煩魯獻，此皆妄也。」沈家本曰：「遂國名，非魯邑。」[117]

瀧川龜太郎引梁玉繩之說，梁玉繩以《左傳》莊公十年「公敗齊師于長勺」為據，於《左傳》所記，齊魯確實於莊公十年至莊公十三年中只有一戰，《史記》所言「三敗」確實令人質疑，其後梁玉繩論莊公十三年「齊人滅遂」之處，言遂國並非魯地，為齊國所滅，並非魯國所獻，據此否定《史記》曹劌為刺客之史料，瀧川龜太郎於後引清末學者沈家本之說，證遂國並非魯國領地。

第三處原文「曹沫執匕首劫齊桓公」，瀧川龜太郎所注，原文如下：

何焯曰：「曹沫之事，亦戰國好事者為之，春秋無此風也。況魯又禮義之國乎。」梁玉繩曰：「劫桓歸地一節，年表〈齊、魯世家〉、〈管仲〉、〈魯連自序傳〉皆述之，此傳尤詳，〈荊軻傳〉載燕丹語，仍《國策》竝及其事，蓋本《公羊》也。《公羊》漢始注竹帛，不足盡信，即如歸汶陽田，在齊頃公時，當魯成二年，乃《公羊》以為桓公盟柯，因曹子劫而歸之，其妄可見，況魯未嘗戰敗失地，何要劫？曹子非操匕首之人，春秋初，亦無操匕首之習，前賢謂戰國好事者為之耳，仲連遺燕將書云：『亡地五百里。』《呂覽．貴信》云：『封以汶陽四百里。』〈齊策〉及《淮南．氾論》云：『喪地千里，魯地安得如此之廣？』汶陽安得如此之大，不辨而知其誣誕矣。」[118]

---

117 〔清〕瀧川龜太郎：《史記會注考證》，頁997。

118 〔清〕瀧川龜太郎：《史記會注考證》，頁997。

瀧川龜太郎先引清代何焯之說，何焯認為春秋時期並未盛行刺客之行，並且魯國乃為周公後裔之領地，是守禮重義之都，曹劌不可能是刺客，何焯直接否定《史記．刺客列傳》曹劌為刺客形象之說，於後又引清代梁玉繩之說，梁玉繩列舉《史記》中所有記載曹劌劫桓公之處，並以《史記．荊軻傳》與《國語．燕語》互證，並直言曹劌為刺客形象皆出自《公羊傳》，並以《公羊傳》成公二年「齊侯伐我北鄙」[119]為證，認為《公羊傳》混淆莊公十三年與成公二年齊國伐魯之史事，況且春秋之初並未曾盛行刺客之行，因此曹劌為刺客形象乃戰國好事者所為，最後引《戰國策》、《呂氏春秋》及《淮南子》，諷其誣誕，瀧川龜太郎引此二者，可視為否定《史記》所述曹劌為刺客之形象。

綜合此節所言，各家論曹劌形象，筆者以下表呈現：

清代學者所論曹劌形象總表

<table>
<tr><th>朝代</th><th>注者</th><th>注書</th><th>引用</th><th>莊公十
（長勺之戰）</th><th>莊公十三
（柯之盟）</th><th>莊公二十三
（如齊觀社）</th></tr>
<tr><td>清代</td><td>馬驌</td><td>呂氏
春秋</td><td>左傳</td><td></td><td>否定史料</td><td></td></tr>
<tr><td colspan="7">否定：《左氏》不載曹子事，而諸家亟稱之，恐亦非實也。</td></tr>
<tr><td>清代</td><td>朱鶴齡</td><td>左傳
公羊傳
穀梁傳</td><td>張預
左傳
左傳</td><td>（正面）：
智</td><td>否定史料</td><td></td></tr>
<tr><td colspan="7">否定：劌之論戰與諫觀社不類劫壇者，太史公好奇，遂以列刺客之首。
原因：敵人新來而氣盛，則且以不戰挫之，俟其衰倦而後擊。</td></tr>
</table>

119 〔清〕阮元校刊：《十三經注疏．公羊傳》，頁214。

朝代	注者	注書	引用	莊公十（長勺之戰）	莊公十三（柯之盟）	莊公二十三（如齊觀社）
清代	張尚瑗	左傳 公羊傳	戰國策 史記 左傳 呂氏春秋	（正面）： 忠信禮義	（負面）： 狡詐	
原因（正面）：《左氏》載劌，皆忠信禮義之詞，後世雜說，始有盟柯劫齊桓公，司馬遷遂列於刺客之首，是時東遷未百年，人才雖陋，未至便為刺客，遷考之不詳也。 原因（負面）：《史記》刺客傳，據此與《左傳》互異，觀仲連遺燕將書亦稱之戰國去春秋未遠，所傳想未盡訛也。						
清代	張自超	左傳		（負面）： 狡詐		
原因：故雖用詐取勝，而春秋不當深罪之也。						
清代	高士奇	左傳	國語	（負面）： 狡詐		
原因：曹劌揶揄肉食，逞三鼓以勝齊，律以王事，真小人矣。						
清代	毛奇齡	左傳 公羊傳		（負面）： 狡詐	（負面）： 狡詐	
原因：臨難避讎，不廢權譎，況用兵乎？ 原因：魯自長勺、乘丘之役見忌于齊，故專為此盟。						
清代	焦袁熹	左傳 公羊傳		（正面）：智	（正面）： 智	
原因：兵不厭詐，何云：「惡也」？況此舉亦非詐，《左氏》序之詳矣。 原因：得曹子之力，取舊所失之田，盟誓既定而退也。						
清代	葉酉	左傳		（正面）：智		
原因：先儒謂惡其詐，非也。若惡其詐，孰有詐如城濮之戰者乎？且長勺之戰並無詐謀，不過待其衰而鼓之耳。						
清代	李鍇	史記	春秋		否定史料	

<table>
<tr><th>朝代</th><th>注者</th><th>注書</th><th>引用</th><th>莊公十
（長勺之戰）</th><th>莊公十三
（柯之盟）</th><th>莊公二十三
（如齊觀社）</th></tr>
<tr><td colspan="7">否定：按遂國名舜後，以不會北杏故滅之，非魯邑也，且長勺、郎之師、魯皆勝，無三敗事，《史》誤又曹沫事傳不載。</td></tr>
<tr><td>清代</td><td>何焯</td><td>史記</td><td></td><td></td><td>否定史料</td><td></td></tr>
<tr><td colspan="7">否定：刺客列傳曹沫篇。曹沫之事，亦戰國好事者為之，春秋無此風也，又況魯又禮義之國乎？</td></tr>
<tr><td>清代</td><td>紀昀</td><td>左傳莊公十一年體例</td><td></td><td>否定史料</td><td></td><td></td></tr>
<tr><td colspan="7">否定：凡魯勝則曰：「敗某師。」蓋平辭也。
夫長勺，魯地。齊師加已而應之，何已之責？
宋襄不鼓、不成列，之謂聖人因時以制義，未可以迂儒眇見窺之也。</td></tr>
<tr><td>清代</td><td>梁玉繩</td><td>史記</td><td></td><td></td><td>否定史料</td><td></td></tr>
<tr><td colspan="7">否定：無齊伐魯，及魯敗獻邑事，滅遂亦與魯無涉，此及刺客列傳同誤。
劫齊事妄，說在刺客傳。
魯祇一戰而一勝，安得有三敗之事，……遂非魯地，何煩魯獻，此皆妄也。</td></tr>
<tr><td>清代</td><td>瀧川龜太郎</td><td>史記</td><td>張照
蘇轍
梁玉繩
何焯</td><td></td><td>否定史料</td><td></td></tr>
<tr><td colspan="7">否定：引各家之說否定三戰三敗及曹劌為刺客二說。</td></tr>
</table>

於上表整理中，共有三種現象呈現：一、清代學者多數認定莊公十年曹劌並無詐戰；二、莊公十三年「曹劌劫桓公」一事，仍有學者認定曹劌形象為「狡詐」；三、多數學者否定莊公十三年「曹劌劫桓公」之事；筆者於下逐一分析。

清代否定曹劌為詐戰者為朱鶴齡、張尚瑗、焦袁熹及葉酉五位學者，否定的原因可分為兩類，第一類乃「兵法之用，以勝為主」，朱鶴齡認為曹劌只是等齊國氣衰之時進攻，此為兵法應用並非詐戰，而焦袁熹則直言「兵不厭詐」，曹劌乃是採用正確的兵法而已，葉酉亦認為，曹劌只是等待齊國士氣衰弱，並無詐戰之嫌，三者所說明曹劌只是適當的運用戰術，並無詐不詐戰的問題，且曹劌的戰略使魯國得來難得的勝利，此乃曹劌「智」的展現；第二類則為曹劌問戰於莊公的形象，張尚瑗認為《左傳》所記錄的曹劌皆為忠信禮義的形象，曹劌的狡詐形象則為後世所言。綜合上述可以發現，清代學者認為曹劌並非詐戰，而是呈現「兵法」，並認定曹劌是具有謀略的軍事家，筆者同意此說，據孫武所言：

> 兵者，詭道也。故能而示之不能，用而示之不用，近而示之遠，遠而示之近。利而誘之，亂而取之，實而備之，強而避之，怒而撓之，卑而驕之，佚而勞之，親而離之。攻其無備，出其不意，此兵家之勝，不可先傳也。[120]

就連孫武也覺得兵法得勝用在詭譎，其後孫武所舉之例皆是狡詐詭譎之法，但使用兵法的目的，便是「取勝」，戰爭的目的亦在「取勝」，因此筆者認為曹劌必是高明的兵法家。

清代學者認為曹劌狡詐的形象共分為兩時段，第一個時段為莊公十年「長勺之戰」，認為曹劌狡詐者為高士奇、張自超與毛奇齡三位，認定「一鼓作氣」之法乃是詐戰；第二個時段則為莊公十三年，張尚瑗認為《戰國策》亦記錄曹劌劫桓公一事，因此也是狡詐形象，而毛奇齡則認為魯國自三戰皆勝以後，覬覦齊國領地因此結盟，曹劌策謀乃是狡詐。

---

120 〔清〕孫星衍：《孫子集註》，頁14-23。

清代學者與元、明二代學者不同，將焦點轉移至莊公十三年「柯之盟」，多數學者認為並無「曹劌劫桓公」一事，提出此看法之學者為馬驌、朱鶴齡、李鍇、何焯、梁玉繩及瀧川龜太郎六位，所提出的看法，與歷代否定曹劌為刺客之說詞並無太大差異，較為特殊者乃李鍇所言，李鍇於文中否定了遂國與魯國之間的關係，遂邑並非魯地，因此《史記》所言「獻遂邑以平」之說不能成立，但筆者認為，若依據李鍇之說，《春秋》所載「齊人滅遂」又與魯國何關？李鍇之說令筆者懷疑。

綜合以上清代各家之說，筆者發現清代主要討論的曹劌問題，乃是針對莊公十三年「曹劌劫桓公」之事，多數學者否定曹劌為刺客之史料，符合清代學者考據之學，但並未提出何為正確史料，此為研究之憾。

小結

由漢代至清代歷代學者所論述的曹劌形象至此告一段落，筆者以三份圖表歸類歷代學者討論曹劌形象之問題，第一份圖表為歷代學者論莊公十年「長勺之戰」的曹劌形象，列表於下：

歷代學者所論莊公十年曹劌形象總表

<table>
<tr><th>朝代</th><th>注者</th><th>注書</th><th>引用</th><th>莊公十年（長勺之戰）</th></tr>
<tr><td>三國</td><td>韋昭</td><td>國語</td><td>左傳</td><td>（正面）：重團結</td></tr>
<tr><td colspan="5">原因：誠以中心圖慮民事，其智雖有所不及，必將至於道也。</td></tr>
<tr><td>晉代</td><td>杜預</td><td>左傳</td><td></td><td>（負面）：狡詐（正面）：重團結</td></tr>
<tr><td colspan="5">原因：（負面）：齊人雖成列，魯以權譎稽之，列成而不得用，故以未陳為文。
（正面）：所謂道，忠於民而信於神也。</td></tr>
</table>

<table>
<tr><th>朝代</th><th>注者</th><th>注書</th><th>引用</th><th>莊公十年（長勺之戰）</th></tr>
<tr><td>唐代</td><td>孔穎達</td><td>左傳</td><td>孫子佚文</td><td>（負面）：狡詐</td></tr>
<tr><td colspan="5">原因：敵未陳曰敗，魯以曹劌之語，權謀譎詐以稽留之。</td></tr>
<tr><td>唐代</td><td>柳宗元</td><td>國語</td><td>國語</td><td>否定史料</td></tr>
<tr><td colspan="5">否定：以獄訟而戰，未之信也。曹劌應問：「謀敵、兵力，練兵、器械、地形。」</td></tr>
<tr><td>北宋</td><td>崔子方</td><td>春秋</td><td>左傳・莊公十一年</td><td>（負面）：狡詐</td></tr>
<tr><td colspan="5">原因：凡言敗某師者，未得乎戰也，詐戰也不正。</td></tr>
<tr><td>北宋</td><td>張方平</td><td>左傳
國語</td><td></td><td>（正面）：愛民</td></tr>
<tr><td colspan="5">原因：「小大之獄雖不能查，必以情。」劌曰：「此可以一戰。」蓋謂其重人命也。</td></tr>
<tr><td>北宋</td><td>蘇轍</td><td>公羊傳</td><td>左傳</td><td>（正面）：知義</td></tr>
<tr><td colspan="5">原因：沫蓋知義者也，而肯以其身為刺客之用乎？</td></tr>
<tr><td>北宋</td><td>胡安國</td><td>春秋</td><td></td><td>（負面）：狡詐</td></tr>
<tr><td colspan="5">原因：齊師伐魯，經不書伐意責魯也，詐戰曰敗，敗之者為主。……故書魯為主以責之，皆已亂之道，寡怨之方，王者之事也。</td></tr>
<tr><td>南宋</td><td>綦崇禮</td><td>左傳
國語</td><td></td><td>（正面）：知安國之道、重團結</td></tr>
<tr><td colspan="5">原因：大小之獄必以情，庶幾乎聖人之用心，其於得民也何有以是而用其人戰，豈有不勝者？</td></tr>
<tr><td>南宋</td><td>程俱</td><td>左傳
國語</td><td>詩經・車攻</td><td>（正面）：重士氣</td></tr>
<tr><td colspan="5">原因：惠信孚於上下，刑賞當於人心，則人悅服，則士氣振，士氣振則赴功徇國，忘軀衛上之心生矣。</td></tr>
<tr><td>南宋</td><td>呂祖謙</td><td>左傳</td><td>周禮</td><td>（正面）：重團結、重國家、有慎有謀</td></tr>
<tr><td colspan="5">原因：蓋有論戰者有論所以戰者，軍旅形勢者戰也，民心者所以戰也，二者猶涇渭之不相亂，河濟之不相涉。</td></tr>
<tr><td>南宋</td><td>周必大</td><td>左傳</td><td>詩經・畔水</td><td>（正面）：智勇雙全</td></tr>
</table>

<table>
<tr><th>朝代</th><th>注者</th><th>注書</th><th>引用</th><th>莊公十年（長勺之戰）</th></tr>
<tr><td colspan="5">原因：曹劌之問莊公之對，始欲加民以惠，次欲事神以信，終欲察獄以情，得民得天庶或兩盡，然後因曹劌之謀而用其將帥甲兵之力，齊師雖眾能勿敗乎？</td></tr>
<tr><td>南宋</td><td>家鉉翁</td><td>左傳</td><td>胡安國</td><td>（正面）：君子</td></tr>
<tr><td colspan="5">原因：桓公挾其殺糾之餘怒，以兵加魯，魯之師直，桓之師曲，《春秋》書法坦然易見也。幸魯有君子曰曹劌，明義正色與之爭，於是有長勺之勝。</td></tr>
<tr><td>南宋</td><td>陳深</td><td>左傳</td><td>左傳・莊公十一年</td><td>（負面）：狡詐</td></tr>
<tr><td colspan="5">原因：《傳》例皆陣曰戰，未陣曰敗，今不先書戰而書敗，惡詐戰也。</td></tr>
<tr><td>元代</td><td>金履祥</td><td>春秋</td><td></td><td>（負面）：狡詐</td></tr>
<tr><td colspan="5">原因：曹劌用而始勝齊，然魯之用奇，自是始《春秋》書敗齊師，書其實亦以示貶也。</td></tr>
<tr><td>元代</td><td>程端學</td><td>左傳
穀梁傳</td><td>趙與權</td><td>（正面）：智</td></tr>
<tr><td colspan="5">原因：（智）謂魯亦有以召之其幸，而勝不足論也。</td></tr>
<tr><td>元代</td><td>楊維楨</td><td>春秋</td><td>左傳</td><td>（正面）：智、忠</td></tr>
<tr><td colspan="5">原因：魯為齊弱，誠不忍其君將或北而其宗社之或社也，噫使魯在位君子皆如劌之憂，為其君深謀而遠計，魯有不霸乎？</td></tr>
<tr><td>明代</td><td>丘濬</td><td>左傳</td><td></td><td>（正面）：智、忠</td></tr>
<tr><td colspan="5">原因：惟察獄以其情，是為盡心之忠，如是而後可戰，可謂得戰之本矣。若夫三鼓則氣竭，懼其有伏，必其轍亂旗靡然後逐之，可謂得戰之法矣。</td></tr>
<tr><td>明代</td><td>熊過</td><td>春秋</td><td>胡安國</td><td>（負面）：詐戰</td></tr>
<tr><td colspan="5">原因：古者車戰之法，定日刻期兩陣而決之與此說矣。</td></tr>
<tr><td>明代</td><td>陸粲</td><td>左傳</td><td></td><td>（正面）：智</td></tr>
<tr><td colspan="5">原因：曹劌與莊公論戰，其言甚誼而正，至於知彼竭我盈之可克，視轍亂旗靡而逐焉，亦用師之道，當然不可謂之詐。</td></tr>
<tr><td>明代</td><td>湛若水</td><td>左傳
公羊傳</td><td></td><td>（正面）：智、忠</td></tr>
</table>

<table>
<tr><th>朝代</th><th>注者</th><th>注書</th><th>引用</th><th>莊公十年（長勺之戰）</th></tr>
<tr><td colspan="5">原因：曹劌與公所言，皆主於忠，至於相時而動，好謀而成，亦兵家之道，未見其有詐謀取勝之跡也。</td></tr>
<tr><td>明代</td><td>傅遜</td><td>左傳</td><td></td><td>（正面）：忠</td></tr>
<tr><td colspan="5">原因：以情必盡以情，此以誠心體民，故曰「忠」。</td></tr>
<tr><td>清代</td><td>朱鶴齡</td><td>左傳
公羊傳
穀梁傳</td><td>張預
左傳
左傳</td><td>（正面）：智</td></tr>
<tr><td colspan="5">原因：敵人新來而氣盛，則且以不戰挫之，俟其衰倦而後擊。</td></tr>
<tr><td>清代</td><td>張尚瑗</td><td>左傳
公羊傳</td><td>戰國策
史記
左傳
呂氏春秋</td><td>（正面）：忠信禮義</td></tr>
<tr><td colspan="5">原因（正面）：《左氏》載劌，皆忠信禮義之詞，後世雜說，始有盟柯劫齊桓公，司馬遷遂列於刺客之首，是時東遷未百年，人才雖陋，未至便為刺客，遷考之不詳也。
原因（負面）：《史記》刺客傳，據此與《左傳》互異，觀仲連遺燕將書亦稱之戰國去春秋未遠，所傳想未盡訛也。</td></tr>
<tr><td>清代</td><td>張自超</td><td>左傳</td><td></td><td>（負面）：狡詐</td></tr>
<tr><td colspan="5">原因：故雖用詐取勝，而春秋不當深罪之也。</td></tr>
<tr><td>清代</td><td>高士奇</td><td>左傳</td><td>國語</td><td>（負面）：狡詐</td></tr>
<tr><td colspan="5">原因：曹劌揶揄肉食，逞三鼓以勝齊，律以王事，真小人矣。</td></tr>
<tr><td>清代</td><td>毛奇齡</td><td>左傳
公羊傳</td><td></td><td>（負面）：狡詐</td></tr>
<tr><td colspan="5">原因：臨難避讎，不廢權譎，況用兵乎？</td></tr>
<tr><td>清代</td><td>焦袁熹</td><td>左傳
公羊傳</td><td></td><td>（正面）：智</td></tr>
<tr><td colspan="5">原因：兵不厭詐，何云：「惡也」？況此舉亦非詐，《左氏》序之詳矣。</td></tr>
<tr><td>清代</td><td>葉酉</td><td>左傳</td><td></td><td>（正面）：智</td></tr>
<tr><td colspan="5">原因：先儒謂惡其詐，非也。若惡其詐，孰有詐如城濮之戰者乎？且長勺之戰並無詐謀，不過待其衰而鼓之耳。</td></tr>
</table>

上表筆者將歷代學者所論莊公十年「長勺之戰」全數列出（除否定史料以外），依據內容筆者分為正面及負面兩種形象分析，一、正面：莊公十年學者所論曹劌形象可歸類為「重士氣」、「智」兩種，依時間評斷，「重士氣」的形象呈現於「獄訟以情」，而「智」的形象則是呈現在「一鼓作氣」。「獄訟以情」許多學者賦予曹劌不同的形象，共有「愛民、知義、知安國之道、重團結、重士氣、重國家、使民忠、忠信禮義」八類，筆者認為全部的形象皆為達成一項目的，就是提振國家士氣，使魯國有勇氣面對齊國大軍的挑戰，因此筆者將此歸類為「重士氣」；「一鼓作氣」的曹劌形象並不複雜，學者認為「戰略」本身就沒有「狡詐」的問題，戰略所用得當，則可獲得極大成效，最終目的只有一個，就是「戰勝」，曹劌善於謀略而於長勺戰勝齊國，可說是比孫武更早的兵略家，魯國也受曹劌恩惠享受著難得的戰勝。二、負面：曹劌的負面形象於莊公十年「長勺之戰」並不複雜，皆是論述曹劌「一鼓作氣」的戰略方式，總合而論就是「曹劌詐戰」，最初為晉代杜預提出此觀點，至唐代時期，《春秋》於莊公十一年時出現了一項體例曰：「敵未陣曰敗某師。」因此由唐代至南宋，諸多學者皆以此為依據，曹劌詐戰確實得到一項有利證據，但此體例至元代開始，學者不再以體例為證，雖說所論內容與體例近似，卻不以此為引用，至於此體例之真假，至今仍無法得到合理的解釋，認為曹劌詐戰者雖歷代皆有，卻也漸漸減少。

第二份圖表為歷代學者論莊公十三年「柯之盟」的曹劌形象，列表於下：

歷代學者所論莊公十三年曹劌形象總表

<table>
<tr><th>朝代</th><th>注者</th><th>注書</th><th>引用</th><th>莊公十三（柯之盟）</th></tr>
<tr><td>東漢</td><td>何休</td><td>公羊傳</td><td></td><td>（負面）：狡詐</td></tr>
<tr><td colspan="5">原因：爾劫桓公取汶陽田，不書者諱行詐劫人也。</td></tr>
<tr><td>晉代</td><td>范甯</td><td>穀梁傳</td><td>公羊傳</td><td>（負面）：狡詐</td></tr>
<tr><td colspan="5">原因：《穀梁傳》的曹劌形象，與《公羊傳》相同。</td></tr>
<tr><td>唐代</td><td>楊士勛</td><td>穀梁傳</td><td>公羊傳</td><td>（負面）：狡詐</td></tr>
<tr><td colspan="5">原因：以《公羊傳》為《穀梁傳》參照對象，《公羊傳》所述略為詳細。</td></tr>
<tr><td>唐代</td><td>李筌</td><td>孫子
兵法</td><td></td><td>（正面）：勇</td></tr>
<tr><td colspan="5">原因：夫獸窮則搏，鳥窮則啄，令急迫，則專諸曹劌之勇也。</td></tr>
<tr><td>唐代</td><td>馬總</td><td></td><td></td><td>（正面）：忠、勇</td></tr>
<tr><td colspan="5">原因：一怒卻萬乘之師，存千乘之國，此君子之勇也。</td></tr>
<tr><td>南宋</td><td>鮑彪</td><td>戰國策</td><td></td><td>（正面）：善謀略、忠</td></tr>
<tr><td colspan="5">原因：此霸者之事，欲興霸則可責以義，故沬與魯君計言此。</td></tr>
<tr><td>南宋</td><td>員宗興</td><td>史記</td><td>穀梁傳</td><td>（負面）：狡詐</td></tr>
<tr><td colspan="5">原因：曹沬之事不足書也，以千乘之相而躬匹夫之行，此宜匹夫稱之也。</td></tr>
<tr><td>明代</td><td>湛若水</td><td>左傳
公羊傳</td><td></td><td>（負面）：狡詐</td></tr>
<tr><td colspan="5">原因（負面）：莊公用曹子之謀，而必且行劫焉，此愚所謂會盟之非也。</td></tr>
<tr><td>清代</td><td>張尚瑗</td><td>左傳
公羊傳</td><td>戰國策
史記
左傳
呂氏春秋</td><td>（負面）：狡詐</td></tr>
<tr><td colspan="5">原因（負面）：《史記》刺客傳，據此與《左傳》互異，觀仲連遺燕將書亦稱之戰國去春秋未遠，所傳想未盡訛也。</td></tr>
<tr><td>清代</td><td>毛奇齡</td><td>左傳
公羊傳</td><td></td><td>（負面）：狡詐</td></tr>
<tr><td colspan="5">原因：魯自長勺、乘丘之役見忌于齊，故專為此盟。</td></tr>
</table>

朝代	注者	注書	引用	莊公十三（柯之盟）
清代	焦袁熹	左傳 公羊傳		（正面）：智
原因：得曹子之力，取舊所失之田，盟誓既定而退也。				

上表筆者將歷代學者所論莊公十三年「柯之盟」全數列出（除否定史料以外），依據內容筆者分為正面及負面兩種形象分析，一、正面：曹劌於柯之盟時的正面形象最早於唐代李筌為始，但歷代學者只有少數支持曹劌正面形象，曹劌的正面形象則可分為「忠、勇、智」三類，忠的形象是曹劌見魯莊公之色而替莊公著想；勇的形象則是曹劌劫桓公的行為；智則是曹劌策謀使齊桓公歸還汶陽之田；視學者贊同之說可以發現，曹劌劫桓公之由學者並未全面性檢視，而只是針對曹劌劫桓公的行為加以闡述，雖鮑彪曾有提出「欲興霸則可責以義」，但「責以義」是何「義」則無論述。二、負面：學者認為「曹劌劫桓公」就是狡詐的表現，假借會盟之名行迫使齊國還田之事，但亦未對曹劌為何劫桓公的原因進行探究，曹劌為何劫桓公此事於後文論述。

第三份圖表較為特殊，乃為歷代學者「否定史料」，筆者將歷代學者所述列於下表：

歷代學者否定曹劌形象總表

朝代	注者	注書	引用	莊公十（長勺之戰）	莊公十三（柯之盟）	莊公二十三（如齊觀社）
唐代	司馬貞	史記	左傳 公羊傳 穀梁傳		否定史料	
否定：《史記》曹劌形象出自《公羊》，以《左傳》對照，並無記載劫桓公之事。						

<table>
<tr><th>朝代</th><th>注者</th><th>注書</th><th>引用</th><th>莊公十
（長勺之戰）</th><th>莊公十三
（柯之盟）</th><th>莊公二十三
（如齊觀社）</th></tr>
<tr><td>唐代</td><td>柳宗元</td><td>國語</td><td>國語</td><td>否定史料</td><td></td><td></td></tr>
<tr><td colspan="7">否定：以獄訟而戰，未之信也。曹劌應問：「謀敵、兵力，練兵、器械、地形。」</td></tr>
<tr><td>唐代</td><td>趙匡</td><td>公羊傳</td><td></td><td></td><td>否定史料</td><td></td></tr>
<tr><td colspan="7">否定：桓公未嘗侵魯地及盟後，未嘗歸魯田，其事既妄又不可訓。</td></tr>
<tr><td>北宋</td><td>劉敞</td><td>杜預注</td><td>左傳</td><td>否定史料</td><td></td><td></td></tr>
<tr><td colspan="7">否定：要是傳所據者，當時雜記，妄出曹劌及戰事耳，不足以為據。</td></tr>
<tr><td>北宋</td><td>孫覺</td><td>穀梁傳
公羊傳</td><td>趙匡
春秋</td><td>否定史料</td><td>否定史料</td><td></td></tr>
<tr><td colspan="7">否定：《穀梁傳》曰：「不日疑戰也。」按《春秋》不以日月為例，詳略因舊史爾，疑戰之例不通也。
否定：《公羊》載曹劌劫盟之事，《經》無其事未可遽信，趙子曰：「其事迹既妄又不可以訓。」</td></tr>
<tr><td>北宋</td><td>蘇轍</td><td>公羊傳</td><td>左傳</td><td></td><td>否定史料</td><td></td></tr>
<tr><td colspan="7">否定：《公羊傳》三戰三敗之說；「柯之盟」應不是重要的會盟。……沫蓋知義者也，而肯以其身為刺客之用乎？</td></tr>
<tr><td>南宋</td><td>葉夢得</td><td>公羊傳
穀梁傳
左傳</td><td>左傳</td><td>否定史料
否定史料</td><td>否定史料
否定史料</td><td></td></tr>
<tr><td colspan="7">否定：觀劌始見莊公論戰，蓋近於知義者，非刺客一夫之勇與沫事不類；柯盟之後，未再與齊交兵，亦安得有三戰復地之事，二者皆無實，此蓋六國之辯士假託之言無足取信。</td></tr>
<tr><td>南宋</td><td>業適</td><td>公羊傳</td><td>左傳</td><td></td><td>否定史料</td><td></td></tr>
<tr><td colspan="7">否定：三戰而再勝未嘗失地，三年不交兵何用要劫？二十三年曹劌復諫觀社，詳其前後詞語，豈操匕首於壇坫之間者耶？</td></tr>
<tr><td>南宋</td><td>真德秀</td><td>戰國策</td><td></td><td></td><td>否定史料</td><td></td></tr>
<tr><td colspan="7">否定：此下云云皆誘惑燕將之辭，非事實也。</td></tr>
<tr><td>南宋</td><td>趙與權</td><td>公羊傳</td><td>左傳</td><td></td><td>否定史料</td><td></td></tr>
</table>

<table>
<tr><th>朝代</th><th>注者</th><th>注書</th><th>引用</th><th>莊公十
（長勺之戰）</th><th>莊公十三
（柯之盟）</th><th>莊公二十三
（如齊觀社）</th></tr>
<tr><td colspan="7">否定：劌與莊公言戰，如彼詳緩觀社之行，劌諫莊公之辭，根據義理，必非懷利以僥倖者。</td></tr>
<tr><td>南宋</td><td>王應麟</td><td>史記</td><td>左傳</td><td></td><td>否定史料</td><td></td></tr>
<tr><td colspan="7">否定：柯之事太史公遂以曹沫列為刺客之首，此戰國之風，春秋初未有此習也，此游士之虛語。</td></tr>
<tr><td>南宋</td><td>黃震</td><td>公羊傳</td><td>春秋</td><td></td><td>否定史料</td><td></td></tr>
<tr><td colspan="7">否定：《公羊》謂不背曹沫之盟者也，然此戰國之說也，齊威方以禮合諸侯，寧有是事《春秋》之所不書，不可信也。</td></tr>
<tr><td>元代</td><td>程端學</td><td>左傳莊公十一
穀梁傳</td><td>趙與權</td><td>否定史料</td><td></td><td></td></tr>
<tr><td colspan="7">否定：《左傳》：既曰齊師伐我，公將戰，用曹劌之言，齊三鼓魯一鼓則是皆陳而非詐戰明矣。
否定：《穀梁傳》：則以不日為疑戰，又其謬之尤者。</td></tr>
<tr><td>元代</td><td>鄭玉</td><td>胡安國</td><td>高閱
家鉉翁</td><td>否定史料</td><td></td><td></td></tr>
<tr><td colspan="7">否定：愚謂《春秋》之法，詐戰曰敗，然魯之敗齊，齊曲魯直，故《春秋》喜魯之勝，非喜其勝也，喜其勝於齊也。</td></tr>
<tr><td>明代</td><td>姜寶</td><td>胡安國</td><td>左傳</td><td>否定史料</td><td></td><td></td></tr>
<tr><td colspan="7">否定：彼竭我盈而後克之，此則所謂詐謀取勝爾，若視其轍亂望其旗靡，此又是逐奔之法，非詐戰也。</td></tr>
<tr><td>明代</td><td>朱睦㮮</td><td>左傳</td><td></td><td>否定史料</td><td></td><td></td></tr>
<tr><td colspan="7">原因：傳者以未陣為敗詐也，夫魯敗某師多矣，無有書戰者，豈皆未陣而敗乎？</td></tr>
<tr><td>清代</td><td>馬驌</td><td>呂氏春秋</td><td>左傳</td><td></td><td>否定史料</td><td></td></tr>
<tr><td colspan="7">否定：《左氏》不載曹子事，而諸家亟稱之，恐亦非實也。</td></tr>
<tr><td>清代</td><td>朱鶴齡</td><td>左傳
公羊傳
穀梁傳</td><td>張預
左傳
左傳</td><td>（正面）：智</td><td>否定史料</td><td></td></tr>
</table>

<table>
<tr><th>朝代</th><th>注者</th><th>注書</th><th>引用</th><th>莊公十
（長勺之戰）</th><th>莊公十三
（柯之盟）</th><th>莊公二十三
（如齊觀社）</th></tr>
<tr><td colspan="7">否定：劌之論戰與諫觀社不類劫壇者，太史公好奇，遂以列刺客之首。</td></tr>
<tr><td>清代</td><td>李鍇</td><td>史記</td><td>春秋</td><td></td><td>否定史料</td><td></td></tr>
<tr><td colspan="7">否定：按遂國名舜後，以不會北杏故滅之，非魯邑也，且長勺、郎之師、魯皆勝，無三敗事，《史》誤又曹沬事傳不載。</td></tr>
<tr><td>清代</td><td>何焯</td><td>史記</td><td></td><td></td><td>否定史料</td><td></td></tr>
<tr><td colspan="7">否定：刺客列傳曹沬篇。曹沬之事，亦戰國好事者為之，春秋無此風也，又況魯又禮義之國乎？</td></tr>
<tr><td>清代</td><td>李鍇</td><td>史記</td><td>春秋</td><td></td><td>否定史料</td><td></td></tr>
<tr><td colspan="7">否定：按遂國名舜後，以不會北杏故滅之，非魯邑也，且長勺、郎之師、魯皆勝，無三敗事，《史》誤又曹沬事傳不載。</td></tr>
<tr><td>清代</td><td>何焯</td><td>史記</td><td></td><td></td><td>否定史料</td><td></td></tr>
<tr><td colspan="7">否定：刺客列傳曹沬篇。曹沬之事，亦戰國好事者為之，春秋無此風也，又況魯又禮義之國乎？</td></tr>
<tr><td>清代</td><td>紀昀</td><td>左傳莊公十一年體例</td><td></td><td>否定史料</td><td></td><td></td></tr>
<tr><td colspan="7">否定：凡魯勝則曰：「敗某師。」蓋平辭也。
夫長勺，魯地。齊師加己而應之，何己之責？
宋襄不鼓、不成列，之謂聖人因時以制義，未可以迂儒眇見窺之也。</td></tr>
<tr><td>清代</td><td>梁玉繩</td><td>史記</td><td></td><td></td><td>否定史料</td><td></td></tr>
<tr><td colspan="7">否定：無齊伐魯，及魯敗獻邑事，滅遂亦與魯無涉，此及刺客列傳同誤。
劫齊事妄，說在刺客傳。
魯祇一戰而一勝，安得有三敗之事，……遂非魯地，何煩魯獻，此皆妄也。</td></tr>
<tr><td>清代</td><td>瀧川龜太郎</td><td>史記</td><td>張照
蘇轍
梁玉繩
沈家本
何焯</td><td></td><td>否定史料</td><td></td></tr>
</table>

朝代	注者	注書	引用	莊公十（長勺之戰）	莊公十三（柯之盟）	莊公二十三（如齊觀社）
否定：引各家之說否定三戰三敗及曹劌為刺客二說。						

上表筆者將歷代學者針對「否定史料」之內容全數列出，依據內容筆者分為莊公十年「長勺之戰」以及莊公十三年「柯之盟」分別討論。莊公十年「長勺之戰」否定史料者，多數是針對《穀梁傳》「不日疑戰」之說、《左傳》莊公十一年「敵未陣曰敗某師」及胡安國「詐戰」之說提出辯駁，學者以《左傳》莊公十年的內容為證，「長勺之戰」時兩軍皆陣，由此可見與《左傳》莊公十一年「敵未陣曰敗某師」不合，再者「長勺之戰」至孔子相隔二一九年，因此資料皆源自古史，若魯國春秋未書時間，自然《春秋》便不會記錄日期，因此《穀梁傳》「不日疑戰」之說不足採信，筆者認為學者否定曹劌「詐戰」之說極為充分；否定史料另有一說值得注意，柳宗元提出了曹劌問戰不以兵力、器械、練兵、地形等，因此懷疑史料，此說將於後文論述。莊公十三年「柯之盟」否定史料者，多數否定《公羊傳》、《穀梁傳》及《史記》的內容，否定的原因可分為兩類，第一類為「曹劌劫桓公」《春秋》不書，第二類則是「曹劌劫桓公」與《左傳》及《國語》二書曹劌形象不符，筆者認為《春秋》乃是魯國史料，而「曹劌劫桓公」則在其餘史書中記載，因此據《春秋》而否定其餘史書的真實性，此說過於果斷，筆者認為有重新審視的必要。

基於上述分析，筆者提出八點質疑：

一、「長勺之戰」前齊魯關係如何？

二、「長勺之戰」的起因為何？

三、曹劌問戰的目的為何？

四、「長勺之戰」時曹劌是否真的詐戰？

五、「長勺之戰」後齊魯情勢如何？

六、齊桓公為何與魯國會盟？

七、柯之盟時曹劌是否真為刺客？

八、柯之盟後齊魯情勢之變化如何？

上述八項問題，筆者將於四、五、六章進行全面性的檢視，由史料統整以還原莊公十年至莊公二十三年春秋歷史，並解答上述八項問題。「齊魯交惡」至「長勺之戰」析論，將由下章述之。

第四章
「齊魯交惡」至「長勺之戰」析論

史書第一次記載曹劌之時間，為莊公十年「長勺之戰」，雖《左傳》及《國語》二書所載之資料近似，但歷代學者所論褒貶不一，並且未全面性檢視齊魯二國之關係，因此筆者於第三節時，針對「長勺之戰」提出四項問題：一、長勺之戰前齊魯關係如何？二、長勺之戰的起因為何？三、曹劌問戰的目的為何？四、長勺之戰時曹劌是否真的詐戰？據上述四項問題，此章將追溯「長勺之戰」起因，以「齊魯交惡」為始，直至「長勺之戰」為止，歷時十一年，筆者依時間分為三段論述：一、齊魯交惡之始因；二、無知之亂與小白入齊；三、長勺之戰。《春秋》魯桓公十八年至魯莊公十年春所記之事件於下示之：

《春秋》所記魯桓公十八年至魯莊公十年事件總表

魯桓公十八年年	春：王正月，公會齊侯於濼，公與夫人姜氏遂如齊。 夏：四月，丙子，公薨於齊。丁酉，公之喪至，自齊。 秋：七月已丑，葬我君桓公。
魯莊公元年	春：王正月。三月，夫人孫於齊。 夏：單伯送王姬。 秋：築王姬之館于外。 冬：十月，乙亥，陳侯林卒。王使榮叔來錫，桓公命。王姬歸于齊。齊師遷紀、郱、鄑、郚。
魯莊公二年	春：王正二月，葬陳莊公。 夏：公子慶父帥師伐于餘丘。 秋：七月，齊王姬卒。 冬：姜氏會齊侯于禚。乙酉，宋公馮卒。

魯莊公三年	春：王正月，溺會齊師伐衛。 夏：四月，葬宋莊公。五月，葬桓王。 秋：紀季以酅入于齊。 冬：公次于滑。
魯莊公四年	春：王二月，夫人姜氏享齊侯于祝丘。三月，紀伯姬卒。 夏：齊侯、陳侯、鄭伯，遇于垂，紀侯大去其國。六月，乙丑齊侯葬紀伯姬。 秋：七月。 冬：公及齊人狩于禚。
魯莊公五年	春：王正月。 夏：夫人姜氏如齊師。 秋：郳，犁來，來朝。 冬：公會齊人、宋人、陳人、蔡人伐衛。
魯莊公六年	春：王正月，王人子突救衛。 夏：六月，衛侯朔入于衛。 秋：公至自伐衛，螟。 冬：齊人來歸衛俘。
魯莊公七年	春：夫人姜氏會齊侯于防。 夏：四月，辛卯，夜，恆星不見，夜中，星隕如雨。 秋：大水，無麥苗。 冬：夫人姜氏會齊侯于穀。
魯莊公八年	春：王正月，師次于郎，以俟陳人、蔡人，甲午，治兵。 夏：師及齊師圍郕，郕降于齊師。 秋：師還。 冬：十有一月，癸未，齊無知弒其君諸兒。
魯莊公九年	春：齊人殺無知，公及齊大夫盟于蔇。 夏：公伐齊，納子糾。齊小白入于齊。 秋：七月丁酉，葬齊襄公。八月，庚申，及齊師戰于乾，我師敗績。九月，齊人取子糾殺之。 冬：浚洙。
魯莊公十年	春：王正月，公敗齊師于長勺

「齊魯交惡之始因」將由下文示之。

第一節　齊魯交惡之始因

魯桓公之死為齊魯交惡之始因，亦是齊襄公多次侵略鄰近國家的重要因素，筆者將此分為三階段論述，一、魯桓公之死；二、魯莊公即位後文姜之行徑；三、魯國外戚勢力之掌控；將由下文述之。

（一）魯桓公之死

魯桓公之死與魯桓公夫人文姜有絕對關係，據《春秋》魯桓公三年曰：「九月，齊侯送姜氏于讙，夫人姜氏至自齊。」[1]《管子・大匡》亦云曰：「魯桓公夫人文姜，齊女也。」[2]《史記・齊太公世家》曰：「魯夫人者，襄公女弟也。自釐公時嫁為魯桓公婦。」[3]文姜乃是齊襄公之妹，亦是魯桓公之妻，於桓公三年嫁於魯桓公，魯桓公之死則於《春秋》魯桓公十八年所記：

> 春，王正月，公會齊侯于濼，公與夫人姜氏遂如齊。夏，四月，丙子，公薨于齊。[4]

魯桓公於十八年與文姜至齊國，最終薨於齊國，但魯桓公之死並非自然死亡，《左傳》記載：

---

1 〔清〕阮元校刊：《十三經注疏・左傳》（臺北市：藝文印書館，1979年3月），頁103。

2 顏昌嶢：《管子校釋》（長沙市：岳麓書社，1996年2月），頁162。

3 〔清〕瀧川龜太郎：《史記會注考證》（高雄市：麗文文化事業公司，1997年1月），頁538。

4 〔清〕阮元校刊：《十三經注疏・左傳》，頁130。

> 公會齊侯于濼，遂及文姜如齊，齊侯通焉，公謫之。以告。夏四月，丙子，享公，使公子彭生乘公，公薨于車。[5]

據《左傳》所言，魯桓公死於公子彭生之手，原因為齊襄公與齊姜私通；《管子・大匡》亦曰：

> 公將如齊，與夫人偕行，申俞諫曰：不可，女有家，男有室，無相瀆也，謂之有禮。公不聽，遂以文姜會齊侯于濼，文姜通于齊侯，桓公聞，責文姜，文姜告齊侯，齊侯怒，饗公，使公子彭生乘魯侯，脅之。公薨于車。[6]

《管子・大匡》與《左傳》雖有語句上的微量差異，但內容事件相同；《公羊傳》曰：

> 夫人何以不稱姜氏？貶。曷為貶？與弒公也。其與弒公，柰何？夫人譖公于齊侯，公曰：「同非吾子，齊侯之子也。」齊侯怒，與之飲酒，其出焉，使公子彭生送之，其乘焉，搚幹而殺之。[7]

《公羊傳》除了貶責齊襄公與文姜私通外，另以「同非吾子，齊侯之子」之說暗喻私通，最終導致齊襄公設計殺魯桓公；《穀梁傳》則曰：

---

5 〔清〕阮元校刊：《十三經注疏・左傳》，頁130。

6 顏昌嶢：《管子校釋》，頁162。

7 〔清〕阮元校刊：《十三經注疏・公羊傳》（臺北市：藝文印書館，1979年3月），頁72。

> 君弒賊不討，不書葬，此其言葬，何也？不責踰國而討于是也，桓公葬而後舉謚，謚所以成德也，于卒事乎加之矣，知者慮，義者行，仁者守，有此三者備，然後可以會矣。[8]

《穀梁傳》認為魯國對弒君之賊不討，乃是不想怪罪齊國，須以舉謚為優先，亦認為魯桓公死於齊國之手；《史記・齊太公世家》云：

> 四年，魯桓公與夫人如齊，齊襄公故嘗私通魯夫人。魯夫人者，襄公女弟也。自釐公時，嫁為魯桓公婦。及桓公來，而襄公復通焉，魯桓公知之怒夫人，夫人以告齊襄公，齊襄公與魯君飲，醉之，使力士彭生抱上魯君車，因拉殺魯桓公，公下車則死矣。魯人以為讓，而齊襄公殺彭生以謝魯。[9]

綜合各史料所言，《春秋》只是單純述說魯桓公死於齊國，而《管子・大匡》與《左傳》明顯指出魯桓公之死，源於文姜與齊襄公私通所造成，此二書亦對刺殺魯桓公者指名乃「彭生」所為，因魯國與齊國有姻親關係，且齊國國力雄厚，導致魯國只能要求齊襄公殺「彭生」以平怨。魯桓公之死，起於文姜與齊襄公私通，彭生之死，亦是文姜與齊襄公私通，《公羊傳》於私通一事上，暗諷魯桓公之子皆為齊襄公所生，《穀梁傳》則認為弒君之罪豈可不討，私通一事確實為「齊魯交惡」埋下種子。

8　〔清〕阮元校刊：《十三經注疏・穀梁傳》（臺北市：藝文印書館，1979年3月），頁42。

9　〔清〕瀧川龜太郎：《史記會注考證》，頁538。

（二）魯莊公即位後文姜之行徑

據《春秋》所言，文姜於魯桓公死後私通並未停止，然《管子·大匡》則有另一記載曰：

> 或曰：明年，襄公逐小白，小白走莒。三年，襄公薨，公子糾踐位。[10]

《管子·大匡》此文直指齊襄公死於魯桓公死後第三年，與《春秋》所記時間不符，《春秋》記載魯桓公死後直至魯莊公八年，文姜與齊襄公私通之情絲毫未滅，共相會五次。

第一次乃魯桓公死後第一年，莊公元年「春，王正月。三月，夫人孫于齊。」[11]《左傳》曰：

> 元年，春，不稱即位，文姜出故也。三月，夫人孫于齊，不稱姜氏，絕不為親，禮也。[12]

《左傳》所言，文姜對魯國所造成的傷害明顯呈現於文章之中，「不稱即位」、「不稱姜氏」皆說明文姜及齊襄公之惡，《公羊傳》亦曰：

> 元年，春，王正月，公何以不言即位，春秋君弒，子不言即位，君弒則子何以不言即位？隱之也。孰隱？隱子也。三月，夫人孫于齊，孫者何？孫猶孫也。內諱奔謂之孫。夫人固在齊

10 顏昌嶢：《管子校釋》，頁165。
11 〔清〕阮元校刊：《十三經注疏·左傳》，頁136。
12 〔清〕阮元校刊：《十三經注疏·左傳》，頁137。

矣，其言孫于齊何？念母也。正月以存，君念母以首事。夫人何以不稱姜氏？貶。曷為貶與弒公也。[13]

《公羊傳》認為「孫」字應為「奔」字，自魯桓公死後，文姜恐懼不敢歸魯，而「奔于齊」一詞則針對魯莊公即位時對母親之思念，不稱姜氏與《左傳》所釋相同，為貶意；《穀梁傳》曰：

元年，春，王正月，繼弒君者不言即位，正也。繼弒君者不言即位之為正何也？曰先君不以其道終，則子不忍即位也。三月夫人孫于齊，孫之為言猶孫也，諱奔也，皆練時錄母之變始人之也，不言氏姓，貶之也。人之于天地也，以道受命；于人也，以言受命。不若于言者，人絕之也。臣子大受命。[14]

《穀梁傳》所言與《公羊傳》共通點有其二，一為「孫」字皆以「諱奔」作解，二為「不書姜氏」皆以貶意為解，但對於「不書即位」則有不同看法，《穀梁傳》認為「不書即位」乃是魯桓公並非善終，魯莊公不忍，因此不書即位。《史記》則直言不諱曰：「莊公母夫人因畱齊，不敢歸魯。」[15]

第二次於《春秋》魯莊公二年曰：「冬，姜氏會齊侯于禚。」[16]《左傳》所言相當簡短，曰：「書姦也。」[17]語句之間已不用魯桓公十八年「通」字來隱諱私通，而用「姦」字之重語，極有貶責之意，《公羊傳》於此，則有經無傳，不再論述，《穀梁傳》言：

13 〔清〕阮元校刊：《十三經注疏‧公羊傳》，頁72。
14 〔清〕阮元校刊：《十三經注疏‧穀梁傳》，頁44。
15 〔清〕瀧川龜太郎：《史記會注考證》，頁538。
16 〔清〕阮元校刊：《十三經注疏‧左傳》，頁138。
17 〔清〕阮元校刊：《十三經注疏‧左傳》，頁138。

> 冬，十有二月，夫人姜氏會齊侯于禚，婦人既嫁不踰竟，踰竟非正也。婦人不言會，言會，非正也。饗甚矣。[18]

《穀梁傳》認為《春秋》以「會」字記載，代表文姜不正，如《左傳》所說，但語句不似《左傳》直言快語，直言「書姦也」，《穀梁傳》用詞則較為舒緩平和。

第三次於《春秋》魯莊公四年，曰：「春，王二月，夫人姜氏享齊侯于祝丘。」[19]《左傳》、《公羊傳》皆無傳文，《穀梁傳》曰：「饗甚矣，饗齊侯所以病齊侯也。」[20]「饗甚矣」乃說明宴會非禮之行，「病齊侯」則是論齊襄公違禮之行日漸嚴重。

第四次於《春秋》魯莊公五年，曰：「夏，夫人姜氏如齊師。」[21]《左傳》、《公羊傳》皆有經無傳，《穀梁傳》曰：

> 夏，夫人姜氏如齊師，師而曰如眾也。婦人既嫁，不踰竟，踰竟，非禮也。[22]

此說與魯莊公二年無異。

第五次及第六次皆為魯莊公七年曰：「春，夫人姜氏會齊侯于防。」[23]「冬：夫人姜氏會齊侯于穀。」[24]此二事《左傳》、《公羊

---

18 〔清〕阮元校刊：《十三經注疏．穀梁傳》，頁46。
19 〔清〕阮元校刊：《十三經注疏．左傳》，頁139。
20 〔清〕阮元校刊：《十三經注疏．穀梁傳》，頁47。
21 〔清〕阮元校刊：《十三經注疏．左傳》，頁140
22 〔清〕阮元校刊：《十三經注疏．穀梁傳》，頁48。
23 〔清〕阮元校刊：《十三經注疏．左傳》，頁142。
24 〔清〕阮元校刊：《十三經注疏．左傳》，頁142。

傳》皆無傳，唯《穀梁傳》言：「婦人不會，會非正也。」[25]春冬相會之事所述皆同。上述六事之總和圖表於下：

齊襄公與文姜相會表

史書所述 / 《春秋》所記	齊襄公與文姜相會記錄
1. 魯莊公元年春，王正月。三月，夫人孫于齊。	《左傳》：元年，春，不稱即位，文姜出故也。三月，夫人孫于齊，不稱姜氏，絕不為親禮也。 《公羊》：元年，春，王正月，公何以不言即位，春秋君弒子不言即位，君弒則子何以不言即位，隱之也，孰隱隱子也。三月，夫人孫于齊，孫者何孫，猶孫也。內諱奔謂之孫，夫人固在齊矣，其言孫于齊何，念母也，正月以存，君念母以首事，夫人何以不稱姜氏，貶曷為貶與弒公也。 《穀梁》：元年，春，王正月，繼弒君者不言即位正也，繼弒君者，不言即位之為正何也，曰先君不以其道終，則子不忍即位也。三月夫人孫于齊，孫之為言猶孫也，諱奔也，皆練時錄母之變始人之也，不言氏姓貶之也，人之于天地也，以道受命于人也，以言受命不若于言者，人絕之也，臣子大受命。 《史記》：莊公母夫人因留齊，不敢歸魯。
2. 魯莊公二年冬，姜氏會齊侯于禚。	《左傳》：書姦也。 《穀梁》：冬，十有二月，夫人姜氏會齊侯于禚，婦人既嫁不踰竟，踰竟非正也。婦人不言會，言會非正也，饗甚矣。

25 〔清〕阮元校刊：《十三經注疏・穀梁傳》，頁49。

史書所述／《春秋》所記	齊襄公與文姜相會記錄
3. 魯莊公四年春，王二月，夫人姜氏享齊侯于祝丘。	《穀梁傳》：饗甚矣，饗齊侯所以病齊侯也。
4. 魯莊公五年夏，夫人姜氏如齊師。	《穀梁傳》：夏，夫人姜氏如齊師，師而曰，如眾也。婦人既嫁不踰竟，踰竟，非禮也。
5. 魯莊公七年春，夫人姜氏會齊侯于防。	《穀梁傳》：婦人不會，會非正也。
6. 魯莊公七年冬，夫人姜氏會齊侯于穀。	《穀梁傳》：婦人不會，會非正也。

上表所示，齊襄侯與文姜私通之事，《春秋》皆有記錄，六次之中，莊公元年《左傳》、《公羊傳》、《穀梁傳》皆有陳述與注解，莊公二年唯《左傳》、《穀梁傳》有述，二年之後齊襄侯與文姜私通一事呈現無傳的現象。綜合上述，文姜與齊襄公之關係影響魯國與齊國的外交策略。《管子．大匡》「三年，襄公薨，公子糾踐位。」之說則需視其餘史料推斷，筆者於下引《詩經．齊風》詩序為證。

《詩經．齊風》據詩序共有〈南山〉、〈甫田〉、〈盧令〉、〈敝笱〉、〈載驅〉五首刺齊襄公之作，各詩詩序如下：

《詩經．齊風》詩序刺齊襄公之作總表

〈南山〉	南山，刺襄公也，鳥獸之行，淫乎其妹，大夫遇是惡，作詩而去之。[26]
〈甫田〉	大夫刺襄公也。無禮義而求大功，不脩德而求諸侯。志大心勞。所以求者，非其道也。[27]
〈盧令〉	盧令，刺荒也。襄公好田獵畢弋，而不脩民事。百姓苦之。故陳古以風焉。[28]
〈敝笱〉	敝笱，刺文姜也。齊人惡魯桓公微弱，不能防閑文姜，使至淫亂，為二國患焉。[29]
〈載驅〉	齊人刺襄公也。無禮義故，盛其車服疾驅于通道大都，與文姜淫播其惡于萬民焉。[30]

上述五篇詩序可分為兩類：一、〈甫田〉及〈盧令〉二篇，乃指齊襄公統治之無德且無禮，好獵而不脩民事，然非此文所重之處；二、〈南山〉、〈敝笱〉、〈載驅〉專指齊襄公與文姜私通之事，歸於此文所重，下文述之。

〈南山〉詩序言：「南山，刺襄公也，鳥獸之行，淫乎其妹，大夫遇是惡，作詩而去之。」鄭箋云：

> 襄公之妹，魯桓公夫人文姜也。襄公素與淫通。及嫁，公適之。公與夫人如齊，夫人愬之襄公，襄公使公子彭生乘公，而搤殺之。夫人久留于齊，莊公即位後乃來。猶復會齊侯于禚，

26 〔清〕阮元校刊：《十三經注疏．詩經》（臺北市：藝文印書館，1979年3月），頁195。

27 〔清〕阮元校刊：《十三經注疏．詩經》，頁197。

28 〔清〕阮元校刊：《十三經注疏．詩經》，頁198。

29 〔清〕阮元校刊：《十三經注疏．詩經》，頁198。

30 〔清〕阮元校刊：《十三經注疏．詩經》，頁199。

> 于祝丘，又如齊師。齊大夫見襄公外行惡如是，作詩以刺之，又非魯桓公不能禁制夫人而去之。[31]

鄭箋所言此篇專指齊襄公與文姜通姦一事，對事件之闡述與《管子》、《左傳》、《史記》皆同，王靜芝於《詩經通釋》曰：

> 詩序前後所言自無問題。惟後段言大夫作詩，則似未必。蓋若齊國之大夫，職司政事，君行如有可諫則諫；諫而不聽，當退則退。若此既不能諫止于前，而徒作詩諷刺于後，于事何益？非大夫所當為。愚意此為詩人之詩，即事咏歎。不祇刺齊襄公，而兼責魯桓公及文姜也。[32]

上述所言，王靜芝認為此文確實乃刺齊襄公與文姜無誤，但「大夫遇是惡，作詩而去之」之文，實非大夫應所當為；沈時蓉於《詩經楚辭鑑賞辭典》中言：

> 這首詩運用了《詩經》中常用的「比而興」的手法，每章用不同的事物起興，而每一個起興都精心選擇了與諷刺抨擊的對象有一定關聯的事物，既含蓄地諷喻了齊襄公、文姜的醜惡行徑，又自然地將詩歌過渡到詩人要詠唱的主要內容上來。詩人首先要斥責的是齊襄公，所以第一章的起興詩人選擇了齊國的南山和南山的雄狐。狐，本是一種邪媚之獸，它居住在高高的南山之上，不正像居于齊國最高位子上又荒邪淫亂的齊襄公

31 〔清〕阮元校刊：《十三經注疏・詩經》，頁195。

32 王靜芝：《詩經通釋》（臺北縣：輔仁大學文學院叢書，1976年7月），頁216。

> 嗎？齊襄公竟荒淫到與自己同父異母的胞妹私通的地步，這種行徑和那尾隨著雌狐求歡的雄狐又有什麼兩樣？詩人憎恨這種「鳥獸之行」的態度，通過以南山雄狐發興，就顯明的表達出來了。[33]

對此篇詩序並未脫離詩序本旨，正描述齊襄公與文姜無恥的行徑，但為中並未論及「大夫遇是惡，作詩而去之」一事；周錫韍於《詩經選》曰：「這是諷刺、譴責齊襄公兄妹私通的詩歌。」[34]於後又言：

> 這首詩，以比較隱晦曲折的語言，對三者都加以責備，齊襄公自然是諷刺、抨擊的重點。[35]

文所言之三者，乃為齊襄公、文姜與魯莊公，三者皆被貶責，齊襄公則為荒淫之源；綜合以上各家之說，《南山》一詩，學者贊同詩序「刺襄公也，鳥獸之行，淫乎其妹」之說。蘇東天對此詩詩序則有不同見解，於《詩經辨義》曰：

> 齊人唱出這首歌，諷刺襄公、文姜和桓公，我以為諸家所論似欠妥。此詩似乎扯不到文姜與齊襄公、魯桓公的史事上去，詩中看不出有刺文姜與襄公兄妹通奸，殺桓公等荒淫之內容。詩中只寫了齊女嫁魯公子，盼齊早娶的情況。[36]

---

33 周嘯天：《詩經楚辭鑑賞辭典》（成都市：四川辭書出版社，1990年6月），頁258。

34 周錫韍：《詩經選》（臺北市：源流文化事業公司，1982年10月），頁116。

35 周錫韍：《詩經選》，頁116。

36 蘇東天：《詩經辨義》（杭州市：浙江古籍出版社，1992年4月），頁146。

蘇東天乃是依據詩文內容而言，但視其《詩經》詩序，皆與政治、歷史極有關係，具教育價值，代表此整理者本身已具有特殊目的而整理並寫序，因此詩本身已由「單純述事」轉化為「有教育政治目的的文章」；筆者於《上海博物館所藏戰國竹簡（一）·孔子詩論》中發現〈齊風·東方未明〉於今本詩序為：「東方未明，刺無節也。朝廷興居無節，號令不時。挈壺氏不能長其職焉。」[37]《上海簡》言此篇詩序為「東方未明，有利詞。」[38]「刺無節」與「有利詞」皆言「刺」，可證詩序本身是以政治講述詩文，據此筆者認為〈南山〉此篇詩序「刺襄公也，鳥獸之行，淫乎其妹」解讀合理。

〈敝笱〉詩序言：「敝笱，刺文姜也。齊人惡魯桓公微弱，不能防閑文姜，使至淫亂，為二國患焉。」[39]《毛詩正義》云：

> 作敝笱者，刺文姜也，所以刺之者，文姜是魯桓夫人，齊人惡魯桓公為夫微弱，不能防閑文姜，使至于齊，與兄淫亂為二國之患焉，故刺之也。[40]

據孔穎達所言〈敝笱〉一文所指齊人惡魯桓公，使文姜與齊襄公私通，導致兩國之患，王靜芝於《詩經通釋》曰：

> 按：詩序所云，大致得此詩要旨。此詩表面是詠文姜嫁于魯之詩。若「齊于歸止，其從如雲」之句，是寫當時之狀無疑。惟

---

37 〔清〕阮元校刊：《十三經注疏·詩經》，頁191。

38 鄭玉姍：《上博（一）·孔子詩論研究》（臺北縣：花木蘭文化出版社，2008年3月），頁212。

39 〔清〕阮元校刊：《十三經注疏·詩經》，頁198。

40 〔清〕阮元校刊：《十三經注疏·詩經》，頁199。

> 自敝笱在梁，其魚魴鱮之句觀之。明存大魚在敝笱則不能制服之意，而寓魯不能制齊女之意。斯則是在文姜敗德之事已生之後所詠。至文姜雖夙與齊襄公通，然未必于初嫁之時，則由本國之人作如是詠也。必文姜與襄公復通，而魯桓公死之，詩人乃寫其嫁時光景，而以敝笱不能制大魚喻之，以刺文姜而責魯桓公之不能防閑文姜也。[41]

王靜芝認為「敝笱」暗喻魯桓公之無能，而魴鱮則喻為文姜，破籠豈能裝大魚，因此文姜私通齊襄侯，證明魯桓公之無能；周本淳於《詩經楚辭鑑賞辭典》中言：

> 這是一首諷刺詩，魯桓公娶了文姜。但文姜和哥哥齊襄公本來就有不正當關係。魯桓公不但不能防止文姜，而且還跟隨文姜一道回齊國，讓他們兄妹胡來。最後魯桓公被齊襄公謀殺了。這是春秋前期的一件醜聞。這首詩與〈南山〉一樣，是諷刺魯桓公不能防閑文姜的。以魚隱射關係，詩經中不一而足。此詩用破爛的魚簍不能捕魚來比魯莊公的無用。表面上前兩句是嘲笑敝笱，但忽然跳出文姜回娘家的事，諷刺的對象就明白無誤了。[42]

此說與王靜芝判斷近似，但「與〈南山〉一樣」之說則需商榷，筆者認為〈南山〉以南山之雄狐形容齊襄侯荒淫，乃是針對齊襄公與文姜行為的諷刺文章，〈敝笱〉則是以破舊的魚簍述說魯桓公的無能，「荒淫」並不能等同於「無能」，「荒淫」乃為有能力，且為蓄意之行為，

---

41 王靜芝：《詩經通釋》，頁221。

42 周嘯天：《詩經楚辭鑑賞辭典》，頁264。

「無能」則是無能力，且非蓄意之行為，「蓄意違禮而淫亂」與「無能控制而致亂」必是不同，違禮者之過必大於無能者，「南山之雄狐」豈與「破籠裝大魚」同？雖私通之事齊襄公與魯桓公皆有過錯，但孰輕孰重應視違禮者而論；蘇東天於《詩經辨異》言：

> 此詩刺文姜淫亂恐是正確的。詩之上句刺其品行不正，亂淫；下句刺其歸省排場大，從者眾多，驕奢淫逸，危害邦國。[43]

據蘇東天所云，「敝笱在梁，其魚魴鱮」一段乃為「品行不正」，此說需要商榷，敝笱乃魚簍，捕魚之用，敝笱在梁，則為捕魚之所，皆為正確使用之法，但老舊之籠無法乘載大魚，確實無能，「品行不正」應為「無能」解為優。綜合上述各家所言，〈敝笱〉之詩，乃針對魯桓公無能，文姜與齊襄公私通一事，齊人怨魯桓公之無能為是。

〈載驅〉詩序言：「齊人刺襄公無禮也，無禮義故，盛其車服疾驅于通道大都，與文姜淫播其惡于萬民焉。」[44]《毛詩正義》曰：

> 載驅詩者，齊人所作以刺襄公也，刺之者，襄公身無禮義之故，乃盛飾其所乘之車與所衣之服，疾行驅馳于通達之道廣大之都，與其妹文姜通播揚其惡于萬民，盡之情無慙恥，故刺之也。[45]

孔穎達此說與《春秋》所記可以謀合，《春秋》所言文姜與齊襄公私通地點，乃齊魯二地皆有，所乘之車相當華麗，在往返之途，穿於百

43 蘇東天：《詩經辨義》，頁149。
44 〔清〕阮元校刊：《十三經注疏・詩經》，頁199。
45 〔清〕阮元校刊：《十三經注疏・詩經》，頁199。

姓之間，絲毫不知廉恥，作詩者憤而書之，王靜芝於《詩經通釋》曰：

> 此詩刺襄公與文姜相會之無禮義也。此詩寫襄公與文姜相會之事，以刺襄公與文姜之無禮。……詩序但謂刺襄公。而朱傳但謂刺文姜。然詩所言：齊子發夕，齊子豈弟，皆言文姜。是藉文姜之事名襄公之事，淫亂無禮義是在二人也。[46]

王靜芝所言是認為「刺襄公」乃藉「刺文姜」暗喻刺襄公，前〈南山〉、〈敝笱〉二詩，文中之「齊子」以文姜作解，案此〈載驅〉「齊子」應以文姜解為優，詩文中「齊子發夕」乃為「齊魯二地之來往」，視齊襄公與文姜六次相會之處，齊魯二地皆有，據此王靜芝所言與孔穎達相同；周嘯天於《詩經辨異》言：

> 這是一首齊人諷刺文姜與齊襄公幽會的詩。在〈齊風〉中，除此詩外，還有〈南山〉、〈敝笱〉兩首也是揭露他們兄妹私通的醜事的。魯桓公在位時兩人就有亂倫關係。魯桓公死，莊公即位，文姜更為放肆。這首詩寫的就是魯莊公時的情形。[47]

文中所言「這首詩寫的就是魯莊公時的情形」，引《春秋》視之，齊襄公與文姜相會，確實於魯莊公死後更加頻繁，於後又言：

> 此詩在藝術上運用映襯手法。詩中所渲染的文姜車駕之華麗和兄妹二人肆無忌憚的醜行形成強烈對比，這一尖銳的反襯，加

46 王靜芝：《詩經通釋》，頁223。

47 周嘯天：《詩經楚辭鑑賞辭典》，頁267。

> 之第四章在第三章基礎上反覆陳述二人相狎于道的情景，使作品形象更加深刻、鮮明。熙熙攘攘的人群縱能淹沒二人的骯髒行徑，滔滔奔流的汶河水又怎能刷得淨他們骯髒的心靈呢？[48]

此言與孔穎達之說近似，華美的外表之下，卻暗藏著醜陋的行徑，人來人往的大道大都，卻公然私通私會，正是「揚其惡于萬民，盡之情無慙恥」[49]。蘇東天先生於《詩經辨義》中則曰：

> 《毛詩序》云：「載驅，齊人刺襄公也。無禮義，故盛其車服，疾馳通道大都，與文姜淫，播其惡于萬民焉。」今人多從舊說而引申之。如藍菊蓀云：「齊襄公荒淫無道，當然該遭刺，但本篇卻不是刺齊襄公而正是刺齊子文姜，舊說以為上二句言襄公，下二句言文姜，非是。應從嚴粲說，四句並言文姜，文意方貫通。這是對于貴族夫人的文姜的一篇諷刺詩。」高亨云：「這首也是齊人諷刺文姜之詩。」藍、高序所論無誤，詩刺文姜荒淫無恥。[50]

綜合上述各家所言，〈載驅〉一詩乃為魯桓公死後之作，文中直刺文姜，並暗喻齊襄公無禮，亦可見齊國人民憤怒之感。

綜合上述《詩經・齊風》〈南山〉、〈敝笱〉、〈載驅〉三詩詩序，皆直刺齊襄公與文姜私通，雖詩中隱晦其諷，卻隱藏不住百姓之憤，謝无量於《詩經研究》曰：

---

48 周嘯天：《詩經楚辭鑑賞辭典》，頁264。

49 〔清〕阮元校刊：《十三經注疏・詩經》，頁199。

50 蘇東天：《詩經辨義》，頁150。

齊風十一篇，大半係詩人刺哀襄二公失政所作。所有太公創業，齊桓定霸，那種大國之風，直是尋覓不出。衹有〈雞鳴〉一篇，規戒而有溫婉的意思。[51]

林業連於《詩經論文》亦云：

《詩經》有關刺淫之詩頗多，如……〈齊風．南山〉、〈敝笱〉、〈載驅〉，皆刺齊襄公鳥獸之行，淫乎其妹。[52]

此二人行徑昭然若揭，《春秋》記錄齊襄公與文姜私通之事，筆者引《詩經》詩序為證，《管子．大匡》：「或曰：明年，襄公逐小白，小白走莒。三年，襄公薨，公子糾踐位。」之說應為異說。

（三）魯國外戚勢力之掌控

上文所言，魯國於魯桓公死後並未伐齊，主要原因除齊國強盛外，齊魯之間的姻親關係，卻是成為魯莊公無法掌握實權的重要關鍵。《春秋》曰：「桓公六年，九月丁卯，子同生。」[53]魯莊公為魯襄公與文姜所生，然即位時才十二歲的魯莊公，政權尚未穩固，內政難以裁決，視《春秋》莊公二年「夏，公子慶父帥師伐于餘丘。」[54]以為證，慶父為莊公庶兄，於魯莊公未許可的情況下伐餘丘，因此不言「公伐于餘丘」，而是慶父單純的行為，且齊襄公為魯莊公舅舅，外戚勢力自然強盛，因此自魯莊公即位後，齊國藉文姜之身分，逼迫

51 謝无量：《詩經研究》（臺北市：臺灣商務印書館，1980年6月），頁95。

52 林業連：《詩經論文》（臺北市：臺灣學生書局，1996年5月），頁251。

53 〔清〕阮元校刊：《十三經注疏．左傳》，頁109。

54 〔清〕阮元校刊：《十三經注疏．詩經》，頁137。

魯國發動多次戰役與鄰近國家交惡，於《春秋》記載共有三次，第一次為魯莊公三年春「王正月，溺會齊師伐衛」[55]，第二次為魯莊公五年冬「公會齊人、宋人、陳人、蔡人伐衛」[56]，第三次為魯莊公八年夏「師及齊師圍郕，郕降于齊師」[57]，此三戰分析由下分述之。

1 溺會齊師伐衛

據前文所述，齊魯交惡自齊襄公殺魯桓公為始，魯國雖對齊國滿懷怨恨，卻因齊國勢力龐大因此作罷，只請齊國將彭生除去，莊公三年是魯莊公即位後齊魯二國第一次合戰，原因自魯桓公十六年時，衛國發生動亂，《春秋》曰：「十有一月，衛侯朔出奔齊」[58]，《左傳》曰：

> 冬，城向，書時也。初衛宣公烝于夷姜，生急子，屬諸右公子，為之取于齊而美，公取之，生壽及朔，屬壽于左公子，夷姜縊，宣姜與公子朔構急子，公使諸齊，使盜待諸莘，將殺之。壽子告之使行。不可，曰：「棄父之命，惡用子矣，有無父之國，則可也。」及行，飲以酒，壽子載其旌以先，殺之，急子至，曰：「我之求也，此何罪，請殺我乎？」又殺之。二公故怨惠公。十一月，左公子洩，右公子職，立公子黔牟，惠公奔齊。[59]

此文所示，齊國與衛國長時間具有姻親關係，如同魯桓公及文姜，衛國動亂的原因正出自衛惠公本身，宣姜為急子夫人，而惠公奪宣姜，

55 〔清〕阮元校刊：《十三經注疏・詩經》，頁138。
56 〔清〕阮元校刊：《十三經注疏・詩經》，頁140。
57 〔清〕阮元校刊：《十三經注疏・詩經》，頁127。
58 〔清〕阮元校刊：《十三經注疏・詩經》，頁127。
59 〔清〕阮元校刊：《十三經注疏・左傳》，頁128。

並殺害急子，公子洩與公子職因此懷恨在心，將宣公驅逐以報仇，並立公子黔牟為君，惠公奔於齊國避難，因姻親關係，齊襄公為衛惠公與衛國發生多次戰役。《春秋》曰：「魯莊公三年春，王正月，溺會齊師伐衛」據《公羊傳》曰：「三年春，王正月，溺會齊師伐衛。溺者何？吾大夫之未命者也。」[60]，《穀梁傳》亦曰：

> 三年春，王正月，溺會齊侯伐衛。溺者何也，公子溺也，其不稱公子何也？惡其會仇讎而伐同姓，故貶而名之也。[61]

《穀梁傳》乃是針對姓氏而論，魯衛同為姬姓，豈可聯合外姓攻伐同姓，因此不稱公子以貶之。筆者認為，《春秋》三年為公子溺與齊師伐衛，非魯國與齊襄公共謀伐衛，因此伐衛並非出自魯莊公之願，「溺」不稱「公子溺」，原因為魯莊公並未授權公子溺與齊國合戰，孔穎達舉例而言曰：

> 三年注溺魯至去氏，正義曰：「隱四年翬會宋公、陳侯、蔡人、衛人伐鄭。」鄭傳曰：「羽父請以師會之，公弗許，固請而行」，故書曰：「翬帥師疾之也。」彼不稱公子，傳言疾之，今溺亦不稱公子，傳亦言疾之，知其事與翬同疾，其專命而行，故去氏也。公子非氏貶與氏同，故言氏也。[62]

據孔穎達所言，《左傳》曰：「溺會齊師伐衛，疾之也」[63]應以隱公四

---

60 〔清〕阮元校刊：《十三經注疏．公羊傳》，頁75。

61 〔清〕阮元校刊：《十三經注疏．穀梁傳》，頁46。

62 〔清〕阮元校刊：《十三經注疏．左傳》，頁138。

63 〔清〕阮元校刊：《十三經注疏．左傳》，頁139。

年「翬會宋公」[64]為例，藉此說明「公不許，自請而會于他國之師」，因此可見魯莊公並無權力管控國家政務。

2 五國伐衛

《春秋》曰：「魯莊公五年冬，公會齊人、宋人、陳人、蔡人伐衛」[65]，據《春秋》所言，伐衛之國為魯國、齊國、宋國、陳國、蔡國，《左傳》曰：「冬，伐衛，納惠公也。」[66]《公羊傳》曰：

> 冬，公會齊人、宋人、蔡人伐衛，此伐衛何？納朔也。曷為不言納衛侯朔，辟王也。[67]

《穀梁傳》曰：

> 冬，公會齊人、宋人、陳人、蔡人伐衛，是齊侯宋公也。其曰人，何也？人諸侯所以公也，其人公何也？逆天王之命也[68]

楊仕勛言：

> 傳是齊侯宋公。釋曰四國皆從貶而獨言，齊宋者，齊為兵主，宋是大國，則陳蔡亦從也。[69]

64 〔清〕阮元校刊：《十三經注疏．左傳》，頁55。
65 〔清〕阮元校刊：《十三經注疏．左傳》，頁140。
66 〔清〕阮元校刊：《十三經注疏．左傳》，頁140。
67 〔清〕阮元校刊：《十三經注疏．公羊傳》，頁78。
68 〔清〕阮元校刊：《十三經注疏．穀梁傳》，頁48。
69 〔清〕阮元校刊：《十三經注疏．穀梁傳》，頁48。

據楊士勛所說，魯國與四國伐衛並非魯莊公之意願，乃是因為齊國兵力強盛，宋國勢力龐大，因此魯國隨齊宋會戰，《左傳》「傳六年，冬，齊人來歸衛寶，文姜請之也。」[70]以為證。《史記》所記亦同曰：「莊公五年冬、伐衛，內衛惠公。」[71]綜合上述所言，魯莊公五年時，魯莊公並沒有足夠的能力對抗齊國勢力，必須出兵配合齊宋兩國的利益而攻打衛國。

3 師及齊師圍郕

「師及齊師圍郕」正是證明魯國發兵乃受齊國所迫的證據，視其地理位置（彩圖見書後圖一）：

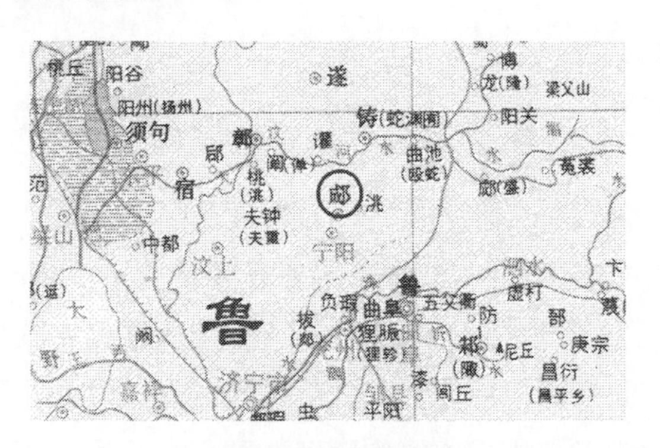

郕國地理位置圖

上圖以圓圈所標示者，郕國於魯國曲阜之上，屬魯國附庸國，魯國並無理由攻擊自己的附庸國，《春秋》記錄為：「魯莊公八年夏師及齊師圍郕，郕降于齊師」[72]，所述雖是簡略，但可由當中發現兩處重點「師及齊師」與「郕降于齊師」，既然為齊魯合戰郕國，為何只歸降

70 〔清〕阮元校刊：《十三經注疏・左傳》，頁141。

71 〔清〕瀧川龜太郎：《史記會注考證》，頁538。

72 〔清〕阮元校刊：《十三經注疏・左傳》，頁143。

齊師，《公羊傳》曰：「師成者何盛也，盛則曷為謂之成，諱滅同姓也，不言降吾師，辟之也。」[73]《公羊傳》所言，《春秋》為了避諱同姓戰爭，因此不書郕國降魯，《穀梁傳》曰：「其曰降于齊師，何不使齊師加威于郕也。」[74]楊士勛於疏言：「郕同姓之國，而與齊伐之，是用師之過也，故使若齊無武功而郕自降。」[75]自此可知《公羊傳》、《穀梁傳》乃針對「郕國與魯國為同姓」一事，進而探討「郕降齊師」的問題，《左傳》所述則截然不同，曰：

> 夏，師及齊師圍郕，郕降于齊師，仲慶父請伐齊師，公曰：「不可。」我實不德，齊師何罪？罪我之由，〈夏書〉曰：「皋陶邁種德，德乃降。」姑務脩德以待時乎？秋，師還，君子以善魯莊公。[76]

《左傳》所言有兩處要點，其一，「仲慶父請伐齊師」，公子慶父請求魯莊公伐齊之原由，杜預言：「齊不與魯共齊功，故欲伐之。」[77]筆者視莊公二年「公子慶父帥師伐于餘丘。」慶父私自帶兵出征，魯莊公當時年幼，因此無權懲戒，然此次戰役魯莊公已滿弱冠之年，漸能掌控國政，且魯國多年遭受齊國驅使，伐齊必有後患，因此魯莊公引用《尚書·虞書》，孔穎達言：

> 夏書至乃降，正義曰：「此虞書皋陶謨之文，以述禹事，故傳為之夏書，孔安國以為邁，行；種，布；降，下也。」言皋陶

73 〔清〕阮元校刊：《十三經注疏·公羊傳》，頁85。
74 〔清〕阮元校刊：《十三經注疏·穀梁傳》，頁50。
75 〔清〕阮元校刊：《十三經注疏·穀梁傳》，頁50。
76 〔清〕阮元校刊：《十三經注疏·左傳》，頁143。
77 〔清〕阮元校刊：《十三經注疏·左傳》，頁143。

> 能行布其德，德乃下洽于民，故民歸之，今引之斷章舉證，降義當言臯陶能布行其德，由其有德，乃為人降服也。[78]

孔穎達認為孔安國將「臯陶謨種德」釋義為「邁行種布」其義為「行布其德，德乃下洽于民」，國君如此人民才願意跟隨，與杜預所言的利益關係呈現顛倒的想法，視《尚書・臯陶謨》曰：

> 曰若稽古臯陶曰：「允迪厥德，謨明弼諧。」禹曰：「俞，如何？」臯陶曰：「都！慎厥身修，思永。惇敘九族，庶明勵翼，邇可遠，在茲。」禹拜昌言曰：「俞。」[79]

《左傳》與《尚書・臯陶謨》雖於原文略有差異，但《左傳》所言「臯陶邁種德，德乃降」與《尚書・臯陶謨》「允迪厥德，謨明弼諧」皆闡釋古代賢臣臯陶，乃是以德行事使百官和諧，〈臯陶謨〉「慎厥身修」述國君需謹慎修身，目的於「惇敘九族」，且郕國為魯國附庸，莊公助其殺父仇人而滅同姓諸侯，必然與「惇敘九族」相悖，故魯莊公言「姑務脩德以待時乎」以示自己能力不足，需由自身修得，以待時日，魯莊公受齊國驅使，因能力不足而被迫攻擊附庸國，魯國不再受周邊諸侯依附，盟國信任瓦解，齊國兵力亦跨過汶河直壓魯國首都曲阜。

綜合齊魯合戰三戰之總結，可得知「魯莊公於即位之後，並未得到實質的權力」，於公子慶父與溺和齊國會盟、被迫參與伐衛戰爭、被迫攻擊本國附庸國，魯莊公如同齊襄公的魁儡一般受到控制。據此

---

78 〔清〕阮元校刊：《十三經注疏・左傳》，頁143。

79 〔清〕阮元校刊：《十三經注疏・尚書》（臺北市：藝文印書館，1979年3月），頁59-60。

《春秋》「莊公三年，春，王正月，溺會齊師伐衛」、「魯莊公五年冬，公會齊人、宋人、陳人、蔡人伐衛」，此兩戰皆乃魯國為齊國而戰，齊襄公借文姜操控魯國政治，齊襄公則以外戚身分任意使用魯國兵權，魯國處於外交弱勢。

第二節　無知之亂與小白入齊

接續上文所言，魯莊公受齊國驅使直至莊公八年出現轉變，莊公八年無知弒齊襄公，齊國發生嚴重內亂，公子糾與公子小白出奔，直至莊公九年雍廩人因受無知暴虐而弒無知，而公子糾與公子小白互爭入齊，導致齊魯交惡的第一場戰役「乾之戰」。筆者將此分為三段，一、無知之亂；二、小白入齊；三、乾之戰。將由下文述之。

（一）無知之亂

無知之亂為魯國擺脫齊國控制的最佳時機，此事記於《春秋》魯莊公八年曰：「八年，冬，十有一月，癸未，齊無知弒其君諸兒。」[80]連稱、管至父與無知此三者身分於《左傳》記載，曰：

> 齊侯使連稱、管至父戍葵丘，瓜時而往曰：「即瓜而代。」期戍，公問不至，請代，弗許，故謀作亂，僖公之母弟曰夷仲年，生公孫無知，無知有寵于僖公，衣服禮秩如適，襄公絀之，二人因之以亂。連稱有妹在公宮，無寵，使間公曰：「捷，吾以女為夫人」。[81]

80 〔清〕阮元校刊：《十三經注疏・左傳》，頁143。

81 〔清〕阮元校刊：《十三經注疏・左傳》，頁143。

連稱、管至父為齊大夫，受齊襄公之令鎮守葵丘，齊襄公答應二者調派回朝時間為「即瓜而代」，但齊襄公毀約，造成連稱、管至父二者不悅，進而預謀作亂，無知為僖公表弟，自幼受僖公寵愛，備受呵護如同太子般的禮遇，但齊襄公即位後，此優渥的生活不再，導致無知預謀篡位，又得知連稱、管至父之事，因此聯合二者謀害齊襄公，無知之亂分為兩段而述，一、豕人立啼；二、無知弒君；下文分述之。

1 豕人立啼

豕人立啼發生於莊公八年冬，無知弒君前，《左傳》記載：

> 冬十二月，齊侯遊于姑芬，遂田于貝丘，見大豕，從者曰：「公子彭生也。」公怒曰：「彭生敢見？」射之。豕人立而啼，公懼，隊于車，傷足喪屨，反誅屨于徒人費，弗得，鞭之見血。[82]

上文所述，齊襄公於姑芬出遊，經過貝丘時見到一隻大豬，隨行的侍者認為這隻大豬是公子彭生，齊襄公憤而用箭射向豕人，豕人受驚立而啼之，齊襄公因恐懼從車上摔落，腳傷失鞋，反而因鞋子而責怪徒人費，費被鞭打見血。《管子‧大匡》亦有所記，《管子‧大匡》曰：

> 五月，襄公田于貝丘，見豕彘，從者曰：「公子彭生也。」公怒曰：「公子彭生安敢見。」射之。豕人立而啼，公懼，墜于車下，傷足亡屨。反，誅屨于徒人費，不得也，鞭之見血。[83]

---

82 〔清〕阮元校刊：《十三經注疏‧左傳》，頁144。

83 顏昌嶢：《管子校釋》，頁163。

《管子・大匡》所記錄的事件內容及事件經過與《左傳》皆同，可由文中見得齊襄公的暴虐與易遷怒的性格。

2 無知弒君

無知弒君於豕人立啼之後接續發生，《左傳》曰：

> 走出，遇賊于門，劫而束之，費曰：「我奚御哉。」袒而示之背，信之，費請先入，伏公而出鬬，死于門中，石之紛如死于階下，遂入，殺孟陽于牀，曰：「非君也，不類」，見公之足于戶下，遂弒之而立無知。[84]

據《左傳》所言，齊襄公於貝丘歸國後遇賊於宮門，「賊」便是無知，然受齊襄公鞭之見血的費欺騙賊人，暗自送齊襄公入宮，又出門與賊人相鬥而死，然無知入宮後殺石之紛如，又殺了偽裝為齊襄公的孟陽於床上，最後找到齊襄公，齊襄公難逃一死，齊國政權自此由無知掌控。《管子・大匡》曰：

> 費走而出，遇賊于門，協而束之，費袒而視之背，賊信之，使費先入，伏公而出鬬，死于門中。石之紛如死于階下。孟陽代君寢于牀。則殺之，曰：「非君也，不類。」見公之足于戶下，遂殺公，而立公孫無知。[85]

《管子・大匡》與《左傳》所述皆同，無論是「費請先入，伏公而出

84 〔清〕阮元校刊：《十三經注疏・左傳》，頁144。
85 顏昌嶢：《管子校釋》，頁163。

闔，死于門中」、「石之紛如死于階下」文句相同，就連賊人對話「非君也，不類」，皆所記相同，齊襄公受害之事也相同為「見公之足于戶下，遂弒之而立無知。」和「見公之足於戶下，遂殺公，而立公孫無知」可見此二書所記史料出於同源，亦由文中可知，徒人費、石之紛如、孟陽此三人極為忠心，無論齊襄公如何暴虐，依然為之赴死，亦襯托齊襄公昏庸的一面。

綜合上述二段，《左傳》與《管子・大匡》記錄無知之亂的過程所述皆同，差異則在時間，《左傳》所書與《春秋》記載時間一致，皆為魯莊公八年冬所發生，而《管子・大匡》所記則為魯莊公元年夏，據此時間上應以《春秋》與《左傳》為準，而就事件上，《左傳》與《管子・大匡》相同，按司馬遷書《史記・齊太公世家》亦用《春秋》時間，而事件源由則與《左傳》與《管子・大匡》相同。

（二）小白入齊

自無知弒齊襄公之後，齊國由無知掌權，但無知的暴虐卻如同齊襄公一般，於莊公九年春時，雍廩人遭受無知虐待，憤而殺無知，齊國面臨無君的狀態。《春秋》記錄為：

> 九年，春，齊人殺無知，公及齊大夫盟于蔇。夏，公伐齊，納子糾，齊小白入齊。秋，七月丁酉，葬齊襄公。[86]

據《春秋》所言，筆者分為兩段論述，一、齊人殺無知，公及齊大夫盟于蔇；二、公伐齊，納子糾，小白入齊；於下分述之。

86 〔清〕阮元校刊：《十三經注疏・左傳》，頁144。

1 齊人殺無知，公及齊大夫盟于蔇

《春秋》所記「九年，春，齊人殺無知，公及齊大夫盟于蔇」[87]，《公羊傳》曰：

> 九年，春，齊人殺無知，公及齊大夫盟于蔇。公曷為與大夫盟？齊無君也。然則何以不名？為其諱與大夫盟也，使若眾然。[88]

《公羊傳》所言，魯莊公與齊大夫盟，是因為齊國無君，魯莊公只能盟于大夫，不言魯莊公，乃是隱諱盟於大夫之事，《穀梁傳》亦曰：

> 九年春，齊人殺無知。無知之挈，失嫌也，稱人以殺大夫，殺有罪也。公及齊大夫盟于暨，公不及大夫，大夫不名，無君也，盟納子糾也。不日，其盟渝也。當齊無君，制在公矣，當可納而不納，故惡內也。[89]

《穀梁傳》所言與《公羊傳》並無差異，公與大夫會盟一事，皆為齊國無君，但二書並未述及公子糾與小白出奔之事，然《左傳》則有此記錄，齊人殺無知前，《左傳》述及公子糾與公子小白出奔一事，魯莊公八年無知篡位，《左傳》曰：

> 初襄公立，無常，鮑叔牙曰：「君使民慢，亂將作矣。」奉公

87 〔清〕阮元校刊：《十三經注疏・左傳》，頁144。
88 〔清〕阮元校刊：《十三經注疏・公羊傳》，頁86。
89 〔清〕阮元校刊：《十三經注疏・穀梁傳》，頁50。

子小白出奔莒。亂作，管夷吾、召忽，奉公子糾來奔。[90]

《左傳》記錄無知弒齊襄公前，鮑叔牙、管仲與召忽三人便發現國家將要動亂，因此鮑叔牙帶齊小白至莒國避難，而管仲與召忽則是於動亂發生時才帶公子糾投奔魯國，《左傳》所載與《管子．大匡》不同，並且於《管子．大匡》中分為兩種說法，其一，曰：

> 齊僖公生公子諸兒，公子糾，公子小白。使鮑叔傅小白，鮑叔辭，稱疾不出。管仲與召忽往見之曰：「何故不出？」鮑叔曰：「先人有言曰：『知子莫若父，知臣莫若君。』今君知臣不肖也，是以使賤臣傅小白也，賤臣知弃矣。」召忽曰：「子固辭，無出，吾權任子以死亡，必免子。」鮑叔曰：「子如是，何不免之有乎？」管仲曰：「不可，持社稷宗廟者，不讓事，不廣閒。將有國者，未可知也。子其出乎。」召忽曰：「不可，吾三人者之于齊國也，譬之猶鼎之有足也，去一焉，則必不立矣，吾觀小白，必不為後矣。」管仲曰：「不然也，夫國人憎惡糾之母，以及糾之身，而憐小白之無母也；諸兒長而賤，事未可知也；夫所以定齊國者，非此二公子者，將無已也。小白之為人，無小智惕，而有大慮。非夷吾莫容小白，天不幸降禍加殃于齊，糾雖得立，事將不濟，非子定社稷，其將誰也？」召忽曰：「百歲之後，吾君卜世，犯吾君命，而廢吾所立，奪吾糾也，雖得天下，吾不生也。兄與我齊國之政也。受君令而不改，奉所立而不濟，是吾義也。」管仲曰：「夷吾之為君，臣也，將承君命，奉社稷，以持宗廟，豈死一糾哉？

90 〔清〕阮元校刊：《十三經注疏．左傳》，頁143。

夷吾之所死者，社稷破，宗廟滅，祭祀絕，則夷吾死之，非此三則夷吾生。夷吾生則齊國利，夷吾死，則齊國不利。」鮑叔曰：「然則柰何？」管子曰：「子出奉令則可。」鮑叔許諾，乃出奉令，遂傅小白。鮑叔謂管仲曰：「何行？」管仲曰：「為人臣者，不盡力于君，則不親信，不親信，則言不聽，言不聽，則社稷不定，夫事君者無二心。」鮑叔許諾。[91]

文中所述，鮑叔牙授命為齊小白之師傅，但鮑叔牙裝病不願授命，原因為小白乃諸兒、糾之弟，僖公傳位，小白不可能受位，因此鮑叔牙認為僖公拋棄自己，召忽以開玩笑的口吻說：「子固辭無出，吾權任子以死亡，必免子。」既然都死了，怎可赴任？由言語之間可看出管仲、召忽與鮑叔牙關係相當友好，對於鮑叔牙的行為，管仲則有意見，他認為為人臣子者，應以國家未來為重，況且齊小白「無小智惕，而有大慮」乃是未來國家棟樑，因此鮑叔牙應接下齊小白師傅之位，鮑叔牙應許。《管子・大匡》於此事之後，接魯桓公之死、無知之亂，其後才是齊人殺無知，曰：

鮑叔牙奉公子小白奔莒，管夷吾召忽奉公子糾奔魯。九年，公孫無知虐于雍廩，雍廩殺無知也。[92]

《管子》所言，公子糾與公子小白皆乃無知之亂時離開魯國；《管子・大匡》則又有另一段紀錄，其二，曰：

或曰：明年，襄公逐小白，小白走莒。三年，襄公薨，公子糾

91 顏昌嶢：《管子校釋》，頁161。

92 顏昌嶢：《管子校釋》，頁163。

踐位。國人召小白，鮑叔曰：「胡不行矣」。小白曰：「不可，夫管仲知，召忽強武，雖國人召我，我猶不得入也。」鮑叔曰：「管仲得行其知于國，國可謂亂乎？召忽強武，豈能獨圖我哉？」小白曰：「夫雖不得行其知，豈且不有焉乎？召忽雖不得眾，其及豈不足以圖我哉？」鮑叔對曰：「夫國之亂也，智人不得作內事，朋友不能相合膠，而國乃可圖也。」乃命車駕，鮑叔御小白乘而出于莒。[93]

《管子．大匡》此言乃說明「齊小白奔莒」於魯莊公死後隔年，齊襄公驅逐小白，第三年齊襄公死由公子糾即位，召小白回齊國，但小白懼管仲與召忽加害，因此奔往莒國，《管子．大匡》「或曰……」之說就時間上與各史書記錄不符，應為異說且不足以為證，因此小白奔莒的時間，應以《左傳》為是，乃鮑叔牙見亂帶小白奔莒。

綜合上述所說，《春秋》所述事件及時間，無知之亂乃《春秋》、《左傳》、《管子》、《史記》皆述之事，「無知弒襄公」，可知齊國動亂出自齊襄公的暴虐與昏庸，然齊國並未因無知即位而有改變，反而更加暴政無常，諸兒兄弟公子糾與公子小白見亂而奔，無知即位後隔年《春秋》記載「齊人殺無知」，《管子．大匡》亦言「公孫無知虐雍廩，雍廩殺無知」，《左傳》則曰「雍廩殺無知」，然而無知篡位之時，二公子投奔，由於無知統治齊國，至魯莊公九年春，無知死於齊人之手，齊大夫與魯莊公商討平亂與即位之事，會盟於蔇。

2 公伐齊，納子糾，小白入齊

齊人殺無知之後，齊國於短時間內並無國君執政，新國君的即位

93 顏昌嶢：《管子校釋》，頁165-166。

應由順位的公子糾接任，然事實並非如此，《春秋》記載：「九年夏，公伐齊，納子糾，齊小白入齊。」《春秋》記錄齊國並非由公子糾即位，而是由公子小白接任，《左傳》曰：「夏，公伐齊納子糾，桓公自莒先入。」[94]《左傳》點出了齊小白不正即位的事實，《穀梁傳》曰：

> 夏，公伐齊納糾，當可納而不納，齊變而後伐，故乾時之戰，不諱則惡內也。[95]

《穀梁傳》認為魯國於無知弒君時並未接納公子糾，而是在齊國動亂時才出師伐齊，乾時之戰《春秋》直書「我師敗績」，是因為魯國之惡而直言不諱。筆者認為魯莊公伐齊之原因共有兩點，一乃報殺父之仇，二為報復齊襄公多年的逼迫與威脅，但多年以來齊國強大，雖無知弒君成為齊國短暫的君主，但齊國國力並未衰敗，因此無知在位之時亦難討伐之，今齊人殺無知，魯莊公見齊國無君，此為報復齊國的最佳時機，且公子糾乃襄公之弟，論及輩分排序，公子糾為合法繼承人，脅公子糾以令齊國，魯國對齊國，弱勢能轉為強勢，亦能擺脫齊國多年來的蠻橫要脅，但結果並不如魯莊公想像中順利，《春秋》所言「齊小白入齊」內容簡略，《國語・齊語》則言：

> 桓公自莒反于齊，使鮑叔為宰，辭曰：「臣，君之庸臣也。君加惠于臣，使不凍餒，則是君之賜也。若必治國家者，則非臣之所能也。若必治國家者，則其管夷吾乎。臣之所不若夷吾者五：寬惠柔民，弗若也；治國家不失其柄，弗若也；忠信可結

94 〔清〕阮元校刊：《十三經注疏・左傳》，頁145。
95 〔清〕阮元校刊：《十三經注疏・穀梁傳》，頁50。

> 于百姓，弗若也；制禮義可法于四方，弗若也；執枹鼓立于軍門，使百姓皆加勇焉，弗若也。桓公曰：「夫管夷吾射寡人中鉤，是以濱于死。」[96]

《國語》所言，管仲暗刺小白一事，發生於小白入國前發生，管仲於道暗射小白，小白詐死因此先入齊國立為齊桓公《管子・大匡》記載則分為二，前段與《國語》不同，曰：

> 桓公自莒先入，魯人伐齊，納公子糾，戰于乾時，管仲射桓公，中鉤，魯師敗績，桓公踐位。[97]

《管子・大匡》前段所記，小白自莒國先入之後，魯莊公才伐齊國，管仲射小白鉤帶一事，則是在「乾時之戰」時所發生；《管子・大匡》後段則言：

> 鮑叔乃為前驅，遂入國，逐公子糾。管仲射小白，中鉤，管仲與公子糾召忽遂走魯。桓公踐位，魯伐齊，納公子糾而不能。[98]

後段記錄出自《管子・大匡》「或曰……」之後與前段以及《左傳》截然不同，為公子小白入國後，逐公子糾，於公子糾逃難之時，管仲才暗射小白；此問題筆者前文已述，《管子・大匡》「或曰……」此段乃為異文，不能成證，據此筆者以《春秋》所記為準，齊人殺無知之後，齊大夫與魯莊公盟于蔇，所盟之原因不外乎平定齊國動亂，因此

96 〔春秋〕左丘明：《國語》（臺北市：九思出版公司，1978年11月），頁231。

97 顏昌嶢：《管子校釋》，頁163。

98 顏昌嶢：《管子校釋》，頁166。

魯莊公願意發兵平定，然魯莊公伐齊的過程當中，公子糾前來投奔，不外乎公子糾乃繼承之最佳人選，並且公子糾之母亦為魯女，魯莊公定會協助，然小白卻加緊腳步先入齊國，立為齊桓公，《穀梁傳》針對公子小白不正即位之事亦曰：

> 齊小白于齊，大夫出奔，反以好曰歸，以惡曰入。齊公孫無知弒襄公，公子小糾，公子小白不能存，出亡。齊人殺無知而迎公子糾于魯，公子小白不讓公子糾先入，又殺之于魯，故曰：齊小白入于齊，惡也。[99]

文中切中小白入國乃違禮之行，依周代世襲制度，公子糾應為齊國繼承人，然齊國招小白回國，並非招公子糾，管仲輔佐齊國繼承人公子糾，卻因小白違禮而失算，因此管仲刺殺小白。據此司馬遷《史記》記載管仲刺殺小白一事，引用《國語》之說：

> 雍廩人殺無知，議立君。高國先陰召小白于莒。魯聞無知死，亦發兵送公子糾，而使管仲別將兵遮莒道，射中小自帶鉤，小白佯死，管仲使人馳報魯，魯送糾者行益遲，六日至齊、則小白已入，高傒立之，是為桓公。[100]

綜合上述所言，無知之亂時，公子糾與公子小白出奔，管仲與召忽輔佐公子糾，鮑叔牙扶持小白，莊公九年時，無知虐雍廩之人，雍廩之人憤而殺無知，齊國陷入無君而內亂的窘境，齊大夫請魯莊公平定內亂，然而當魯國進軍之時，公子糾請魯莊公護送回國，公子糾母

---

99 〔清〕阮元校刊：《十三經注疏・論語》（臺北市：藝文印書館，1979年3月），頁143。
100〔清〕瀧川龜太郎：《史記會注考證》，頁539。

為魯國人，魯莊公應許，然於齊國大夫又招小白入國登基，管仲為了阻止而行刺小白，小白裝死直驅齊國並立為齊桓公，身為接班人的公子糾未能即位，而齊桓公小白不正即位之事眾所皆知。

（三）乾之戰

魯莊公護送公子糾回國即位時，公子小白已入齊國，並即位為齊桓公，上文所言，小白不正即位，因此護送公子糾的魯莊公便有討伐小白之正當性，但事與願違。視下圖[101]（彩圖見書後圖二）：

乾時地理位置圖

圖中所圈之處，乃是齊桓公與魯莊公第一次對戰之地「乾時」。筆者將此事分兩點論述，一、及齊師戰于乾，我師敗績；二、齊人取子糾殺之；由下文分述之。

101 譚其驤：《中國歷史地圖集》（上海市：地圖出版社，1982年10月），頁26-27。

1 及齊師戰于乾，我師敗績

《春秋》曰:「八月，庚申，及齊師戰于乾，我師敗績」[102]，《左傳》曰：

> 秋，師及齊師戰于乾時，我師敗績，公喪戎路，傳乘而歸。[103]

《左傳》則言「公喪戎路，傳乘而歸」，說明魯莊公戰敗極為狼狽；《公羊傳》曰：

> 內不言敗，此其言敗何？伐敗也。曷為伐敗？復讎也。此復讎乎大國，曷為使微者？公也。公則曷為不言公？不與公復讎也。曷為不與公復讎？復讎者在下也。[104]

《公羊傳》乃說明魯莊公欲復讎齊國，對於魯莊公伐齊以平齊亂為藉口，非誠心正意而為，因此不書公以示貶意；《管子・大匡》亦將此事分為兩種不同史料，第一種原文如下：

> 九年，公孫無知虐于雍廩，雍廩殺無知也。桓公自莒先入，魯人伐齊，納公子糾，戰于乾時。管仲射桓公，中鉤。魯師敗績，桓公踐位。[105]

第二種原文如下：

---

102 〔清〕阮元校刊:《十三經注疏・左傳》，頁144。
103 〔清〕阮元校刊:《十三經注疏・左傳》，頁145。
104 〔清〕阮元校刊:《十三經注疏・公羊傳》，頁87。
105 顏昌嶢:《管子校釋》，頁164。

> 鮑叔乃為前驅，遂入國。逐公子糾。管仲射小白，中鉤。管仲與公子糾、召忽遂走魯。桓公踐位。魯伐齊，納公子糾而不能。[106]

上述所呈現《管子・大匡》資料出現不同版本，第一種史料內容與《左傳》內容相似，皆是雍廩人殺無知、小白先入、管仲射小白、乾之戰魯師敗績，第二種史料筆者於前文已述，《管子・大匡》「或曰……」此段為異文，無法成證，因此筆者以第一種為主。《史記・齊太公世家》曰：「秋，與魯戰于乾時，魯兵敗走。」[107]司馬遷所採用之史料與《左傳》、《春秋》、《管子・大匡》同。

綜合以上所述，魯莊公見齊國動亂，欲報復齊國因此出師伐齊，伐齊途中，納公子糾而取得伐齊之正當性；然而公子小白早一步由莒返回齊國，並登基為齊桓公，雖不正即位，卻也為一國之君，齊桓公為抵禦外患，因此與魯莊公戰於乾時，乾時在齊國首都臨淄旁，魯莊公戰敗；《春秋》、《左傳》、《管子・大匡》、《史記》所述皆同。

2 齊人取子糾殺之

齊人取子糾殺之，此事接續「乾時之戰」，乾時之戰魯國戰敗，魯伐齊的正當性為齊桓公不正即位，因此子糾為齊桓公心腹大患，必須除去，《左傳》曰：

> 鮑叔帥師來言曰：「子糾，親也，請君討之。管召，讎也，請受而甘心焉。」乃殺子糾于生竇，召忽死之，管仲請囚，鮑叔受之，及堂阜而稅之，歸而以告曰：「管夷吾治于高傒，使相可也。」公從之。[108]

---

106 顏昌嶢：《管子校釋》，頁166。

107 〔清〕瀧川龜太郎：《史記會注考證》，頁558。

108 〔清〕阮元校刊：《十三經注疏・左傳》，頁145。

《左傳》所言需分為三處要點，其一，「子糾，親也，請君討之。」此句言公子糾為齊桓公之親，因此不忍處以極刑，請魯莊公代勞，魯國殺公子糾於生竇；其二，「管召讎也，請受而甘心焉。」管仲與召忽助公子糾返齊，且管仲行刺齊桓公未成，齊桓公欲報刺殺之仇，要求魯國交還管仲與召忽，然召忽於魯國殺公子糾後隨主自盡，唯管仲交回齊國；其三，「管夷吾治於高傒，使相可也。」鮑叔牙囚管仲回齊國，主要目的並非復讎，而是請齊桓公任管仲為相，此為著名故事「管鮑之交」，齊桓公依鮑叔牙建議重用管仲。《公羊傳》曰：

> 其取之何？內辭也。脅我使我殺之也，其稱子糾何？貴也。其貴奈何？其為君者也。[109]

《公羊傳》直言魯國殺公子糾乃是受迫，齊桓公所要求，亦對公子糾之死表示感嘆，公子糾為周代世襲制度之第一順位繼承人，竟落得如此下場，不只無奈，也諷刺齊桓公不正即位又逼迫魯國弒其親兄；《穀梁傳》曰：

> 外不言取，言取病內也。取，易辭也。猶曰：「取其子糾而殺之云爾。」十室之邑，可以逃難；百室之邑，可以隱死；千乘之魯，而不能存，子糾以公為病矣。[110]

《穀梁傳》認為《春秋》言「取」，則代表魯國任由齊桓公予取予求，如此廣大的國家卻無公子糾藏身之處，直指魯莊公軟弱無能；《管子》所記之史料可分為二，一為《管子・大匡》，二為《管子・

109 〔清〕阮元校刊：《十三經注疏・公羊傳》，頁87。

110 〔清〕阮元校刊：《十三經注疏・穀梁傳》，頁50。

小匡》,《管子・大匡》原文如下:

> 于是劫魯,使魯殺公子糾。桓公問于鮑叔曰:「將何以定社稷。」鮑叔曰:「得管仲與召忽,則社稷定矣。」公曰:「夷吾與召忽,吾賊也,」鮑叔乃告公其故圖。公曰:「然則可得乎?」鮑叔曰:「若亟召,則可得也;不亟,不可得也,夫魯施伯知夷吾為人之有慧也,其謀必將令魯致政于夷吾,夷吾受之,則彼知能弱齊矣,夷吾不受,彼知其將反于齊也,必將殺之。」公曰:「然則夷吾將受魯之政乎?其否也?」鮑叔對曰:「不受,夫夷吾之不死糾也,為欲定齊國之社稷也,今受魯之政,是弱齊也。夷吾之事君無二心,雖知死,必不受也」,公曰:「其于我也,曾若是乎?」鮑叔對曰:「非為君也,為先君也,其于君不如親糾也,糾之不死。而況君乎?君若欲定齊之社稷,則亟迎之。」公曰:「恐不及,奈何?」鮑叔曰:「夫施伯之為人也,敏而多畏,公若先反,恐注怨焉,必不殺也。」公曰:「諾。」施伯進對魯君曰:「管仲有急,其事不濟,今在魯。君其致魯之政焉,若受之,則齊可弱也。若不受,則殺之。殺之以說于齊也,與同怒,尚賢于已。」君曰:「諾。」魯未及致政,而齊之使至,曰:「夷吾與召忽也,寡人之賊也,今在魯,寡人願生得之,若不得也,是君與寡人賊比也。」魯君問施伯,施伯曰:「君與之,臣聞齊君惕而亟驕,雖得賢,庸必能用之乎?及齊君之能用之也,管子之事濟也。夫管仲,天下之大聖也,今彼反齊,天下皆鄉之,豈獨魯乎?今若殺之,此鮑叔之友也,鮑叔因此以作難,君必不能待也,不如與之。」魯君乃遂束縛管仲與召忽,管仲謂召忽曰:「子懼乎?」召忽曰:「何懼乎?吾不蚤死,將胥有所定也。

> 今既定矣，令子相齊之左，必令忽相齊之右。雖然，殺君而用吾身，是再辱我也。子為生臣，忽為死臣，忽也知得萬乘之政而死，公子糾可謂有死臣矣。子生而霸諸侯，公子糾可謂有生臣矣。死者成行。生者成名；名不兩立，行不虛至，子其勉之，死生有分矣」。乃行入齊境，自刎而死。管仲遂入，君子聞之曰：「召忽之死也，賢其生也，管仲之生也，賢其死也。」[111]

《管子·大匡》需分為三段而論：其一，齊桓公問社稷如何安定，鮑叔牙認為唯管仲與召忽可安社稷，此二人追隨公子糾，若乾之戰前先召此二人，此二人必會依附，但此時難以召回，魯國見管仲之大才，必定任用於魯，若管仲不願或執意離開魯國，魯國為預防他國重用，必將管仲除之，齊桓公應善用賢才，方可使國家安定，但公子糾必須除去，管仲忠於齊國而並非公子糾或齊桓公，因此公子糾死，管仲必定輔佐齊桓公，因此在魯施伯決定殺公子糾與管仲前，先加以阻攔，使魯國受到壓力才能帶回管仲；第一段所見，鮑叔牙認為管仲乃齊國極為重要的輔佐人才，而公子糾確實是齊桓公統治的絆腳石，呈現齊桓公不正即位的現實層面，管仲性格由文中可見，乃是無所不用其極的為齊國設想，並非單一服從個人，明顯以大局為重；其二，施伯建議魯莊公之內容確實如鮑叔牙所言，施伯建議魯莊公，若無法說服管仲留置魯國任官，則必須殺管仲以防後患，此時齊國使者帶來齊桓公的請託，齊桓公以管仲行刺自己為藉口，若魯國不交還管仲，必定引起下一場戰事，魯國戰敗未能復原，不宜與齊國再次發動戰爭，因此施伯建議將管仲送還齊桓公；此段可見，自乾之戰後，魯國兵力衰弱，而齊國國力強盛，據此魯國為避免再次遭受戰爭傷害，只能遵照

111 顏昌嶢：《管子校釋》，頁164-165。

齊桓公之請託將管仲與召忽二人送回齊國，魯國短時間內的安寧；其三，魯國將管仲與召忽送至齊國途中，管仲與召忽互訴想法，召忽追隨公子糾，今公子糾已死，召忽不願再輔佐齊桓公，管仲則以齊國未來做考量，因此願意輔佐齊桓公，召忽自刎於齊國境內，管仲順利回到齊國輔佐齊桓公，召忽為死臣，是為追隨公子糾而死的忠臣，管仲為生臣，是為輔佐齊國未來而活著的忠臣，最後接君子言：「召忽之死也，賢其生也，管仲之生也，賢其死也。」此段除呈現管仲形象為深慮遠謀的國之忠臣，亦表現召忽致死依舊追隨公子糾的忠心。綜合《管子‧大匡》三段所論，齊桓公不正即位後，公子糾為齊桓公之心腹大患，因此公子糾難逃死劫，而管仲能回齊國輔佐齊桓公，最重要因素乃是魯國因乾之戰戰敗後，國力尚未恢復，在無籌碼的情況下，只能依齊桓公要求行事，管仲與召忽之忠，卻也成為齊桓公稱霸的其中一項重要因素。

魯國殺公子糾之事，《管子‧小匡》亦有記錄，曰：

> 桓公自莒反于齊，使鮑叔牙為宰，鮑叔辭曰：「臣，君之庸臣也，君有加惠于其臣，使臣不凍飢，則是君之賜也，若必治國家，則非臣之所能也，其唯管夷吾乎！臣之所不如管夷吾者五：寬惠愛民，臣不如也。治國不失秉，臣不如也。忠信可結于諸侯，臣不如也。制禮義可法于四方，臣不如也。介胄執枹，立于軍門，使百姓皆加勇，臣不如也。夫管仲民之父母也，將欲治其子，不可棄其父母。」公曰：「管夷吾親射寡人中鉤，殆于死今乃用之可乎？」鮑叔曰：「彼為其君動也，君若宥而反之，其為君亦猶是也。」公曰：「然則為之奈何？」鮑叔曰：「君使人請之魯。」公曰：「施伯，魯之謀臣也。彼知吾將用之，必不吾予也。」鮑叔曰：「君詔使者曰：寡君有不

令之臣在君之國，願請之以戮群臣，魯君必諾。且施伯之知，夷吾之才，必將致魯之政，夷吾受之，則魯能弱齊矣，夷吾不受，彼知其將反于齊，必殺之。」公曰：「然則夷吾受乎？」鮑叔曰：「不受也，夷吾事君無二心。」公曰：「其于寡人猶如是乎？」對曰：「非為君也。為先君與社稷之故，君若欲定宗廟，則前請之；不然，無及也。」公乃使鮑叔行成，曰：「公子糾親也，請君討之。」魯人為殺公子糾。又曰：「管仲仇也，請受而甘心焉。」魯君許諾。施伯謂魯侯曰：「勿予，非戮之也，將用其政也，管仲者，天下之賢人也，大器也，在楚，則楚得意于天下。在晉，則晉得意于天下。在狄，則狄得意于天下。今齊求而得之，則必長為魯國憂，君何不殺而受之其屍。」魯君曰：「諾。」將殺管仲，鮑叔進曰：「殺之齊，是戮齊也，殺之魯，是戮魯也。弊邑寡君願生得之。以徇于國為群臣僇。若不生得，是君與寡君賊比也，非弊邑之君所謂也。使臣不能受命。」于是魯君乃不殺，遂生束縛而柙以予齊。鮑叔受而哭之三舉，施伯從而笑之。謂大夫曰：「管仲必不死，夫鮑叔之忍，不僇賢人，其智稱賢以自成也。鮑叔相公子小白先入得國，管仲召忽奉公子糾後入，與魯以戰，能使魯敗。功足以得天與失天，其人事一也。今魯懼，殺公子糾、召忽，囚管仲以予齊，鮑叔知無後事，必將勤管仲以勞其君，願以顯其功，眾必予之有得，力死之功，猶尚可加也，顯生之功，將何如？是昭德以貳君也，鮑叔之知，是不失也。」[112]

《管子・小匡》所言與〈大匡〉內容近似，此篇較著重兩點，第一點

112 顏昌嶢：《管子校釋》，頁164-165。

為鮑叔牙認為管仲有五項超越自己的成就：「寬惠愛民」、「治國不失秉」、「忠信可結于諸侯」、「制禮義可法于四方」、「介冑執枹，立于軍門，使百姓皆加勇」。此五點乃〈大匡〉未陳述之內容；第二點則是〈大匡〉〈小匡〉之差異，據〈大匡〉所言，施伯欲使魯莊公重用管仲，若管仲拒絕則須殺之，但於齊使傳話後，施伯為避免齊魯戰爭因此建議將管仲送還齊國，而〈小匡〉所記，鮑叔牙至魯國，要求將管仲送還齊國，施伯建議先殺管仲，再將屍身交還齊國，魯莊公不願，從鮑叔牙之說。然〈大匡〉〈小匡〉之說以何者為優，筆者以《國語·齊語》為定論，原文如下：

> 桓公自莒反于齊，使鮑叔為宰，辭曰：「臣，君之庸臣也。君加惠于臣，使不凍餒，則是君之賜也。若必治國家者，則非臣之所能也。若必治國家者，則其管夷吾乎。臣之所不若夷吾者五：寬惠柔民，弗若也；治國家不失其柄，弗若也；忠信可結于百姓，弗若也；制禮義可法于四方，弗若也；執枹鼓立于軍門，使百姓皆加勇焉，弗若也。桓公曰：「夫管夷吾射寡人中鉤，是以濱于死。」鮑叔對曰：「夫為其君動也。君若宥而反之，夫猶是也。」桓公曰：「若何？」鮑子對曰：「請諸魯。」桓公曰：「施伯，魯君之謀臣也，夫知吾將用之，必不予我矣。若之何？」鮑子對曰：「使人請諸魯，曰：『寡君有不令之臣在君之國，欲以戮之于群臣，故請之。』則予我矣。」桓公使請諸魯，如鮑叔之言。莊公以問施伯，施伯對曰：「此非欲戮之也，欲用其政也。夫管子，天下之才也，所在之國，則必得志于天下。令彼在齊，則必長為魯國憂矣。」莊公曰：「若何？」施伯對曰：「殺而以其尸授之。」莊公將殺管仲，齊使者請曰：「寡君欲親以為戮，若不生得以戮于群臣，猶未得請

也。請生之。」于是莊公使束縛以予齊使，齊使受之而退。[113]

《國語．齊語》所記與《管子．小匡》相同，無論事件發生順序與對話內容大致一樣，唯獨至魯國請求交還管仲之人並非鮑叔牙，而是單純的使者，據此《國語．齊語》與《管子．小匡》之資料可視為同源，《國語．齊語》與《管子．小匡》二書得以互證，因此以《管子．小匡》之說恰當。《史記》所載此事分為〈齊世家〉、〈魯世家〉及〈管晏列傳〉三份資料；〈齊世家〉原文如下：

魯兵敗走，齊兵掩絕魯歸道。齊遺魯書曰：「子糾兄弟，弗忍誅，請魯自殺之。召忽、管仲讎也，請得而甘心醢之。不然，將圍魯。」魯人患之，遂殺子糾于笙瀆。召忽自殺，管仲請囚。桓公之立，發兵攻魯，心欲殺管仲。鮑叔牙曰：「臣幸得從君，君竟以立。君之尊，臣無以增君。君將治齊，即高傒與叔牙足也。君且欲霸王，非管夷吾不可。夷吾所居國國重，不可失也。」于是桓公從之。乃詳為召管仲欲甘心，實欲用之。管仲知之，故請往。鮑叔牙迎受管仲，及堂阜而脫桎梏，齋祓而見桓公。桓公厚禮以為大夫，任政。[114]

〈齊世家〉述魯國於乾之戰戰敗後，魯莊公於歸途遇齊軍包夾，齊使者要求魯莊公弒公子糾，並將管仲與召忽歸還齊國，魯國因無力與齊國再次發動戰爭，殺公子糾囚管仲，然齊桓公欲報管仲暗殺之仇被鮑叔牙勸諫，鮑叔牙言管仲乃高傒之宰，若得管仲則可稱霸，因此管仲逃過死劫又能受任大夫。〈魯世家〉原文如下：

---

113 〔春秋〕左丘明：《國語》，頁221。

114 〔清〕瀧川龜太郎：《史記會注考證》，頁539。

> 桓公發兵擊魯，魯急，殺子糾。召忽死。齊告魯生致管仲。魯人施伯曰：「齊欲得管仲，非殺之也，將用之，用之則為魯患。不如殺，以其尸與之。」莊公不聽，遂囚管仲與齊。齊人相管仲。[115]

〈魯世家〉所言雖簡略，但可見與《管子．小匡》及《國語．齊語》中，施伯所言皆同，據此可知司馬遷所選用之資料出於此二書。〈管晏列傳〉原文如下：

> 已而鮑叔事齊公子小白，管仲事公子糾。及小白立為桓公，公子糾死，管仲囚焉。鮑叔遂進管仲。管仲既用，任政于齊，齊桓公以霸，九合諸侯，一匡天下，管仲之謀也。[116]

〈管晏列傳〉雖不著重史事詳述，卻明言齊桓公稱霸乃出於管仲之謀，管仲之用出自鮑叔遂進。

綜合上述各史料所言，其時間順序並無差異，但可見《春秋》三傳所述較為粗略，而《管子》、《國語》二書於此段記錄詳細且資料近似，司馬遷亦用此二書資料，據此齊桓公於不正即位之後，利用了魯國殺害自己兄長，管仲之才魯國欲用之，然齊桓公以報仇為由，成功將管仲接回齊國並重用為大夫。

第三節　長勺之戰

按前一節所言，乾之戰時魯國所耗極巨，導致魯國必須殺公子糾

115 〔清〕瀧川龜太郎：《史記會注考證》，頁558。

116 〔清〕瀧川龜太郎：《史記會注考證》，頁829。

與交還管仲，才能避免齊國的征伐，魯國於此戰後實力應是不堪一擊，但據《春秋》所記則並非如此，莊公十年：「王正月，公敗齊師于長勺」，上述所見，魯國於乾之戰後並非一蹶不振，反而於長勺之戰大敗齊師，據《左傳》與《國語》所言，此次戰役歸功於曹劌戰略，亦是魯國國力漸強的主要原因，但傳世史料中，並無魯國擴大領土的方向與記錄，而齊國戰略方針卻由史書明確記載，《管子・小匡》曰：

> 桓公曰：「甲兵大足矣，吾欲南伐，何主？」管子對曰：「以魯為主，反其侵地棠潛。使海于有獘。渠彌于河陼，綱山于有牢。」桓公曰：「吾欲西伐，何主？」管子對曰：「以衛為主，反其侵地吉臺原姑與柒里，使海于有獘，渠彌于有陼，綱山于有牢。」桓公曰：「吾欲北伐，何主？」管子對曰：「以燕為主，反其侵地柴夫、吠狗，使海于有獘，渠彌于有陼，綱山于有牢。四鄰大親。既反其侵地，正其封疆，地南至于岱陰，西至于濟，北至于海，東至于紀隨，地方三百六十里。」[117]

上文所言乃管仲為齊國設計的戰略方針，針對魯地採「以魯為主，反其侵地棠潛」，《國語・齊語》亦云：

> 桓公曰：「吾欲南伐，何主？」管子對曰：「以魯為主。反其侵地棠、潛，使海于有蔽，渠弭于有渚，環山于有牢。」桓公曰：「吾欲西伐，何主？」管子對曰：「以衛為主。反其侵地臺、原、姑與漆里，使海于有蔽，渠弭于有渚，環山于有

117 顏昌嶢：《管子校釋》，頁199。

> 牢。」桓公曰：「吾欲北伐，何主？」管子對曰：「以燕為主。反其侵地柴夫、吠狗，使海于有蔽，渠弭于有渚，環山于有牢。」四鄰大親。既反侵地，正封疆，地南至于餡陰，西至于濟，北至于河，東至于紀巂，有革車八百乘。擇天下之甚淫亂者而先征之。[118]

左丘明所書之《國語》史料與《管子・大匡》史料內容相符，但管仲為何直言「反魯侵地」，原因可由《春秋》記載中得知：「魯莊公八年，夏師，及齊師圍郕，郕降于齊師。」當時魯國受齊襄公所迫共伐附庸國郕國，導致郕國降齊，齊國領土已佔領了汶河以南，因此「反魯侵地」則是奪取魯國首都曲阜旁的汶河之地，依管仲所言地理位置如下（彩圖見書後圖三）：

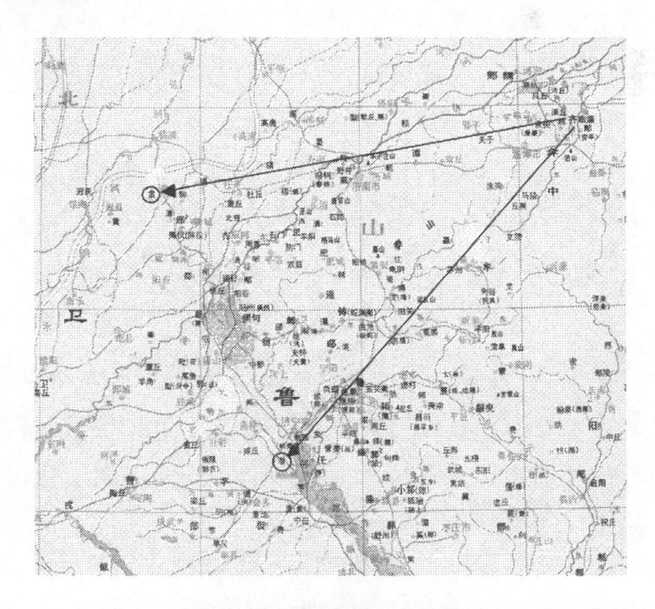

管仲策謀侵魯方向圖

118 〔春秋〕左丘明：《國語》，頁151。

圖中所示，管仲設計侵魯之方針，是將魯國上半部及繞過魯國首都曲阜以西之地皆納入版圖。

長勺之戰發生於魯莊公十年，《春秋》曰：「王正月，公敗齊師于長勺」，《春秋》記錄略嫌簡短，然各家史料時間混雜，筆者將之總合分析，此戰役需分為三個階段論述，一、長勺之戰起因，二、長勺之戰前，三、長勺之戰時，以此總合至今混亂的各家史料，亦由多方面文獻補充進而呈現此戰役之完整面貌。

（一）長勺之戰起因

長勺之戰起因現今史料不足，唯《管子．大匡》述之：

> 桓公二年踐位，召管仲，管仲至，公問曰：「社稷可定乎？」管仲對曰：「君霸王，社稷定，君不霸王，社稷不定。」公曰：「吾不敢至于此其大也，定社稷而已。」管仲又請。君曰：「不能。」管仲辭于君曰：「君免臣于死，臣之幸也；然臣之不死糾也，為欲定社稷也，社稷不定，臣祿齊國之政而不死糾也，臣不敢。」乃走出，至門，公召管仲。管仲反。公汗出曰：「勿已，其勉霸乎？」管仲再拜稽首而起曰：「今日君成霸，臣貪承命，」趨立于相位，乃令五官行事。異日，公告管仲曰：「欲以諸侯之間無事也，小修兵革。」管仲曰：「不可，百姓病，公先與百姓而藏其兵，與其厚于兵，不如厚于人，齊國之社稷未定，公未始于人而始于兵，外不親于諸侯，內不親于民。」公曰：「諾，政未能有行也。」[119]

齊桓公即位第二年，齊桓公問管仲如何能使國家安定，管仲認為應以

119 顏昌嶢：《管子校釋》，頁166。

「稱霸」為目的，稱霸應以百姓為優先，齊國動亂方定，必須修養民事，然齊桓公預修兵革，管仲以「齊國之社稷未定，公未始于人，而始于兵，外不親于諸侯，內不親于民」回絕齊桓公修兵之事，齊桓公應許，但時間維持不久：

> 二年，桓公彌亂，又告管仲曰：「欲繕兵。」管仲又曰：「不可。」公不聽，果為兵。桓公與宋夫人飲船中，夫人蕩船而懼公，公怒，出之，宋受而嫁之蔡侯。明年，公怒，告管仲曰：「欲伐宋。」管仲曰：「不可，臣聞內政不修，外舉事不濟。」公不聽，果伐宋，諸侯興兵而救宋，大敗齊師；公怒，歸告管仲曰：「請修兵革，吾士不練，吾兵不實，諸侯故敢救吾讎，內修兵革。」管仲曰：「不可，齊國危矣，內奪民用，士勸于勇，外亂之本也。外犯諸侯，民多怨也，為義之士，不入齊國，安得無危。」鮑叔曰：「公必用夷吾之言。」公不聽，乃令四封之內修兵，關市之政侈之，公乃遂以勇授祿。鮑叔謂管仲曰：「異日者，公許子霸，今國彌亂，子將何如？」管仲曰：「吾君惕，其智多誨，姑少胥其自及也。」鮑叔曰：「比其自及也，國無闕亡乎？」管仲曰：「未也，國中之政，夷吾尚微為焉，亂乎尚可以待。外諸侯之佐既無，有吾二人者，未有敢犯我者。」明年，朝之爭祿相刺裚領而刎頸者不絕。鮑叔謂管仲曰：「國死者眾矣，毋乃害乎？」管仲曰：「安得已然，此皆其貪民也，夷吾之所患者，諸侯之為義者莫肯入齊，齊之為義者莫肯仕，此夷吾之所患也。若夫死者。吾安用而愛之。」公又內修兵革。[120]

120 顏昌嶢：《管子校釋》，頁167。

齊桓公於即位二年發兵伐宋之事，今亦不可考，其餘史料皆未述之，可視為《春秋》未記之歷史史料；文中言齊桓公又再次要求管仲練兵，管仲不願，此次齊桓公不聽，自行練兵，又因與宋夫人蕩船而懼公，引發齊桓公不悅，於即位三年欲伐宋，管仲阻止但齊桓公還是出兵，導致諸侯興兵救宋，齊桓公戰敗，回國又再次要求管仲練兵，管仲還是拒絕，並告誡齊桓公「內奪民用，士勸于勇，外亂之本也。外犯諸侯，民多怨也，為義之士，不入齊國，安得無危。」齊桓公的行為最終會導致內憂外患，齊桓公依然不聽，除練兵外，更徵召有勇之士，鮑叔牙見齊桓公之舉，擔心國家將亂，管仲則認為短時間內國內還算安穩，隔年受齊桓公俸祿之勇士相互廝殺，死者眾多，管仲擔心正義之士不願入齊，齊國之義士不願任官，但齊桓公仍然練兵。此事之後則是「長勺之戰」之原由，原文如下：

> 三年，桓公將伐魯，曰：「魯與寡人近，于是其救宋也疾，寡人且誅焉。」管仲曰：「不可，臣聞有土之君，不勤于兵，不忌于辱，不輔其過，則社稷安，勤于兵，忌于辱，輔其過，則社稷危。」公不聽，興師伐魯，造于長勺。[121]

長勺之戰伐魯之原因於此文中可見，齊桓公伐魯，原因為魯國乃齊宋二國之鄰，若齊桓公討伐宋國，則會經過魯國，且齊魯交惡已久，魯國必定出兵救宋，因此必須先伐魯，管仲阻止齊桓公，但齊桓公還是伐魯，戰於長勺。

綜合《管子・大匡》三段所述，齊桓公於即位後並未聽取管仲意見，管仲主張以養民為優先，但齊桓公重於兵革，亦因宋夫人懼齊桓

121 顏昌嶢：《管子校釋》，頁169。

公之事，憤而伐宋，導致各諸侯救宋齊師大敗，長勺之戰的主因是齊、魯、宋領地相近，齊若伐宋，魯國將出兵救此，因此需以伐魯為優先，長勺之戰因此而起。

（二）長勺之戰前

長勺之戰前的史料記錄可分為兩本史書，《左傳・莊公十年》、《國語・魯語》，先視《國語》所記：

> 長勺之役，曹劌問所以戰于莊公，公曰：「余不愛衣食于民，不愛牲玉于神。」對曰：「夫惠本而後民歸之志，民和而後神降之福。若布德于民而平均其政事，君子務治而小人務力；動不違時，財不過用；財用不匱，莫不能使共祀。是以用民無不聽，求福無不豐。今將惠以小賜，祀以獨恭。小賜不咸，獨恭不優。不咸，民不歸也；不優，神弗福也。將何以戰？夫民求不匱于財，而神求優裕于享者也，故不可以不本。」公曰：「余聽獄雖不能察，必以情斷之。」對曰：「是則可矣。知夫苟中心圖民，智雖弗及，必將至焉。」[122]

此文與《左傳》所記相似，《左傳》原文如下：

> 傳十年春齊師伐我，公將戰，曹劌請見。其鄉人曰：「肉食者謀之，又何閒焉？」劌曰：「肉食者鄙，未能遠謀。」乃入見，問何以戰，公曰：「衣食所安，弗敢專也，必以分人。」對曰：「小惠未徧，民弗從也。」公曰：「犧牲玉帛，弗敢加

122　〔春秋〕左丘明：《國語》，頁151。

> 也，必以信。」對曰：「小信未孚，神弗福也。」公曰：「小大之獄，雖不能察必以情。」對曰：「忠之屬也，可以一戰。」[123]

此兩段記錄所差之別，唯《左傳》「其鄉人曰：『肉食者謀之，又何閒焉？』劌曰：『肉食者鄙，未能遠謀。』」《左傳》記錄曹劌身分原為國人，據此呂祖謙才會以「劌于此不出，則魯未必有復存之理」[124]而論曹劌，然《國語》未述而《左傳》述之，此問題於後文論述。據《國語》、《左傳》二書之史料，「長勺之戰」前，曹劌問魯莊公國有何能力足以戰勝齊國，曹劌問此明顯指出魯國於乾之戰敗北之後，國力並未恢復，齊桓公派兵伐魯，而魯莊公欲與之一戰，戰敗事小，而現存國力又需消耗，戰爭乃不智之舉，且魯莊公的答案皆為物質性的付出，人民見不到魯莊公的用心，在此種環境下，人民必定不會團結，然魯莊公最後所回答的「余聽獄雖不能察，必以情斷之。」雖不足以使人民為國賣命，卻有足夠的向心力應付齊國，《國語》、《左傳》二書皆述，其後則接至「長勺之戰」，論述於下文。

（三）長勺之戰時

「長勺之戰」時，史料《左傳》、《管子・大匡》皆有記錄，「長勺之戰」地理位置於下圖（彩圖見書後圖四）：

123 〔清〕阮元校刊：《十三經注疏・左傳》，頁146。

124 〔宋〕呂祖謙：《左氏傳續說》（上海市：人民出版社，文淵閣四庫全書），卷3。

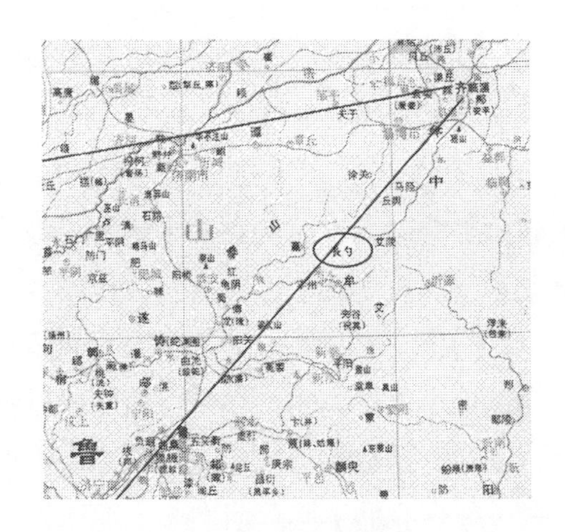

長勺地理位置圖

視此地圖，圓圈標記為長勺，於齊魯之間，《管子．大匡》曰：

> 公不聽，興師伐魯，造于長勺，魯莊公興師逆之，大敗之。桓公曰：「吾兵猶尚少，吾參圍之，安能圍我？」[125]

《管子．大匡》確實記錄了齊桓公伐魯戰於長勺，而且被魯師擊敗，並且是大敗，齊桓公解釋為兵力過少，若齊桓公參與戰事，則不會有敗績，齊桓公之說雖點出兵力過少以及自身未率兵出征，但戰況卻未詳述，然此戰況卻由《左傳》記錄下來，《左傳》曰：

> 戰則請從，公與之乘。戰于長勺，公將鼓之，劌曰：「未可。」齊人三鼓，劌曰：「可矣。」齊師敗績，公將馳之，劌曰：「未可。」下視其轍，登軾而望之，曰：「可矣。」遂逐齊師既克。公問其故，對曰：「夫戰，勇氣也。一鼓作氣，再而

125 顏昌嶢：《管子校釋》，頁169。

> 衰，三而竭。彼竭我盈，故克之。夫大國難測也。懼有伏焉，吾視其轍亂，望其旗靡，故逐之。」[126]

《左傳》所記，莊公與曹劌同車，曹劌要求齊師三鼓才可攻之，其原因為「夫戰，勇氣也。一鼓作氣，再而衰，三而竭。彼竭我盈，故克之。」與《史記·韓長孺列傳》所述之「強弩之極，矢不能穿魯縞」[127]此原理相同，齊師先攻，勇氣衰弱，兵士行遠而不見敵，恐有詐，因懼怕而失其勇氣，正如「強弩之末」，再則曹劌與魯莊公同車上戰場，魯師信心大增，彼衰我盛，必可潰之。上述所言，曹劌了解戰爭進退與強弱，其後「追擊」齊師，曹劌戰略嚴謹慎重，「夫大國，難測也，懼有伏焉。吾視其轍亂，望其旗靡，故逐之。」因此必須「視其轍亂，望其旗靡」方可逐之，曹劌之作法正如《孫子兵法·計篇》所言「卑而驕之」[128]，若無視齊師是否真正敗走而貿然追擊，則有敗師的可能性。綜合《左傳》、《管子·大匡》二書所言，齊桓公於此戰役中並未親自率領，因此齊軍缺乏向心力，反觀魯國，魯莊公親自督軍，曹劌為參謀，善用戰略、謹慎追擊，贏得漂亮的一戰。

綜合上述所言，於魯莊公九年，齊國敗魯國於乾時之後，齊桓公欲併吞周邊國家，管仲為齊桓公謀劃策略相當詳細，但齊國在內亂與外患之後，國力處於虛弱的狀態，齊桓公並不採用管仲治理之法，而是強行練兵，並出征宋國，諸國救宋，導致齊桓公挫敗，但桓公依然未聽管仲之言，再次發兵攻魯，魯國雖國力未全，但靠著國人的向心力與曹劌的智謀，贏得了此次戰役，筆者以下表示之：

---

126 〔清〕阮元校刊：《十三經注疏·左傳》，頁146。

127 〔清〕瀧川龜太郎：《史記會注考證》，頁1146。

128 劉仲文：《孫子集註》（臺北市：東大圖書公司，2006年4月），頁19。

長勺之戰事件流程表

莊公九年　乾之戰

↓（長勺之戰起因）

左傳	未述。	管子	桓公與宋夫人飲船中，夫人蕩船而懼公，桓公欲伐宋，管仲諫之，公不聽，果伐宋，諸侯興兵而救宋，大敗齊師。

↓（齊桓公大敗）

左傳	齊師伐我，公將戰。	管子	桓公將伐魯，曰：「魯與寡人近，于是其救宋也疾，寡人且誅焉。」管仲諫之，公不聽，興師伐魯，造于長勺。

↓（長勺之戰前）

左傳	曹劌問戰於莊公，莊公曰：「小大之獄，雖不能察必以情。」曹劌言可以一戰。	管子	未述

↓（長勺之戰時）

左傳	夫戰，勇氣也。一鼓作氣，再而衰，三而竭。彼竭我盈，故克之。夫大國難測也。懼有伏焉，吾視其轍亂，望其旗靡，故逐之。	管子	未述

↓（長勺之戰結果）

左傳	遂逐齊師既克。	管子	魯莊公興師逆之，大敗之。

《管子》資料與《春秋》有時間上的差異，《管子》記錄長勺之戰時間為《春秋》莊公十一年，然《春秋》記為莊公十年，此二者之時間差今無以佐證，但排除時間差異，此二者就事件上並無矛盾，上表呈現兩種狀態，其一，將《管子》與《左傳》長勺之戰史料依事件先後

排列，二書並無衝突，而是可以連貫，齊國自乾之戰時大勝魯國，魯國實力確實衰弱，然齊國也因內亂與外患消耗國力，但齊桓公並未選擇休兵，反而強加練兵，欲持干戈，人民未有生息而再次消耗國力，接續侵宋導致齊國大敗，已消耗的國力再次被耗損，齊國有管仲及鮑叔牙治理雖無內亂，但齊國國力已不適宜發動戰爭，齊桓公再次伐魯，兵力不足而出征，遭魯莊公及曹劌大敗於長勺，《管子》與《左傳》所呈現之結果相同；其二，《管子》與《左傳》長勺之戰史料立場差異，上表呈現《管子》皆記錄齊桓公及管仲的對談，魯國現況皆無述，可見《管子》應為齊國史料，而《左傳》則記錄魯莊公與曹劌的對談，並呈現魯莊公及曹劌共赴戰場時的戰爭實況，恰巧應證了《管子》中齊桓公言「吾兵猶尚少，吾參圍之，安能圍我？」《左傳》確實為記錄魯國史料，綜合二書資料，戰爭勝負則顯而易見，長勺之戰魯國軍力處於強盛階段，而齊國國力卻日漸衰弱。

小結

此章專論魯桓公十八年至魯莊公十年齊魯交惡與戰爭，筆者分為兩段論述：一、魯桓公十八年至魯莊公十年齊魯交惡與戰爭；二、歷代學者所論莊公十年曹劌之形象；由下文分述之。

一　魯桓公十八年至魯莊公十年齊魯交惡與戰爭

筆者將分為四個時段論述：一、齊魯交惡之始因；二、齊襄公的操控與壓迫；三、齊桓公的即位正當性；四、長勺之戰的前因與結果；於下分述。

（一）齊魯交惡之始因

《春秋》只是單純述說魯桓公死於齊國，而《管子．大匡》與《左傳》明顯指出魯桓公之死，源於文姜與齊襄公私通所造成，此二書亦對刺殺魯桓公者指名乃「彭生」所為，因魯國與齊國有姻親關係，且齊國國力雄厚，導致魯國只能要求齊襄公殺「彭生」以平怨。魯桓公之死，起於文姜與齊襄公私通，彭生之死，亦是文姜與齊襄公私通，《公羊傳》於私通一事上，暗諷魯桓公之子皆為齊襄公所生，《穀梁傳》則認為弒君之罪豈可不討，私通一事確實為「齊魯交惡」埋下種子。

（二）齊襄公的操控與壓迫

魯莊公於即位之後，並未得到實質的權力，於公子慶父與溺和齊國會盟、被迫參與伐衛戰爭、被迫攻擊本國附庸國，魯莊公如同齊襄公的傀儡一般受到控制。據此《春秋》「莊公三年，春，王正月，溺會齊師伐衛」、「魯莊公五年冬，公會齊人、宋人、陳人、蔡人伐衛。」此兩戰皆乃魯國為齊國而戰，齊襄公借文姜操控魯國政治，齊襄公則以外戚身分任意使用魯國兵權，魯國處於外交弱勢。

（三）齊桓公的即位正當性

無知之亂時，公子糾與公子小白出奔，管仲與召忽輔佐公子糾，鮑叔牙扶持小白，莊公九年時，無知虐雍廩之人，雍廩之人憤而殺無知，齊國陷入無君而內亂的窘境，齊大夫請魯莊公平定內亂，然而當魯國進軍之時，公子糾請魯莊公護送回國，公子糾母為魯國人，魯莊公應許，然於齊國大夫又招小白入國登基，管仲為了阻止而行刺小白，小白裝死直驅齊國並立為齊桓公，身為接班人的公子糾未能即位，而齊桓公小白不正即位之事眾所皆知。

（四）長勺之戰的前因與結果

齊桓公於即位後並未聽取管仲意見，管仲主張以養民為優先，但齊桓公重於兵革，亦因宋夫人懼齊桓公之事，憤而伐宋，導致各諸侯救宋，齊師大敗，「長勺之戰」的主因是齊、魯、宋領地相近，齊若伐宋，魯國將出兵救宋，因此需以伐魯為優先，「長勺之戰」因此而起；齊桓公派兵伐魯，而魯莊公欲與之一戰，曹劌問戰於魯莊公，曹劌認為戰敗事小，而現存國力又需消耗，戰爭乃不智之舉，且魯莊公的答案皆為物質性的付出，人民見不到魯莊公的用心，在此種環境下，人民必定不會團結，然魯莊公最後所回答的「余聽獄雖不能察，必以情斷之。」雖不足以使人民為國賣命，卻有足夠的向心力應付齊國，魯國靠著國人的向心力與曹劌的智謀，贏得了此次戰役。

二　歷代學者所論莊公十年曹劌之形象

歷代學者所提出的質疑與評斷，唐代孔穎達依據《左傳》原文「敵未陳曰敗」認定曹劌形象為「權謀譎詐」，宋代劉敞則依據《左傳》原文「敵未陳曰敗」為妄說，因此否定曹劌與「長勺之戰」的真實性，針對學者說法，筆者於下文分別探討。

「敵未陳曰敗」記錄於《左傳》「十一年夏，宋為乘丘之役，故侵我。公禦之，宋師未陳而薄之，敗諸鄑。」之後，宋師伐魯於鄑之時，宋師未列陣，《左傳》記錄相當明確，「宋師未陳而薄之」正說明宋師人數不足而無法列陣，因此被魯國擊潰，以此例觀「長勺之戰」，《管子・大匡》中齊桓公於「長勺之戰」戰敗後曰：「吾兵猶尚少，吾參圍之，安能圍我？」「吾兵猶尚少」與「未陳而薄之」皆士兵少而戰，據此「長勺之戰」與「鄑之戰」乃齊宋二師戰爭失當所導致戰敗。

「長勺之戰」時曹劌是否「權謀譎詐」，《孫子兵法．謀攻》言：「知勝者有五：知可以戰與不可以戰者勝、視眾寡之用者勝、上下同欲者勝、以虞待不虞者勝、將能而君不御者勝。」[129]曹劌問戰於莊公，主要目的便是「知可以戰與不可以戰」；「長勺之戰」時，齊師未陣而薄因此挫敗，正是「視眾寡之用」；曹劌邀魯莊公共赴戰場使魯師士氣大振乃「上下同欲者」；曹劌要求三鼓而攻之，所有將士接受號令而未違背，是「以虞待不虞者勝」；最後魯莊公欲追擊齊師而曹劌阻止，魯莊公聽取曹劌意見，為「將能而君不御者勝」；孫子所說的五項戰勝方針，「長勺之戰」曹劌如實掌握此五種戰勝齊師之關鍵，反觀「長勺之戰」時的齊師，據《管子．大匡》記錄齊桓公並未至長勺，又齊師薄而未列陣，「長勺之戰」魯國勝齊必定是理所當然，《孫子兵法．計篇》曰：「兵者詭道也」[130]戰爭之本質便是贏得戰役，曹劌形象為「權謀譎詐」並不合理。

劉敞依據《左傳》原文「敵未陳曰敗」為妄說，因此否定曹劌與「長勺之戰」的真實性，在第三節講述長勺之戰時，筆者以《管子．大匡》所記為證，「長勺之戰」並非單純只由《左傳》記錄，雖劉敞質疑杜預之說「齊人雖成列，魯以權譎稽之，列成而不得用，故以未陳為文。」但因否定杜預同時否定史料，稍微矯枉過正，《管子．大匡》與《左傳》史料可以為證。

按上述兩項問題，「長勺之戰」曹劌確實存在，曹劌形象亦非「權謀譎詐」，戰爭本身便是追求戰勝為目的，舉例而言，三國時期的諸葛孔明，才高八斗、戰略一流，但讀者不會在研究三國史料後，怒斥孔明「權謀譎詐」，戰爭本身講求戰術，曹劌身為軍事長才，必

129 〔清〕孫星衍：《孫子集註》（臺北市：東大出版社，2006年4月），頁59。
130 〔清〕孫星衍：《孫子集註》，頁15。

定追求戰爭本質，且「長勺之戰」並非魯國所發起的戰役，《管子・大匡》曰：「桓公將伐魯，曰：『魯與寡人近，于是其救宋也疾，寡人且誅焉。』管仲諫之，公不聽，興師伐魯，造于長勺。」《左傳》亦曰：「齊師伐我，公將戰。」二書史料同時證明「長勺之戰」為齊桓公伐魯，最終導致戰敗，曹劌戰略成功應值得誇讚，齊桓公欲以武力擴張領土，為私利而伐魯，何以褒齊桓公而貶曹劌，再者魯國於魯桓公死後，多次受到齊襄公威脅與操控，齊桓公不正即位後，亦侵犯魯國領地，曹劌一戰便使魯國重新得到自主權，對魯國貢獻極大，因此曹劌並非奸詐形象，而是有忠有智的魯國英雄。

第五章

「長勺之戰」後至「柯之盟」間齊魯勢力轉變之分析

「長勺之戰」後，魯國國力強盛，然而勢力之轉變，導致魯莊公十年至魯莊公十二年間，齊、魯、宋三國處於動盪階段，連年發生戰事，尤其是魯國與宋國，三年間共發生了三場戰役，最終導致宋國內亂，齊桓公以平定宋亂為由，於北杏與各國諸侯會盟，《春秋》記錄以下表示之：

《春秋》所記魯莊公十年至魯莊公十三年事件總表

魯莊公十年	春：王正月，公敗齊師于長勺。二月，公侵宋。三月，宋人遷宿。 夏：六月，齊師、宋師次于郎，公敗宋師于乘丘。 秋：九月，荊敗蔡師于莘，以蔡侯獻舞歸。 冬：十月，齊師滅譚，子奔莒。
魯莊公十一年	春：王正月。 夏：五月，戊寅，公敗宋師于鄑。 秋：宋大水。 冬：王姬歸于齊。
魯莊公十二年	春：王三月，紀叔姬歸于酅。 夏：四月。 秋：八月，甲午，宋萬弒其君捷，及其大夫仇牧。 冬：十月，宋萬出奔陳。

魯莊公十三年	春：齊侯、宋人、陳人、蔡人、邾人會于北杏。 夏：六月，齊人滅遂。 秋：七月。 冬：公會齊侯盟于柯。

筆者將此章分為三段論述：一、魯宋戰爭；二、北杏之會；三、齊魯盟于柯；由下文分述之。

第一節　魯宋戰爭

魯國自無知弒齊襄公後，外戚勢力逐漸衰退，魯莊公率兵伐齊便證明了魯莊公開始掌握實權，雖「乾時之戰」魯國大敗，卻於「長勺之戰」時受曹劌輔助大敗齊師，然而魯國的戰爭並未停止，魯國開始侵略鄰近國家，與宋國發生多次戰役，筆者將其分為三段論述：一、魯莊公侵宋；二、乘丘之役；三、鄑之戰；魯莊公侵宋將由下節述之。

（一）魯莊公侵宋

魯莊公即位後，魯國與宋國關係良好，反觀衛國與魯國之間多次征戰，視《春秋》魯莊公三年「春，王正月，溺會齊師伐衛。」及魯莊公五年「冬，公會齊人、宋人、陳人、蔡人伐衛。」魯國與衛國之間的戰爭於直至莊公六年「春，王正月，王人子突救衛。」才宣告結束，據《春秋》記錄可得知魯宋兩國同盟，地理位置如下圖（彩圖見書後圖五）：

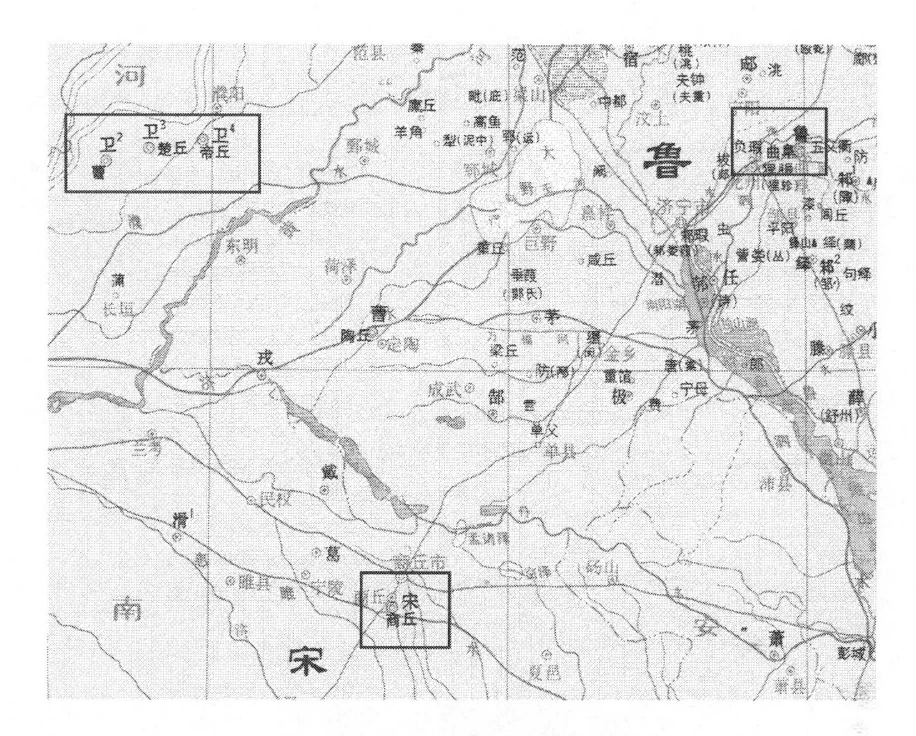

魯、衛、宋三國地理位置圖

圖中可見，魯、衛、宋三國皆為鄰近國家，因領地爭奪，魯衛交惡在所難免，但宋國魯宋多次和戰，應為盟邦，伐宋之舉確實怪異。魯莊公侵宋，最初為莊公十年六月，此戰僅《春秋》記載，曰：

> 二月，公侵宋。曷為或言侵？或言伐？觕者曰侵，精者曰伐。戰不言伐，圍不言戰，入不言圍，滅不言入，書其重者也。三月，宋人遷宿。遷之者何？不通也，以地還之也。子沈子曰：不通者，蓋因而臣之也。[1]

1　〔清〕阮元校刊：《十三經注疏．公羊傳》（臺北市：藝文印書館，1979年3月），頁88。

《公羊傳》認為魯國伐宋，伐字代表「重」的意涵，表現出魯國於宋國毫無防備之下侵略宋國國土，而宋人遷宿之事，是將侵略魯國之地歸還魯國，何休則曰：

> 以宋稱人也。宿不得通四方，宿君遷宋，因臣有之，不復以兵攻取，故從國辭稱人也。[2]

何休認為「宿」代表宿國，宿國國君因無法勝魯而受迫遷至宋國。依地圖所示，衛魯之際卻有宿國，地理位置如下（彩圖見書後圖六）：

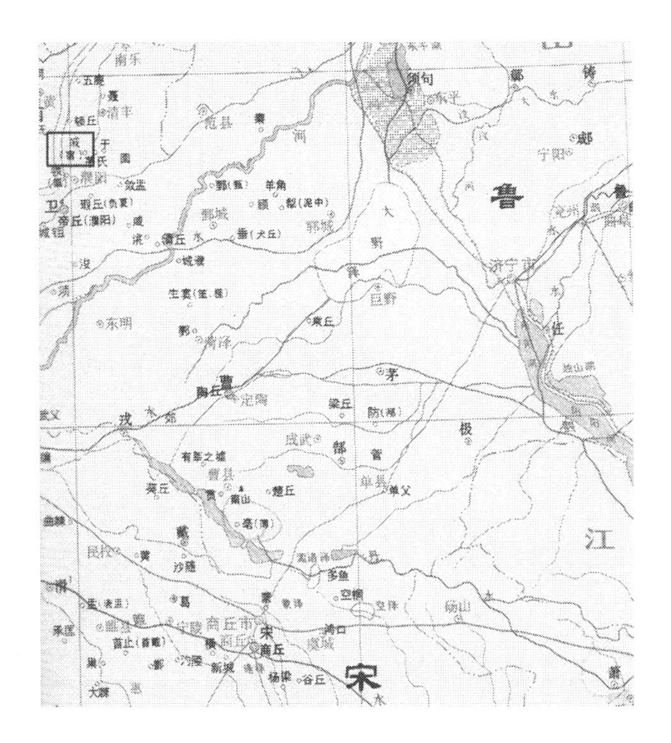

宿國地理位置圖

---

2 〔清〕阮元校刊：《十三經注疏．公羊傳》，頁88。

但宿地位於衛國領地，宿國由衛國遷至宋國此說仍有疑慮。《穀梁傳》曰：

> 二月，公侵宋，侵時，此其月，何也？乃深其怨于齊，又退侵宋以眾其敵，惡之，故謹而月之。三月，宋人遷宿。遷，亡辭也。其不地，宿不復見也。遷者，猶未失其國家以往者也。[3]

《穀梁傳》則說明齊國與魯國交惡，魯國又侵犯宋國交惡，宋國之民雖國家未滅，卻必須遷居。

綜合上述，筆者採以語法而論，宋人為語句之主詞，遷為動詞，宿為名詞，此句應釋為「宋人遷其住所」，宋國居於邊境之百姓因魯國侵犯而必須搬離住所，此說較為合理，亦近於《穀梁傳》之說，見其地理位置，魯宋二國國土相近，魯國侵佔宋國邊境，而並非伐齊，明顯為擴張領地之舉，魯國於「長勺之戰」後，向心力與戰力皆處於優越狀態，以武力侵犯宋國強拓邊界實為不智之舉，原為同盟的兩大強國卻因私心而交惡，魯國侵略確實過分，魯宋交惡也於此戰役開始。

（二）乘丘之役

在魯莊公十年二月，魯莊公卻侵犯宋國領土，導致宋人遷宿，宋國對魯國的不滿一觸即發，《春秋》記載乘丘之役，發生於莊公十年六月「齊師、宋師次于郎。公敗宋師于乘丘。」[4]宋國欲報復魯國，因此與齊國結盟伐魯，據《左傳》所記：

---

3 〔清〕阮元校刊：《十三經注疏．穀梁傳》（臺北市：藝文印書館，1979年3月），頁51。

4 〔清〕阮元校刊：《十三經注疏．左傳》（臺北市：藝文印書館，1979年3月），頁152。

> 夏，六月，齊師，宋師，次于郎，公子偃曰：「宋師不整，可敗也，宋敗，齊必還，請擊之。」公弗許，自雩門竊出，蒙皋比而先犯之，公從之，大敗宋師于乘丘，齊師乃還。[5]

據《左傳》記錄，魯莊公十年六月，齊師與宋師欲集結於郎，公子偃提議宋師不整，因此可以擊敗，若魯師擊敗宋師，齊師必定回至齊國，魯莊公不許，公子偃自雩門[6] 帶兵而出先擊宋師，魯莊公只能出兵伐宋，大敗宋師於乘丘，《禮記・檀公》則記錄伐宋時所發生的戰爭情況，原文如下：

> 魯莊公及宋人戰于乘丘。縣賁父御，卜國為右。馬驚敗績，公隊佐車授綏。公曰：「末之卜也。」縣賁父曰：「他日不敗績，而今敗績，是無勇也。」遂死之。圉人浴馬，有流矢在白肉。公曰：「非其罪也。」遂誄之。士之有誄，自此始也。[7]

此文所述乃魯莊公戰宋師時所發生的事，魯莊公戰宋師時，座車由縣賁父所駕駛，魯莊公右側則是卜國，於戰爭中魯莊公座車戰馬受驚而奔，公隊敗仗，而魯莊公乘旁車，認為卜國不勇敢才導致戰馬受驚，縣賁父亦同說是，卜國見狀，自上前線死戰，最終戰死，戰後飼馬人在浴馬時發現馬的兩股間插有箭矢，魯莊公見之後悔，因此追封卜國赴敵之功。《公羊傳》曰：

> 夏六月，齊師、宋師次于郎，公敗宋師乘丘。其言次于郎何？

5 〔清〕阮元校刊：《十三經注疏・左傳》，頁147。

6 孔穎達言「雩門」乃魯國南門。

7 〔清〕阮元校刊：《十三經注疏・禮記》（臺北市：藝文印書館，1979年3月），頁117。

> 伐也。伐則其言次何？齊與伐而不與戰，故言伐也。我能敗之，故言次也。[8]

《公羊傳》著重「次」的解析，認為《春秋》不言「伐」而言「次」是因為魯國可以敗齊國。《穀梁傳》曰：

> 夏，六月，齊師、宋師次于郎。次，止也。畏我也。公敗宋師于乘丘。不日，疑戰也。疑戰而曰敗，勝內也。[9]

《穀梁傳》認為次之字為止也，齊師、宋師進軍於郎而止，原因為畏懼魯國，「公敗宋師于乘丘」不書日是因為魯國詐戰；《史記・宋微子世家》亦記錄此戰役，曰：「十年夏，宋伐魯，戰于乘丘。」[10]綜合上述所言，《春秋》三傳所載並不相同，《禮記》又與《春秋》有異，筆者將問題分為二，一、「次」與「止」之關係；二、「敗績」與「齊師、宋師次于郎」之間的關係；下文分別討論。

1 「次」與「止」之關係

「次」字若為「止」，則為宋、齊二師進軍於郎則止；若「次」不等於「止」，次之意涵又為何？《公羊傳》曰：「其言次于郎何？伐也。」《穀梁傳》曰：「次，止也。」《左傳》解釋則必須由史料中解讀，「公從之，大敗宋師于乘丘，齊師乃還。」此資料顯示「齊師、宋師次于郎」之後，魯師與宋師先戰於乘丘，魯國勝而齊師因此退

---

8 〔清〕阮元校刊：《十三經注疏・公羊傳》，頁88。

9 〔清〕阮元校刊：《十三經注疏・穀梁傳》，頁51。

10 〔清〕瀧川龜太郎：《史記會注考證》（高雄市：麗文文化事業公司，1997年1月），頁600。

兵，「次」字將決定郎之地是否發生戰役。

探究字義，《說文解字》曰：「次，不前不精也。」[11] 段玉裁注為：「前當作寿，不寿不精皆居次之意也。」[12] 許慎所言「不前不精」，段玉裁認為「不前不精」為「居次」之義，視《春秋》經文，提及「次」字於下表：

《春秋》「次」字使用例證表

年份	事件
莊公三年	冬，公次于滑。
僖公元年	齊師、宋師、曹師次于聶北救邢。
僖公四年	公會齊侯、宋公、陳侯、衛侯、鄭伯、許男、曹伯侵蔡，蔡潰遂伐楚，次于陘。
昭公二十八	公如晉，次于乾侯。

僖公元年「齊師、宋師、曹師次于聶北救邢」，齊師、宋師、曹師至聶北，目的為救邢，「次」字則有「先後而至」的意涵；僖公四年「蔡潰遂伐楚，次于陘」，伐蔡之後伐楚，陘地於鄭國之南，為鄭楚二國之交界，有「於後而至」之意涵；昭公二十八年「公如晉，次于乾侯」則明顯陳述魯昭公至晉國時，比乾侯晚到，亦是「先後而至」之意。據此「齊師、宋師次于郎」應釋為「齊師、宋師先後發兵至郎」為善。再視進軍路線圖於下（彩圖見書後圖七）：

---

11 〔漢〕許慎：《說文解字》（臺北市：黎明文化事業公司，1985年9月），頁114。

12 〔漢〕許慎：《說文解字》，頁114。

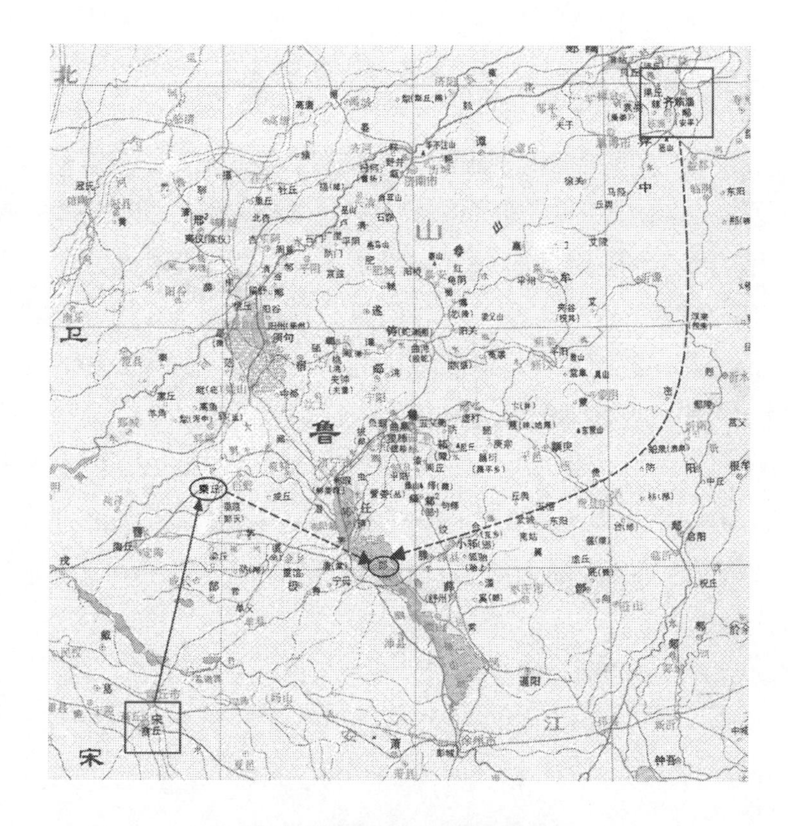

乘丘之役齊宋進軍路線圖

上圖虛線之處為齊宋二軍由本國至郎的距離，實線則為宋師已行經之路線，郎於魯國南方，乘丘於魯國西南方，據時間而言，宋國與郎之間的距離相近，而齊師至郎則需花上宋師兩倍以上時間方可到達郎，因此《左傳》所記齊師與宋師預先後集結於郎，公子偃所提出的計策是於宋軍至郎的途中襲擊，先擊敗宋師則齊軍便會退回齊國，與宋軍戰於乘丘，視地理位置可證；乘丘之役乃迫使齊宋二師無法會於郎，且宋國至郎與齊國至郎路程所耗時日差異極大，因此《春秋》言：「齊師、宋師次于郎。公敗宋師于乘丘。」與《左傳》記錄相同，魯國敗宋師於乘丘的佳績，使齊師見宋師敗而退兵。

2 「敗績」與「齊師、宋師次于郎」之關係

曹劌三敗之說出於《戰國策》、《鶡冠子》，《史記・刺客列傳》亦引用此說，但魯國戰敗由何而來於史料中並無記錄，視此戰便可見其端倪，《春秋》所記「齊師、宋師次于郎。公敗宋師于乘丘。」乘丘之戰魯國為戰勝方，《左傳》亦言此說，據《禮記・檀弓》所載「馬驚敗績」，此句是否代表魯師戰敗，需再次探討；宋代衛湜於《禮記集說》中引用胡安國說法，曰：

> 胡氏曰：「佐車授綏，授公綏復來，《春秋》經魯莊十年書公敗宋師于乘丘，非自敗也，此云敗績禮者妄，以經為正。」[13]

胡安國點出一項問題，據《禮記》所載，魯莊公於馬驚敗績之後，又乘佐車而進軍，因此公隊敗績並不代表全師敗績，認為此乃禮者所妄，應以《春秋》為正；清代泰僭於《檀弓疑問》亦提到此問題，曰：

> 戰于乘丘敗績公隊。莊十年夏六月，齊師宋師次于郎，公敗宋師于乘丘，《傳》曰：「齊師宋師次于郎，公子偃曰，宋師不整，可敗也，自雩門竊出，蒙皐比而先犯之，公從之，大敗宋師于乘丘。」是宋且大敗，而魯未嘗敗也，又何敗績公隊之有，又何有他日不敗績而今敗績之有，且曰士之有誄從此始也，豈以為記禮所自始而人信不疑乎？第學者未之考耳。[14]

13 〔宋〕衛湜：《禮記集說》（上海市：人民出版社，文淵閣四庫全書），卷16。
14 〔清〕泰僭：《桓弓疑問》（上海市：人民出版社，文淵閣四庫全書），卷1。

泰衢文中強烈批判「敗績公隊」之說，依據《左傳》而言，公敗宋師於乘丘為魯國戰勝，魯國既然戰勝何來敗績公隊之有，更無他日不敗而今日敗之說，泰衢歸咎「敗績公隊」乃是學者尚未深究；視上述諸家之說，筆者以鄭玄注為證曰：「馬奔失列，馬驚敗，一本無驚字。」[15]然《經典釋文》亦曰：「馬驚敗，一本無驚字。」[16]由此可知「馬驚敗績」乃是指魯莊公乘坐之戰車，戰馬因受驚而無法前行，因此「馬驚敗績」之事並不代表整體戰役，《禮記》亦言「公曰：『末之卜也。』縣賁父曰：「他日不敗績，而今敗績，是無勇也。』遂死之。」若敗績為師敗，卜國豈能又上前線赴死，據此可知「馬驚敗績」並非整場戰役皆敗，而是魯莊公馬車無法前行的問題，再者「公曰：『非其罪也。』遂誄之。」若魯師戰敗，何須追封卜國之功，以此可見乘丘之戰應為魯國戰勝宋國，《禮記》「馬驚敗績」並不影響《春秋》所記。

綜合上述，《春秋》、《左傳》與《禮記》並無矛盾，《春秋》記錄整體戰役之結果，《左傳》記錄事情發生之始由，《禮記》則記載戰時發生的內容，合於下表：

15 〔清〕阮元校刊：《十三經注疏．禮記》，頁117。

16 〔清〕陸德明：《經典釋文》（上海市：人民出版社，文淵閣四庫全書），卷11。

乘丘之役事件流程表

春秋	莊公十年六月

↓（乘丘之戰起因）

春秋	齊師、宋師次于郎。
左傳	夏，六月，齊師，宋師，次于郎，公子偃曰，宋師不整，可敗也，宋敗，齊必還，請擊之，公弗許，自雩門竊出，蒙皋比而先犯之，公從之。

↓（乘丘之戰時）

禮記	魯莊公及宋人戰于乘丘。縣賁父御，卜國為右。馬驚，敗績，公隊。佐車授綏。公曰：「末之卜也。」縣賁父曰：「他日不敗績，而今敗績，是無勇也。」遂死之。

↓（乘丘之戰結果）

春秋	公敗宋師于乘丘。
左傳	大敗宋師于乘丘，齊師乃還。

視其上表，乘丘之戰起因為宋師與齊師將集結於郎共伐魯國，而公子偃認為可以於宋師不整之時先擊宋師，齊國國力雖強，但路途遙遠，見齊宋會師不成，必退兵而還，魯莊公不允，公子自帶兵出征，魯莊公迫於無奈只能出兵；與宋師戰於乘丘時，魯莊公戰車之馬受驚而不能行，莊公與縣賁父認為馬受驚乃是武將卜國不勇所導致，卜國為證明自己，戰死於前線，最終乘丘之戰魯國大勝，齊師退兵而歸。

（三）鄑之戰

《春秋》所記莊公十一年「夏五月，戊寅，公敗宋師于鄑。」[17]

17 〔清〕阮元校刊：《十三經注疏・左傳》，頁152。

筆者將此事分為兩段，第一段為「齊師滅譚，譚子奔莒」；第二段為「公敗宋師于鄑」；下文分述之。

1 齊師滅譚，譚子奔莒

上文所言，魯國與宋國發生了「公侵宋」與「乘丘之役」兩次衝突，並且宋師於「乘丘之役」大敗，視其地理，魯國與宋國的戰爭皆於魯國南方，齊國自長勺之戰後，戰事並未停歇，《春秋》於莊公十年所記：「冬，十月，齊師滅譚，子奔莒。」[18]《左傳》曰：

> 齊侯之出也，過譚，譚不禮焉。及其入也，諸侯皆賀，譚又不至。冬，齊師滅譚，譚無禮也。譚子奔莒，同盟故也。[19]

《左傳》記載齊桓公出奔之時，經過譚國，而譚國對當時的齊小白無禮，齊桓公即位之時，諸國皆來慶賀又譚國不到，對齊桓公而言，新仇舊恨加於一身，因此滅譚，但此說應不只如此，視地理位置（彩圖見書後圖八）：

---

18 〔清〕阮元校刊：《十三經注疏．左傳》，頁146。

19 〔清〕阮元校刊：《十三經注疏．左傳》，頁147。

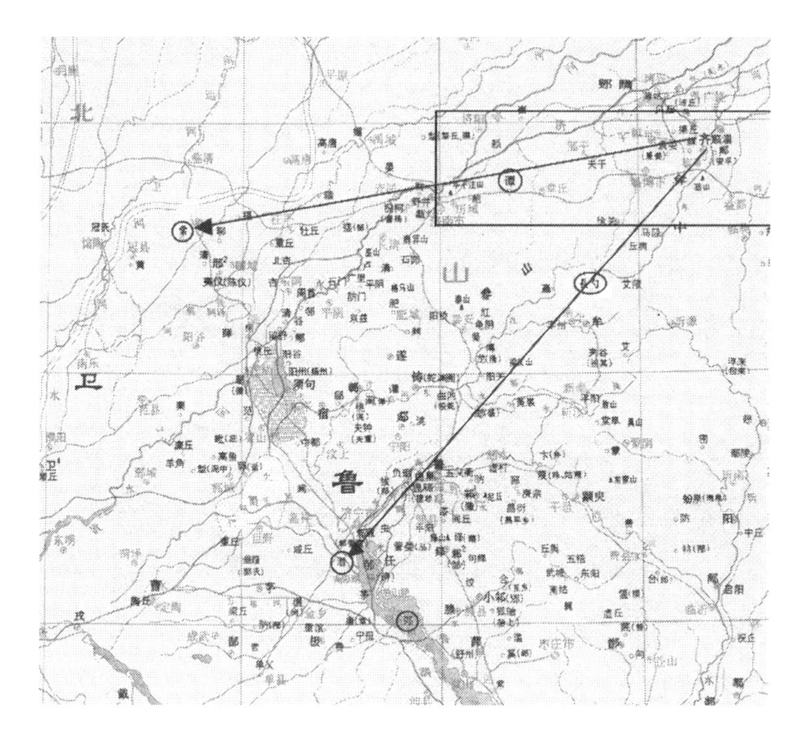

譚國地理位置圖

上圖箭頭乃管仲建議齊桓公稱霸的方針為「以魯為主，反其侵地棠潛」，分為兩條路線，一條為齊國至棠，另一條為齊國至潛，前文所述的兩場戰役「長勺之戰」與「乘丘之戰」，路線皆是齊國至潛的路線，兩場戰役的失敗證明了此段路線，齊國難以擴展，但也導致魯國忙著與宋國交鋒而忽略北方防線，給了齊國良好的機會併吞譚國，齊國擴張之領地於上圖方格，《公羊傳》曰：「冬十月，齊師滅譚，譚子奔莒，何以不言出，國已滅矣。」[20] 齊國確實漸漸向魯國北方逼近。

---

20 〔清〕阮元校刊：《十三經注疏・公羊傳》，頁90。

2 公敗宋師于鄑

《春秋》曰：「夏五月，戊寅，公敗宋師于鄑。」[21]《左傳》曰：「十一年夏，宋為乘丘之役，故侵我。公禦之，宋師未陳而薄之，敗諸鄑。」[22]據《左傳》所言，自乘丘之戰後，宋國遭受魯國兩次挫敗，因此再次興兵伐魯，此次戰于鄑，鄑與齊國東北皆有鄑地，杜預曰：「鄑，魯地也。」[23]見此二地為不同之處，但實為何地，至今現存文獻難以查證，然此次戰役宋師兵力大不如前，魯師於宋師無法列陣的情況下戰勝，《左傳》曰：

> 乘丘之役，公以金僕姑射南宮長萬，公右歂孫生搏之，宋人請之，宋公靳之，曰：「始吾敬子，今子魯囚也，吾弗敬子矣，病之。」[24]

《穀梁傳》曰：

> 夏，五月戊寅，公敗宋師于鄑。內事不言戰，舉其大者。其日，成敗之也。宋萬之獲也。[25]

《左傳》與《穀梁傳》二書記錄南宮長萬捕獲時間不同，《左傳》記為莊公十年六月，《穀梁傳》記為莊公十一年五月，《左傳》記錄魯莊公捕獲南宮長萬較詳細；據《左傳》所言，魯莊公以「金僕姑」射中

21 〔清〕阮元校刊：《十三經注疏・公羊傳》，頁90。
22 〔清〕阮元校刊：《十三經注疏・左傳》，頁152。
23 〔清〕阮元校刊：《十三經注疏・左傳》，頁152。
24 〔清〕阮元校刊：《十三經注疏・左傳》，頁153。
25 〔清〕阮元校刊：《十三經注疏・穀梁傳》，頁57。

南宮長萬，「金僕姑」為箭之屬，唐人韋莊於〈平陵老將〉詩中提及：

> 白羽金僕姑，腰懸雙轆轤。前年蔥嶺北，獨戰雲中胡。疋馬塞垣老，一身如鳥孤。歸來辭第宅，卻占平陵居。[26]

「白羽」乃指箭羽之色，可稱之為白羽箭；宋人盧綸於〈塞下曲〉亦言：

> 鷲翎金僕姑，燕尾繡蝥弧；獨立揚新令，千營共一呼。[27]

「鷲翎」乃指以鷲羽為箭羽，「金僕姑」為箭名；宋人辛棄疾於〈鷓鴣天〉亦書：

> 壯歲旌旗擁萬夫，錦蟾突騎渡江初。燕兵夜娖銀胡韄，漢箭朝飛金僕姑。追往事，嘆今吾。春風不染白髭鬚。卻將萬字平戎策，換得東家種樹書。[28]

「金僕姑」亦是箭名；周緯先生於《中國兵器史稿》中曰：

> 《左傳》莊十一年：「乘丘之役，以金僕姑射南宮長萬。」金僕姑矢名也。曰金者矢鏃之飾者，周矢蓋有飾金者矣，蓋已非專指銅而言也（日本數百年前以至千年前古矢之美者，常飾金

26 〔唐〕韋莊：《浣花集補遺》（上海市：人民出版社，文淵閣四庫全書），卷1。
27 〔宋〕郭茂倩：《樂府詩集》（上海市：人民出版社，文淵閣四庫全書），卷93。
28 〔宋〕辛棄疾：《稼軒詞》（上海市：人民出版社，文淵閣四庫全書），卷3。

> 花。係以金葉金絲，錘嵌入鐵鏃之凹槽中者。紐約中央博物館藏有多具。）[29]

綜合上述所言，《左傳》記錄魯莊公以金僕姑射南宮長萬，呈現魯莊公善射因此擒獲南宮長萬；魯莊公善射之說並非只於《左傳》可見，《詩經．猗嗟》亦有所言，詩序曰：

> 刺魯莊公也。齊人傷魯莊公有威儀技藝，而不能以禮防閑其母，失子之道，人以為齊侯之子焉。[30]

「威儀技藝」乃是指寫序者所述的魯莊公形象，魯莊公形象為威儀美態且技藝超群，技藝超群則需由詩文內容而述：

> 猗嗟昌兮，頎而長兮，抑若揚兮，美目揚兮，巧趨蹌兮，射則臧兮。
>
> 猗嗟名兮，美目清兮，儀既成兮，終日射侯，不出正兮，展我甥兮。
>
> 猗嗟孌兮，清揚婉兮，舞則選兮，射則貫兮，四矢反兮，以禦亂兮。[31]

「射則貫兮，四矢反兮」，鄭玄云：

---

29 周緯：《中國兵器史稿》（臺北市：明文書局，1981年5月），頁163。

30 〔清〕阮元校刊：《十三經注疏．穀梁傳》，頁57。

31 〔清〕阮元校刊：《十三經注疏．詩經》（臺北市：藝文印書館，1979年3月），頁201。

> 反復也，禮射三而止，每射四矢皆得其故處，此之謂復射必四矢者，象其能禦四方之亂也。[32]

鄭玄說明魯莊公射箭技術極佳，四矢皆落同處，可見箭技超群，《詩經・猗嗟》呈現的魯莊公形象正與《左傳》「公以金僕姑射南宮長萬」相符，魯莊公為善射之人，歷代學者亦有將此二書相證者，宋代呂祖謙於《呂氏家塾讀詩記》曰：

> 「四矢反兮，以禦亂兮」，蓋稱莊公弓矢之精，可以禦亂，觀其以金僕姑射南宮長萬則可見矣。[33]

宋代段昌武亦引用呂祖謙之說，於《段氏毛詩集解》曰：

> 東萊曰：「四矢反兮，以禦亂兮，蓋稱莊公弓矢之精，可以禦亂，觀其以金僕姑射南宮長萬則可見矣。」[34]

宋代嚴粲亦引之，於《詩緝》曰：

> 甚精射則穿貫其革，每射四矢皆復其故處，射藝之精如此，尚足以禦禍亂，乃不能防閑其母乎！莊公弓矢之精，觀其以金僕姑射南宮長萬則可見矣。[35]

---

32 〔清〕阮元校刊：《十三經注疏・詩經》，頁201。

33 〔宋〕呂祖謙：《呂氏家塾讀詩記》（上海市：人民出版社，文淵閣四庫全書），卷9。

34 〔宋〕段昌武：《段氏毛詩集解》（上海市：人民出版社，文淵閣四庫全書），卷8。

35 〔宋〕嚴粲：《詩緝》（上海市：人民出版社，文淵閣四庫全書），卷9。

其後元代劉瑾與明代胡廣等人皆接受此說，據此《左傳》之說較為可信，《春秋》所記「夏五月，戊寅，公敗宋師于鄑」應以《左傳》為準，魯莊公於乘丘之役時，以金僕姑射中南宮長萬，歂孫生捕獲南宮長萬，宋國請求歸還，南宮長萬於歸國後，宋閔公出言羞辱，「始吾敬子，今子魯囚也，吾弗敬子矣，病之。」語中對南宮長萬極為失望，並認為自己過度信任南宮長萬才導致「乘丘之戰」戰敗，而其後與魯國戰於鄑，又再次挫敗，南宮長萬對宋閔公的怨恨漸漸浮現殺機。

綜合上述二事，齊國國土於莊公十年冬天有了突破性的發展，齊國滅譚使齊國國土漸漸向西進入了魯國的領地，魯國因與宋國多次交戰，雖戰勝宋國兩次，但兵力多數集結於魯國南方，疏漏了魯國北方的邊界，多次戰役之下，魯國國力漸漸受到耗損，齊國滅譚而魯國無法救援，更證明了魯國北方已開始受齊國併吞，宋國在兩次敗戰之下，國內開始動盪，南宮長萬弒宋閔公，為宋國動亂之始，亦是齊桓公西進的重要契機。

第二節　北杏之會

魯國於乾之戰時敗於齊國，其後魯國在「長勺之戰」報了一箭之仇，更在與宋國之間的戰役兩戰而得勝，魯國在充滿戰勝喜悅中，卻忽略了齊桓公正悄悄將勢力伸向魯國北方，趁魯宋戰爭時滅譚國，使齊國領地向西擴張，魯國兵力長時間集結於南方，魯宋之間的戰爭導致了魯國北方漸漸被齊國併吞，兵力也快速耗損，然南宮長萬於「乘丘之役」被魯國所俘虜，歸國後宋閔公毫無體諒，並出言羞辱，導致南宮長萬憤而造反，然「宋萬弒君」便是齊桓公招開北杏之會的始因，因此筆者以「宋萬弒君」為始，「北杏之會」為終，分為兩段而述，一、「宋萬弒君」；二、「北杏之會」；下文分述之。

（一）宋萬弒君

宋萬弒君是齊桓公成為霸主的主要事件，上文所言，南宮長萬於乘丘之役時被魯國送還後，宋閔公對南宮長萬極盡羞辱，而鄑之戰時宋國又被魯國擊敗，引來南宮長萬的殺機，南宮長萬弒君之事，須分為兩部分而述，一、「宋萬弒君」；二、「宋萬出奔陳」；由下文分述之。

1 宋萬弒君

宋萬弒君於《春秋》所記：「十二年，秋八月，甲午，宋萬弒其君捷，及其大夫仇牧。」[36]《公羊傳》曰：

> 秋，八月甲午，宋萬弒其君捷及其大夫仇牧。及者何？累也。弒君多矣，舍此無累者乎？孔父、荀息皆累也。舍孔父、荀息，無累者乎？曰：有。有則此何以書？賢也。何賢乎仇牧？仇牧可謂不畏強禦矣！其不畏強禦柰何？萬嘗與莊公戰，獲乎莊公；莊公歸，散舍諸宮中，數月，然後歸之。歸反為大夫于宋，與閔公博，婦人皆在側。萬曰：「甚矣，魯侯之淑，魯侯之美也！天下諸侯宜為君者，唯魯侯爾！」閔公矜此婦人，妒其言，顧曰：「此虜也！爾虜焉故，魯侯之美惡乎至？」萬怒，搏閔公，絕其脰。仇牧聞君弒，趨而至，遇之于門，手劍而叱之。萬辟殺仇牧，碎其首，齒著乎門闔。仇牧可謂不畏強禦矣！[37]

據《公羊傳》文意而言，南宮長萬於戰敗交還宋國之後，與宋閔公互

36 〔清〕阮元校刊：《十三經注疏．左傳》，頁153。

37 〔清〕阮元校刊：《十三經注疏．公羊傳》，頁91。

博，而此時婦人皆在宋閔公身旁，南宮長萬誇讚魯莊公的言行談吐，導致宋閔公忌妒，反諷南宮長萬為敗戰俘將，南宮長萬憤而殺宋閔公，大夫仇牧聽聞國君被殺，趨門而至，反遭南宮長萬殺害，據此《公羊傳》認為仇牧禦敵可謂賢者，更以「弒君多矣」映襯仇牧之忠，此說與《左傳》記錄有著明顯差異，《左傳》所記莊公十年六月「宋公靳之，曰：『始吾敬子，今子魯囚也，吾弗敬子矣。』病之。」而《春秋》書「宋萬弒其君捷，及其大夫仇牧」於莊公十二年八月，南宮長萬歸國致宋萬弒君共兩年兩個月之久，與《公羊傳》言「數月，然後歸之」便發生宋萬弒君時間差異過大，據此《公羊傳》之說無法與《左傳》史料前後連貫。有一事值得注意，《穀梁傳》記錄南宮長萬於莊公十一年夏時鄑之戰被俘，而《公羊傳》記錄宋萬弒君為歸國後數月，此巧合確實值得探究，但史料證據不足，今無法證明。《穀梁傳》則曰：

> 秋，八月甲午，宋萬弒其君捷。宋萬，宋之卑者也。卑者以國氏，及其大夫仇牧，以尊及卑也。仇牧閑也。[38]

《穀梁傳》乃針對南宮長萬於《春秋》書為宋萬作解，認為宋萬乃為卑鄙小人，因此以國為氏，而仇牧乃用原姓氏表示忠誠賢能，有尊卑之別，與《公羊傳》之說相同，皆論述仇牧忠的形象。《左傳》記錄宋萬弒君如下：

> 十二年，秋，宋萬弒閔公于蒙澤，遇仇牧于門，批而殺之，遇大宰督于東宮之西，又殺之，立子游，群公子奔蕭，公子御說

38 〔清〕阮元校刊：《十三經注疏．穀梁傳》，頁52。

奔亳，南宮牛、猛獲帥師圍亳。[39]

司馬遷於《史記・宋微子世家》所選用之史料如下：

> 十一年秋，湣公與南宮萬獵，因博爭行，湣公怒，辱之，曰：「始吾敬若；今若，魯虜也。」萬有力，病此言，遂以局殺湣公于蒙澤。大夫仇牧聞之，以兵造公門。萬搏牧，牧齒著門闔死。因殺太宰華督，乃更立公子游為君。諸公子奔蕭，公子御說奔亳。萬弟南宮牛將兵圍亳。[40]

司馬遷所選用之史料與《左傳》內容相符，但時間上則有差異，《左傳》記宋萬弒君為莊公十二年秋，《史記》則記為莊公十一年秋，視〈宋微子世家〉乘丘之役所採取的時間與《左傳》相同皆為魯莊公十年夏，司馬遷跳過莊公十一年鄑之戰而接續宋萬弒君，據此時間與《左傳》產生誤差，瀧川龜太郎引梁玉繩之說曰：

> 雜取莊公十一年《左傳》、十二年《公羊傳》。梁玉繩曰：「『十一年』三字衍，湣公立十年而被弒，上文已書曰十年也，又史本《公羊》以弒公因博起釁，然不聞獵也，豈別有據乎。」[41]

梁玉繩與瀧川龜太郎確實點出《史記・宋微子世家》引用時間的問題，《公羊傳》與《穀梁傳》論及仇牧之處相同，就史料而言，《公羊傳》、《穀梁傳》與《史記》三書之史料，無法與《左傳》相符，然就事件

39 〔清〕阮元校刊：《十三經注疏・左傳》，頁154。

40 〔清〕瀧川龜太郎：《史記會注考證》，頁600。

41 〔清〕瀧川龜太郎：《史記會注考證》，頁600。

發生之內容細節，《左傳》所言較為詳盡，而《史記》所加入的狩獵之事難以考證，對此筆者採梁玉繩與瀧川龜太郎之說，《左傳》所記應為最佳史料；按《左傳》所言，此事件可對照下圖（彩圖見書後圖九）：

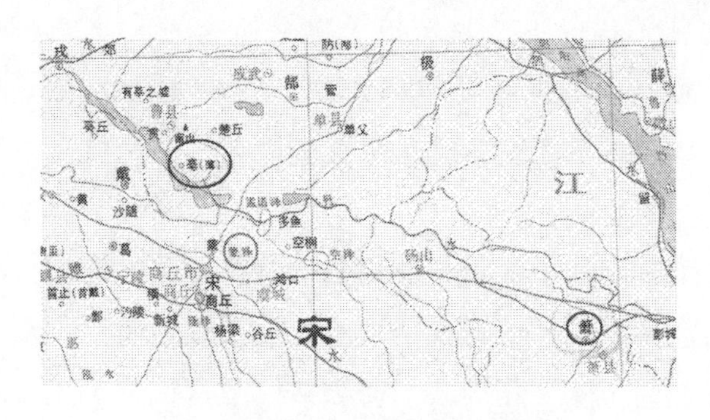

亳、蕭、蒙澤地理位置圖

《左傳》所記，莊公十年乘丘之役時，南宮長萬受宋閔公屈辱直至莊公十二年，兩年時間皆不受宋閔公重用，導致南宮長萬欲殺宋閔公，莊公十二年秋，宋閔公至蒙澤（圖中之處），南宮長萬先弒宋閔公，其後殺仇牧、大宰督，至此可知宋閔公、大宰與大夫皆死於蒙澤，宋國政治核心頓時消失，南公長萬藉此時機立子游為宋公，群公子見南宮長萬造反出奔至蕭（圖中之處），而接班人公子御說奔亳（圖中之處），南宮牛與猛獲率兵圍亳。

2 宋萬出奔陳

子游為君時間並不長，《春秋》曰：「冬十月，宋萬出奔陳。」[42]《左傳》曰：

> 冬，十月，蕭叔大心，及戴，武，宣，穆，莊之族，以曹師伐

42 〔清〕阮元校刊：《十三經注疏・左傳》，頁154。

> 之，殺南宮牛于師，殺子游于宋，立桓公，猛獲奔衛，南宮萬奔陳，以乘車輦其母，一日而至，宋人請猛獲于衛，衛人欲勿與，石祁子曰：「不可。天下之惡一也，惡于宋而保于我，保之何補，得一夫而失一國，與惡而棄好，非謀也。」衛人歸之，亦請南宮萬于陳以賂，陳人使婦人飲之酒，而以犀革裹之，比及宋，手足皆見，宋人皆醢之。[43]

宋萬弒君之後，群公子奔蕭，唯獨公子御說奔亳，南宮長萬之弟南宮牛及猛獲圍亳，欲殺公子御說，子游統治宋國兩個月，至十月時蕭叔帶領戴、武、宣、穆、莊等族與曹師共伐南宮長萬，先救出逃難至亳的公子御說，並殺死圍亳的南宮牛，猛獲則逃難至衛國，子游於宋國被殺，南宮長萬逃至陳國，立御說為宋桓公，宋桓公欲報殺父之仇，要求衛國交出叛將猛獲，然猛獲驍勇善戰，衛君並不願交還，石祁子諫衛君，認為猛獲是天下的惡人，兩國應以交好為重，怎可因一夫而失一國，應將猛獲交還宋國，猛獲因此送還宋國，而弒君者南宮長萬，則是在陳國酒醉時被綁送回國，最終面臨殘酷的代價。屈原曾於《楚辭・愍命》中，借宋萬形象反諷時事曰：「今反表以為裡兮，顛裳以為衣。戚宋萬于兩楹兮，廢周邵于遐夷。」[44]屈原借南宮長萬隱喻楚懷王身邊充滿伺機謀反的奸臣，可知南宮長萬形象於戰國時期被認定為奸臣，而《史記》資料引用《左傳》，其餘皆無史料，按此《左傳》是宋萬弒君之最佳史料。

綜合上述事件，宋國於鄑之戰後國內處於動盪的局面，南宮長萬見機謀反，並追殺繼承人公子御說，蕭叔借助世族及曹國軍隊協助群公子救出御說，並立御說為宋桓公，南宮長萬最終送回宋國接受最嚴

---

43 〔清〕阮元校刊：《十三經注疏・左傳》，頁154。

44 〔漢〕王逸：《楚辭章句》（上海市：人民出版社，文淵閣四庫全書），卷16。

厲的制裁，此事乃齊桓公西進之主要因素，亦是齊國欲孤立魯國的重要時機，「北杏之會」將由下節述之。

（二）北杏之會

北杏之會為齊桓公成為霸主的重要基石，其目的為平定宋亂，《春秋》所記：「十二年春，齊侯、宋人、陳人、蔡人、邾人會于北杏。」[45]《竹書紀年》亦曰：「元年庚子春，齊桓公會諸侯于北杏，以平宋亂。」[46] 地理位置於下（彩圖見書後圖十）：

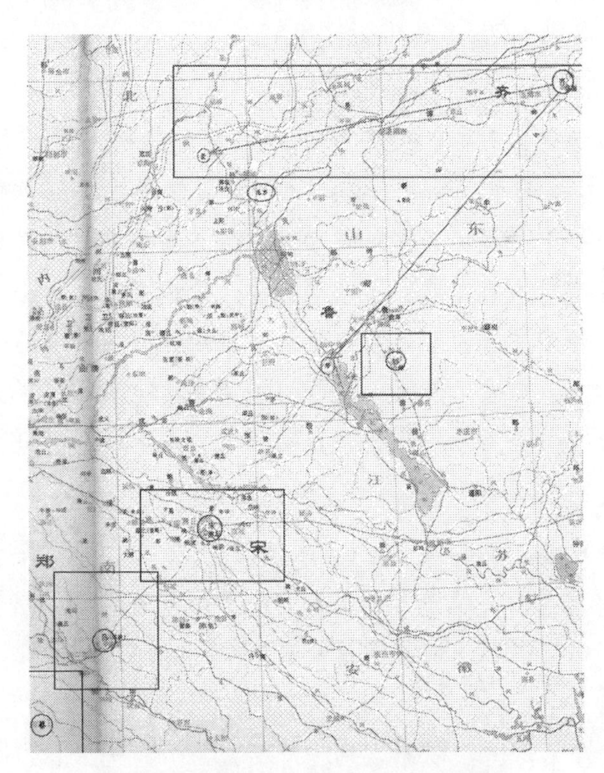

北杏之會參與國家之地理位置圖

45 〔清〕阮元校刊：《十三經注疏・左傳》，頁154。

46 方詩銘、王修齡：《古本竹書紀年輯證》（臺北市：華世出版社，1983年2月），頁267。

上圖箭頭為管仲所測謀之侵略方向，北杏之會與會國家於上圖圓圈，方格呈現齊國拓展之勢力範圍，此圖呈現三項重要訊息，一、齊國勢力自齊國滅譚之後，西進速度極快，北杏於魯國北北西之地，齊桓公會於北杏，代表著魯國以北已屬於齊國的領地；二、郳國於魯國之下，最靠近魯國邊界，郳國會盟代表齊國勢力已侵略魯國南方；三、蔡國、陳國、宋國、郳國與齊國會盟，代表魯國周邊國家已歸順齊國，且魯國於莊公三年、五年及八年伐衛三次，與衛國關係極差，後又與宋國不合，據此魯國處於無外援之窘境。齊國勢力快速增長乃歸功於管仲的策劃，《管子．小匡》所記：

> 桓公曰：「甲兵大足矣，吾欲從事于諸侯。可乎？」管仲對曰：「未可，治內者未具也，為外者未備也。」故使鮑叔牙為大諫，王子城父為將，弦子旗為理，甯戚為田。隰朋為行，曹孫宿處楚，商容處宋，季勞處魯，徐開封處衛，晏尚處燕，審友處晉。又游士八十人，奉之以車馬衣裘。多其資糧，財幣足之，使出周游于四方，以號召收求天下之賢士。飾玩好，使出周游于四方，鬻之諸侯，以觀其上下之所貴好。擇其沈亂者而先政之。公曰：「外內定矣，可乎？」管子對曰：「未可，鄰國未吾親也。」公曰：「親之柰何？」管子對曰：「審吾疆埸，反其侵地，正其封界，毋受其貨財，而美為皮幣，以極聘覜于諸侯，以安四鄰，則鄰國親我矣。」[47]

上文乃是管仲為齊桓公稱霸策劃的外交方針，齊桓公認為國內已定便可使諸侯服從，管仲則認為稱霸不只需要充足的國力，亦需要良好的

47 顏昌嶢：《管子校釋》（長沙市：岳麓書社，1996年2月），頁198-199。

外交，齊桓公任命「鮑叔牙為大諫，王子城父為將，弦子旗為理，甯戚為田」各司其職治理國內，「隰朋為行，曹孫宿處楚，商容處宋，季勞處魯，徐開封處衛，晏尚處燕，審友處晉」。楚、宋、魯、衛、燕、晉等諸侯國皆有外交使節常駐，又派游士八十人周遊各國且廣招賢才，藉此時機了解各國諸侯及上下官員喜好，見其餘諸侯國國內有亂，方可以最快速之時間得知訊息並提供協助，主要目的是與鄰近國家交好，與他國交好自無外患威脅，他國無須戰爭且能保留國土，經濟又能快速成長，依附之國自然快速增加，亦能使諸多國家信任齊國，除經濟效益外，亦可使版圖不用戰爭便可擴張，由此可見齊國只以兩年的時間便能向西大規模拓展勢力，因歸功於管仲的外交策略；《國語・齊語》亦記錄管仲之外交策略，原文如下：

> 桓公曰：「吾欲從事于諸侯，其可乎？」管子對曰：「未可。鄰國未吾親也。君欲從事于天下諸侯，則親鄰國。」桓公曰：「若何？」管子對曰：「審吾疆埸，而反其侵地；正其封疆，無受其資；而重為之皮幣，以驟聘眺于諸侯，以安四鄰，則四鄰之國親我矣。為游士八十人，奉之以車馬、衣裘，多其資幣，使周游于四方，以號召天下之賢士。皮幣玩好，使民鬻之四方，以監其上下之所好，擇其淫亂者而先征之。」[48]

依《國語・齊語》原文所見，與《管子・小匡》所言大同而小異，可知二書之史料出於同源。

綜合上述所言，莊公十年至莊公十一年魯國與宋國戰爭時，齊國已透過外交政策攏絡魯國周邊國家，因魯國與宋國連續兩次戰役，魯

48 〔春秋〕左丘明：《國語》（臺北市：九思出版公司，1978年11月），頁238。

國國力耗損急遽，且兵力集結皆在南方，導致北方地區漸漸遭受齊國併吞，反觀齊國於長勺之役後，齊國雖欲與宋國會師於郎，但乘丘之役導致齊國退兵，並未遭受戰爭耗損，滅譚成為齊國西進的第一步，於此之後齊國採取外交政策，與各國諸侯交好，直至莊公十二年宋萬弒君後，宋桓公即位，但宋國依舊動盪，因此齊桓公在魯國北北西的北杏，邀約宋國周邊之國家共謀平亂，卻也凸顯魯國外援已被孤立，而齊國勢力已向西移至陳、蔡之處，南方勢力已至魯國下方之郑國，魯國三勝齊、宋的優勢早已蕩然無存。

第三節　齊魯盟于柯

齊國外交政策相當成功，除拉攏周邊鄰近國家，亦使魯國毫無外援，北杏之會魯國未至，證明著魯莊公與齊桓公二者敵對，於此齊桓公選擇進一步壓迫魯國，於北杏之會後，齊桓公揮軍南下滅遂，遂國與齊襄公逼迫魯國共伐之國郕國近在咫尺，皆為汶河周邊國家，與魯國首都曲阜只有幾步之遙，魯國受此壓迫下，不得已而與齊桓公會盟，曹劌為刺客之說亦至此而生，筆者將此節分為兩段，一、齊人滅遂；二、柯之盟；下文分述之。

（一）齊人滅遂

齊國於北杏之會邀約各路諸侯共同謀劃平定宋亂，然遂國未至，齊桓公不悅，導致魯莊公十三年六月齊人滅遂，《春秋》曰：「十三年夏，六月，齊人滅遂。」[49]《竹書紀年》與出土文獻《汲冢竹書》二書皆有記載曰：「齊人殲于遂」[50]，《左傳》曰：「十三年，春，會于北

49 〔清〕阮元校刊：《十三經注疏．左傳》，頁154。

50 方詩銘、王修齡：《古本竹書紀年輯證》，頁71。

杏，以平宋亂，遂人不至。夏，齊人滅遂而戍之。」[51]《穀梁傳》曰：「夏，六月，齊人滅遂。遂，國也。其不日，微國也。」[52]綜合以上諸說，遂國被滅乃是因遂國未參與北杏之會，然《春秋》所言非常簡略，《左傳》則以「北杏之會，遂人未至」作為齊桓公滅遂的主要動機，筆者認為齊國滅遂另有隱情，視地理位置（彩圖見書後圖十一）：

遂國地理位置圖

據上圖所見，遂國位於魯國北方，相當接近魯國首都曲阜，若魯國與齊國聯手，齊國勢力便能全數掌控周朝國土東部，上文已述北杏之會時，魯國被鄰近國家孤立，由於齊魯兩國多年仇恨，齊桓公與魯莊公交戰各一勝一負，魯國戰勝宋國兩次，據此魯國是齊桓公西進的重大阻礙，北杏之會不但鞏固了齊桓公的勢力，更使魯國孤立，對魯莊公

51 〔清〕阮元校刊：《十三經注疏．左傳》，頁154。

52 〔清〕阮元校刊：《十三經注疏．穀梁傳》，頁52。

產生極大的壓力，然齊桓公於北杏之會後一個月滅遂，齊軍直壓魯國首都曲阜，魯國已無能力對抗齊國，因此才於柯之盟與齊桓公會盟，曹劌為刺客之說由此展開。司馬遷〈齊太公世家〉記載與《左傳》不同，原文如下：

> 五年伐魯，魯將師敗。魯莊公請獻遂邑以平，桓公許，與魯會柯而盟。[53]

梁玉繩曰：

> 齊桓公五年為魯莊公十三年，桓公為北杏之會，遂人不至，故滅之，無齊伐魯及魯敗獻邑事，滅遂亦與魯無涉，此及刺客傳同誤。[54]

其後引胡安國之說曰：

> 愚按莊十三年《春秋》經：「齊侯、宋人、陳人、蔡人、邾人會于北杏。」胡安國云：「春秋之世，以諸侯而主天下會盟之政，自北杏始，其後宋襄、晉文、楚莊、秦穆交主夏盟，跡之而為之者也。北杏之會，所關極大，史公不記，何也？」[55]

胡安國之說點出北杏之會為齊桓公稱霸重要步驟，其後春秋霸主，多以會盟而稱霸，然《史記》卻未將此大事列入記錄；筆者認為魯國獻

---

53 〔清〕瀧川龜太郎：《史記會注考證》，頁539。

54 〔清〕瀧川龜太郎：《史記會注考證》，頁539。

55 〔清〕瀧川龜太郎：《史記會注考證》，頁539。

出遂國可能性極低，視（遂國地理位置圖）所見，遂國於魯國首都曲阜正上方，若魯國將遂地獻與齊國，魯國等於門戶大開，據此獻邑之說難以信服；再者魯莊公的壓力與曹劌為何以計謀要求齊桓公交回汶陽之田，其原因與齊襄公奪郕國有密切關係，郕國於遂國相距不遠，齊襄公乃第一位跨過汶河直接取魯地之君主，魯國迫於無奈只能遷就，「長勺之戰」後，魯國聲勢大振，起初受齊襄公所霸佔的領土，總算再度回到魯莊公手中，但卻未料北杏之會後，齊襄公之弟齊桓公又逼近汶河而來奪地，新仇舊恨所導致的，便是魯莊公的激烈反抗，與曹劌設計劫持齊桓公，據此齊人滅遂正是造成魯莊公與曹劌名聲遭貶的最重要關鍵。

綜合上述所言，齊桓公召開北杏之會時，魯國周邊國家紛紛靠攏齊國，齊國以經濟的力量拉攏周邊國家，反而魯國多年戰爭與他國持續交惡，外交資源快速短缺，齊桓公見此時機以武力滅遂國，主要目的是使魯莊公屈就，然齊國兩次跨越汶河直逼魯國首都，魯國處於內受壓迫、外無援助的危急情勢下，正所謂「困獸猶鬥，況人呼？」[56]曹劌策謀了一套奪回失地之法，於下文述之。

（二）柯之盟

上文所言魯國於齊人滅遂後，魯國面臨嚴重的外患威脅與壓力，盟於柯亦處於被脅迫之窘境，曹劌形象亦在此處備受批評，先視柯之盟地理位置（彩圖見書後圖十二）：

56 〔清〕阮元校刊：《十三經注疏・左傳》，頁951。

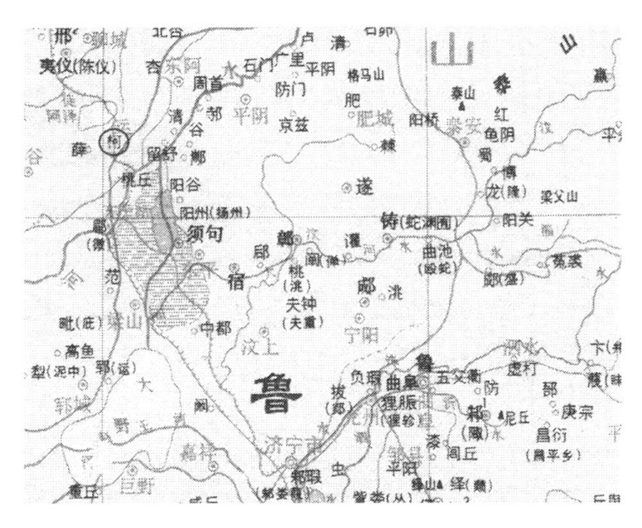

柯之盟地理位置圖

柯位於北杏以南，然各史料記錄柯之盟之事產生分歧，因此筆者先將各史書記錄整理成對照表，依時間而劃分為「柯之盟前」、「柯之盟時」、「柯之盟後」，並標示史料間相似之處，列表於下：

柯之盟前傳世文獻史料所記相似表

史書	內容	史料相同處
管子	魯不敢戰，去國五十里而為之關。魯請比于關內，以從于齊，齊亦毋復侵魯，桓公許諾。魯人請盟曰：「魯，小國也，固不帶劍，是交兵聞于諸侯，君不如已，請去兵。」桓公曰：「諾。」乃令從者毋以兵。管仲曰：「不可，諸侯又加貪于君，後有事，小國彌堅，大國設備，非齊國之利也。」桓公不聽，管仲又	呂氏春秋： 魯人不敢輕戰，去魯國五十里而封之，魯請比關內侯以聽，桓公許之。

史書	內容	史料相同處
	諫曰：「君必不去魯，胡不用兵，曹劌之為人也，堅強以忌，不可以曰取也。」桓公不聽，果與之遇。	
呂氏春秋	齊桓公伐魯，魯人不敢輕戰，去魯國五十里而封之，魯請比關內侯以聽，桓公許之。曹翽謂魯莊公曰：「君寧死而又死乎？其寧生而又生乎？」莊公曰：「何謂也？」曹翽曰：「聽臣之言，國必廣大，身必安樂，是生而又生也。不聽臣之言，國必滅亡，身必危辱，是死而又死也。」莊公曰：「請從。」	管子： 魯不敢戰，去國五十里而為之關。魯請比于關內，以從于齊，齊亦毋復侵魯，桓公許諾。
公羊傳	莊公將會乎桓。曹子進曰：「君之意如何？」莊公曰：「寡人之生，則不若死矣。」曹子曰：「然則，君請當其君，臣請當其臣。」莊公曰：「諾。」	
戰國策	1. 曹沫為魯將，三戰三北，而喪地千里。使曹子之足不陳，計不顧後，出必死而不生，則不免為敗軍禽將。曹子以敗軍禽將，非勇也；功廢名滅，後世無稱，2. 非知也，故去三北之恥，3. 退而與魯君計也，曹子以為遭。	鶡冠子： 1.曹沫為魯將與齊三戰而亡地千里，使曹子計不顧後，刎頸而死，而不免為敗軍擒將，非勇也。 2.非智也。 3.故退與魯君計。
鶡冠子	1. 曹沫為魯將與齊三戰而亡地千里，使曹子計不顧後，刎頸而死，而不免為敗軍擒將，非勇也。國削民滅，2. 非智也。身死君危，非忠也。	戰國策： 1. 曹沫為魯將，三戰三北，而喪地千里。使曹子之足不陳，計不顧

史書	內容	史料相同處
	夫死人之事者，不能續人之壽，3. 故退與魯君計。	後，出必死而不生，則不免為敗軍禽將。曹子以敗軍禽將，非勇也。 2. 非知也。 3. 退而與魯君計也。
史記	〈齊太公世家〉： 五年，伐魯。魯將師敗，魯莊公請獻遂邑以平。桓公許，與魯會盟于柯。 〈魯周公世家〉： 十三年、魯莊公與曹沫會齊桓公於柯 〈刺客列傳〉： 曹沫為魯將，與齊戰，三敗北。魯莊公懼，乃獻遂邑之地以和。猶復以為將。齊桓公許與魯會于柯而盟。	鶡冠子： 曹沫為魯將與齊三戰而亡地千里。 戰國策： 曹沫為魯將，三戰三北，而喪地千里。

柯之盟時傳世文獻史料所記相似表

史書	內容	史料相同處
管子	1. 莊公自懷劍，曹劌亦懷劍踐壇，莊公抽劍其懷曰：「魯國之境去國五十里，亦無不死而已。」左椹桓公，右自承，曰：「均之死也，戮死于君前。」管仲走君，曹劌抽劍當兩階之間曰：「二君將改圖，無有進者。」管仲曰：「君與地，2. 以汶為竟。」桓公許諾，以汶為竟而歸。	呂氏春秋： 1. 莊公與曹翽皆懷劍至于壇上。莊公左搏桓公，右抽劍以自承，曰：「魯國去境數百里，今去境五十里，亦無生矣。鈞其死也，戮于君前。」管仲、鮑叔進，曹翽按

史書	內容	史料相同處
		劍當兩陛之間曰：「且二君將改圖，毋或進者。」 2. 封于汶則可。 公羊傳： 願請汶陽之田。
呂氏春秋	於是明日將盟，1. 莊公與曹翽皆懷劍至于壇上。莊公左搏桓公，右抽劍以自承，曰：「魯國去境數百里，今去境五十里，亦無生矣。鈞其死也，戮于君前。」管仲、鮑叔進，曹翽按劍當兩陛之間曰：「且二君將改圖，毋或進者。」莊公曰：「2. 封于汶則可，不則請死。」管仲曰：「以地衛君，非以君衛地，君其許之。」乃遂封於汶南，與之盟。	管子： 1. 莊公自懷劍，曹劌亦懷劍踐壇，莊公抽劍其懷曰：「魯國之境去國五十里，亦無不死而已。」左椹桓公，右自承，曰：「均之死也，戮死于君前。」管仲走君，曹劌抽劍當兩階之間曰：「二君將改圖，無有進者。」 2. 以汶為竟。 公羊傳： 願請汶陽之田。
公羊傳	於是會乎桓，莊公升壇，曹子手劍而從之，管子進曰：「君子何求乎？」曹子曰：「城壞壓竟，君不圖與。」管子曰：「然則君將何求？」曹子曰：「願請汶陽之田。」管子顧曰：「君許諾。」桓公曰：「諾。」曹子請盟，桓公下與之盟，已盟，曹子摽劍而去之。要盟可犯，而桓公不欺曹子，可讎，而桓公不怨，	管子： 以汶為竟。 呂氏春秋： 封于汶則可 史記・齊太公世家： 曹子摽劒而去之。 史記・刺客列傳： 魯城壞即壓齊境，君其圖之。

史書	內容	史料相同處
	桓公之信著乎天下，自柯之盟始焉。	
戰國策	公有天下，朝諸侯。曹子以一劍之任，劫桓公于壇位之上，顏色不變，而辭氣不悖。三戰之所喪，一朝而反之，天下震動驚駭，威信吳、楚，傳名後世。	鶡冠子： 曹子以一劍之任劫桓公，墠位之上，顏色不變，辭氣不悖，三戰之所亡，一旦而反，天下震動，四鄰驚駭，名傳後世。 史記．刺客列傳： 顏色不變，辭令如故。
鶡冠子	桓公合諸侯，曹子以一劍之任劫桓公，墠位之上，顏色不變，辭氣不悖，三戰之所亡，一旦而反，天下震動，四鄰驚駭，名傳後世。	戰國策： 曹子以一劍之任，劫桓公于壇位之上，顏色不變，而辭氣不悖。三戰之所喪，一朝而反之，天下震動驚駭，威信吳、楚，傳名後世。 史記．刺客列傳： 顏色不變，辭令如故。
史記	〈**齊太公世家**〉： 魯將盟，曹沫以匕首劫桓公于壇上，曰：「反魯之侵地。」桓公許之，已而曹沫去匕首，北面就臣位。 〈**魯周公世家**〉： 桓公欲背約。管仲諫，卒歸魯侵地 〈**刺客列傳**〉： 齊桓公許與魯會于柯而盟，桓公與	公羊傳： 曹子摽劒而去之。 城壞壓竟，君不圖與。 戰國策： 顏色不變，辭氣不悖。 鶡冠子： 1. 曹子以一劒之任劫桓公，墠位之上。

史書	內容	史料相同處
	莊公既盟于壇上，曹沫執匕首劫齊桓公，桓公左右莫敢動，而問曰：「子將何欲？」曹沫曰：「齊強魯弱，而大國侵魯亦甚矣。今魯城壞即壓齊境，君其圖之。」桓公乃許盡歸魯之侵地。既已言，曹沫投其匕首，下壇，北面就群臣之位，顏色不變，辭令如故。	2. 顏色不變，辭氣不悖。

柯之盟後傳世文獻史料所記相似表

史書	內容	史料相同處
呂氏春秋	歸而欲勿予。管仲曰：「不可。人特劫君而不盟，君不知，不可謂智；臨難而不能勿聽，不可謂勇；許之而不予，不可謂信。不智不勇不信，有此三者，不可以立功名。予之，雖亡地亦得信。以四百里之地見信于天下，君猶得也。」莊公，仇也；曹翽，賊也。信于仇賊，又何況于非仇賊者乎？	史記・齊太公世家： 桓公後悔，欲無與魯地而殺曹沫。 史記・魯周公世家： 桓公欲背約。 史記・刺客列傳： 桓公怒，欲倍其約。
史記	〈齊太公世家〉： 桓公後悔，欲無與魯地而殺曹沫，管仲曰：「夫劫許之，而背信殺之，愈一小快耳，而棄信于諸侯，失天下之援，不可。」于是遂與曹沫三敗所亡之地于魯。諸侯聞之皆信齊侯而欲附焉。	呂氏春秋： 歸而欲勿予。

史書	內容	史料相同處
	〈**魯周公世家**〉： 桓公欲背約。管仲諫，卒歸魯侵地 〈**刺客列傳**〉： 桓公怒，欲倍其約。管仲曰：「不可。夫貪小利以自快，棄信于諸侯，失天下之援，不如與之。」于是桓公乃遂割魯侵地，曹沫三戰所亡地盡復予魯。	

以上三表，筆者將各史料記錄之內容全數呈現，文中圓體為史書與史書之間相似的語句，據事件內容與文句相似之處，筆者將流程分為兩類，第一類為《管子》、《呂氏春秋》類，第二類為《戰國策》、《鶡冠子》類，因《史記》為司馬遷總合各家之說而成，因此無法歸於上述二類，下文分類述之。

1 《管子》、《呂氏春秋》類

由柯之盟前至柯之盟後可以發現《管子》與《呂氏春秋》內容相似，但立場不同，於柯之盟之前，《管子》曰：

> 魯不敢戰，去國五十里而為之關。魯請比于關內，以從于齊，齊亦毋復侵魯，桓公許諾。[57]

《呂氏春秋》曰：

57 顏昌嶢：《管子校釋》，頁170。

> 魯人不敢輕戰，去魯國五十里而封之，魯請比關內侯以聽，桓公許之。[58]

此事件流程相同，乃是柯之盟前，齊人滅遂之後，齊桓公欲伐魯國，而魯國不敢戰，去國五十里而為關，願與齊桓公會盟桓公應許，其後二書所呈現的立場出現分歧，《管子》記載齊桓公與管仲的對談：

> 管仲曰：「不可，諸侯又加貪于君，後有事，小國彌堅，大國設備，非齊國之利也。」桓公不聽，管仲又諫曰：「君必不去魯，胡不用兵，曹劌之為人也，堅強以忌，不可以約取也。」桓公不聽，果與之遇。[59]

而《呂氏春秋》則記載魯莊公與曹劌的對談：

> 曹翽謂魯莊公曰：「君寧死而又死乎？其寧生而又生乎？」莊公曰：「何謂也？」曹翽曰：「聽臣之言，國必廣大，身必安樂，是生而又生也。不聽臣之言，國必滅亡，身必危辱，是死而又死也。」莊公曰：「請從。」[60]

二書所記乃是立場上的不同，《管子》資料是以齊國立場所記，而《呂氏春秋》則是以魯國立場所記，於後則是柯之盟時，二書記載亦是相同，《管子》曰：

---

58 陳奇猷：《呂氏春秋校釋》（上海市：新華書局，1995年10月），頁1303。

59 顏昌嶢：《管子校釋》，頁170。

60 陳奇猷：《呂氏春秋校釋》，頁1303。

> 莊公自懷劍，曹劌亦懷劍踐壇，莊公抽劍其懷曰：「魯國之境去國五十里，亦無不死而已。」左椹桓公，右自承，曰：「均之死也，戮死于君前。」管仲走君，曹劌抽劍當兩階之間曰：「二君將改圖，無有進者。」管仲曰：「君與地，以汶為竟。」桓公許諾，以汶為竟而歸。[61]

《呂氏春秋》曰：

> 莊公與曹翽皆懷劍至于壇上。莊公左搏桓公，右抽劍以自承，曰：「魯國去境數百里，今去境五十里，亦無生矣。鈞其死也，戮于君前。」管仲、鮑叔進，曹翽按劍當兩陛之間曰：「且二君將改圖，毋或進者。」莊公曰：「封于汶則可，不則請死。」管仲曰：「以地衛君，非以君衛地，君其許之。」乃遂封于汶南，與之盟。[62]

二書所載之事件流程極為近似，皆是魯莊公左手抓住齊桓公，右手持劍以自承，曹劌持劍擋於兩陛之間，阻止管仲接近，並要求齊桓公以汶河為界，由此可見就曹劌劫齊桓公一事上，《呂氏春秋》與《管子》出於同源；《公羊傳》則言：

> 曹子曰：「城壞壓竟，君不圖與。」管子曰：「然則君將何求？」曹子曰：「願請汶陽之田。」[63]

---

61 顏昌嶢：《管子校釋》，頁170。

62 陳奇猷：《呂氏春秋校釋》，頁1303。

63 〔清〕阮元校刊：《十三經注疏・公羊傳》，頁92。

「以汶為竟」、「封于汶則可」、「汶陽之田」與魯國之關係需視地理位置如下（彩圖見書後圖十三）：

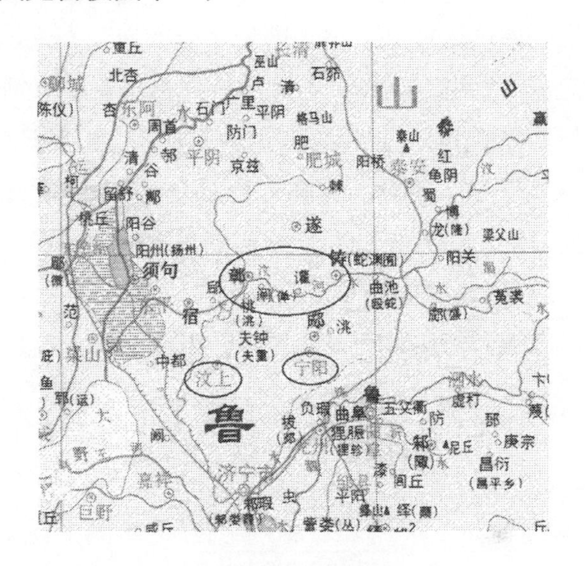

汶河地理位置圖

上圖所示，齊人滅遂之後，齊軍駐守於遂，汶河正於遂國與魯國之間，《公羊傳》所記錄的汶陽之田，可見齊師已進軍至汶河以北，「以汶為竟」、「封于汶則可」、「汶陽之田」三書之說以圖得證。齊桓公應許後又反悔一事，史書中唯《呂氏春秋》所記：

> 歸而欲勿予。管仲曰：「不可。人特劫君而不盟，君不知，不可謂智；臨難而不能勿聽，不可謂勇；許之而不予，不可謂信。不智不勇不信，有此三者，不可以立功名。予之，雖亡地亦得信。以四百里之地見信于天下，君猶得也。」[64]

64 陳奇猷：《呂氏春秋校釋》，頁1303。

上文所言，其目的為凸顯管仲之智慧與信用，亦是齊桓公稱霸之主因，雖此事只見於《呂氏春秋》，然司馬遷亦引用於《史記．刺客列傳》之中。另一件值得注意之事，則是《公羊傳》與《呂氏春秋》二書褒貶曹劌之處，《呂氏春秋》：「莊公，仇也；曹翽，賊也。信于仇賊，又何況于非仇賊者乎？」[65]《公羊傳》曰：「要盟可犯，而桓公不欺曹子，可讎，而桓公不怨，桓公之信著乎天下自柯之盟始焉。」[66]皆以褒齊桓公以信而得天下，亦皆貶曹劌，齊桓公可讎也，二書之說異曲同工。

綜合上述，筆者依據時間事件先後呈現於下表：

《管子》、《呂氏春秋》柯之盟事件流程表

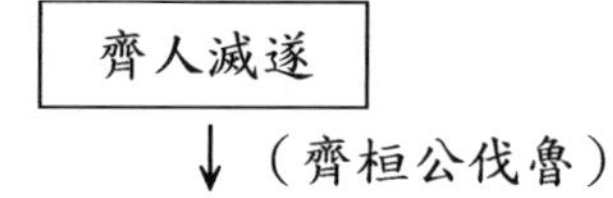

管子	呂氏春秋
魯不敢戰，去國五十里而為之關。魯請比於關內，以從於齊，齊亦毋復侵魯，桓公許諾。	魯人不敢輕戰，去魯國五十里而封之，魯請比關內侯以聽，桓公許之。

（柯之盟前的齊國）↓　　↓（柯之盟前的魯國）

65 陳奇猷：《呂氏春秋校釋》，頁1303。

66 〔清〕阮元校刊：《十三經注疏．公羊傳》，頁92。

（續上表）

管子	呂氏春秋
管仲曰：「不可，諸侯又加貪於君，後有事，小國彌堅，大國設備，非齊國之利也。」桓公不聽，管仲又諫曰：「君必不去魯，胡不用兵，曹劌之為人也，堅強以忌，不可以曰取也。」桓公不聽，果與之遇。	曹翽謂魯莊公曰：「君寧死而又死乎？其寧生而又生乎？」莊公曰：「何謂也？」曹翽曰：「聽臣之言，國必廣大，身必安樂，是生而又生也。不聽臣之言，國必滅亡，身必危辱，是死而又死也。」莊公曰：「請從。」

↓（柯之盟時）

管子	呂氏春秋
莊公自懷劍，曹劌亦懷劍踐壇，莊公抽劍其懷曰：「魯國之境去國五十里，亦無不死而已。」左椹桓公，右自承，曰：「均之死也，戮死於君前。」管仲走君，曹劌抽劍當兩階之間曰：「二君將改圖，無有進者。」管仲曰：「君與地，以汶為竟。」桓公許諾，以汶為竟而歸。	莊公與曹翽皆懷劍至於壇上。莊公左搏桓公，右抽劍以自承，曰：「魯國去境數百里，今去境五十里，亦無生矣。鈞其死也，戮於君前。」管仲、鮑叔進，曹翽按劍當兩陛之間曰：「且二君將改圖，毋或進者。」莊公曰：「封於汶則可，不則請死。」管仲曰：「以地衛君，非以君衛地，君其許之。」乃遂封於汶南，與之盟。

↓（柯之盟後）

呂氏春秋
歸而欲勿予。管仲曰：「不可。人特劫君而不盟，君不知，不可謂智；臨難而不能勿聽，不可謂勇；許之而不予，不可謂信。不智不勇不信，有此三者，不可以立功名。予之，雖亡地亦得信。以四百里之地見信於天下，君猶得也。」

此表呈現《呂氏春秋》與《管子》二書並無矛盾與衝突，反而分別講述魯國與齊國於柯之盟時的謀劃與策略，曹劌雖非刺客，卻是劫齊桓公的策謀者，然齊桓公以武力滅遂國，正是齊桓公侵略魯國的最佳證明，《公羊傳》言「城壞壓竟，君不圖與。」更說明齊國侵犯已至魯國首都曲阜，《呂氏春秋》與《管子》所記皆述其事。

2 《戰國策》、《鶡冠子》類

論《戰國策》與《鶡冠子》史料前，筆者先針對《史記》進行史料分析，因司馬遷於〈刺客列傳〉時書之「曹沫為魯將，與齊戰，三敗北」、「曹沫執匕首劫齊桓公」皆與《戰國策》、《鶡冠子》二書相合，又《史記》為司馬遷結合漢代前各家史料而記，據此《史記》記錄的曹劌形象，乃至於後世曹劌為刺客之說，皆與司馬遷選材有極大關係，因此《史記》選材需先論之。就單論曹劌形象而言，〈齊太公世家〉、〈魯周公世家〉及〈刺客列傳〉皆有提及，魯宋之戰則為〈宋微子世家〉所記，自齊桓公即位之後直至柯之盟之間，司馬遷選用之史料與《春秋》所記差異極大，對照時間及事件如下：

莊公九年至莊公十三年《春秋》、《史記》事件記錄差異表

《春秋》年份	《春秋》事件	《史記》事件
魯莊公九年	秋：七月丁酉，葬齊襄公。八月，庚申，及齊師戰于乾，我師敗績。九月，齊人取子糾殺之。 冬：浚洙。	〈齊太公世家〉 秋：與魯戰于乾時，魯兵敗走，齊兵掩絕魯歸道。齊遺魯書曰：「子糾兄弟，弗忍誅，請魯自殺之。召忽、管仲讎也，請得而甘心醢之。不然，將圍魯。」魯人患之，

《春秋》年份	《春秋》事件	《史記》事件
		遂殺子糾于笙瀆。召忽自殺，管仲請囚。 〈魯周公世家〉 秋：九年，魯欲內子糾於齊，後桓公，桓公發兵擊魯，魯急，殺子糾。召忽死。齊告魯生致管仲。魯人施伯曰：「齊欲得管仲，非殺之也，將用之，用之則為魯患。不如殺，以其尸與之。」莊公不聽，遂囚管仲與齊。齊人相管仲。 〈宋微子世家〉 九年，宋水，魯使臧文仲往弔水。湣公自罪曰：「寡人以不能事鬼神，政不修，故水。」臧文仲善此言。此言乃公子子魚教湣公也。
魯莊公十年	春：王正月，公敗齊師于長勺。二月，公侵宋。三月，宋人遷宿。 夏：六月，齊師、宋師次于郎，公敗宋師于乘丘。 秋：九月，荊敗蔡師于莘，以蔡侯獻舞歸。 冬：十月，齊師滅譚，子奔莒。	〈齊太公世家〉 冬：二年，伐滅郯，郯子奔莒。初，桓公亡時，過郯，郯無禮，故伐之。 〈宋微子世家〉 夏：十年夏，宋伐魯，戰於乘丘魯生虜宋南宮萬。宋人請萬，萬歸宋。

《春秋》年份	《春秋》事件	《史記》事件
魯莊公十一年	春：王正月。 夏：五月，戊寅，公敗宋師于鄑。 秋：宋大水。 冬：王姬歸于齊。	〈宋微子世家〉 十一年秋，湣公與南宮萬獵，因博爭行，湣公怒，辱之，曰：「始吾敬若；今若，魯虜也。」萬有力，病此言，遂以局殺湣公于蒙澤。大夫仇牧聞之，以兵造公門。萬搏牧，牧齒著門闔死。因殺太宰華督，乃更立公子游為君。諸公子奔蕭，公子御說奔亳。萬弟南宮牛將兵圍亳。冬，蕭及宋之諸公子共擊殺南宮牛，弒宋新君游而立湣公弟御說，是為桓公。宋萬奔陳。宋人請以賂陳。陳人使婦人飲之醇酒，以革裹之，歸宋。宋人醢萬也。
魯莊公十二年	春：王三月，紀叔姬歸酅。 夏：四月。 秋：八月，甲午，宋萬弒其君捷，及其大夫仇牧。 冬：十月，宋萬出奔陳。	
魯莊公十三年	春：齊侯、宋人、陳人、蔡人、邾人會于北杏。 夏：六月，齊人滅遂。 秋：七月。 冬：公會齊侯，盟于柯。	〈齊太公世家〉 冬：五年，伐魯，魯將師敗。魯莊公請獻遂邑以平，桓公許，與魯會柯而盟。魯將盟，曹沬以匕首劫桓公于壇上，曰：「反魯之侵地！」桓公許之。已而曹沬去匕

《春秋》年份	《春秋》事件	《史記》事件
		首，北面就臣位。桓公後悔，欲無與魯地而殺曹沫。管仲曰：「夫劫許之而倍信殺之，愈一小快耳，而棄信於諸侯，失天下之援，不可。」於是遂與曹沫三敗所亡地于魯。諸侯聞之，皆信齊而欲附焉。 〈魯周公世家〉 冬：十三年，魯莊公與曹沫會齊桓公于柯，曹沫劫齊桓公，求魯侵地，已盟而釋桓公。桓公欲背約，管仲諫，卒歸魯侵地。 〈刺客列傳〉 夏：曹沫者，魯人也，以勇力事魯莊公。莊公好力。曹沫為魯將，與齊戰，三敗北。魯莊公懼，乃獻遂邑之地以和。猶復以為將。 冬：齊桓公許與魯會于柯而盟。桓公與莊公既盟于壇上，曹沫執匕首劫齊桓公，桓公左右莫敢動，而問曰：「子將何欲？」曹沫曰：「齊彊魯弱，而大國侵魯亦甚矣。今魯城壞即壓齊境，君其圖之。」桓公乃許盡歸魯之侵地。既已言，曹沫投其匕首，下壇，北面就群臣之

《春秋》年份	《春秋》事件	《史記》事件
		位，顏色不變，辭令如故。桓公怒，欲倍其約。管仲曰：「不可。夫貪小利以自快，棄信於諸侯，失天下之援，不如與之。」于是桓公乃遂割魯侵地，曹沫三戰所亡地盡復予魯。

視上表《史記》記錄出現三項問題，一、依時間與事件內容，《史記》選用並不完整（上表《春秋》原文圓體事件為《史記》所未述），「十年春，王正月，公敗齊師于長勺」、「二月，公侵宋。三月，宋人遷宿」、「十一年夏，五月，戊寅，公敗宋師于鄑」、「十三年，春：齊侯、宋人、陳人、蔡人、邾人會于北杏」于此《春秋》所載齊、魯、宋之間發生的重要大事皆未提及；二、「曹沫為魯將，與齊戰，三敗北」之說與《春秋》所記之差異，據《春秋》所記，魯國與齊國自齊桓公即位開始至齊魯盟于柯，四年間齊魯共有三場戰役，莊公九年「乾之戰」、莊公十年「長勺之戰」、莊公十年「齊師、宋師次于郎」，「齊師、宋師次于郎」則是未交兵之前齊國退兵，視《史記》所載「長勺之戰」並未記錄，「齊師、宋師次于郎」亦無記錄，曹劌三戰皆敗之說難以成證；三、視〈宋微子世家〉「宋大水」與「宋萬弒君」之處有時間上之誤判（上表於《春秋》原文粗體事件與《史記》時間無法相合），視《春秋》莊公二年：「冬十二月，乙酉，宋公馮卒。」[67]莊公三年為宋閔公元年，以〈宋微子世家〉所述，「宋萬弒君」與「宋萬奔陳」發生於十一年秋，依《春秋》所記則為魯莊公十四年，與《春秋》所記時間不符，〈宋微子世家〉所記宋大水時間為

67 〔清〕阮元校刊：《十三經注疏・左傳》，頁138。

九年，亦與《春秋》相差兩年，〈宋微子世家〉所採記之時間是以《春秋》為基準，還是以宋閔公即位為基準，此問題可視〈宋微子世家〉所載「乘丘之役」，〈宋微子世家〉與《春秋》二者時間相合，據此司馬遷應採《春秋》為時間基準。綜合三項《史記》記載之問題，由此見得〈刺客列傳〉所言「曹劌三戰三敗」難以成說，《刺客列傳》所載曹劌形象出處乃以《戰國策》與《鶡冠子》為據，二書史料整理於下：

《戰國策》、《鶡冠子》柯之盟事件流程表

曹劌三戰三敗

↓（柯之盟前）

鶡冠子	戰國策
使曹子之足不陳，計不顧後，出必死而不生，則不免為敗軍禽將。曹子以敗軍禽將，非勇也；功廢名滅，後世無稱，非知也，故去三北之恥，退而與魯君計也，曹子以為遭。	使曹子之足不陳，計不顧後，出必死而不生，則不免為敗軍禽將。曹子以敗軍禽將，非勇也；功廢名滅，後世無稱，非知也，故去三北之恥，退而與魯君計也，曹子以為遭。

↓（柯之盟時）

鶡冠子	戰國策
桓公合諸侯，曹子以一劒之任劫桓公，壇位之上，顏色不變，辭氣不悖，三戰之所亡，一旦而反。	公有天下，朝諸侯。曹子以一劍之任，劫桓公於壇位之上，顏色不變，而辭氣不悖。三戰之所喪，一朝而反之。

↓（柯之盟後）

鶡冠子	戰國策
天下震動，四鄰驚駭，名傳後世。	天下震動驚駭，威信吳、楚，傳名後世。

上表所見，《鶡冠子》與《戰國策》記錄並無差異，但《戰國策》曹劌為刺客之說出自〈齊策．燕攻齊取七十餘城〉魯連勸燕將投降之信，可見曹劌為刺客之說出自說客之口，事件之真實性大打折扣，然《鶡冠子》出自漢代，且內容與《戰國策》差異極細，據此二書之說難以成證，三戰三敗而劫桓公之說筆者難以採信。

小結

對於此章「長勺之戰」後至「柯之盟」間齊魯勢力轉變之分析，筆者分為兩種面向探討：一、「長勺之戰」後至「柯之盟」間齊魯勢力轉變之分析；二、分析歷代學者所論曹劌為刺客之說；下文分述之。

一　「長勺之戰」後至「柯之盟」間齊魯勢力轉變之分析

筆者將分為三個時段論述：一、齊人滅遂的魯國情勢與齊國滅遂的目的；二、曹劌設計的劫桓公目的；三、管仲還地的策略與構思；於下分述。

（一）齊人滅遂後魯國情勢與齊國滅遂的目的

筆者視（莊公九年至莊公十三年《春秋》、《史記》事件記錄差異表）發現自「齊人滅遂」之後，齊桓公欲伐魯國，而此時魯國已處於毫無外援的孤立情勢，就以魯莊公的立場而言，魯莊公自長勺戰勝齊國之後，接連幾場戰役都是大獲全勝，心態一直處於驕傲與優越，然而料想不到齊國以經濟謀略拉攏諸侯，使原本魯國的武力優勢瞬間變成無用武之地，且齊桓公亦如其兄，以武力跨越汶河直擊魯國首都而來，出乎魯莊公意料之外，逼不得已只好於交戰前先請求會盟；齊國的立場則是齊桓公自長勺戰敗，以及與宋師會於郎失敗之後，得知以武力難以使魯國屈服，因此採用管仲的意見，改以經濟籠絡為方針，然而齊國以經濟拓展勢力的時候，魯國又發動戰爭與鄰國交惡，齊桓公藉此時機滅了譚國，筆者認為齊桓公滅譚的主要目的，是探測魯國是否有能力抵禦齊國西進，所得結果為魯莊公已無暇抵禦北方入侵，齊桓公直取魯國北方領地，其後宋萬弒君，宋國內亂，齊桓公藉此召集各路諸侯以示威信，但齊國若要平定宋亂，必須經過魯地，北杏之會主要目的就是使魯莊公感受壓力，然魯國並無屈服的打算，導致齊桓公不得不以武力逼迫魯國，滅遂直取汶陽而來，滅遂一事乃是齊桓公給魯國的最後通牒，魯莊公受到壓迫，不得已只好會盟。上述兩方立場，可以知道齊桓公的主要目的並非以武力取得霸主，而是希望採會盟的方式提升自己的國際地位，但魯國飽受齊國迫害多年，自齊襄公使彭生殺害魯桓公，內政受文姜等外戚操控，魯國被迫討伐自己的附庸國，魯國絕無可能原諒多年傷害自己的敵對國，因此齊桓公只能以武力迫使魯國屈服，滅遂之意義顯而易見。

（二）曹劌設計劫桓公目的

曹劌設計劫桓公的目的，筆者認為曹劌知道魯國大勢已去，自北杏之會，魯國周邊國家臣服齊國，魯國外援遭受孤立，其後齊人滅遂，齊國大軍壓境，可以使魯國不被滅國的方法，唯獨會盟一條路，又如何不使齊國予取予求，因此曹劌設計劫持齊桓公，當魯國向齊桓公提出會盟，正符合齊桓公原本「不以武力稱霸」的主要目的，立即答應會盟，但管仲阻止，認為魯國不可能輕易放下仇恨，且魯國有曹劌如此善於謀略者，會盟必有所圖，不如直接以武力屈服，至此可見管仲直言曹劌有兩種可能，不是曹劌於當時非常有名，便是與管仲有所交集，曹劌可說是令管仲卻步的厲害人物，但齊桓公依然不肯，執意會盟，齊桓公的不知變通，萬萬沒料到魯國是以奪回領地才與齊國會盟。魯莊公至壇上為何不直接行刺齊桓公，筆者認為魯莊公與曹劌早知齊桓公將成霸主，若齊桓公死於魯國之手，必定遭來多國圍剿，魯國必定不復存在，因此改採哀兵之法，魯莊公以劍自裁，除了能凸顯魯國多年來飽受齊國欺凌之辱，亦利用齊桓公與魯莊公的舅姪身分勸說還地，曹劌於兩陛之間，主要目的是嚇阻齊國謀略者管仲，以防管仲突生變數，齊桓公最終只能答應魯國的要求，以汶河為齊魯之界，看似曹劌策略成功，但管仲之謀卻於此事之後展現，管仲還地還有另一項更重要的目的，筆者於下文述之。

（三）管仲還地的策略與構思

管仲還地的策略與構思，史書中唯獨《呂氏春秋》記載，齊桓公於會盟之後滿懷憤怒的回到齊國，心想魯莊公脅持自己，曹劌設計自己，此辱實在難忍，因此不想歸還領地，更欲討伐魯國以洩憤，然管仲以三件事批評齊桓公：一、「人特劫君而不盟，君不知，不可謂智。」說明齊桓公答應會盟卻不知道魯國欲圖其地，此為不智；二、「臨難而不能勿聽，不可謂勇。」說明魯莊公劫持齊桓公時，齊桓公因恐懼而無法問魯國何求，此為不勇；三、「許之而不予，不可謂信。」說明齊桓公於前兩項都做不到，又欲反悔，此為不信；上述三項都做不到如何能成就功名，因此要求齊桓公將地返還魯國，最終管仲點出了還地的目的為「以四百里之地見信於天下，君猶得也。」齊桓公以區區四百里地奪取天下霸主，管仲之謀令人驚駭。

「長勺之戰」後至「柯之盟」間齊魯勢力轉變，筆者認為並非魯國與齊國之間的角力，而是曹劌與管仲二者鬥智的結果，管仲最終以經濟策略使齊桓公成為天下霸主，《論語》所言：「桓公九合諸侯，不以兵車，管仲之力也。如其仁，如其仁。」[68]就連孔子也不得不讚美管仲的智慧。然而管仲的勁敵曹劌，雖無法使魯莊公統一天下，亦不以武力而保全魯國，無論是忠於魯國，還是戰略策謀，曹劌乃是魯國英雄，亦是管仲的最大勁敵，曹劌不失一兵一足而奪回失土，不由得令人敬佩，魯國之存乃受曹劌之惠。

二　分析歷代學者所論曹劌為刺客之說

筆者於第三章時，總合歷代學者於莊公十三年所論之曹劌形象，共可分為正面、負面及否定史料，正面形象可歸類為「忠、勇、智」三類，而負面形象則是「假借會盟之名，行劫盟之事」，否定史料則分為二，一乃《春秋》不書劫盟之事，二為莊公十年與莊公十三年曹劌形象不符，筆者依此三項問題分別論述於下。

（一）曹劌「忠、勇、智」的正面形象

曹劌於莊公十三年的正面形象可歸類於「忠、勇、智」三類，筆者整理史料後，認為曹劌確實具有此三項特質。曹劌忠的形象可說是全數連貫曹劌整體形象，無論是莊公十年或是莊公十三年，曹劌的言行舉止，都是以保全魯國為出發點，尤其是莊公十三年的曹劌形象，更是強烈凸顯曹劌「忠」的一面，在魯國已處於極為劣勢下，替魯國規劃了保全國土的優秀策略，忠誠之心顯而易見；曹劌為勇的形象，則可由曹劌劫桓公時的態度而論，曹劌明知魯國受齊軍包圍，亦能策劃如此險峻的謀略，以要脅齊桓公抵禦齊國大軍，真可謂勇氣十足；曹劌智的形象，不外乎不失一兵一卒而奪回失地的計策，曹劌以最低的成本得到最大的成效，此智雖不如管仲之才，卻也世所罕見，魯國

68 〔清〕阮元校刊：《十三經注疏．論語》（臺北市：藝文印書館，1979年3月），頁126。

受曹劌之恩惠，不但保全國土，亦使魯國不再受齊國壓迫，曹劌確實具有智的形象。

（二）曹劌「狡詐」的負面形象

曹劌劫桓公是否狡詐，筆者認為最早應回到桓公十八年至莊公九年為始，此時段魯桓公因齊襄公與妻通姦而被謀殺，之後齊襄公以外戚身分要脅魯莊公，逼迫參戰又被迫攻擊自己的附庸國，魯國長年未能脫離齊國的控制，此為莊公元年至莊公九年的齊魯關係；莊公十年，魯國與齊大夫會盟，欲將公子糾送還齊國即位，齊桓公使詐而登基，要求魯國殺害自己兄長，其後又因魯國納公子糾而伐魯，魯國於守備時擊敗齊師，此為莊公十年齊魯之關係；莊公十一年，齊國因不滿魯國戰勝，與宋國結盟出兵伐魯，魯國先擊宋師逼迫齊師退兵，其後齊國改採經濟策略，聯合諸侯排斥魯國，使魯國孤立，再以兵力逼迫魯國會盟；莊公十三年，魯國會盟時曹劌設計要脅齊桓公交還魯國失地，此為莊公十一年至莊公十三年齊魯之關係。齊魯交惡共歷時十四年，齊國多年的欺壓與強奪，曹劌為了守護家園及國家尊嚴，最終必須以違禮之舉才能保全，筆者認為管仲助齊桓公稱霸乃是「英雄造時勢」，而曹劌為保全國土而劫齊桓公乃是「時勢造英雄」。

（三）否定莊公十三年曹劌為刺客之史料

否定曹劌為刺客者，共分兩類否定史料，一乃《春秋》不書所以為妄說；二為莊公十年至莊公十三年曹劌形象差異過大，筆者先討論《春秋》不書之原因。《春秋》不書，筆者認為有三種可能性：一、《春秋》據魯史而成，然魯史是否記錄詳實，以至於如此重要之大事未能記錄下來，此問題只能提出但無法證實；二、書《春秋》者是否有目的的刪減史料，筆者視《春秋》原文，《春秋》有記錄「齊人滅遂」一事，春秋時期的魯國人應都了解嚴重性，因此《春秋》直書「齊人滅遂」，並非單純的記錄史事，而是帶有貶責齊國的心態而記錄，且《春秋》莊公十三年原文，事件記錄並不完整，原文如下：

> 十三年春，齊侯、宋人、陳人、蔡人、邾人會于北杏。夏六月，齊人滅遂。秋七月。冬，公會齊侯盟于柯。[69]

上文可見，「六月齊人滅遂」之後，「秋七月」只記錄了時間而未記錄事件，此事為何？據筆者於上文研究中，據《呂氏春秋》為魯國史料，可斷定齊人滅遂至柯之盟間，應與《呂氏春秋》原文近似，原文如下：

> 魯人不敢輕戰，去魯國五十里而封之，魯請比關內侯以聽，桓公許之。曹翽謂魯莊公曰：「君寧死而又死乎？其寧生而又生乎？」莊公曰：「何謂也？」曹翽曰：「聽臣之言，國必廣大，身必安樂，是生而又生也。不聽臣之言，國必滅亡，身必危辱，是死而又死也。」莊公曰：「請從。」[70]

若書者將此事記錄於《春秋》之中，後世將直言魯國無禮，齊國侵魯的嚴重批判將會因此事件而被沖淡，此說雖是假設，但筆者認為《春秋》未書，乃是有意削去史料。三、後事傳抄之誤，筆者認為此事亦有可能，五經至秦火之後，多述史料殘缺不足，口述傳承者可能遺忘，傳抄者可能發生缺漏，二者發生的可能皆有，因此應列入考量。

---

69 〔清〕阮元校刊：《十三經注疏．左傳》，頁154。

70 陳奇猷：《呂氏春秋校釋》，頁1303。

根據上述筆者推論，筆者實難證明《春秋》不書就代表妄說，雖《春秋》為五經，但缺漏亦非不無可能，學者直言《春秋》不書，就代表他書妄說，筆者認為此舉過為果斷。

另一否定曹劌為刺客之說者，是以莊公十年及莊公十三年曹劌形象為比較，筆者認為此兩時段曹劌形象並無明顯差異，莊公十年的曹劌形象可分為二：一為善用民心與謀略之「智」的形象，二為以魯國利益為優先之「忠」的形象；莊公十三年曹劌亦有此兩種形象：一為曹劌不耗一兵一卒而以謀略奪回失地之「智」的形象，二為以魯國利益為優先，置生死於度外之「忠」的形象；視此兩時段筆者認為並無不同。

綜合上述，筆者認為曹劌於莊公十三年，劫齊桓公以奪失地，為「忠、勇、智」之形象，雖成為齊桓公稱霸的墊腳石，卻也使魯國得以保存，應值得讚美與肯定。

第六章
曹劌論「莊公如齊觀社」析論

「莊公如齊觀社」，此事發生於春秋魯莊公二十三年，現存史料只由《左傳》、《國語》二書記錄曹劌形象，然此二文雖內容主旨相同，皆述曹劌論魯莊公如齊觀社乃違禮之舉，但仔細對照則可發現，二書所述內容並不完全一致，筆者以下表示之：

《左傳》、《國語》莊公如齊觀社史料相似表

左傳	國語・魯語
二十三年夏，公如齊觀社，非禮也。曹劌諫曰：「不可，夫禮所以整民也，**故會以訓上下之則，制財用之節。朝以正班爵之義，帥長幼之序**，征伐以討其不然。諸侯有王，有巡守以大習之，非是君不舉矣，君舉必書，書而不法，後嗣何觀？	莊公如齊觀社。曹劌諫曰：「不可。夫禮，所以正民也。是故先王制諸侯，使五年四王、一相朝。**終則講于會，以正班爵之義，帥長幼之序，訓上下之則，制財用之節，其間無由荒怠**。夫齊棄太公之法而觀民于社，君為是舉而往觀之，非故業也，何以訓民？土發而社，助時也。收攟而蒸，納要也。今齊社而往觀旅，非先王之訓也。天子祀上帝，諸侯會之受命焉。諸侯祀先王、先公，卿大夫佐之受事焉。臣不聞諸侯相會祀也，祀又不法。君舉必書，書而不法，後嗣何觀？」公不聽，遂如齊。

上表圓體字為二書對照後不同的文句內容，而粗體字則是文句排序不同，筆者分為三項議題探究，一、論「社」字本義及古代「社」相關禮儀之探究；二、莊公如齊觀社背景分析；三、曹劌論莊公如齊觀社之意涵，下文逐一分析。

第一節　論「社」字本義及古代「社」相關禮儀之探究

「社」字為何？「觀社」為何不法？就此上述兩項問題，筆者採兩種觀察方向，一、依文字學角度，社是什麼？二、社的目的與功用為何？以下分而論之。

（一）釋「社」

「社」是什麼，筆者以「文字學」的角度分析，據《說文解字》解釋：

> 社，地主也，《春秋傳》曰：「共工之子，句龍為社神。」周禮：「二十五家為社」各樹其土所宜木。[1]

許慎對「社」的定義為「地主也」，地主為土地之神，許慎引《左傳》昭公二十九年「龍見于絳郊」一事證明社神為共工之子句龍，但《左傳》所言並非全然如此，原文如下：

> 秋，龍見于絳郊。魏獻子問于蔡墨曰：「吾聞之，蟲莫知于

1 〔漢〕許慎：《說文解字》（臺北市：黎明文化事業公司，1985年9月），頁114。

龍，以其不生得也，謂之知。信乎？」對曰：「人實不知，非龍實知。古者畜龍，故國有豢龍氏，有御龍氏。」獻子曰：「是二氏者，吾亦聞之，而不知其故。是何謂也？」對曰：「昔有飂叔安，有裔子曰董父，實甚好龍，能求其耆欲以飲食之，龍多歸之，乃擾畜龍，以服事帝舜，帝賜之姓曰董，氏曰豢龍，封諸鬷川，鬷夷氏其後也。故帝舜氏世有畜龍。及有夏孔甲，擾于有帝，帝賜之乘龍，河、漢各二，各有雌雄。孔甲不能食，而未獲豢龍氏。有陶唐氏既衰，其後有劉累，學擾龍于豢龍氏，以事孔甲，能飲食之。夏后嘉之，賜氏曰御龍，以更豕韋之後。龍一雌死，潛醢以食夏后。夏后饗之，既而使求之。懼而遷于魯縣，范氏其後也。」獻子曰：「今何故無之？」對曰：「夫物，物有其官，官脩其方，朝夕思之。一日失職，則死及之。失官不食。官宿其業，其物乃至。若泯棄之，物乃坻伏，鬱湮不育。故有五行之官，是謂五官，實列受氏姓，封為上公，祀為貴神。社稷五祀，是尊是奉。木正曰句芒，火正曰祝融，金正曰蓐收，水正曰玄冥，土正曰后土。龍，水物也，水官棄矣，故龍不生得。不然，周易有之，在《乾》䷀之《姤》䷫曰：『潛龍勿用。』其《同人》䷌曰：『見龍在田。』其《大有》䷍曰：『飛龍在天。』其《夬》䷪曰：『亢龍有悔。』其《坤》䷁曰：『見群龍無首，吉。』《坤》之《剝》䷖曰：『龍戰于野。』若不朝夕見，誰能物之？」獻子曰：「社稷五祀，誰氏之五官也？」對曰：「少皞氏有四叔，曰重、曰該、曰修、曰熙，實能金、木及水。使重為句芒，該為蓐收，修及熙為玄冥，世不失職，遂濟窮桑，此其三祀也。顓頊氏有子曰犁，為祝融；共工氏有子曰句龍，為后土，此其二祀也。后土為社，稷，田正也。有烈山氏之子曰柱為稷，自夏以上祀之。周棄亦為稷，自商以來祀之。」[2]

文中提及昭公二十九年時，龍出現於郊，魏獻子問蔡墨，龍的存在是否可信，蔡墨則言，古時有人畜龍，為豢龍氏、御龍氏二氏所養；豢龍氏出自飂叔安裔子董父，董父愛龍，亦得畜龍之法，舜賜姓曰董，氏曰豢龍，封諸鬷川，因此自舜時期便有畜龍的職位，其後至有帝時，有帝賜孔甲河、漢雌雄一對，但孔甲不會育龍，劉累向豢龍氏學畜龍後，任官於孔甲，賜姓為御龍氏。魏獻子則問，為何現今已無畜龍，蔡墨提出了一項重要的訊息，夏朝時期共有五官，木官名句芒、火官名祝融、金官名蓐收、水官名玄冥、土官名后土，此五官各掌其職，萬物生育由五官所祭祀，龍為水生之物而水官棄守，因此無以畜龍，其後蔡墨述及五官之始由「少皞氏有四叔，曰重、曰該、曰修、曰熙，實能金、木及水。使重為句芒，該為蓐收，修及熙為玄冥」為「金、木、水」三祀，「顓頊氏有子曰犂，為祝融；共工氏有子曰句龍，為后土」為「火、土」二祀，最後提及「稷」官，稷官為田官，烈山氏之子「柱」任官，然稷官於周代時期已無祭祀。據《左傳》所記，五官並非五位神祇，應為祭祀、掌管、治理山川五嶽及農耕畜牧的五種職位，死後受人供奉與祭祀，因此許慎斷定土神為句龍是合理的，但「后土」應為官名，第一任祭祀土地官為句龍，「社」是祭句龍，還是祭土神，則需由文字解讀為優。

視「社」字，此字可拆解為二字，左部件為「示」，右部件為「土」，先釋「示」字，《說文解字》曰：

2 〔清〕阮元校刊：《十三經注疏．左傳》（臺北市：藝文印書館，1979年3月），頁923。

示，天垂象，見吉凶，所以示人也。从二。三垂，日月星也。觀乎天文，以察時變。示，神事也。凡示之屬皆从示。[3]

許慎認為示字乃觀察天象而得神之道，並占卜吉凶，據許慎所言「示」字為天象，二為天，二下三劃則為日月星，若以廣義而言，可釋為「祝禱」，但狹義而論，「天象示人而人見吉凶」與「人畏天地而祀神」，此二者意義並不相符，因此需重新解釋文字形貌，視甲骨文「示」字：

甲骨文「示」字字形表

一期　乙 8870	一期　綜圖　21.2	一期 京 1918	一期 遺 628	一期 乙 7617	一期 後上 28.11	一期 人 2982

二期 京 3297	三期 佚 114	四期 甲 742	四期合集 34075	五期粹 121	周甲 探論 209	周甲 探論 164

上圖可見示字之甲骨文，徐中舒先生於《甲骨文字典》中解讀：

丅、[illegible]象以木表或石柱為神主之形，丅之上或其左右之點劃為

3　〔漢〕許慎：《說文解字》，頁2。

增飾符號，卜辭祭祀占卜中，示為天神、地祇、先公、先王之通稱。[4]

據徐中舒先生所言，「示」字應釋為神主，無論祭祀天神、地祇、先公、先王皆是以「示」表示神主，因此「示」字為祭祀之「神主」，並非「天象示人」；再釋「土」字，「土」字本義於《說文解字》曰：

土，地之吐生萬物者也，二象地之上，地之中，丨物出形也，凡土之屬皆从土。[5]

許慎認為「土」字應是「二象地之上，地之中，丨物出形也」，但甲骨文「土」字結構並非如此：

甲骨文「土」字字形表

一期 後下 375	一期 合集 9738	一期 後下 38.3	一期 合集 9741	一期 合集 9735
一期 合集 6354	三期 合集 28109	四期 合集 34185	四期 合集 32675	五期 合集 36975

徐中舒先生言：

4 徐中舒：《甲骨文字典》（成都市：四川辭書出版社，1988年11月），頁11。

5 〔漢〕許慎：《說文解字》，頁688

> 象土塊在地面之形，為土塊，一，地也。本應填實作，因契刻不便肥筆，故為匡廓作，後漸簡為、。金文作、。後肥筆漸譌為豎劃上著一圓點，如古陶文作，楚帛書作，至小篆小圓點又譌為短劃。《說文》：「土，地之吐生物者也。二象地之下，地之中物出形也。」按《說文》據已譌之形為說，不確。[6]

由徐中舒先生所言，土字上之「十」字自甲骨文時期便是，呈現土地上的石塊，經譌化後才轉為現今的「十」，然「土」字之本義，徐中舒先生認為應可分為兩類，一為「土」，二為「社」，甲骨文句如下：

甲骨文「土」字字義表一

	東土受年		西土受年		北土受年		南土受年
合集 9335		合集 9741		合集 9745		合集 9738	

上表所記錄的四句甲骨文句，徐中舒先生言：「土地也、東土、西

6　徐中舒：《甲骨文字典》，頁1454。

土、北土、南土，謂殷商四方疆土。」[7]「土」皆表示土地；另一本義之甲骨文句如下：

甲骨文「土」字字義表二

貞尞于土	貞勿桒年于邦土	于亳社御	貞作大邑于唐土
合集 14395	前 4.17.3	合集 32675	金 611

徐中舒先生認為：

> 乃土地之神，邦社即祭法之國社，王國維說：「亳社、唐社、[illegible]社、中社等，皆各地祀土地神之所。」[8]

於此可見甲骨文時期，「社」與「土」字並未演化為二字，直至周代「土」字隨本義不同而分化，一為「土」單純表示土地，二為「社」表示土神神主。

綜合上述「社」字部件，「土」字自甲骨文時期，本義已包含

7 徐中舒：《甲骨文字典》，頁1454。

8 徐中舒：《甲骨文字典》，頁1454。

「社」的意涵，為區分「社」與「土」，因此加入「示」，以代表祭祀土地，「社」與「土」自周代時開始分化為不同文字，但現存周代出土資料「社」字並不常見，據許慎所記，周代社字亦有二形，一為現今書寫的「社」字，二為古文䄯，筆者將周代出土文獻所記之社字集結於下表：

周代「社」字字形表

 中山文𧗠鼎	 望山楚簡 103	包山楚簡 138	 包山楚簡 210	包山楚簡 248	 雲夢日書乙

上表所見，中山王𧗠鼎字形右半部為「木」「土」二字相合，與許慎古文䄯字構字相同，然其後「望山楚簡」、「包山楚簡」及「雲夢日書秦簡」皆為《說文解字》中小篆的「社」字，由上圖可知，戰國時期「社」字字形已被廣泛使用，而「社」字本義應為「土地神主，从示从土」，社的相關禮儀將由下文述之。

（二）「社」之相關禮分析

上文已述「社」的本義為「土神神主」，然而「社」的功能並非單純祭祀土地，視《左傳》所記，莊公如齊觀社發生於莊公二十三年夏，夏季祭祀於《爾雅．釋天》記載：

> 春祭曰祠，夏祭曰礿，秋祭曰嘗，冬祭曰蒸，祭天曰燔柴，祭地曰瘞薶，祭山曰庪縣，祭川曰浮沈，祭星曰布，祭風曰磔，

> 是禷是禡，師祭也，既伯既禱，馬祭也，禘，大祭也，繹，又祭也，周曰繹，商曰肜，夏曰復胙。[9]

《爾雅・釋天》記載各類祭祀之時間與名稱，夏季祭祀唯獨「礿祭」，「礿祭」，祭祀類型則由《禮記・王制》中解釋：「天子、諸侯宗廟之祭：春曰礿，夏曰禘，秋曰嘗，冬曰烝。」[10]據此可知齊國的「社」與「宗廟」應為同處，莊公如齊觀社便是參與齊國的宗廟禮，如《國語》記錄曹劌之言：「諸侯祀先王、先公，卿大夫佐之受事焉。」宗廟禮祭祀有祭祀者身分及祭祀制度的限制，《荀子・禮論》記錄各類祭祀之限制曰：

> 禮有三本：天地者，生之本也；先祖者，類之本也；君師者，治之本也。無天地，惡生；無先祖，惡出；無君師，惡治；三者偏亡，焉無安人。故禮、上事天，下事地，尊先祖，而隆君師。是禮之三本也。故王者天太祖，諸侯不敢壞，大夫士有常宗，所以別貴始；貴始得之本也。郊止乎天子，而社止于諸侯，道及士大夫，所以別尊者事尊，卑者事卑，宜大者巨，宜小者小也。[11]

據荀子所言，周代祭禮需分為三類，祭祀天地、祭祀先祖及祭祀君師，天子祭天為「郊禮」；諸侯祭土地為「社禮」，以此明辨尊卑，天子可以行「郊禮」亦可以行「社禮」，而諸侯只能行「社禮」，因此

---

9 〔清〕阮元校刊：《十三經注疏・爾雅》（臺北市：藝文印書館，1979年3月），頁99。

10 〔清〕阮元校刊：《十三經注疏・禮記》（臺北市：藝文印書館，1979年3月），頁242。

11 〔清〕王先謙：《荀子集解》（臺北市：藝文印書館，1973年9月），頁583。

「社禮」為諸侯祭祀土地之禮儀；《禮記・中庸》亦曰：

> 郊社之禮，所以事上帝也；宗廟之禮，所以祀乎其先也。明乎郊社之禮、禘嘗之義，治國其如示諸掌乎！」[12]

綜合荀子與《禮記・中庸》二說，「社禮」與「宗廟禮」為兩種不同的祭祀對象，「社禮」祭土神，「宗廟禮」祭先祖，因此「郊禮」與「社禮」不同之處在於天子可以祭天（郊禮）與祭地（社禮），而諸侯只可祭地（社禮），主要目的為統治者區分尊卑之用，以便天子統治諸侯且分配職務，而宗廟祭為天子與諸侯、大夫皆有獨立宗廟，祭祀目的由《禮記・祭統》記錄曰：

> 祭者，所以追養繼孝也。孝者畜也。順于道不逆于倫，是之謂畜。是故，孝子之事親也，有三道焉：生則養，沒則喪，喪畢則祭。養則觀其順也，喪則觀其哀也，祭則觀其敬而時也。盡此三道者，孝子之行也。[13]

宗廟祭的主要目的在感謝先祖之養育，因此先祖過世後，後代祭祀以盡孝道。

綜合上述，社的祭祀類型可分為「社禮」與「宗廟禮」，莊公如齊觀社之時間為魯莊公二十三年夏，因此魯莊公觀社的祭祀型態據時間判斷為「礿祭」，「礿祭」為宗廟祭，祭祀齊國先公，此說與《國語・魯語》記載相合。

---

12 〔清〕阮元校刊：《十三經注疏・禮記》，頁887。

13 〔清〕阮元校刊：《十三經注疏・禮記》，頁830。

第二節　莊公如齊觀社背景分析

齊桓公為周代第一位霸主，時間為莊公十五年。第五章筆者提及莊公十二年時，宋國發生內亂，齊桓公於北杏邀請諸侯與會，共謀平定宋亂，但北杏之會後，齊桓公並未直接征討宋國，而是先壓抑魯國使魯國臣服，據《春秋》所記：「十有四年，春，齊人，陳人，曹人，伐宋。」[14]其後「夏，單伯會伐宋。」[15]《左傳》曰：「十四年，春，諸侯伐宋，齊請師于周，夏，單伯會之，取成于宋而還。」[16]據史料所載，齊桓公於柯之盟後並未直接伐宋，而是請師於周天子，周天子派單伯率師共伐宋國，宋國已定，單伯歸周。平定宋亂之後，齊桓公勢力已不容小覷，視會盟諸侯國，自北杏之會起，「宋人，陳人，蔡人，邾人」與齊桓公會盟，柯之盟時，魯國與齊國平，伐宋時，「陳人，曹人」參與戰役，周天子亦派師助陣，齊桓公名聲大噪，因此莊公十五年的鄄之會時，參與的諸侯國已遠勝北杏之會及伐宋之時，《春秋》記曰：「春，齊侯，宋公，陳侯，衛侯，鄭伯，會于鄄。」[17]《左傳》曰：「復會焉，齊始霸也。」[18]筆者將北杏之會直至齊桓公始霸的同盟國家於下圖標示（彩圖見書後圖十四）：

14 〔清〕阮元校刊：《十三經注疏．左傳》，頁154。
15 〔清〕阮元校刊：《十三經注疏．左傳》，頁154。
16 〔清〕阮元校刊：《十三經注疏．左傳》，頁155。
17 〔清〕阮元校刊：《十三經注疏．左傳》，頁156。
18 〔清〕阮元校刊：《十三經注疏．左傳》，頁156。

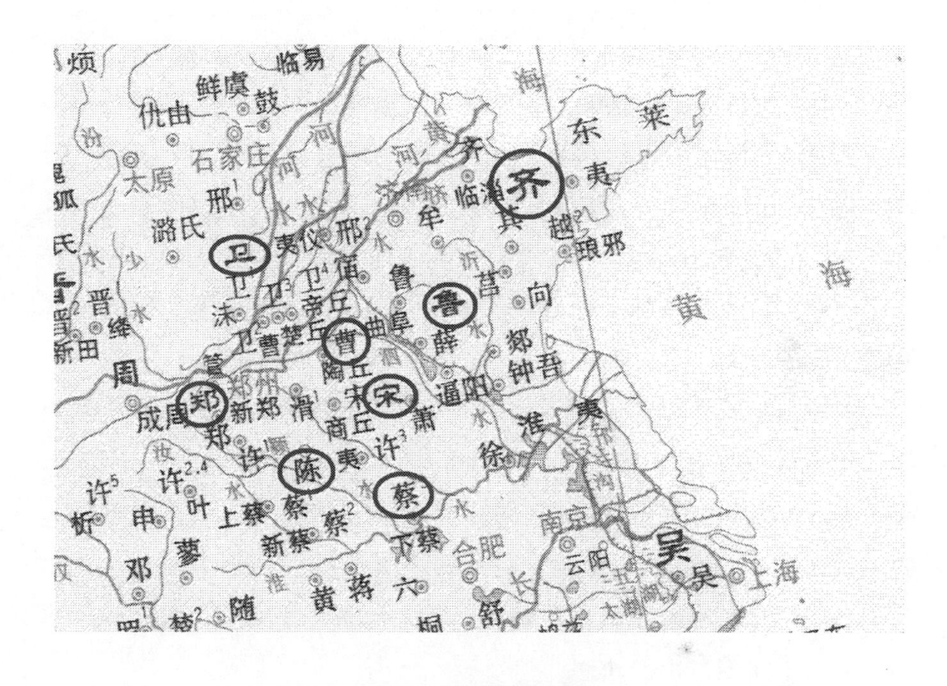

齊桓公始霸盟國圖

上圖所見，周天子所在的成周以東，皆為齊桓公的同盟國，西至鄭國，南至蔡國，北至衛國；魯莊公十五年直至魯莊公二十三年，在此八年之間，魯國逐漸屈服於齊桓公之下，筆者將齊桓公統領東部諸侯的方式分為兩項探討，一、同盟與尊王；二、齊桓公攘夷；下文分述之。

（一）同盟與尊王

齊桓公稱霸時，同盟勢力遠勝於周邊國家，行為亦受到周天子認同，齊桓公的策略除了良好的外交政策（見第五章第二節）外，壓制周邊諸侯國領地亦使成周王基東邊國土平穩且安逸。齊桓公稱霸後，討伐的對象是鄭國，據《春秋》記錄伐鄭的原因始於《春秋》莊公十五年：「秋，宋人，齊人，邾人，伐郳。鄭人，侵宋。」[19]莊公十五年時，郳國侵犯宋國，齊桓公與邾國共伐郳國，而鄭厲公見機侵犯宋國，因此齊桓公稱霸後，《春秋》記載：「莊公十六年夏，宋人，齊人，衛人，伐鄭。」[20]《左傳》記錄：「十六年，夏，諸侯伐鄭，宋故也。」[21]鄭國無故侵犯宋土，齊桓公因此伐鄭，征伐鄭國後的冬天在「幽」會盟「宋」、「陳」、「衛」、「鄭」、「許」、「滑」、「滕」等諸國，使諸侯國同盟而不再互侵。

齊桓公壓制各國諸侯以平定周王室長年的內亂，並尊重周王室以維繫禮制，除了上文所述的「請師於周」，《春秋》亦記：「十有七年，春，齊人執鄭詹。」[22]《左傳》曰：「十七年，春，齊人執鄭詹，鄭不朝也。」[23]《禮記・王制》記載周代朝天子之規範曰：「諸侯之于天子也，比年一小聘，三年一大聘，五年一朝。」鄭詹為鄭國大夫，因不朝天子而被齊桓公所擒。

綜合上述二事，齊桓公於稱霸後，因勢力雄厚足以平定周王基東邊的國土，壓制諸侯國侵犯它國領土，並依循周禮制度，驅使諸侯尊崇周天子，因此獲得孔子「正而不譎」[24]的讚美。

（二）齊桓公攘夷

春秋時期常有外族侵犯，諸多國家於北方修建城牆抵禦，卻也導致城牆密集而不統一，秦始皇統一中國後，將原有的城牆改建並相互連接，造就了萬里長城。齊桓公稱霸後，魯國遭受戎族侵擾，《春

19 〔清〕阮元校刊：《十三經注疏・左傳》，頁156。
20 〔清〕阮元校刊：《十三經注疏・左傳》，頁156。
21 〔清〕阮元校刊：《十三經注疏・左傳》，頁157。
22 〔清〕阮元校刊：《十三經注疏・左傳》，頁158。
23 〔清〕阮元校刊：《十三經注疏・左傳》，頁158。
24 〔清〕阮元校刊：《十三經注疏・論語》（臺北市：藝文印書館，1979年3月），頁126。

秋》記載：「莊公十八年夏，公追戎于濟西。」[25]齊魯兩國多年的外族侵犯，則由莊公二十年劃上句點，《春秋》記載齊桓公伐戎：「莊公二十年冬，齊人伐戎。」[26]齊桓公伐戎乃是出於管仲的策略，《管子・小匡》記載：

> 中救晉公，禽狄王，敗胡貉，破屠何而騎寇始服。北伐山戎，制泠支，斬孤竹，而九夷始聽，海濱諸侯，莫不來服。西征，攘白狄之地，遂至于西河。方舟投柎，乘桴濟河，至于石沈。縣車束馬，踰太行與卑耳之貉，拘秦夏，西服流沙西虞而秦戎始從。故兵一出而大功十二。故東夷、西戎、南蠻、北狄、中國諸侯，莫不賓服，與諸侯飾牲為載書以誓，要于上下薦神。然後率天下定周室，大朝諸侯于陽穀，故兵車之會六，乘車之會三，九合諸侯，一匡天下，甲不解壘，兵不解翳。弢無弓，服無矢，寢武事，行文道，以朝天子。[27]

管仲認為中原安定並非稱霸，必須使外族臣服方可一匡天下，因此建議「北伐西戎、西征白夷、西服流沙」，最終「東夷、西戎、南蠻、北狄、中國諸侯」皆順服，《國語・齊語》亦曰：

> 即位數年，東南多有淫亂者，萊、莒、徐夷、吳、越，一戰帥服三十一國。遂南征伐楚，濟汝，逾方城，望汶山，使貢絲于周而反。荊州諸侯莫敢不來服。遂北伐山戎，刜令支、斬孤竹而南歸。海濱諸侯莫敢不來服。與諸侯于是飾牲為載，以約誓

---

25 〔清〕阮元校刊：《十三經注疏・左傳》，頁158。

26 〔清〕阮元校刊：《十三經注疏・左傳》，頁161。

27 顏昌嶢：《管子校釋》（長沙市：岳麓書社，1996年2月），頁200。

> 于上下庶神，與諸侯戮力同心。西征攘白狄之地，至于西河，方舟設泭，乘桴濟河，至于石枕。縣車束馬，逾太行與辟耳之谿拘夏，西服流沙、西吳。南城于周，反胙于絳。岳濱諸侯莫敢不來服，而大朝諸侯于陽穀。兵車之屬六，乘車之會三，諸侯甲不解纍，兵不解翳，弢無弓，服無矢。隱武事，行文道，帥諸侯而朝天子。[28]

上文可見，《管子·小匡》與《國語·齊語》之內容並無區別，差別唯《管子·小匡》乃記錄管仲的建議，《國語·齊語》則記錄已發生的事情，可視此二書資料出於同源。上文已述齊桓公平定了周王基東邊的諸侯國，於莊公二十年又平定了周朝的外患，孔子誇讚管仲之功曰：

> 子曰：「管仲相桓公，霸諸侯，一匡天下，民到于今受其賜。微管仲，吾其被髮左衽矣。豈若匹夫匹婦之為諒也，自經于溝瀆，而莫之知也。」[29]

綜合上述所言，齊桓公稱霸之後，平定了周王基東邊諸侯國多年的侵犯與恩仇，周王室亦受齊桓公尊重，諸侯依禮來朝，於後齊桓公伐外族，外族俯首稱臣，多年的外族侵擾也由此告一段落，周朝短時間內處於安定的狀態，齊桓公解決了春秋長年以來的內憂外患問題，卻也導致漸漸失去為人臣子的本分，莊公如齊觀社便在此種外在環境下發生。

---

28 〔春秋〕左丘明：《國語》（臺北市：九思出版公司，1978年11月），頁242。

29 〔清〕阮元校刊：《十三經注疏·論語》，頁127。

第三節　曹劌論莊公如齊觀社之意涵

上節所言，齊桓公於稱霸後，相繼解決周朝的內憂外患問題，齊桓公的實權已超越周王，而齊桓公違禮之事，漸漸出現在史書之中。自齊桓公伐戎之後，魯莊公與齊桓公關係密切，《春秋》記載：

> 莊公二十二年冬，公如齊納幣。[30]
> 莊公二十三年春，公至自齊。[31]
> 莊公二十三年，夏，公如齊觀社。[32]

在魯莊公與齊桓公往來密切之下，曹劌於莊公觀社前勸諫，認為莊公觀社不法，為何曹劌認為觀社不法？《國語．魯語》所載：「五年四王、一相朝。」《左傳》記曰：「諸侯有王，有巡守以大習之。」皆與周天子以禮制諸侯有關，因此筆者以「巡守」及「朝」為探究方向。

論及周天子以禮制諸侯由《論語．為政》便可知其由來：

> 子張問：「十世可知也？」子曰：「殷因于夏禮，所損益，可知也；周因于殷禮，所損益，可知也；其或繼周者，雖百世可知也。」[33]

孔子認為殷商延續虞夏之禮制，周代延續殷商的禮制，雖朝代延續禮

30 〔清〕阮元校刊：《十三經注疏．左傳》，頁161。
31 〔清〕阮元校刊：《十三經注疏．左傳》，頁171。
32 〔清〕阮元校刊：《十三經注疏．左傳》，頁171。
33 〔清〕阮元校刊：《十三經注疏．論語》，頁19。

制卻也遭受損益，但不可否認的周代禮制確實沿用虞夏之禮，《左傳》記錄曹劌勸諫如齊觀社一事中，「諸侯有王，有巡守以大習之。」《國語・魯語》亦言：「是故先王制諸侯，使五年四王、一相朝。」此二書所載的曹劌言論，「巡守」與「使五年四王、一相朝」皆出自虞夏時期的制度，最早建立此制度之時間，由《尚書・舜典》之中得知：

> 歲二月，東巡守，至于岱宗，柴。望秩于山川，肆覲東后。協時月正日，同律度量衡，修五禮、五玉、三帛、二生、一死贄。如五器，卒乃復。五月南巡守，至于南岳，如岱禮。八月西巡守，至于西岳，如初。十有一月朔巡守，至于北岳，如西禮。歸，格于藝祖，用特。五載一巡守，群后四朝。敷奏以言，明試以功，車服以庸。[34]

《尚書・舜典》記載舜接掌政權後，建立了巡守及諸侯四朝的制度，舜於二月巡守東方、五月巡守南方、八月巡守西方、十一月巡守北方，巡守流程分為三個階段，一、祭祀天地山川；二、訂立制度與禮節；三、歸還玉器於諸侯，其目的為「協時月正日，同律度量衡，修五禮、五玉、三帛、二生、一死贄」，五年天子巡守四方一次，諸侯每年來朝，此舉乃是鞏固天子政權及宣導政令，諸侯國依循天子的禮制而執行，周代制度亦如虞夏時期，《禮記・王制》記載曰：

> 諸侯之于天子也，比年一小聘，三年一大聘，五年一朝。天子五年一巡守：歲二月，東巡守至于岱宗，柴而望祀山川；覲諸侯；問百年者，就見之。命大師陳詩以觀民風，命市納賈以觀

34 〔清〕阮元校刊：《十三經注疏・尚書》（臺北市：藝文印書館，1979年3月），頁38。

> 民之所好惡，志淫好辟。命典禮考時月，定日，同律，禮樂制度衣服正之。山川神祇，有不舉者，為不敬；不敬者，君削以地。宗廟，有不順者為不孝；不孝者，君絀以爵。變禮易樂者，為不從；不從者，君流。革制度衣服者，為畔；畔者，君討。有功德于民者，加地進律。五月，南巡守至于南嶽，如東巡守之禮。八月，西巡守至于西嶽，如南巡守之禮。十有一月，北巡守至于北嶽，如西巡守之禮。歸，假于祖禰，用特。[35]

周代巡守制度大致延續虞夏時期，「五年一朝」、「五載一巡守」、「柴而望祀山川」、「四方巡守時間與方向」、「統一時日」、「修禮」制度皆相同，但周代朝天子制度則明顯比虞夏時期寬鬆許多，虞夏時期「群后四朝」為諸侯每年皆需要朝天子，周代時期則是「比年一小聘，三年一大聘」，諸侯只有在五年時才朝見天子，而巡守制度周代則較為全面，增加「采詩」以觀民風，命「市納賈」以了解人民好惡，且周天子權力遠勝夏虞時期君王，「山川神祇，有不舉者，為不敬；不敬者，君削以地」、「宗廟，有不順者為不孝；不孝者，君絀以爵」、「變禮易樂者，為不從；不從者，君流」、「革制度衣服者，為畔；畔者，君討」、「有功德于民者，加地進律」，以上五者皆為周天子統治諸侯的權力，「削地」、「絀爵」、「君流」、「君討」、「加地進律」為周天子獎懲諸侯的方式，虞夏時期制度與周代制度，筆者以下表呈現差異：

35 〔清〕阮元校刊：《十三經注疏・禮記》，頁226。

虞夏時期與周代巡守制度差異表

舜	
朝天子：五載一巡守，群后四朝。	
巡守方式	巡守目的
1.五載一巡守。 2.柴而望祀山川。 3.巡守時間二月、五月、八月、十一月。	1.協時月正日。 2.同律度量衡。 3.修五禮、五玉、三帛、二生、一死贄。

↓ 虞夏時期

周天子		
朝天子：諸侯之於天子也，比年一小聘，三年一大聘，五年一朝。		
巡守方式	巡守目的	獎懲諸侯事項
1.五載一巡守。 2.柴而望祀山川。 3.巡守時間二月、五月、八月、十一月。	1.定日。 2.同律。 3.禮樂制度衣服正之。 4.采詩。 5.市納賈以觀民之所好惡、志淫好辟。	1.山川神祇不舉者削地。 2.宗廟不順者絀爵。 3.變禮易樂者君流。 4.革制度衣服者君討。 5.有功德於民者，加地進律。

孔子所言歷代禮制雖有承襲亦有損益，於上表可見，雖朝天子制度較為寬鬆，但巡守制度於周代禮制則較虞夏時期健全，諸侯違禮是可削其爵位甚至亡國。

綜合上述，第一節已證實魯莊公觀社時間為夏，據周代祭祀，夏季祭祀為諸侯及天子祭祀宗廟的「礿祭」，魯莊公觀齊國「礿祭」，據史料而言，卻實無資料顯示諸侯相會祭宗廟之舉，印證了《國語・魯語》中，曹劌言「臣不聞諸侯相會祀也」之說，再者，據周代禮制而論，周天子具有「削地」、「絀爵」、「君流」、「君討」之權利，雖齊桓公相邀觀社，魯莊公亦不可違背周制，曹劌勸諫但魯莊公依舊如齊觀社。

小結

此章專述曹劌論莊公如齊觀社，但此事必須追溯至齊桓公稱霸後的勢力，與周王室之關係。齊桓公稱霸之後，平定周王基東邊諸侯國的內憂，其後尊王攘夷，使周朝短暫安定，莊公如齊觀社便在此外在環境下發生，魯莊公於莊公二十二年至莊公二十三年與齊桓公往來密切，不外乎齊國與魯國的外戚關係，文姜為魯莊公之母，齊桓公為魯莊公之舅，姻親關係自然超乎一般，但視齊魯交惡至莊公如齊觀社，魯莊公卻漸漸淡忘了齊襄公與文姜所導致的災難，更於莊公二十三年違背周禮參與祭祀自己的殺父仇人，曹劌因此出言制止，認為周代禮制不能違背，違背者必是周天子爭伐的對象，魯國不能因此蒙受災難，桓公不聽依然如齊觀社。曹劌勸諫魯莊公之形象，確實是忠心、知禮、守禮的忠臣。

第七章
《曹沫之陣》中之曹劌探究

曹劌形象自先秦以來，因史料記載之差異，導致歷代學者褒貶不一，後世研究難以斷定曹劌形象，近年受考古之恩惠，伴隨而來的出土文獻日漸豐富，使諸多傳世文獻得以重新考證與檢視，曹劌形象也藉此良機重新審視。《曹沫之陣》的發現，於一九九六年香港所購回之戰國竹簡，現今存放上海博物館，下文皆簡稱《上博簡》。《上博簡》共有七九四枚，經整理後共有六八一枚，二〇〇一年出版《上海博物館藏戰國楚竹書（一)》，至二〇一一年《上海博物館藏戰國楚竹書（八)》為止，共計八冊，內容詳實，圖表清晰，考據學者所耗十年之功成果非凡，《曹沫之陣》亦在此列；《曹沫之陣》此篇內容記錄「長勺之戰」前，曹劌與魯莊公之間的對談，李零先生於《上海博物館藏戰國楚竹書（四)．曹沫之陣》言：

> 原書包括整簡四十五支，殘簡二十支。殘斷的簡往往從中間斷折，給拼造成困難。這裡試分為十七個拼聯組，即第一簡至第三簡為一組，第四簡至第十一簡為一組，第十二簡至第十四簡為一組，第十五簡至第十六簡為一組，第十七簡至第二十六簡為一組，第二十七簡至第第二十九簡為一組，第三十簡為一組，第三十一至三十二簡為一組，第三十三簡至三十六簡為一組，第三十七簡至第四十一簡為一組，第四十二簡至第四十六簡為一組，第四十七簡至第四十八簡為一組，四十九簡至第五十七簡為一組，第五十八簡為一組，第五十九簡至第六十一簡

> 為一組，第六十二簡為一組，第六十三簡至六十五簡為一組。其排列順序只能求其大概，不一定完全準確。它的第二簡，簡背有篇題，作「散（曹）蔑（沫）之戦（陣）」，其內容是記魯莊公、曹沫問對，開頭是論政，後面是論兵，篇題主于論兵，蓋視之為兵書。[1]

《曹沫之陣》初期校釋工作由李零先生執筆，其後高佑仁先生總合二〇〇四年至二〇〇七年相關研究，集結於《上海博物館藏戰國楚竹書（四）·曹沫之陣研究》，二〇〇七年後直至今日（2015），亦有學者在初期釋文上著墨與修正，使《曹沫之陣》內文漸趨通順；筆者於此章藉前人考據之功，及歷代學者研究之成果，將重整曹劌形象。下文分四節論述，一、曹劌姓名記載之文字差異；二、《曹沫之陣》文意概述；三、《曹沫之陣》曹劌形象分析；四、先秦至漢代史料與《曹沫之陣》曹劌形象之異同；下文分述之。

第一節　曹劌姓名記載之文字差異

曹劌、曹沫是否為同一人，歷代皆有學者討論，其原因乃史料所記錄的曹劌姓名並不統一，導致學者產生了不同人的想法，筆者於下整理各史書曹劌姓名於下表：

---

1 馬承源主編：《上海博物館藏戰國楚竹書（四）》（上海市：古籍出版社，2004年12月），頁241。

傳世文獻「曹劌」姓名總表

國語	曹劌
管子	曹劌
戰國策	曹沫、曹子
呂氏春秋	曹翽
孫子兵法	劌
左傳	曹劌、劌
公羊傳	曹子
穀梁傳	曹劌
鶡冠子	曹沫、曹子
史記	曹沬、曹沫

上表可見，除「曹子」外另有「劌、翽、沬、沫」四種寫法，第一位提出曹劌為同一人者乃宋代的蘇轍，原文如下：

> 張照曰：「按沬、劌聲近而字異，猶申包胥之為芬冒勃蘇耳，必音沬為濊，反涉牽混，三傳不一其說，傳疑可也。蘇子《古史》，據《左傳》問戰事，謂沬蓋之義者，安肯身為刺客，則直以劌為沬，未免武斷。《呂氏春秋．貴信》篇曰：『柯之會，莊公與曹翽皆懷劍至壇上，莊公左搏桓公，右抽劍以自承，管仲、鮑叔進，曹翽按劍當兩陛之間，曰：『二君將改圖，毋或進者。』桓公許之，封于汶南，乃盟而歸。』按此則以沬為劌之證，而字又小異，韓非子，曹劌匹夫之士，一怒而劫桓公，萬乘之主，反魯侵地亦以為曹劌。」[2]

---

2 〔清〕瀧川龜太郎：《史記會注考證》（高雄市：麗文文化事業公司，1997年1月），頁997。

蘇轍認為曹劌與曹沫應為同一人，張照同意此說並以《呂氏春秋・貴信》為證，然張照說法亦非完善，《史記・刺客列傳》記錄曹劌為刺客，而《呂氏春秋・貴信》則記錄魯莊公脅持齊桓公，因此張照以《呂氏春秋・貴信》與《史記・刺客列傳》參照為證，證據略顯薄弱，據第二章所記，記載曹劌形象之十本書籍，「曹劌」姓名並非相同，高佑仁於《上海博物館藏戰國楚竹書（四）・曹沫之陣研究》提及：

> 「曹沫」古書有四種寫法：曹劌、曹翽、曹沫、曹昧。簡文又提供了一種的異名。佑仁案：簡1作「敳蔑」、簡2背作「敳蔑」、簡5作「敳墓」、12-13作「敳蔑攴」、簡13作「敳蔑」等不同寫法的異體字。[3]

依據高佑仁的說詞，《曹沫之陣》記載的「敳蔑」、「敳蔑」、「敳墓」、「敳蔑攴」、「敳蔑」乃「曹劌」姓名的第五種寫法，曹劌、曹翽、曹沫、曹沬、曹蔑皆為同一人，李零言：

> 《刺客列傳》索隱對曹沫之「沫」的讀音，所注反切是「亡葛切」，從道理講，它是上古音的明母月部字，即相當于「沫」字，而不是「沬」字。這兩個字，字形、讀音都有區別，「沫」是明母月部字，兩橫是作上長下短；「沬」是明母物部字，兩橫是作上短下長。雖然在古書中，「沫」、「未」兩字經常混用，但還是有一定區別。曹沫的名到底是「沫」還是「沬」，前人有不同看法，如清梁玉繩《史記志疑》卷三一認為，《索隱》作了「亡葛切」不對。但我認為，其標準寫法還

3 高佑仁：《上海博物館藏戰國楚竹書（四）・曹沫之陣》（臺北縣：花木蘭文化出版社，2008年3月），頁42。（於此註解之後，同此注者將不書出版社。）

> 是以作「沫」更好（中華書局標點本《史記》作「沬」）。在上古音中「曹」是從母幽部字（從曹得聲的了「遭」是精母幽部字），「告」是見母覺部字（從告得聲的「造」是從母幽部字），讀音相近，可以通假；「劌」是見母月部字，「沫」是明母月部字，「蔑」是明母月部字，讀音相近，也可以通假。[4]

李零所釋之法，乃是以通假解釋五字之間的關係，「沫、蔑」二字皆為明母月部，讀音相同，而「劌」字亦是讀音相近，也可以通假，高佑仁同意此說曰：

> 筆者贊同李零先生的意見，「沫」是明母、月部，「昧」則是明母、物部（陳新雄師稱「沒」部），從《曹劌之陣》所出現的異文來看，「蔑」、「[illegible]」、「[illegible]」都是月部，與「沫」之古音正合，而「[illegible]」則是元部，與「沫」為「月元旁轉」，而上述諸異體與「昧」音稍遠，可知讀作「曹沫（音沫）」當較理想。[5]

高佑仁除贊同李零先生的看法外，並認為「蔑」、「[illegible]」、「[illegible]」皆為月部，與「沫」字古音相同，而「昧」音稍遠，因此讀作「沫」甚為理想；上述二位學者之說，皆以「蔑」字釋「[illegible]」字，其後以「沫」「蔑」皆為明母而證同音通假，視（傳世文獻「曹劌」姓名總表）所見，記為「沫」字之史料只有《戰國策》、《鶡冠子》、《史記》三書，然多數傳世文獻皆記載為「劌」字，筆者認為據蘇轍所言「劌、翽、沫、沬」四字便有聲音相近之關係，因此需先分析此四字音近通假之關係，然《曹沫之陣》所記錄之「蔑」乃現今出土之文獻，因此將於

4　高佑仁：《上海博物館藏戰國楚竹書（四）· 曹沫之陣》，頁42。

5　高佑仁：《上海博物館藏戰國楚竹書（四）· 曹沫之陣》，頁42。

最後探討與此四字通假之關係，筆者將分為三段論述，一、歲、劌、翽上古音關係；二、翽、沬上古音關係；三、劌、翽、沬、沫、蔑上古音關係；由下文分述之。

（一）歲、劌、翽上古音關係

曹劌之名多數書籍以「劌、翽」二字書之，依李零所述「沫」與「蔑」二字皆為月韻，讀音相近，所以可以旁轉，「沫、蔑」為同聲通假，由此可見同音通假是一項重要的指標。「劌、翽、沬、沫」為傳世文獻所記的曹劌之名，出土文獻上博簡則為「蔑」，探究中國歷史，記錄多由口耳相傳，其後才出現以文字記錄，且姓名並非文句，同音異字極有可能，在口耳相傳的外在條件下，「劌、翽、沬、沫、蔑」之上古音關係，將決定「曹劌、曹翽、曹沬、曹沫、曹蔑」是否為同一人的有效證據。傳世文獻《國語》、《管子》、《孫子兵法》、《左傳》、《穀梁傳》五書所載為「劌」，《呂氏春秋》為「翽」，自《說文解字》中許慎已陳述「劌」、「翽」、「歲」三字上古音之關係，《說文解字》曰：「劌，利傷也，从刀歲聲。」「翽，飛聲也，从羽歲聲，詩曰：『鳳皇于飛，翽翽其羽』。」二字皆為「歲聲」，因此聲符皆為「歲」，因此筆者分兩段論述，一、釋劌、翽之初文；二、釋「歲」，於下分述之。

1 釋「劌」、「翽」之初文

「劌」字之初文，視《說文解字》曰：「劌，利傷也，从刀歲聲。」[6]其字體以「歲」為聲符、「刀」為形符，本義為「以刃器傷物」，段玉裁曰：

---

6 〔漢〕許慎：《說文解字》（臺北市：黎明文化事業公司，1985年9月），頁181。

> 聘義：「廉而不劌，義也。」注云：「劌，傷也，案玉部作廉而不忮。」毛公曰：「忮，害也。」是其義同也。利傷者以芒刃傷物。[7]

段玉裁引鄭玄《禮記．聘義》：「廉而不劌，義也。」[8]證「劌」之本義為傷，又引毛亨「忮，害也。」為證，劌字之聲符為「歲」，乃「以刃傷物」為本義，上文可知劌為形聲字，「歲」為「劌」字之初文，「歲」為聲符表意。

翽字之初文，覷《說文解字》曰：「翽，飛聲也，从羽歲聲，詩曰：『鳳皇于飛，翽翽其羽』。」[9]許慎指出「翽」字聲符為「歲」，形符為「羽」，本義為「飛行之聲」，其後引用《詩經．大雅．卷阿》為證，段玉裁曰：

> 詩《釋文》引說文「羽聲」也，《字林》「飛聲也」，此俗以字林改說文之證，毛傳云：「翽翽眾多也。」此謂鳳飛群鳥，從以萬數；毛比傳下文多吉士多吉人為說，許說其字義，故不同也。[10]

段玉裁引毛傳，毛亨言「翽翽眾多也。」毛亨所注翽字為「眾多」，但「翽」字構字形符「羽」乃指「羽毛」，因此筆者再次覷察《詩經》文句，《詩經．大雅．卷阿》曰：「鳳皇于飛，翽翽其羽，亦集爰

---

7 〔漢〕許慎：《說文解字》，頁181。

8 〔清〕阮元校刊：《十三經注疏．禮記》（臺北市：藝文印書館，1979年3月），頁1031。

9 〔漢〕許慎：《說文解字》，頁141。

10 〔漢〕許慎：《說文解字》，頁141。

止」[11]、「鳳皇于飛，翽翽其羽，亦傅于天」[12]、「鳳皇鳴矣，于彼高岡」[13]。上述三句「于飛」「鳴矣」單純論述鳳皇的行為，「翽」應指揮動翅膀的聲音，「歲」字聲符應不表意，許慎言「飛聲也」所釋合理，「翽」為形聲字，聲符為「歲」，形符為「羽」，本義為「飛聲也」，「歲」字聲符不表意。

綜合上文「劌、翽」二字之聲符同為「歲」字，二字之別不只形符之別，「劌」字之本義述以刃所傷，刀表形符，「歲」字本身具表意的功能，因此「劌」字須定義為形聲字聲符表意；「翽」字之構字以《詩經》為證，「歲」乃聲音表現並不表意，形符「羽」表翅膀振動，為形聲字聲符不表意；上述二字之共同特徵乃共為「歲」聲，因此需視歲字以證「歲」、「劌」、「翽」之關係。

2 釋「歲」

上文所言「劌」、「翽」二字之初文皆為「歲」，且二字皆為「歲聲」，但視其上古聲紐則位於不同聲紐，「劌」為「居衛切」「見紐月韻」，「翽」為「呼會切」「曉紐月韻」，而「歲」字則是「相銳切」「心紐月韻」，上述三者上古音皆為月韻，但聲紐卻為「心、見、曉」，筆者將《說文解字》中，以歲字為諧聲偏旁之字集結於下表：

---

11 〔清〕阮元校刊：《十三經注疏．詩經》（臺北市：藝文印書館，1979年3月），頁628。

12 〔清〕阮元校刊：《十三經注疏．詩經》，頁629。

13 〔清〕阮元校刊：《十三經注疏．詩經》，頁629。

《說文解字》以歲字為諧聲偏旁之字總表

字體	切語	聲紐	韻母	說文述音
歲	相銳	心	月	从步戌聲
薉	於廢	影	月	从艸歲聲
噦	於月	影	月	从口歲聲
�	呼會	曉	月	從言歲聲
翽	呼會	曉	月	从羽歲聲
劌	居衛	見	月	从刀歲聲
奯	呼括	曉	月	从大歲聲
濊	呼括	曉	月	从水歲聲

此表呈現以「歲」為諧聲偏旁者，聲紐多為「喉音」（薉、噦、譿、翽、奯、濊），反而「歲」字本身卻為「齒音」，「劌」字則為「牙音」，此差異的呈現筆者認為有檢視「歲」字之必要。

「歲」字於《說文解字》記錄曰：

> 木星也。越歷二十八宿，宣徧陰陽，十二月一次。从步戌聲。律曆書名五星為五步。[14]

許慎以二十八星宿釋「歲」字，但並未分析字形，只言「戌」為「歲」字之聲符述之，然探究「歲」字本義並了解字體流變，則應以殷商時期甲骨文為始，「歲」字甲骨文如下：

14 〔漢〕許慎：《說文解字》，頁69。

甲骨文「歲」字字形表

一期 合109	一期 遺 815	一期 佚 893	一期 乙 906	一期 乙 5898
一期 乙 2219	一期 誠 239	二期 後上27.13	二期 戩17.9	四期 鄴 3.39.5

視其上圖，「歲」字之形，產生兩種不同的型態，第一種「大斧之形」（**一期 合109、一期 遺 815、一期 佚 893、一期 乙 906、一期 乙 5898、一期 乙 2219、四期 鄴 3.39.5**），第二種為「大斧之形與步相合」（**一期 誠 239**），徐中舒先生認為「歲、戉」古為同字，又引于省吾先生之說為證：「字上下兩點即表示斧刃上下尾端迴曲中透空處，其無點者，乃省文也。」[15]筆者視「一期 誠 239」之歲字，「歲」字構字已為「步、戉」二字相合的會意字，與現今所見「歲」字形貌極為近似，可證「歲」、「戉」二字於此時期已出現字形隨字義而區分的現象，馬如森先生於《殷墟甲骨文引論》中亦言：「歲，獨體象物字，兵器，戉的異體字，武器大斧。」[16]由此可見「歲」、「戉」二字同源。金文時期相當漫長，殷商直至戰國皆有金文文字，金文記載「歲」字之字體如下：

15 徐中舒：《甲骨文字典》（成都市：四川辭書出版社，1988年11月），頁143。

16 馬如森：《殷墟甲骨文引論》（高雄市：復文書局，1997年1月），頁350。

金文「歲」字字形表

 歲 利簋	 舀鼎	 毛公厝鼎	 爲甫人盨
 國差𦉜 國差立事歲	 公子土斧壺 公孫竈立事歲	 陳章壺 陳得再立事歲	 陳猷釜 陳猷立事歲

上表可見「歲」字一部分字體延續了甲骨文（**一期　誠 239**）的字體形態，但部分文字大斧刃部已與斧柄分開（舀鼎、陳章壺、陳猷釜），徐中舒先生所言甲骨文時期戉、歲二字同一字，然金文文字明顯已將「歲」與「戉」分為二字。戰國文字出現於周代末期，筆者集結於下：

戰國「歲」字字形表

 陳璋壺	 陳⿰立⿱每米鐘	 子禾子釜	 璽彙 0289	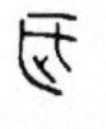 陶彙 3.14	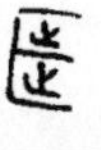 陳喜壺
 陳純釜	 立事戈	 陶彙 3.5	 秋氏壺	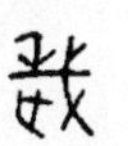 璽彙 4426	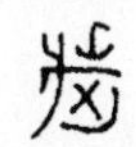 璽彙 4427
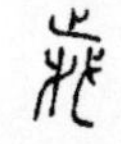 璽彙 0629	 十鐘 3.10	 璽彙 4426	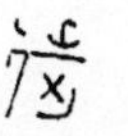 璽彙 4428	 璽彙 4493	 睡虎 96

上表可見，「歲」字雖初文為「戉」，而戰國時期「戉」之形符漸漸變化為戈（秋氏壺、璽彙4426、璽彙4427、璽彙0629、璽彙4426、璽彙4428），而現今隸書乃出自秦系文字，視《睡虎地秦簡》歲字如下：

《睡虎地秦簡》「歲」字字形表

 21.12.17	 21.9.7	 22.27.2	 5.7.6

6.9.10	21.9.10	10.1.2	18.11.1

上圖乃《睡虎地秦簡》所書之「歲」字，與現今「歲」字就形構上已無區別，再視「歲」字本意，《睡虎地秦簡》釋文如下：

> 日書762、764：歲善。日書766：歲半。日書770：又歲。日書772：歲中。日書793、797：歲在東方。日書794、799：歲在南方。日書795、802、804：歲在西方。日書796、806：歲在北方。按：上四例「歲」指歲星。[17]

---

17 張世超．張玉春：《秦簡文字編》（京都：中文出版社，1990年12月），頁89。

「歲」字本義並無改變。綜合上述所言，「歲」字自甲骨文時期雖與「戉」字出於同源，但二字已產生因義而別的現象（視甲骨文一期誠 239），「歲」與「戉」字完全分離則在周代時期，雖部分字形保有「戉」之形符，但另一部分字體已由「戉」字減省為「戈」，大斧之形已不復見，因此漢代許慎言「歲」字形構乃「从步戌聲」，應為「从步戉聲」，「歲」字以「戉」為聲符，因此「歲」字應為「王伐切」「為紐月韻」，與以「歲」為諧聲偏旁諸字（除劌字以外）同為喉音。雖暫定許慎構字不確，但《說文解字》中仍可發現「戉」與「歲」同聲的關係，筆者舉其二例如下：

1. 眓，視高皃。从目戉聲。讀若《詩》曰「施罛濊濊」。[18]
2. 《詩經・小雅・庭燎》「君子至止、鸞聲噦噦」[19]
   《說文解字》車鑾聲也。从金戉聲。《詩》曰：「鑾聲鉞鉞。」[20]

據上述二例，《說文》「眓」為「从目戉聲」與《詩經》「濊」字同音通假；《說文》「鉞」字為「从金戉聲」與《詩經》「噦」同音通假；亦可證明「戉」與「歲」古為同聲。

「歲」字諧聲偏旁獨「劌」字為「見紐月韻」，發音方式乃是「牙音」，與喉音的「歲」、「戉」二字發音方式不同，因此筆者再探討「歲」、「戉」二字「為紐」歸屬的問題，林慶勳先生於《古音學入門》中提及：

18 〔漢〕許慎：《說文解字》，頁133。
19 〔清〕阮元校刊：《十三經注疏・詩經》，頁375。
20 〔漢〕許慎：《說文解字》，頁719。

> 喻三古歸匣，這是曾運乾提出來的，他舉出了四十多條證據，說明上古的喻三（或稱為母、云母、于母）和匣母本屬一個聲母。[21]

據上述所言「歲」、「戉」二字之「為紐」應歸為「匣紐」，而「匣紐」與「見紐」之關係則由下文提及：

> 根據「喻三古歸匣」的條例，把它們的上古音來源擬為不送氣舌根濁塞音〔g〕，後世在一、二、四等韵前變為匣母，在三等韵前變為喻三。這個〔g〕的演化過程經歷了舌根濁擦音的階段，由塞音轉為擦音，在漢語中是屢見不鮮的。許多語史資料證明了匣母和喻三在上古是塞音而非擦音，例如：Iowa 大學的漢學家 W. S. Coblin 在1978年研究《說文》讀若，發現在讀若中，匣母字總是和見、群、影等塞音字相接處。趙元任翻譯的〈高本漢的諧聲說〉一文也指出：見母和曉母很少諧聲，卻大量和匣母諧聲，很明顯的表現了匣母上古是個塞音的〔g〕。[22]

據上述所言，見紐與匣紐大量諧聲，其原因為匣紐上古音發塞音〔g〕，因此「見紐」的「劌」與以「戉」為聲符之「匣紐」「歲」可諧聲，此推論除了證明「劌」與「歲」、「戉」通假，亦證明「歲」字之構字為「从步戉聲」。

綜合上述三字，筆者將語音變化以下表示之：

---

21 林慶勳、竺家寧：《古音學入門》（臺北市：臺灣學生書局，1989年7月），頁204。

22 林慶勳、竺家寧：《古音學入門》，頁214。

「歲」、「劌」、「翽」上古音語音變化表

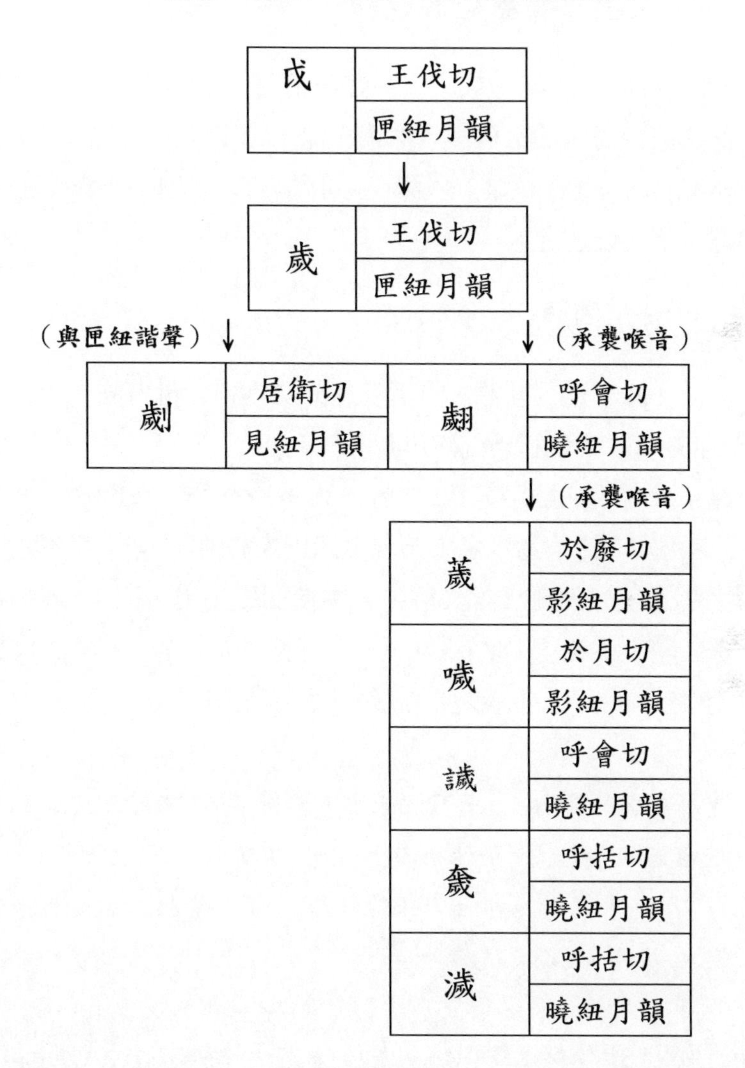

上表呈現兩種發展方向，第一種為「劌」字因「匣紐與見紐諧聲」，「歲」字轉變為「劌」字，第二種則是「歲」字因「匣母與曉母同為喉音」，「翽」字承襲喉音而產生，因此「歲」、「劌」、「翽」上古音近通假。

（二）翽、沬上古音聲紐關係

接續上文所言，「劌、歲」二字聲紐諧聲，「翽」字承襲「歲」字喉音，此文將探討「翽」可與「沫」、「沬」二字通假之原由，筆者將其分為兩點探討，一、「沫」、「沬」 同源；二、「翽」、「沬」上古音通假問題；下文分述之。

1 「沫」、「沬」同源

「沫」、「沬」是否同源，筆者在此分為兩種分析方向，一為文字學解讀方向，二為聲韻學解讀方向。

「沫」於《說文解字》曰：「水。出蜀西徼外，東南入江。从水末聲。」[23]可知「沫」為水名，乃現今四川大渡河。「沬」字本義則無法以構字解讀，原因自《說文解字》中便明確指出，曰：「洒面也。从水未聲。[illegible]古文沬，从𦥑水从頁。」[24]據許慎所言，「沬」古文為「[illegible]」，隸書為「頮」，本義為「洗臉」，段玉裁曰：

> 律曆志引顧命曰：「王乃洮沬水。」師古曰：「沬、洗面也。」禮樂志：「霑赤汗，沬流赭。」晉灼曰：「沬、古靧字。」檀弓：「瓦不成味。鄭云：味當作沬。沬，靧也。」按此沬謂瓦器之釉、如洗面之光澤也。[25]

由上文可見，「沬」之本字出於「頮」，「頮」字於甲骨文時期並未被「沬」字取代，視甲骨文共有兩字：

---

23 〔漢〕許慎：《說文解字》，頁524。

24 〔漢〕許慎：《說文解字》，頁568。

25 〔漢〕許慎：《說文解字》，頁568。

甲骨文「頮」字表

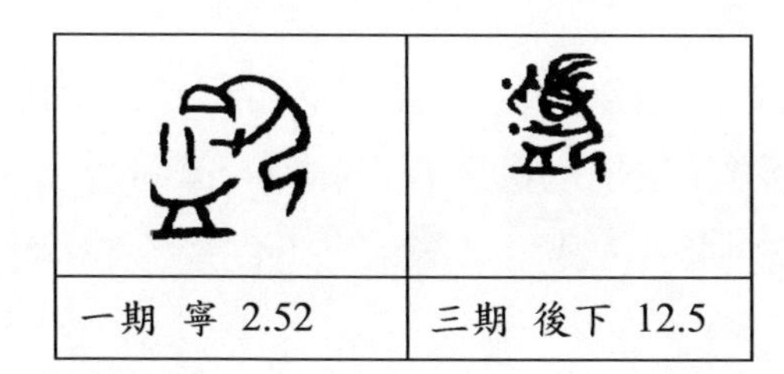

一期　寧 2.52	三期　後下 12.5

此二字視其字形便能理解，皆為一個人用盆子裡的水洗臉，徐中舒先生曰：

> 从爪从頁从皿，或作，或省，同。象人就皿掬水洗面之形，為沬之原字，為《說文》沬字古文所本，沬為後起之形聲字。[26]

由徐中舒先生之說可知，本為洗臉的「頮」於後被「沬」字所取代，此說與許慎相合。

「沬」、「沫」二字之關係亦可由初文視之，「沬」初文為「未」，「沫」初文為「末」，孔仲溫先生曾於〈段注《說文》「牡妹」二字形構述論〉一文中，證明「未」、「末」二字出於同源：

> 商周先秦時期「未」、「末」的形義，一直是混而不別，但後來在小篆裡，有了形義上的區分，不過到了後世，从未从末似乎還是混淆不清，例如《廣韻》中，同樣作「水名」，卻有「沬」、「沫」兩字，與其說它們形近而訛，反不如說它們是自

26 徐中舒：《甲骨文字典》，頁1207。

古相混同源的結果。[27]

由文中所見，「沬」、「沫」二字初文「未」、「末」出於同源，但歷代相混互用，孔仲溫先生是以構字方式解釋，筆者認為亦可由聲韻方式證明，視「未」、「末」、「沬」、「沫」之上古音，筆者集結於下：

「未」、「沬」、「末」、「沫」上古音表

字體	切語	上古聲紐	上古韻母
未	無沸	明	沒
沬	無沸	明	沒
	莫貝	明	月
末	莫撥	明	月
沫	莫撥	明	月

上表可見，上古時「未」、「沬」、「末」、「沫」此四字聲紐皆同，唯韻母有異，此韻母之問題，陳新雄先生於《古音研究》一書中提及：

自餘杭章炳麟以來，凡陽聲韻部與陽聲韻部合韻者，或陰聲韻部與陰聲韻部合韻者，則稱之為旁轉。[28]

陳新雄先生所言，「陽聲韻部與陽聲韻部」、「陰聲韻部與陰聲韻部」二類合韻者可旁轉，視「沒韻」與「月韻」之元音與韻尾列表於下[29]：

---

27 孔仲溫：《孔仲溫教授論文集》（臺北市：臺灣學生書局，2002年3月），頁91。
28 陳新雄：《古音研究》（臺北市：五南圖書出版公司，1999年4月），頁435。
29 陳新雄：《古音研究》，頁435。

上古音「沒韻」、「質韻」、「月韻」韻尾表

元音 韻尾	ə	ɐ	a
—t	ət 沒	ɐt 質	at 月

上表可見「沒韻」、「質韻」、「月韻」韻尾同為〔t〕，因此「未」、「沬」、「末」、「沫」聲母可旁轉，陳新雄先生稱此為「月沒旁轉」，舉例如下：

> 1.《詩・曹風・候人》四章以薈（月）韻蔚（沒）。
> 2.〈小雅・出車〉二章以旆（月）韻瘁（沒）。
> 3.〈小宛〉四章以邁（月）韻寐（沒）。
> 4.〈小弁〉四章以（月）韻淠居寐（沒）。
> ……按月讀〔at〕，沒讀〔ət〕，二部韻尾相同，元音雖嫌稍遠，亦還可以旁轉也。[30]

由上可知，「未」、「沬」、「末」、「沫」四字於上古音時，不只聲紐相同，韻母亦可通假，由此可見曹「沬」就是曹「沫」。

2 「劌」、「沬」、「沫」上古音通假問題

由上文已知「未」、「沬」、「末」、「沫」四字聲紐皆同，韻母可通假，「曉紐」的「劌」字又是如何與「明母」的「沬」、「沫」通假，此問題由林慶勳先生《古音學入門》一書中解答，曰：

---

30 陳新雄：《古音研究》，頁459。

脣音字的念法：　　p →幫、非

p’→滂、敷

b’→並、奉

m →明、微

m̥· →曉母一部分字[31]

上文所見，「沬」、「沬」二者上古音念法相同，「明紐」、「微紐」發音皆為「m」，而「翽」為「曉紐」，「翽」的「曉紐」與「沬」的「明紐」是否能夠通假，則由下文解答：

> 曉母的一部分字上古讀為雙唇清鼻音〔m̥〕，這是董同龢以來的古音學者都一致同意的觀點。這類字包含了所有和明母有接觸的曉母字，例如：
>
> （1）《釋名》：「墨（明母），晦（曉母）也」，墨字又从黑（曉母聲）。
>
> （2）《詩．小雅角弓》毛傳：「徽（曉母），美（明母）也」，徽字又从微（上古明母）聲。
>
> （3）《詩．大雅皇矣》毛傳：「忽（曉母），滅（明母）也」，忽字又从勿（上古明母）聲。（4）《說文》：「晃（曉母），明（明母）也」晃、明二字同屬上古陽部。
>
> （5）《說文》：「膴（曉母）獨若謨（明母）」而其聲符「無」為上古明母。
>
> （6）《經典釋文．毛詩》：「滅，呼悅反（曉母），《字林》武劣反（上古明母）」。

31 林慶勳、竺家寧：《古音學入門》，頁209。

（7）悔、晦、誨（曉母）从每（明母）聲。

（8）昏（曉母）从民（明母）聲。

（9）《廣韻・十五灰》:「晦，又作脄」而其聲符有明母、曉母之別。

（10）《玉篇》:「沬，火內切（曉母），又莫貝切（明母）」。[32]

據上述所言，第十例《玉篇》:「沬，火內切（曉母），又莫貝切（明母）」,《玉篇》指出「沬」字除了《廣韻》記錄的「明紐」，亦有「火內切」的「曉紐」，探究「沬」字兩種反切的出現，筆者認為是「頮、沬」二字假借所造成的問題，上文已述「沬」字古文為「頮」,「頮」字於各類聲韻相關書籍中記載，張參《五經文字》曰:「火內反，洗面也。」[33]高麗本《龍龕手鏡》曰:「荒內反，洗面也。」[34]宋本《龍龕手鑑》亦曰:「荒內反，洗面也。」[35]《玉篇》曰:「頮，火內切，洒面也；沬，同上，又莫貝切。」[36]綜合上述所證，當「沬」字取代「頮」字時，仍保留「頮」音為「火內切」，上古音為「曉紐月韻」，因此「曉紐」的「沬」字，可與「曉紐月韻」的「劌」字通假，此條件限制於「沬」字為「曉紐月韻」的發音情況下才會產生，由此可推論聲音傳遞的方式，筆者以下表示之：

32 林慶勳、竺家寧:《古音學入門》，頁211。

33 教育部異體字字典（http://dict.variants.moe.edu.tw/yitib/frb/frb02050.htm）

34 教育部異體字字典（http://dict.variants.moe.edu.tw/yitib/frb/frb02050.htm）

35 教育部異體字字典（http://dict.variants.moe.edu.tw/yitib/frb/frb02050.htm）

36 教育部異體字字典（http://dict.variants.moe.edu.tw/yitib/frb/frb02050.htm）

「翽」、「沬」、「沫」上古音通假表

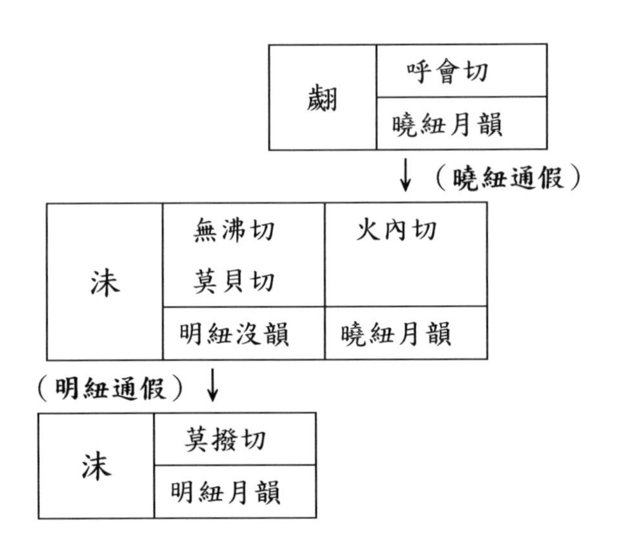

上表呈現「曉紐」的「翽」字與「曉紐」的「沬」字就聲音上是可通假。而「沬」另一音字「明紐沒韻」則出自「沬、沫」初文「未」、「末」，因「未」、「末」二字本出同源，因此「沬」字保留初文之音「明紐」，亦保留通假字「頮」的「曉紐」，據此「翽」、「沬」、「沫」三字可通假。

（三）劌、翽、沬、沫、蔑上古音關係

上文至此已可解讀傳世文獻中「劌、翽、沬、沫」同音異字的問題，筆者以下表呈現：

「劌」、「翽」、「沬」、「沫」通假表

戉	王伐切
	匣紐月韻

↓

歲	王伐切
	匣紐月韻

（與匣紐諧聲通假）↓ ↓（承襲喉音）

劌	居衛切	翽	呼會切
	見紐月韻		曉紐月韻

↓（曉紐通假）

沬	火內切	無沸切 莫貝切
	明紐沒韻	曉紐韻月

（明紐通假）↓

沫	莫撥切
	明紐月韻

上表筆者將「劌」、「翽」、「沬」、「沫」四字通假方式分為三系：（一）「匣紐系通假」:「歲」字以「戉」為聲符，「歲」、「戉」二字皆為「匣紐」，「劌」字延續「匣紐」，因此筆者稱之為「匣聲紐系通假」；（二）「喉音發音系通假」:「戉」、「歲」、皆為喉音發音，「翽」字雖承襲喉音卻轉為「曉」紐，而「沬」與「翽」皆為「曉紐」，且「月」、「沒」二韻可以旁轉，因此二字可通假，筆者稱之為「喉音發音系通假」；（三）「明紐系通假」:「沬」字本身具有兩種發音，一為

「曉紐月韻」，另一為「明紐沒韻」，明紐沒韻出自於「沬」字初文「未」，而「沬」與「沫」二字出於同源，二字可通假，因此筆者稱之為明紐系通假。據以上三系，可見「劌」、「翽」、「沬」、「沫」是可相互通假，亦可見各系通假之原由，各系通假原因筆者分為兩類，一、「同音而通假」:「戉」、「歲」二字可通假為「劌」，但「劌」字無法通假為「翽」，因此同音而通假至「劌」時並無與它字通假；二、「變聲而通假」:「翽」字延續「歲」字發音部位，但聲紐卻由「匣紐」轉為「曉紐」，因此與「沬」音相合，故能通假。據上述所言，「劌」、「翽」、「沬」、「沫」四字可在有條件下通假。然出土文獻《上博簡・曹沬之陣》則記錄曹劌第五種同音異字之名「曹蔑」，與上述四字是否能夠通假，筆者認為須由兩種步驟檢視之：一、因字形本義而可互通；二、因字音相近而互通；由下文分述之。

1 因字形本義而可互通

清華簡所存之時代，乃是與《呂氏春秋》相當接近的戰國時代，《呂氏春秋》所記載的「曹翽」，據上文研究可知初文為「歲」，則「歲」字初文為「戉」，以大斧為其本義，然而清華簡所載的「曹蔑」，是否與「歲」字有本義近似之可能，筆者認為應審視其字形為先。「蔑」字甲骨文如下：

甲骨文「蔑」字字形表

（一期） 續 1.51.4	（一期） 續 1.51.4	（一期） 前 1.44.7	（一期） 前 1.49.2
（一期） 前 1.49.3	（一期） 前 6.7.5	（一期） 前 6.7.6	（一期） 前 6.7.7

徐中舒解字為：

> 從「[illegible]」（莧）從「[illegible]」（戈），《說文》：「蔑，勞目無精也。」按許說與甲骨文字形不合。「[illegible]」象以眉目代首之人形，戈貫其身，則會以戈擊人之義，與甲骨文伐字所會意同，且蔑伐古音近，金文又多見蔑曆之語，實與後世之伐閱同義，為伐旌功歷之義，故蔑伐實為一字，後世漸分化為二字。[37]

37 徐中舒：《甲骨文字典》，頁412。

據徐中舒所言，「蔑」字與「伐」字原為同字，而「蔑」字上的「𠂹」只是以眼睛代表「人首」，且二者古音相近。金文「蔑」字如下：

金文「蔑」字字形表

由上可見，金文「蔑」字與甲骨文形貌相同，所差之別唯獨增加「禾」字部件，最後視清華簡「蔑」如下：

清華簡「蔑」字字形表

清華簡的「蔑」字與甲骨文、金文並無太大差異，但很明顯的「[illegible]」字漸漸失去原來的形貌，反而近似「苜」「戍」二字的組合，就以形構而言，無法與「戉」、「歲」、「翽」、「劌」之字形相聯繫，據此不能以字形本義互通。

2 因字音相近而互通

據上文所述「蔑」字就形構上無法與「戉」、「歲」、「翽」、「劌」互通，然而聲音上「蔑」為「明紐質韻」，與「劌」、「翽」、「沫」、「沬」四字中「沫」、「沬」二字同為「明紐」，共，但「蔑」字韻母則不相同，「蔑」為「質韻」，「沫」為「月韻」，而「沬」則為「沒」韻，上文已述「月韻」與「沒韻」是可旁轉，然而「質韻」與「月韻」「沒韻」是否亦可旁轉，視（「翽」、「沫」、「沬」上古音通假表）所見，「沒韻」、「質韻」、「月韻」韻尾同為〔t〕，因此「蔑」、「沫」、「沬」聲母可旁轉，「蔑」字與「沫」字之韻母關係，陳新雄先生稱此為「月質旁轉」，而「蔑」字與「沬」字之旁轉則稱之為「質沒旁轉」，舉例如下：

月質旁轉：

1.《詩・邶風・旄丘》一章以葛（月）韻節日（質）。

2.〈小雅·正月〉八章以結（質）韻厲滅威（月）。

3.〈采菽〉二章以嘒（月）韻駟（質）。……。

……按月讀〔a t〕，質讀〔 ɐ t 〕，韻尾相同元音密近，故常旁轉也。[38]

質沒旁轉：

1.《詩·周南·汝墳》二章以肄（沒）韻棄（質）。

2.〈邶風·終風〉三章以寐（沒）韻曀嚔（質）。

3.〈鄘風·干旄〉一章以四（質）韻畀（沒）。

……按質讀〔 ɐ t 〕，沒讀〔ət〕，二部韻尾相同，元音皆為央元音，只不過有中與次低之耳，因為元音十分極近，故常旁轉也。[39]

按陳新雄先生所言，「月韻」、「沒韻」與「質韻」三者音近可以旁轉，此三字聲紐相同且韻母可旁轉，因此「蔑」可與「沫」、「沬」通假，同列為「明紐系通假」。

綜合此節所言，蘇轍認為曹劌與曹沫應為同一人之說，筆者依據聲韻學與文字學上角度解讀，無論傳世文獻所記載的「曹劌、曹翽、曹沫、曹沬」，或是出土文獻《上博簡·曹沫之陣》所記載的「曹蔑」，皆為同一人，筆者此文以多數傳世文獻所用的「劌」字為名，全文以「曹劌」書之。

---

38 陳新雄：《古音研究》，頁459。

39 陳新雄：《古音研究》，頁461。

第二節　《曹沫之陣》文意概述

《曹沫之陣》自李零於二〇〇二年釋文之後，直至二〇〇七年，高佑仁統計共有五十八篇學術論文，專門探究《曹沫之陣》文字義理，高佑仁先生汲取各家之說後，於《上海博物館藏戰國楚竹書（四）．曹沫之陣》一書重新釋文，為現今較為完整的釋文，因此本節筆者以高佑仁先生所釋之文為底本，分析《曹劌之陣》文意內容，但《曹沫之陣》此篇文章為記言體，對話內容前後相依，因此筆者認為高佑仁先生所排序的段落分為四段即可，四段分為：一、莊公毀鐘；二、備戰之道；三、復戰之法；四、固邦之本；下文分述之。

（一）莊公毀鐘

莊公毀鐘釋文如下：

> 曹蔑之陣【2背】
>
> 魯莊公將為大鐘，型既成矣，曹沫內見曰：「昔周室之封魯，東西七百，南北五百，非山非澤，亡有不民，今邦彌小而鐘愈大，君其圖之。昔堯之饗舜也，飯于土簋，欲于土鉶，【2】而撫有天下。此不貧于美而富于德歟？昔周室□□□□□□□□□□□□□□□□□【3】□□競必勝，可以有治邦，周志是存。」莊公曰：「今天下之君子既可知已，孰能併兼人【4▽】哉？」曹沫曰：「君其毋憂，臣聞之曰：『鄰邦之君明，則不可以不修政而善于民，不然恐亡焉；【5】鄰邦之君無道，則亦不可以不修政而善于民，不然無以取之』。」莊公曰：「昔施伯語募寡人曰：【6】『君子得之失之，天命。』今異于爾言。」曹沫曰

> 【7上】:「無以異于臣之言,君弗盡。臣聞之曰:『君【8下】子以賢稱而失之,天命。以無道稱而沒身就世,亦天命。不然君子以賢稱何有弗【9】得,以無道稱曷又有弗失』」。莊公曰:「趨哉!吾聞此言。」乃命毀鐘型而聽邦政,不晝【10】寢、不飲酒、不聽樂、居不褻文,食不貳菜【11】、兼愛萬民而無有私也。【12】[40]

此文於傳世文獻中亦有記載,《慎子》曰:「魯莊公鑄大鐘,曹劌入見,曰:『今國褊小而鐘大,君何不圖之?』」[41]二文所言內容相符,《曹沫之陣》所載內容略為詳細,文意乃魯莊公欲鑄大鐘,曹劌見而勸諫魯莊公,認為魯國至今遭受多年侵略,國土日漸縮小,魯莊公應放棄物慾且追求國家進步,並以堯舜治天下為例曰:「昔堯之饗舜也,飯於土簋,欲於土鉶,而撫有天下。此不貧於美而富於德歟?」魯莊公反問曹劌:「至今是何人能兼併天下?」曹劌認為魯莊公必須「修政而善於民」,由此可見,曹劌的政治思想是以養民修政為主要理念,周邊鄰邦若有明君,它國強盛必定威脅魯國,因此魯莊公若能以德服民,便可防堵人民流失與它國併吞,若鄰國國君昏庸,魯莊公的賢德將成為兼併他國的重要利器,以此可見,曹劌所主張的兼併國家方式為「以德服國」,與「以武力服國」相差甚遠,魯莊公又以施伯為藉口曰:「昔施伯語募寡人曰:『君子得之失之,天命。』今異於爾言。」施伯言「君子得之失之,天命」表明未來的轉變無法預測,曹劌認為是魯莊公不了解施伯的言中之意,國君以賢德而失其地,確實是不可預測,國君無道而遭受災厄,卻是必然的結果,國君以賢德

40 高佑仁:《上海博物館藏戰國楚竹書(四)‧曹沫之陣》,頁33。

41 中國哲學電子化計畫《慎子》(http://ctext.org/shenzi/yi-wen/zh)

治國都不易保全國土，無道而行必定喪邦辱國，魯國至今外患問題嚴重，若不重視「修政養民」，國家必遭危害，魯莊公頓時醒悟，「乃命毀鐘型而聽邦政，不晝寢、不飲酒、不聽樂、居不褻文、食不貳菜、兼愛萬民而無有私也」，魯國國政至此產生重大轉變。

（二）備戰之道

備戰之道原文如下：

> 還年而問于曹【12】沬曰：「吾欲與齊戰，問陣奚如？守邊城奚如？」曹沬答曰：「臣聞之：『有固謀而無固城，【13】有克政而無克陣，三代之陣皆存，或以克，或以無，且臣聞之：『小邦居大邦之間，敵邦【14】交地，不可以先作怨，疆地毋先而必取□焉，所以拒邊；毋愛貨資、子女，以事【17】其便嬖，所以拒內；城郭必修，繕甲厲兵，必有戰心以守，所以出舍。不和于舍，不可以出陣，不和于陣，不可以戰』，是故夫陣者，三教之【19】末，君必不已，則由其本乎？」【20】莊公曰：「為和于邦如之何？」曹沬答曰：「毋獲民時，毋敚民利，【20】紳功而食，刑罰有罪，而賞爵有德，凡畜群臣，貴賤同等，祿毋背，《詩》固有曰：『豈【21】弟君子，民之父母。』此所以為和于邦。」莊公曰：「為和于舍如何？」曹沬曰：「三軍出，君自率，【22】必有二將軍，每將軍必有數大夫，每大夫必有數大官之師、公孫公子，凡有司率長【25】□□□□□□□□□□□□□□□□□□□□□□□□□，期會之不難，所以為和于舍。」莊公又問【23下】：「為和于陣如何？」答曰：「車間容伍，伍間容兵，貴【24上】位、重食，使為前行。三行之後，苟見短兵，什【30▽】伍之間必有公孫公子，是謂軍紀。五人以伍，一人

【26△】有多，四人皆賞，所以為斷。毋尚獲而尚聞命，【62▽】所以為毋退。率車以車，率徒以徒，所以同死【58】，有戒言曰：『奔，爾定訌；不奔，爾或興或康以【37下】會』，故帥不可使奔，奔則不行。戰有顯道，勿兵以克。【38】」莊公曰：「勿兵以克奚如？」答曰：「人之兵【38】不砥礪，我兵必砥礪。人之甲不緊，我國甲必緊。人使士，我使大夫。人使大夫，我使將軍。人【39】使將軍，我君身進。此戰之顯道。」【40】莊公曰：「既承教矣，出師有機乎？」答曰：「有，臣聞之：『三軍出，【41】其將卑、父兄不存、由邦御之，此出師之機』。」莊公又問曰：「三軍散果有機乎？」答曰：「有。臣聞【42】之：『三軍未成陣、未舍、行阪濟障，此散果之機。」莊公又問曰：「戰有機乎？」答曰：「有。其去之【43】不速，其就之不傅，其啟節不疾，此戰之機，是故疑陣敗，疑戰死。」莊公又問曰：「既戰有機乎？」答曰：「有。其賞鮮且不中，其誅重且不察，死者弗收，傷者弗問。[42]

莊公毀鐘隔年，齊國發兵伐魯，魯莊公欲與齊國一戰，因此問陣於曹劌，曹劌曰：「有固謀而無固城，有克政而無克陣」，此處說明曹劌認為抵禦外侮有兩項重要的基本條件，第一項為「完備的謀略」，第二項為「克敵的政治」，完備的謀略乃「小邦居大邦之間，敵邦交地，不可以先作怨，疆地毋先而必取□焉，所以拒邊」，魯國為小國，與鄰近國家不應主動挑起戰爭，亦不可以武力拓寬疆地，應拒絕擴張領地，而克敵的政治則是「毋愛貨資、子女，以事其便嬖，所以拒內」，切勿親近商人與美女，此類人口辯無實，易使魯莊公誤判國

42 高佑仁：《上海博物館藏戰國楚竹書（四）‧曹沫之陣》，頁34。

事，因此須保持距離；修整城池，擴充軍備，操兵演練，國人自然有備戰之心以抵禦外侮，上述皆備後便可集結兵力設置營區，若營中不團結，則無法出兵列陣，若列陣不團結，自然無法迎戰，因此列陣已是內政完備，營中團結後才需重視的步驟，魯莊公直接詢問列陣似乎並未了解戰前準備。

魯莊公又問：「如何造就國家團結？」曹劌言：「毋獲民時，毋敚民利。」使人民作息如常而不受壓迫；「紳功而食，刑罰有罪，而賞爵有德。」為賞罰分明，以德賞爵；「凡畜群臣，貴賤同等，祿毋背。」則是群臣皆是平等，俸祿如常；曹劌並以《詩經》「豈弟君子，民之父母」說明人民的父母乃有德之君。魯莊公又問：「如何使營中團結？」曹劌認為魯莊公必須親自帶三軍出征，且偕同兩位將軍及將軍麾下的大夫及大官，公孫、公子亦必須參戰，凡是有命令發布（於此缺文），定期的軍事會議則能如期舉行，便能使營中團結。莊公又問如何使陣列團結，曹劌舉出陣形「車間容伍，伍間容兵，貴位、重食，使為前行。三行之後，苟見短兵，什伍之間必有公孫公子，是謂軍紀」，獎懲方式為「一人有多，四人皆賞」。進軍時勿以獲得俘虜多寡為優先，而是以聽取號令為重，士兵因此奮而向前不退縮；後方車隊追隨前方車隊，後方士兵追隨前方士兵，隊伍同生共死，進軍中有士兵奔走必定造成部隊內鬨，士兵不奔走則可士氣大振與對方交鋒，使士兵不奔走是將領的職責，士兵不團結而奔走必定戰敗，因此戰勝之路並非單純以兵力攻打。莊公又問：「如何不單純以兵力攻打？」曹劌認為對方若無砥礪士兵，我方必定砥礪；對方以士出擊，我方則使大夫出擊；對方以大夫出擊，我方則使將軍出擊；對方以將軍出擊，我方則由魯莊公帶領全軍發動總攻擊，這便是戰勝的顯道。

莊公又問：「上述皆已達成，出師之忌為何？」曹劌認為將領比對方勢弱必然難以取勝，將領為獨子於戰場時必定怕死，於戰場上將帥無應變能力亦會戰敗；魯莊公又問：「是何種情況下兵力容易被擊散？」曹劌認為三軍出師而未列陣、未設營地、進軍受到阻礙，三者皆為兵力容易被擊散之主因；莊公又問：「交戰之忌為何？」曹劌認為發兵遲緩、猶豫不戰、見對方弱點而遲疑不前，因此疑戰、疑陣易導致戰敗；莊公又問：「戰時之忌又為何？」曹劌認為獎賞少而不平等、罰責重而不細察、不將已死之士屍骸帶回、不過問因戰受傷者，此為戰時之忌。

（三）復戰之法

復戰之法原文如下：

> 莊【45】公又問曰：「復敗戰有道乎？」答曰：「有。三軍大敗【46上】，死者收之，傷者問之，善于死者為生者，君【47▽】乃自過以悅于萬民，弗狎危地，毋火食【63上】，毋誅而賞，毋罪百姓，而改其將。君如規親率【27▽】，必聚群有司而告之，二三子勉之，過不在子在【23上】寡人。吾戰敵不順于天命』，返師將復戰【51下】必召邦之貴人及邦之奇士，御卒使兵，毋復前【29△】常。凡貴人使處前位一行，後則見亡，進【24下】則祿爵有常，幾莫之擋。」莊公又問曰：「復盤戰有道乎？」答曰：「有。既戰復舍，號令于軍中【50】曰：「繕甲利兵，明日將戰。」則廝徒煬，以盤就行，【51】毋怠，毋使民疑，及尔龜筮，皆曰『勝之』。改冒爾鼓，乃秩其備。明日復陣，必過其所，此『復【52】盤戰』之道。」莊公又問曰：『復酣戰』有道乎？」答曰：「有。必【53上】失車甲，命之毋行，明日將戰，使為前行。諜人【31▽】來告曰：「其將帥盡傷，車輦皆栽，

> 曰：將早行。』乃命白徒早食輂兵，各載爾藏。既戰，將量為之【32】，慎以戒，焉將弗克？毋冒以陷，必過前攻。【60下】賞獲飾葸，以勸其志。勇者喜之，惶者謀之，萬民【61△】、黔首皆欲克之，此『復甘戰』之道。」莊公又問【53下】曰：「『復苦戰』有道乎？」答曰：「有。收而聚之，束而厚之，重賞薄刑，使忘其死而獻其生，使良【54】車、良士往取之餌，使其志起，勇者使喜，葸者思使悔，然後改始，此『復苦戰』之道。」【55】[43]

魯莊公問：「若戰敗後欲再復戰有何方法？」曹劌認為三軍皆敗後，將捐軀的將士帶回，慰問受傷之士，誠心安葬死者使生者安心，其後國君應自罪以對人民，勿靠近危險之地，勿吃熱食，不罪罰他人而贈與將士獎勵，勿怪罪百姓，撤換將領，並命令各司傳令：「二三子勉之，過不在子在寡人，吾戰敵不順於天命。」再向邦中招攬貴人、奇士訓練兵卒，以此改變先前戰術，復戰時使貴人、奇士排於第一行，將戰線向前推進，有進者則可封官授爵，如此一來敵軍便難以抵禦；魯莊公又問：「復戰後戰況膠著如何得勝？」曹劌認為戰後回至營地，命令士卒整裝軍備，增加伙食以待再復盤戰，不可停怠，亦不可使士兵產生疑慮，為了重振士氣，因此占卜後無論占卜為何皆曰勝，改換戰鼓鼓皮，再整秩序以備戰，明日再盤戰，原本膠著的戰況便能化解。莊公又問：「若是最後一搏將如何得勝？」曹劌認為應放棄車甲改採肉搏為主，命全軍不可前進，兵士皆為前行，探子回報敵軍狀況曰：「其將帥盡傷，車輦皆栽，曰：將早行。」命令全軍早起而食，戰前告誡部將，需量力而為且謹慎應戰，必定克敵方之將，切勿

---

43 高佑仁：《上海博物館藏戰國楚竹書（四）·曹沫之陣》，頁36。

冒險受陷，必能向前推擊。獎賞部將以示鼓勵，勇者欣喜，心中忐忑者亦為獲獎賞而相謀對策，全軍以待克敵之時，此為復酣戰之道。魯莊公又問：「若是復戰而遭遇苦戰又該如何？」曹劌認為若是處於苦戰，應將分散的兵力聚集，並將陣形加厚，對士兵重賞輕罰，使士兵願意獻出生命，並派遣良士良車衝敵取功，使軍中士氣大振，獎勵勇者使勇者歡喜，有意脫逃者則會後悔，此為復苦戰之道。

（四）固邦之本

固邦之本原文如下：

> 莊公又問曰：【55】「善攻者奚如？」答曰：「民有保，曰城，曰固，曰阻，三者盡用不棄，邦家以宏。善攻者必以其【56】所有，以攻人之所亡有。」莊公曰：「善守者奚如？」答曰：【57△】「其食足以食之，其兵足以利之，其城固【15▽】足以捍之，上下和且篤，繲紀于大國親之，天下【6△】不勝。卒欲少以多，少則易察，迄成則易【46下】治。果勝矣，親率勝。使人，不親則不敦，不和則不篤，不義則不服。【33】莊公曰：「為親如【33】何？」答曰：「君毋憚自勞，以觀上下之情偽，匹夫寡婦之獄訟，君必身聽之。有智不足，無所【34】不中，則民親之。」莊公又問：「為和如何？」答曰：「毋嬖于便嬖，毋長于父兄，賞均聽中，則民【35】和之。」莊公又問：「為義如何？」答曰：「陳功尚賢。能治百人，使長百人；能治三軍，使帥。授【36】有智，予有能，則民義之。且臣聞之：『卒有長、三軍有帥、邦有君，此三者所以戰』，是故長【28】民者毋攝爵，毋御軍，毋避罪，用都教于邦【37上】于民。」莊公曰：「此二者足以戰乎？」答曰：「戒。勝【49▽】不可不慎。不

> 卒則不恒，不和則不篤，不謙畏【48Δ】其志者，寡矣。」【59▽】莊公又問曰：「吾有所聞之：『一【59▽】出言三軍皆勸，一出言三軍皆往』，有之乎？」答曰：「有。盟【60上】盍鬼神勅武、非所以教民，□君其知之。此【63下】先王之至道。」莊公曰：「沫，吾言寔不，而毋惑諸小道歟？吾一欲聞代之所。」曹沫答曰：「臣聞之，昔之明王之起【64】于天下者，各以其世，以及其身。』今與古亦間【65上】不同矣，臣是故不敢以古答。然而古亦【7下】有大道焉，必恭儉以得之，而驕泰以失之。君其【8上】亦唯聞夫禹、湯、桀、紂矣。【65下】」[44]

魯莊公又問曹劌：「善攻者常用的攻擊方式為何？」曹劌認為國家人民的保護有城郭、天險以及險阻，三者皆用，則國家則能安穩強盛，而善攻者必定以自己所擁有的能力，攻擊別人所欠缺的地方；莊公又問：「善守者常用的防禦措施為何？」曹劌認為人民有足夠的食糧，兵力精良且強健，城池堅固足以防禦，上下和諧篤敬，緊密與大國往來，與各地諸侯和諧相處。兵少而精則容易控管，紀律養成則容易統帥。與人相處，不親近人民則人民不會真誠，不和於人則人民不會對你篤敬，為人不正直則人民不服。

莊公問：「如何能使人民親近？」曹劌認為要觀察人民與政府之間的關係，且切勿覺得辛勞，人民獄訟之事，雖有時難以裁決，但必須保持公平，如此人民便會親近；莊公又問：「如何使人民團結？」曹劌認為勿喜好花言巧語的奉承，勿凌駕自己的父兄，賞罰分明，則人民自然團結；魯莊公又問：「什麼是自己應盡的責任？」曹劌認為魯莊公應提拔人才，能夠治理百人部隊之人，任命為百人長，能統帥

---

44 高佑仁：《上海博物館藏戰國楚竹書（四）·曹沫之陣》，頁37。

三軍之人，則任命為將帥，將官位賦予有能力的人才，則人民便會盡其本職，士卒有長治理，三軍有將帥統領，國家有明君治理，三者皆備才可一戰，因此執政者不可隨意分封授爵，不可輕易指揮軍隊，更不可以逃避責任，應以美德統治國家，親和人民；莊公又問：「達成以上便可與齊一戰？」曹劌阻止魯莊公的興奮之情，並勸諫魯莊公戰勝時不可以不謹慎，不堅持到最後勝利便不會永恆，不親和人民則人民不會篤敬，不謙虛而戰勝的人，是很少的。

莊公又問：「我曾聽過一言發兵三軍皆勸，也聽過一言發兵三軍皆服從，是否真是如此？」曹劌認為此事確實存在，並提醒魯莊公，只重祭祀而輕忽軍事，這不是教民之道，魯莊公必須理解先王之道，魯莊公則驚訝的問先王之道，曹劌言：「古代賢明的國君，都是投身亂世，並以自己的德行平定天下。雖然現今與以往不同，但大道仍然存在，必定以恭儉取得天下，驕傲必定失去天下，大禹、商湯、夏桀、商紂都是最好的例證。」

以上乃筆者依據《上海博物館藏戰國楚竹書（四）．曹沫之陣》所重整之釋文所譯，《曹沫之陣》的曹劌形象將由下節論述。

第三節　《曹沫之陣》曹劌形象分析

在分析《曹沫之陣》曹劌形象之前，筆者先對《曹沫之陣》所記錄的內容作時間上的推定，筆者由「還年而問於曹沫曰：『吾欲與齊戰，問陣奚如？守邊城奚如？』」此句判定，視《春秋》所載，自魯莊公元年至魯莊公三十二年，魯莊公與齊國交鋒只有兩次，一次為莊公九年「秋：七月丁酉，葬齊襄公。八月，庚申，及齊師戰于乾，我師敗績。九月，齊人取子糾殺之。」另一次為莊公十年「春：王正月，公敗齊師于長勺。」兩次對戰只有「長勺之戰」乃齊國主動發兵伐魯，《左傳》與《國語》二書亦於此處初次記錄曹劌，據此《曹沫之陣》所載之時間為《春秋》莊公十年「長勺之戰」前魯莊公與曹劌的談話。筆者此節將以「乾之戰」後至「長勺之戰」前為時代背景，將曹劌形象分為四類而論：一、直言不諱的忠臣形象；二、賞罰分明的正直形象；三、以民為主的愛民形象；四、慎戰且不懼戰的軍事家形象；由下文分述之。

（一）直言不諱的忠臣形象

曹劌直言不諱的性格出現於各史書之中，而《曹沫之陣》所記錄的曹劌性格，由第一段便有明顯呈現，《曹沫之陣》曰：

> 魯莊公將為大鐘，型既成矣，曹沫內見曰：「昔周室之封魯，東西七百，南北五百，非山非澤，亡有不民，今邦彌小而鐘愈大，君其圖之。[45]

《曹沫之陣》所記載的內容與《慎子》佚文相似，曰：「魯莊公鑄大鐘，曹劌入見，曰：『今國褊小而鐘大，君何不圖之？』」[46]《慎子》此段雖記錄魯莊公鑄大鐘，但文中並未提及事件時間與事件發展，明代何楷於《詩經世本古義》曰：「魯莊公鑄大鐘，而國小鐘大，曹劌譏之。」[47] 何楷認為曹劌譏諷魯莊公是因為魯莊公過度自滿，但筆者按第四章剖析魯莊公九年之魯國現況「乾之戰時魯國所耗極巨，導致魯國必須殺公子糾與交還管仲，才能避免齊國的征伐，魯國於此戰後

---

45 高佑仁：《上海博物館藏戰國楚竹書（四）‧曹沫之陣》，頁33。

46 中國哲學電子化計畫《慎子》（http://ctext.org/shenzi/yi-wen/zh）

47 〔明〕何楷：《詩經世本古義》（上海市：人民出版社，文淵閣四庫全書）。

實力應是不堪一擊」[48]以此為時間背景，可得知魯莊公自乾之戰後並未記取教訓，仍然鑄大鐘以示地位，此舉令曹劌相當不滿，因此以「君其圖之」反諷魯莊公，然學者釋「君其圖之」一詞仍是相當模糊，廖名春先生於〈楚竹書《曹沫之陣》與《慎子》佚文〉中曰：

> 「君其圖之」與「君何不圖之」都表示曹劌的強烈要求，希望魯莊公重新考慮「鑄大鐘」之事。[49]

廖名春先生只說明曹劌阻止魯莊公鑄大鐘，但「君其圖之」與「阻止鑄鐘」有何相關性，此為筆者必須討論之問題。

筆者認為「君其圖之」一詞應拆開為「君」、「其」、「圖」、「之」分別分析，「君」字是指「魯莊公」，「其」字指「祈使」，「圖」字為「謀劃、規劃」，「之」字則代表「某件事」，這「之」字必須與鑄大鐘有關，因此筆者查找鑄鐘的原由，發現鐘雖指音樂所用的禮器，但鑄鐘的原因則有不同，除國際地位國力展現外，另有一項為記錄功勳之用，筆者以現存於國立故宮博物院「宗周鐘」為例：

> 「宗周鐘」，又名「㝬鐘」、「胡鐘」，為西周厲王所製的祀祖樂器，造型嚴整、銘辭淵雅，是存世最重要的天子作器。鐘身兩面共飾三十六枚高突的長形乳丁，甬柄高直，氣勢莊嚴。銘文123字（重文9、合文3），自鐘體正中鉦部讀起，接鼓左，再轉至背面鼓右，作器者「㝬」，《史記．周本紀》記周厲王名「胡」，「胡」「㝬」二字音近可通，故

48 見第四章第三節。

49 廖名春〈楚竹書《曹沫之陣》與《慎子》佚文〉，簡伯研究網，2005年2月12日，（http://www.jianbo.org/admin3/2005/liaominchun003.htm）。

學者推定器主為周厲王。銘文意謂：厲王遵循文王、武王之德，勤奮于四域疆土的鞏固。時有南方的濮國之君，大膽來犯周土，厲王率軍親征，追至濮國都城，濮君于是遣使表示臣服，同時南方及東方的二十六個邦國代表，也隨同覲見。厲王為感謝上帝與百神的保祐，作此「宗周寶鐘」，以誌功勳、以陳宗廟奏樂，並祈先王降福子孫，永保四方太平。宗周鐘于清代初期已入藏宮中，何時出土，未見著錄。1978年陝西扶風齊村出土「㝬簋」，鑄銘一二四字，也是厲王胡精鑄的禮器，可與本鐘參證。[50]

宗周鐘金文圖

在上文中可見，周厲王作鐘的主要目的是戰勝侵略周朝的濮國，以鑄鐘鳴樂感謝先主庇佑與未違背先主之遺志，反觀魯莊公內政不

50 國立故宮博物院（http://www.npm.gov.tw/exh99/bell/2_ch.htm）

修、外患不敵，卻想鑄大鐘以示其功，因此「之」字應為「記錄功名」，曹劌直言反諷魯莊公「未有功勳而貪圖名聲」並以堯舜為例曰：

> 昔堯之饗舜也，飯于土簋，欲于土鉶，而撫有天下。此不貧于美而富于德歟？[51]

勸諫魯莊公應注重道德，切勿徒勞無功又好大喜功。曹劌直言不諱的性格不只呈現於《曹沫之陣》與《慎子》二書，《公羊傳》亦有記錄，於《公羊傳》莊公十三年「柯之盟時」，曹劌言：「城壞壓竟，君不圖與。」反諷齊桓公企圖侵佔魯國，不過也因為曹劌直言不諱的性格，魯莊公受此激勵，因此「乃命毀鐘型而聽邦政，不晝寢、不飲酒、不聽樂、居不褻文、食不貳菜、兼愛萬民而無有私也」，魯國國力也由此向上攀升。

（二）賞罰分明的正直形象

一個國家的強盛往往取決於國家制度的完備與優良，視秦代商鞅變法，秦國由邊陲擠進七雄之列，皆為優良內政所造就的，曹劌所規劃的內政革新也具備此種理念，自魯莊公即位之後，魯國內政受到外戚干涉，魯莊公庶兄亦私自會盟、征伐，內政問題變成魯國衰敗的主要因素，因此曹劌替魯莊公奠定了一套賞罰標準，原文如下：

> 紳功而食，刑罰有罪，而賞爵有德，凡畜群臣，貴賤同等，祿毋背。[52]

---

51 高佑仁：《上海博物館藏戰國楚竹書（四）‧曹沫之陣》，頁33。

52 高佑仁：《上海博物館藏戰國楚竹書（四）‧曹沫之陣》，頁34。

曹劌所建立的賞罰標準主軸明確為「凡畜群臣，貴賤同等」，官員應以平等方式對待，因功加祿、有罪則罰、視德加爵正是賞罰分明的正直形象。

（三）以民為主的愛民形象

國家的繁榮與壯盛，需要政府與人民之間的和諧，而人民的需求是什麼？曹劌言「毋獲民時，毋敓民利」，糧食是人民生存的命脈，曹劌以此勸戒魯莊公勿貪求兵力而使人民貧窮，國君應重視人民耕種的時間，切勿剝奪而為了練兵，先秦諸子亦有此種理念之思想家，如《孟子．梁惠王》曰：「百畝之田，勿奪其時。」[53]《管子．小匡》亦曰：「無奪民時，則百姓富。」[54]國家的稅收來自人民工作所帶來的財富，若魯國人民富足，自然納稅正常，若人民貧窮而誠徵暴斂，國家動亂在所難免。曹劌的愛民思想並非只有如此，魯莊公問曹劌如何使百姓親近，曹劌回答：

> 君毋憚自勞，以觀上下之情偽，匹夫寡婦之獄訟，君必身聽之。有不足，無所不中，則民親之。[55]

曹劌認為身為國君，必須了解人民與政府之間的關係，更要親身體會與了解人民的處境，「匹夫、寡婦」可視為弱勢，若能了解弱勢的苦衷且賞罰中正，人民會因信任而親近，愛民形象至此可見；曹劌此言與《尚書．康誥》極為類似，曰：「惟乃丕顯考文王，克明德慎罰，

---

53 〔清〕阮元校刊：《十三經注疏．孟子》（臺北市：藝文印書館，1979年3月），頁24。
54 顏昌嶢：《管子校釋》（長沙市：岳麓書社，1996年2月），頁191。
55 高佑仁：《上海博物館藏戰國楚竹書（四）．曹沫之陣》，頁37。

不敢侮鰥寡。」[56]文中成王告誡康叔，應以武王為榜樣，發揚武王美好的德行，並謹慎刑罰，更不敢輕視孤苦無依之人，由此可見曹劌愛民乃延續文武之德，可謂安國之道。

（四）慎戰且不懼戰的軍事家形象

《曹沬之陣》中提及的軍事部分佔總數的五分之四，筆者將此篇幅分為三個階段：一、備戰；二、戰時；三、復戰；下文分述之。

1 備戰

備戰是指戰前的準備，曹劌認為魯莊公雖修政善民，但實力仍舊不足，因此以「小邦居大邦之間，敵邦交地，不可以先作怨，疆地毋先而必取□焉，所以拒邊。」提醒魯莊公魯國國力並非完備，據上述曹劌所言「敵邦交地，不可以先作怨」代表曹劌的戰略方針是以防守為主要目的，並以「縪紀於大國親之」說明應與大國建立良好關係，由此見得曹劌的戰爭策略並非以攻為主，而是以守代攻，因魯莊公與齊戰，所以問於曹劌，曹劌只能繼續解說戰事布局與備戰之法。

曹劌認為，需要經過三階段才有條件發動戰爭，備戰的第一階段為「城郭必修，繕甲厲兵，必有戰心以守，所以出舍」，城郭的修建與擴充軍備是戰爭所必須的，在完成此二項之後，才是集結兵力，「舍」便是將軍力集結至一處，此為第一階段。

第二階段為「和於舍則可出陣」，集結兵力時需要注重選用的將領以及軍長，曹劌以「陳功尚賢。能治百人，使長百人；能治三軍，使帥。授有智，予有能。」說明舉薦之標準，能掌控百人的則為百人長，能統帥三軍的則為將帥，「授有智，予有能」便是「選賢與能」，

56 〔清〕阮元校刊：《十三經注疏．尚書》（臺北市：藝文印書館，1979年3月），頁201。

此說法雖然籠統，卻是最困難的選擇；集結兵力須由國君親率，國君之下有兩位將軍，將軍率領大夫，大夫率領大官之師，公孫公子亦須參戰，而司率領百人長，於營地按時舉辦軍事會議，使軍中和諧一心，筆者將此制度以下表示之：

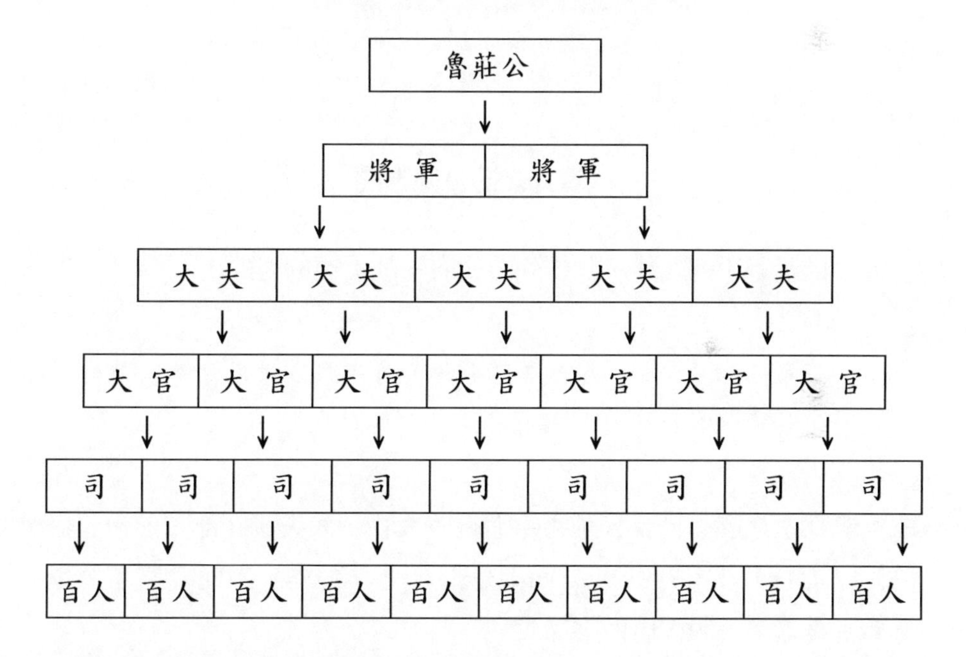

於此表可見曹劌對軍事階級的分配相當清晰，兵服從百人長，百人長服從司，司服從大官，大官服從大夫，大夫服從將軍，將軍服從魯莊公，魯莊公具有統領全軍之職權，亦便於發布軍令，此為第二階段和於舍。

第三階段則為「和於陣則可戰」，曹劌所排陣形為「車間容伍，伍間容兵，貴位、重食，使為前行。三行之後，苟見短兵，伍之間必有公孫公子，是謂軍紀。」若以圖片顯示則如下圖：

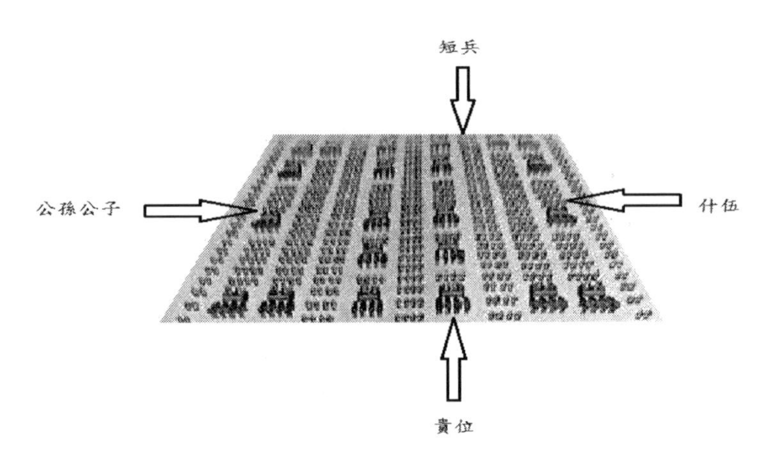

《曹沫之陣》陣形圖

上圖可見曹劌所列之陣，此排列方式有一項重要的目的：

> 有戒言曰：「奔，爾正訌；不奔，爾或興或康以會。」故帥不可使奔，奔則不行。戰有顯道，勿兵以克。

視上圖兵伍之間有公孫公子乘車而行，大官、大夫皆在部隊前後，目的除了能提升士氣，另一方面則是抑止士兵奔逃，因此曹劌才會以「奔，爾正訌」說明將帥之職責。

以上所述曹劌設定的三個備戰階段，一為修城厲兵，二為確立位階與傳遞命令方式，三為擺列陣形，此三步驟規劃整密，由此可見曹劌是一位心思緊密且具有組織能力的軍事家。

2 戰時

「勿以兵克」曹劌之言乃是戰勝並非單純以兵力多寡而論，而是以士氣強弱決定勝敗，如何以士氣壓制敵方，曹劌言：

> 人之兵不砥礪，我兵必砥礪。人之甲不緊，我國甲必緊。人使士，我使大夫。人使大夫，我使將軍。人使將軍，我君身進。此戰之顯道。[57]

上文所言「砥礪」就是提振士氣，當對方士氣鬆散而我方士氣強盛，則短兵相接時便可以氣勢壓制對方；當對方氣勢鬆散整裝隨便，則短兵相接之時必然略勝一籌；當對方以士出擊，我方則以兵力較多的大夫出擊，當對方使大夫出擊，則我方則使指揮三軍之一的將軍出擊，當對方以將軍出擊時，我方則由魯莊公統領三軍進行總攻擊，此種出擊方式除提振士氣外，亦有以強擊弱為目的，此為戰勝之道，此戰法於文後有言曰：「善攻者必以其所有，以攻人之所亡有。」[58]善功之人必定以自己所有的攻擊對方所沒有的。

戰時亦有需要注意的事項，曹劌指出四點：一、「三軍出，其將卑、父兄不存、由邦御之，此出師之機」；二、「三軍未成陣、未舍、行阪濟障，此散果之機」；三、「其去之不速，其就之不傅，其啟節不疾，此戰之機」；四、「賞鮮且不中，其誅重且不察，死者弗收，傷者弗問」；曹劌所言的四項注意事項亦有按照先後順序，先論戰時率兵的注意事項：三軍出師時，若將帥士氣低落則容易導致戰敗；將帥若為獨子，則容易膽怯無法全力應戰，亦容易導致戰敗；全軍皆由魯莊公指揮，將帥缺乏應變能力，亦容易導致戰敗；上述三點為率兵時應注意的事項。其次為兵力潰散的注意事項：若三軍於戰場時未成陣，則難以操控與指揮，容易導致兵力潰散；若未設立軍營，則將帥無處休息，更無法擬定戰略，容易導致兵力潰散；行軍時受到阻礙與困難，士氣必會銳減，因此容易導致兵力潰散；以上三點為防止兵力潰

57 高佑仁：《上海博物館藏戰國楚竹書（四）．曹沫之陣》，頁35。

58 高佑仁：《上海博物館藏戰國楚竹書（四）．曹沫之陣》，頁36。

散的注意事項。其三為戰略的注意事項：在行軍時應迅速直達營地，若無法速行則容易導致敵軍先擊或埋伏；在營區集結後，猶豫出兵與否而消耗糧食與戰力，軍中必然士氣消沉，因此猶豫容易導致戰敗；戰時察覺對方弱點而猶豫不攻，則會喪失戰勝的機會；以上三點為謀定戰略時的注意事項。第四點則是獎懲的注意事項：獎勵次數過少與不公正，容易使士氣散漫；罰責重而不細查緣由，容易使士兵恐懼而士氣潰散；殉國之將士並未在休兵時帶回，如同棄之不顧，士兵見此狀除恐懼外亦有憤恨；為戰而受傷者不聞不問，士兵則漸漸與國君疏離，士氣必然衰弱；此為獎懲的注意事項。

綜合上述，曹劌認為戰勝之法分為四種，一、士氣強盛；二、準備周延；三、迅速勿疑；四、獎懲得當；由此可見曹劌是一位「重團結」、「重士氣」的軍事家，戰法以迅速為主要目的。

3 復戰

「復戰」是代表第一次戰敗後再次迎戰，但戰敗已是事實，士氣難免低落，因此重整士氣必然重要，曹劌提出方法如下：

> 三軍大敗，死者收之，傷者問之，善于死者為生者，君乃自罪以悅于萬民，弗狎危地，毋火食，毋誅而賞，毋罪百姓，而改其將。君如規親率，必聚群有司而告之，「二三子勉之，過不在子在寡人。吾戰敵不順于天命」，返師將復戰必召邦之貴人及邦之奇士，御卒使兵，毋復前常。凡貴人使處前位一行，後則見亡，進則祿爵有常，幾莫之擋。[59]

59 高佑仁：《上海博物館藏戰國楚竹書（四）·曹沫之陣》，頁37。

當三軍大敗後，曹劌認為魯莊公身為三軍統帥應承擔全數責任，收殮死者、慰問傷者，自罪以藉此拉攏人民與魯莊公之間的關係，並且善待將士，獎勵無罰以示感謝，換用先前戰敗的將領，除了將領有可能領導能力不足外，亦可使意志消磨的將領稍作歇息，魯莊公需親自聚集各司，以「二三子勉之，過不在子在寡人。吾戰敵不順於天命」自罪其過並勉勵將士以此增加士氣，反師復戰前，應徵求國中的人才，並將新招募的人才列於前行，若能突破困境則加官晉爵，此為敗戰後的復戰準備。

復戰準備結束後，曹劌提及復戰時的戰況，戰況可分為三種，一為盤戰，二為酣戰，三為苦戰，盤戰時的應變方法：「盤戰」乃戰況激烈，部隊往返戰場與軍營之間，於部隊歸營後，應立即整備軍甲，而飲食應以簡便快速為主，切勿怠惰鬆散使士兵疑慮，疑慮容易使士氣潰散，並於占卜勝敗之時，無論結果如何都必須公佈占卜結果為「勝」，並更換新的戰鼓鼓皮使士氣大增，明日再戰時便能突破現況。酣戰時的應變方法：「酣戰」乃戰至最後，一決雌雄之時，此時應撤下車甲改採肉搏為主，明日決勝之時必須及早發兵，因此提早飲食時間，並告誡下屬酣戰之時應量力為之，並且謹慎判斷，不可冒險猛進使自己深陷危險，並在當下將奪取的財物賞於下屬，使全軍期待明日戰勝。苦戰時的應變方法：「苦戰」代表戰況不利於己方，此時必須將奔散的兵力集結，使兵力加厚，並增加獎賞減輕罰責，以利為主，使士兵願意奉獻生命，並派一支精銳部隊衝殺敵方，使後方士兵燃起鬥志，勇者得賞賜後而歡喜，欲避戰者後悔而奮力一戰，便能改變弱勢的狀態。

上述曹劌所提供的復戰建議，由此可見曹劌善於利用人心，以利而增加士氣，更能因戰況快速決定戰略，然有一事必須提及，曹劌認為祭祀並不能改變戰況，而是士氣能改變戰況，除「及尔龜筮，皆曰

『勝之』」以外，於後「盟盂鬼神勑武、非所以教民，□君其知之」亦是此意，曹劌為「善心計」與「反對崇信」兩種形象。

綜合上述《曹沫之陣》所記錄的曹劌形象，筆者分為四類，對魯莊公而言曹劌形象乃「直言不諱的忠臣形象」，對賞罰制度而言曹劌形象乃「賞罰分明的政治形象」，對人民言曹劌形象乃「以民為主的愛民形象」，對軍事而言曹劌形象乃「心思緊密、具有組織能力、善謀略、重團結、重士氣、善心計與反對崇信的軍事家形象。」先秦至漢代史料與《曹沫之陣》曹劌形象之差異由下節述之。

第四節　先秦至漢代史料與《曹沫之陣》曹劌形象之異同

筆者於上節說明《曹沫之陣》所記錄的時間應於乾之戰後至長勺之戰前，若再細分則是「莊公毀大鐘」於莊公九年，「魯莊公欲與齊戰」為莊公十年，記載此事之史書為《國語》、《管子》與《左傳》，筆者於第四章時，曾以圖表呈現乾之戰後至公敗齊師於長勺之史料流程，筆者將《曹沫之陣》代入此表，所得如下：

《曹沫之陣》記錄時間表

莊公九年　乾之戰

↓（長勺之戰起因）

左傳	未述。	管子	桓公與宋夫人飲船中，夫人蕩船而懼公，桓公欲伐宋，管仲諫之，公不聽，果伐宋，諸侯興兵而救宋，大敗齊師。

↓（齊桓公大敗）

左傳	未述。	管子	桓公將伐魯，曰：「魯與寡人近，於是其救宋也疾，寡人且誅焉。」管仲諫之，公不聽，興師伐魯，造於長勺。
曹沫之陣	魯莊公毀大鐘		

↓（長勺之戰前）

左傳	曹劌問戰於莊公，莊公曰：「小大之獄，雖不能察必以情。」曹劌言可以一戰。	管子	未述
曹沫之陣	魯莊公欲與齊戰		

↓（長勺之戰時）

左傳	夫戰，勇氣也。一鼓作氣，再而衰，三而竭。彼竭我盈，故克之。夫大國難測也。懼有伏焉，吾視其轍亂，望其旗靡，故逐之。	管子	未述

↓（長勺之戰結果）

左傳	遂逐齊師既克。	管子	魯莊公興師逆之，大敗之。

據上圖可見《曹沫之陣》所載的歷史史料應與《左傳》相同，但《曹沫之陣》所呈現的曹劌形象較《左傳》多元與全面，因此此節筆者將分為兩點討論：一、《曹沫之陣》與傳世文本所載之歷史事件異同；二、《曹沫之陣》與傳世文本所載之形象異同；於下文分述之。

（一）《曹沫之陣》與傳世文本所載之歷史事件異同

與《曹沫之陣》史料時間相符者共有《左傳》與《國語》二書，然《曹沫之陣》所記錄的用兵之法，亦與魯國之後的戰役戰略相似，但並非全數相符，因此筆者於此文將分為兩項探討：一、傳世文獻與《曹沫之陣》歷史事件相同處；二、傳世文獻與《曹沫之陣》歷史事件相異處；下文分述之。

1 傳世文獻與《曹沫之陣》歷史事件相同處

傳世文獻與《曹沫之陣》共有五處相合，第一處相合出現於《曹沫之陣》「今邦彌小而鐘愈大，君其圖之」，視魯國歷史，自魯桓公死於齊國之後，齊襄公漸漸將勢力往西延伸，《春秋》記載「公會齊人、宋人、陳人、蔡人伐衛」、「師及齊師圍郕，郕降于齊師」皆直言齊國侵略西方個諸侯國，尤其魯國乃齊國之鄰國，齊襄公除侵略外，亦以文姜的身分使外戚操控魯國政治，齊國侵略魯國國土由「師及齊師圍郕，郕降于齊師」便可得知，齊國已跨越了汶河佔領魯國首都曲阜以北，原本周王室所分封的土地遭受剝削，據此《曹沫之陣》「邦彌小而鐘愈大」 確實符合魯莊公九年當時的外在環境。

第二處相合為《曹沫之陣》「小邦居大邦之間，敵邦交地，不可以先作怨，疆地毋先而必取口焉，所以拒邊」，魯國遭受長年的剝削以後，國土已大不如前，視鄰近各國的勢力範圍，北有齊國、西有衛國、南有宋國，確實處於大國之間，且衛國多次侵佔魯地，交惡時間相當漫長，而齊國又侵略魯國並操控魯國政治，交惡自魯桓公開始，宋國雖無交惡記錄，但與齊國多年交好，亦是魯國之患，《曹沫之陣》點出了魯國現存的國力與外交狀態，符合傳世文線所載之內容。

第三處為《曹沫之陣》「三軍出，君自率」，《左傳》所記「戰則請從公，與之乘」，據《曹沫之陣》所言，魯莊公必親自率兵攻打，《左傳》所記錄的長勺之戰，魯莊公確實照曹劌所言親自督軍參戰，魯莊公親自帶兵出征的目的於《曹沫之陣》文中得知「人使士，我使大夫。人使大夫，我使將軍。人使將軍，我君身進。」是以兵力及氣勢取勝，反觀齊國於長勺之戰的出兵狀態，《管子》記載「吾兵猶尚少，吾參圍之，安能圍我？」兵少且齊桓公並未參戰，士氣不足又缺乏指揮，與《曹沫之陣》所言不謀而合，齊師敗戰必是當然。

第四處為《曹沫之陣》「三軍未成陣、未舍、行阪濟障，此散果之機。」曹劌認為未成陣、未舍、行阪濟障三種原因容易使士氣潰散，此言與《左傳》莊公十一年「公敗宋師於鄑」相符，原文為：「宋為乘丘之役，故侵我。公禦之，宋師未陳而薄之，敗諸鄑」，宋國於乘丘之役遭受魯國襲擊，因此莊公十一年時出兵伐魯，但兵力薄弱而未成陣，被魯軍擊潰，按《曹沫之陣》曹劌所提的散果之忌，與宋師敗戰的原因相符。

第五處為《曹沫之陣》「復戰之道」，《曹沫之陣》與其餘兵書不同處為專論「戰敗」之事，自乾之戰後，魯國國力相當衰弱，《左傳》亦有提及曹劌問戰於莊公代表魯國國力不足，呈現以寡擊眾，以弱勝強之法，符合「乾之戰」後魯國的國力。

綜合以上五項相合《曹沫之陣》與傳世文獻歷史事件相同處，由此可見《曹沫之陣》所載之內容與歷史相符，但以上只針對與史料相合之處，差異之處則由下文述之。

2 傳世文獻與《曹沫之陣》歷史事件差異處

《曹沫之陣》與傳世文獻就歷史事件而言是有些許差異的，筆者舉出兩點，第一點為《曹沫之陣》「還年而問於曹沫曰：『吾欲與齊戰，問陣奚如？守邊城奚如？』」此處所載與《國語》及《左傳》不符，《國語》曰：「長勺之役，曹劌問所以戰於莊公。」《左傳》曰：「公將戰，曹劌請見。其鄉人曰：『肉食者謀之，又何閒焉？』劌曰：『肉食者鄙，未能遠謀』。乃入見，問何以戰。」此二書皆載曹劌原為國人，直至「長勺之戰」時才入宮問戰，宋代學者呂祖謙據此說於《左氏傳續說》言：

> 劌平時初，未嘗仕于魯，何故卻自出來為之謀？蓋魯是劌父母之邦，前年乾時之戰，社稷必危，劌不忍坐視父母之邦至于殄滅，其勢不得不自出來向使，大勢未到急處時，劌亦未便自出，以此見乾時之戰，是魯大敗處，況當其時，齊之興勢方強，而魯之在位者，又皆非深謀遠慮之士，劌于此不出，則魯未必有復存之理，故自此長勺既勝之後，魯卻用曹劌于朝覲諫，觀社處便見。[60]

而《曹沫之陣》則證實曹劌並非於「長勺之戰」時才自薦入宮，見《曹沫之陣》「魯莊公毀大鐘」乃於莊公九年，此時曹劌與魯莊公親近，又於曹劌直言不諱諷刺魯莊公，魯莊公並未責罰曹劌，可見當時曹劌受魯莊公器重，再者《左傳》所記「乃入見，問何以戰。」此說並不合理，魯莊公為何聽信來路不明之人所提出的建議，若曹劌為間

60 〔宋〕呂祖謙：《左氏傳續說》（上海市：人民出版社，文淵閣四庫全書），卷3。

諜，魯莊公必是引狼入室，由此可見《左傳》論曹劌為貧民之說不足採信，曹劌應為魯國大官，且為魯莊公親信，《曹沫之陣》較合乎史實。

第二點為《曹沫之陣》「匹夫寡婦之獄訟，君必身聽之。有智不足，無所不中，則民親之。」《國語》及《左傳》皆載「公曰：『小大之獄，雖不能察，必以情。』對曰：『忠之屬也，可以一戰。』」由上可見「獄訟以情」一事，於《曹沫之陣》 所載並非魯莊公平時之作為，而是曹劌提醒魯莊公必須使人民親近，而《國語》及《左傳》則是魯莊公已完成之行為，二者雖有不同，但主旨皆為「魯莊公聽獄訟以情斷之」。

綜合上述《曹沫之陣》與傳世文獻之歷史事件差異，可見曹劌於莊公九年前便已任官，而《左傳》所言曹劌出於國人之說，則有不合理之處，而「獄訟以情」雖為不同人所言，但與結果一樣，據此《曹沫之陣》與傳世文獻歷史事件差異並無過大分歧。

（二）《曹沫之陣》與傳世文本所載之形象異同

據第三節所呈現《曹沫之陣》曹劌形象，筆者將此形象與史書所記之形象對照，筆者已下表示之：

文獻記錄曹劌形象總表

史書	形象
國語	重團結、忠心、守禮
管子	堅忍、狡詐、勇、忠心
戰國策	猛將、勇、善謀略、忠心
呂氏春秋	狡詐、勇、忠心
孫子兵法	勇、忠心

史書	形象
左傳	重團結、忠心、守禮
公羊傳	勇、忠心、善謀略
穀梁傳	勇、忠心、善謀略
鶡冠子	猛將、勇、善謀略、忠心
史記	勇、善謀略
曹沫之陣	忠臣、賞罰分明、愛民、心思緊密、具有組織能力、善謀略、重團結、重士氣、善心計、反對崇信。

曹劌形象於傳世文獻中共分為褒貶兩種特徵，「重團結、忠心、守禮、勇、善謀略」為褒，而「堅忍、狡詐、善謀」為貶，但《曹沫之陣》所記之時間為莊公十年，因此筆者論曹劌負面形象將以「詐戰」分析，筆者將於下分褒貶而論曹劌形象。

1 《曹沫之陣》與傳世文本所載之正面形象

傳世文獻據以褒為主的形象共有「重團結、忠心、守禮、勇、善謀略」，此形象於《曹沫之陣》的曹劌形象亦有相同。「重團結」的形象《曹沫之陣》所載：

> 莊公曰：「為和于邦如之何？」曹沫答曰：「毋獲民時，毋敓民利，紳功而食，刑罰有罪，而賞爵有德，凡畜群臣，貴賤同等，祿毋背，《詩》固有曰：『豈弟君子，民之父母。』此所以為和于邦。」[61]

《國語》曰：

61 高佑仁《上海博物館藏戰國楚竹書（四）·曹沫之陣》，頁34。

夫惠本而後民歸之志，民和而後神降之福。若布德于民而平均其政事，君子務治而小人務力；動不違時，財不過用；財用不匱，莫不能使共祀。是以用民無不聽，求福無不豐。今將惠以小賜，祀以獨恭。小賜不咸，獨恭不優。不咸，民不歸也；不優，神不弗也。將何以戰？[62]

《左傳》曰：

公曰：「衣食所安，弗敢專也，必以分人。」對曰：「小惠未徧，民弗從也。」公曰：「犧牲玉帛，弗敢加也，必以信。」對曰：「小信未孚，神弗福也。」公曰：「小大之獄，雖不能察必以情。」對曰：「忠之屬也，可以一戰。」[63]

上述三者所言，曹劌形象皆以團結民心為目的，兵力乃戰力之源，若人心思變安能與它國交戰，但《曹沫之陣》所謂的團結並非只針對人民，「不和於舍，不可以出陣，不和於陣，不可以戰」正說明曹劌的團結同時包括軍營與戰場，《國語》、《左傳》所載略顯不足，但重團結的形象三本史料相符。

「忠」的形象《曹沫之陣》記錄乾之戰後魯國戰敗，魯莊公欲鑄大鐘以顯其功，曹劌直言不諱勸練魯莊公，此為曹劌忠的形象，同為勸諫之忠者，有《國語》、《左傳》二書，《國語》曰：

莊公如齊觀社。曹劌諫曰：「不可。夫禮，所以正民也。是故

62 〔春秋〕左丘明：《國語》（臺北市：九思出版公司，1978年11月），頁151。
63 〔清〕阮元校刊：《十三經注疏・左傳》（臺北市：藝文印書館，1979年3月），頁146。

> 先王制諸侯，使五年四王、一相朝。終則講于會，以正班爵之義，帥長幼之序，訓上下之則，制財用之節，其閒無由荒怠。夫齊棄太公之法而觀民于社，君為是舉而往觀之，非故業也，何以訓民？土發而社，助時也。收攟而蒸，納要也。今齊社而往觀旅，非先王之訓也。天子祀上帝，諸侯會之受命焉。諸侯祀先王、先公，卿大夫佐之受事焉。臣不聞諸侯相會祀也，祀又不法。君舉必書，書而不法，後嗣何觀？」公不聽，遂如齊。[64]

《左傳》曰：

> 二十三年夏，公如齊觀社，非禮也。曹劌諫曰：「不可，夫禮所以整民也，故會以訓上下之則，制財用之節。朝以正班爵之義，帥長幼之序，征伐以討其不然。諸侯有王，有巡守以大習之，非是君不舉矣，君舉必書，書而不法，後嗣何觀？[65]

由上文可見曹劌勸諫魯莊公並不畏生死，不畏生死的忠臣形象亦出現於其於史書，不同之處乃是魯莊公挾持齊桓公之時，記載史書有《管子》、《呂氏春秋》、《戰國策》、《鶡冠子》、《孫子兵法》、《公羊傳》、《穀梁傳》及《史記》，《管子》與《呂氏春秋》二書以曹劌擋於兩陛下之間以為忠，而其餘史書皆是以曹劌為刺客脅持齊桓公以保其國土為忠，雖史料記載有異，但保其國土確實為忠的形象，由此可見曹劌的忠的形象，無論出土文獻或傳世文獻皆保有此項形象。

---

64 〔春秋〕左丘明：《國語》，頁15。

65 〔清〕阮元校刊：《十三經注疏・左傳》，頁171。

「守禮」的形象《曹沫之陣》記錄為三項：

> 昔堯之饗舜也，飯于土�簋，欲于土鉶，而撫有天下。此不貧于美而富于德歟？[66]

> 昔周室□□□□□□□□□□□□□□□□□□□□□□□競必勝，可以有治邦，周志是存。[67]

> 臣聞之昔之明王之起于天下者，各以其世，以及其身。[68]

此三項證據證明曹劌崇尚周代禮制，並以明王之道為目標，然《左傳》與《國語》所記載的「守禮」形象，皆來自莊公二十三年「莊公如齊觀社」，此史料至今未有佐證，只能以此略為論述，「守禮」形象雖提及卻必須保留。

「勇」的形象《曹沫之陣》記錄較為特殊，《曹沫之陣》所提及的「勇」並非如同《戰國策》魯連所言「曹沫之奮三尺之劍，一軍不能當」的個人之勇，亦非《孫子兵法》、《史記》、《鶡冠子》所言的刺客之勇，而是軍隊的士氣，《曹沫之陣》言「人之兵不砥礪，我兵必砥礪。」便是提升將士的士氣，將士提升士氣後，勇便會自然呈現，據此曹劌之「勇」應以提振士氣為是。

「善謀略」的形象《曹沫之陣》是以正面形象記錄，第三節已述曹劌乃「心思緊密、具有組織能力、善謀略」與《左傳》及《國語》形象相符，但傳世文獻確有未記載之處，曹劌的善謀略同時具備了兩

---

66 高佑仁：《上海博物館藏戰國楚竹書（四）·曹沫之陣》，頁33。

67 高佑仁：《上海博物館藏戰國楚竹書（四）·曹沫之陣》，頁33。

68 高佑仁：《上海博物館藏戰國楚竹書（四）·曹沫之陣》，頁37。

項史料中沒提及的事，曹劌本身反對過度崇信占卜，而人民卻以此為祥兆，因此曹劌利用了這一點，《曹沫之陣》記載曰：

> 及尔龜筮，皆曰「勝之」。改冒爾鼓，乃秩其備。明日復陣，必過其所。[69]
>
> 盟【60上】盂鬼神軪武、非所以教民，□君其知之。[70]

以此見得曹劌將占卜轉換為對戰場上有利的工具，並非崇信，而是利用了人民對占卜的崇信；另一點，曹劌善於鼓動人心，筆者整理如下：

> 五人以伍，一人有多，四人皆賞，所以為斷。[71]

> 三軍大敗，死者收之，傷者問之，善于死者為生者，君乃自過以悅于萬民，弗狎危地，毋火食，毋誅而賞，毋罪百姓，而改其將。[72]

> 賞獲飾蒠，以勸其志。勇者喜之，惶者謀之，萬民、黔首皆欲克之。[73]

> 收而聚之，束而厚之，重賞薄刑，使忘其死而獻其生，使良車、良士往取之餌，使其志起，勇者使喜，蒠者思使悔。[74]

---

69 高佑仁：《上海博物館藏戰國楚竹書（四）‧曹沫之陣》，頁35。
70 高佑仁：《上海博物館藏戰國楚竹書（四）‧曹沫之陣》，頁37。
71 高佑仁：《上海博物館藏戰國楚竹書（四）‧曹沫之陣》，頁34。
72 高佑仁：《上海博物館藏戰國楚竹書（四）‧曹沫之陣》，頁36。
73 高佑仁：《上海博物館藏戰國楚竹書（四）‧曹沫之陣》，頁36。
74 高佑仁：《上海博物館藏戰國楚竹書（四）‧曹沫之陣》，頁36。

由上述四項可見，曹劌不只戰略計謀高超，且善於鼓動人心、利用占卜更是一流，《曹沫之陣》所載的「善謀略」，比《左傳》、《國語》更勝一籌。

綜合上述《曹沫之陣》與傳世文本所載之正面形象，可以發現《曹沫之陣》的曹劌形象不只與傳世文本相同，更細緻地說明了曹劌不為人知的一面，「利用宗教」、「鼓動人心」確實是史料未載的內容，曹劌的「善謀略」亦導致史學家賦予負面的形象，下文述之。

2 《曹沫之陣》與傳世文本所載之負面形象

提出曹劌詐戰之說者為晉代杜預，杜預曰：「齊人雖成列，魯以權譎稽之，列成而不得用，故以未陳為文。」[75]杜預直言魯國使齊國雖能列陣而不得用，更以「以權譎稽」譏諷魯國無恥，此時已點出曹劌這位策劃者，正是「狡詐」的小人，然戰爭權謀是否等同於詐戰，筆者於第四章結語時已回答此問題，筆者以《孫子兵法．謀攻》篇為證，曰：

> 知勝者有五：知可以戰與不可以戰者勝、視眾寡之用者勝、上下同欲者勝、以虞待不虞者勝、將能而君不御者勝。[76]

孫武認為戰爭應以取勝為優先，然《曹沫之陣》所記錄的曹劌戰略，與《孫子兵法》相似之處，筆者以下表呈現：

---

75 〔清〕阮元校刊：《十三經注疏．左傳》，頁146。

76 〔清〕孫星衍：《孫子集註》（臺北市：東大出版社，2006年4月），頁59。

《曹沫之陣》與《孫子兵法》戰略相似表

孫子兵法	曹沫之陣
法令孰行，兵眾孰強，士卒孰練，賞罰孰明，吾以此知勝負矣。[77]	紳功而食，刑罰有罪，而賞爵有德，凡畜群臣，貴賤同等，祿毋背。
故兵聞拙速，未睹巧之久也；夫兵久而國利者，未之有也。[78]	其去之不速，其就之不傅，其啟節不疾，此戰之機，是故疑陣敗，疑戰死。
攻而必取者，攻其不守也；守而必固者，守其所不攻也。[79]	善攻者必以其所有，以攻人之所亡有。
故善戰者，求之于勢，不責于人，故能擇人任勢。[80]	授有智，予有能。
凡地有絕澗、天井、天牢、天羅、天陷、天隙，必亟去之，勿近也。[81]	三軍未成陣、未舍、行阪濟障，此散果之機。

於上述所見，孫武所設計的戰略方針，與《曹沫之陣》的曹劌戰略方針謀合，據此，筆者贊同呂祖謙之說：

> 觀其從莊公戰，以我之盈乘齊之竭，以我之整逐齊之亂，機權韜畧與孫武吳起並驅爭先。[82]

曹劌詐戰之說筆者難以採信，因兵法乃是「兵者詭道也」[83]。

---

77 〔清〕孫星衍：《孫子集註》，頁12。

78 〔清〕孫星衍：《孫子集註》，頁28。

79 〔清〕孫星衍：《孫子集註》，頁103。

80 〔清〕孫星衍：《孫子集註》，頁92。

81 〔清〕孫星衍：《孫子集註》，頁177。

82 〔宋〕呂祖謙：《左氏博議》（上海市：人民出版社，文淵閣四庫全書），卷8。

83 〔清〕孫星衍：《孫子集註》，頁15。

小結

此章專門針對出土文獻《曹沫之陣》的曹劌形象分析，筆者先以曹劌姓名差異分析，以文字學及聲韻學角度證明「劌」、「翽」、「沬」、「沫」及出土文獻「蔑」，發現此五字於先秦時期是可通假，因此史書所記五種姓名皆乃同一人。第二節筆者依據高佑仁先生《上海博物館藏戰國楚竹書（四）‧曹沫之陣》所釋之文意進行解讀，但由於《曹沫之陣》本身為記言體文章，因此內容須再統整，筆者於第三節統整《曹沫之陣》曹劌形象為「忠臣、賞罰分明、愛民、心思緊密、具有組織能力、善謀略、重團結、重士氣、善心計、反對崇信」，其後於第四節將傳世文獻之曹劌形象與《曹沫之陣》曹劌形象相互對照，以此呈現曹劌形象為「重團結、忠心、守禮、勇、善謀略」的魯國英雄。

結論

歷代曹劌形象至此將告一段落，在筆者埋頭研究之中，不得不思考三件評斷歷史人物形象上的重要課題：一、如何中立觀察史料；二、如何不被歷代學者評價影響；三、如何使史料連結；上述三項問題，雖說是研究學者眾所皆知且理所當然的研究方針，實地操演之下，卻明顯艱巨困難。經由此篇論文的完成，歷史人物形象考據研究方法筆者略有心得，筆者簡略於下述之。

如何中立觀察史料？筆者提出的觀點是「史料並無貴賤之別，唯有源流流傳之差」，歷代學者多數所爭論的問題，傾向於偏重部分材料而否定他家之說，導致學者以《春秋》三傳與《史記》此四書相互辯駁，而最終依然各持已見而無法完整呈現史料，因此筆者認為《春秋》雖列為五經之一，但為求全面性剖析，必須與其餘史料一視同仁，並保持「《春秋》仍須查證，《春秋》未書並非絕無發生」的態度嚴格檢視，以維持中立的立場進行驗證。如何不被歷代學者評價影響？筆者主張「整理歷代學者之說，以尋求爭論緣由」，筆者於第三章整理歷代學者所論曹劌形象時，對照各家之說，以凸顯爭議之核心，筆者保持中立而視爭執之兩方，並針對爭議核心重新檢視論證，由於保持中立，因此不受歷代學者評價影響。如何使史料連結？筆者認為歷史事件是依循「前因、事件、結果」三個階段循環發展，一件事情的發生必定會有前因，前因導致事件的發生，結果將成為下一事件的前因，因此史料可相互連貫。

據以上筆者研究此篇論文之方法與觀點，研究成果於以下四節分述：一、先秦至漢代傳世文獻之曹劌形象；二、歷代學者之質疑與評斷；三、傳世文獻之史料重整；四、出土文獻之佐證。由下文分述之。

一 先秦至漢代傳世文獻之曹劌形象

先秦至漢代記錄曹劌形象之傳世文獻，筆者據曹劌史料而論，事件可前後連貫，而曹劌形象的褒貶不一，是因史書記載資料不夠完備所導致，造成歷代學者相互辯駁。認定曹劌狡詐者，乃出自《管子》與《呂氏春秋》二書，《管子》言「堅強以忌」說明曹劌不可以信任，而《呂氏春秋》則是在歷史事件後加入書者的主觀意識，認為「魯莊公讎也，曹劌賊也」只為了說明齊桓公以信得天下之理，給與曹劌負面評價，而漢代之後，曹劌負面形象持續於《史記》之中，太史公依據《戰國策．齊策．燕攻齊取七十餘城》魯連勸降文之說，將曹劌列為刺客之首，更加強調曹劌違禮的形象，原是替魯國策謀劃計的忠臣，竟落得受人數落的敗將刺客。

二 歷代學者之質疑與評斷

歷代學者評斷曹劌，所採取之法可分為二：一、曹劌是否詐戰；二、曹劌是不是刺客；筆者於下分述。

曹劌是不是詐戰，筆者認為歷代學者無法擺脫晉代杜預之說，杜預乃第一位注解《左傳》之學者，杜預認為「齊人雖成列，魯以權譎稽之，列成而不得用，故以未陳為文。」魯國擊敗齊國乃因曹劌戰術狡詐，其後歷代學者持續爭論曹劌是否狡詐。筆者於第四節時發現，據《左傳》與《管子》所載，曹劌戰勝齊國之主因，其一為曹劌的戰略得當，其二則是齊師不整與兵力薄弱，曹劌方能贏得此勝，雖《春秋》所記並不完整，但《左傳》、《管子》卻記錄了相同的事件與結局，《左傳》書者以讚賞的方式記錄下曹劌有智有謀的一面，而《管子》書者則是直指齊桓公的無知與自大，並無因戰略而貶抑曹劌，曹劌之勝雖說可喜，卻也是證明齊桓公即位時並非優秀。

曹劌是不是刺客則是歷代學者針鋒相對的重點，筆者於第五章發現，曹劌雖不是刺客，卻是事件之策謀與主宰者，《春秋》其實已記錄下曹劌成為刺客的主要原因，曹劌成為刺客的主因，乃是魯國受到嚴重的外患威脅，齊桓公北杏之會後，於歸途滅遂國，《春秋》以「齊人滅遂」記之，多數學者認為遂國與魯國毫無牽涉，卻不知遂國乃於魯國首都曲阜之旁，「齊人滅遂」同等於魯國已失去最後一道防線，因此曹劌只能以下下之策，設計劫持齊桓公，筆者認為保全國家應比違禮與否來的重要，歷代學者不論「齊人滅遂」，而著重於「曹劌違禮」。

三　傳世文獻之史料重整

傳世文獻之史料統整，筆者以桓公十八年為始，以莊公二十三年為終，筆者分為三段：一、魯桓公薨至長勺之戰；二、長勺之戰後至柯之盟；三、柯之盟後至莊公如齊觀社；於下分述。

長勺之戰的起源於齊魯交惡，魯桓公十八年時，文姜與魯桓公回齊國，齊襄公與其妹文姜通姦，更指使公子彭生殺害魯桓公，然當時齊國勢力強盛，且魯莊公年幼即位，魯國國政受外戚嚴重干擾，要求參與多次會戰，更逼迫魯國攻擊自己的附庸國郕國，此時齊國勢力已過汶河以南。至莊公八年時，齊襄公遭無知殺害，公子糾與公子小白出奔，魯國暫時脫離齊國的掌控，一年後雍廩人殺無知，齊國呈現無君的狀態，齊國大夫與魯國會盟，並期望魯莊公能護送公子糾回齊國登基，卻也在此時齊國召公子小白歸國，小白先入國登基為齊桓公並發兵抵禦魯師，魯莊公戰敗於乾時。乾時之戰後，齊桓公要求魯國交還管仲及召忽，並要求魯國殺死自己的親兄公子糾，魯莊公無奈，只能遵照齊桓公之要求，公子小白不正即位及殺害親兄之後，管仲歸國登相。莊公十年齊桓公欲伐宋國，因考慮魯國可能助宋，因此出師伐魯，魯莊公靠曹劌之戰術擊退齊師，曹劌為改變魯國現況的大英雄。

長勺戰後，魯國侵略西南方的宋國邊境，導致宋民離開家鄉，宋國不滿，與齊國聯合發兵伐魯，公子偃提議先伐宋師，齊師自會退兵，魯莊公不肯，公子偃私自帶兵出征，魯莊公只能出兵，於乘丘戰勝宋師，齊師只能退兵回國，管仲至此得知以武力不能使魯國屈服，因此改採經濟策略，與鄰國拉近距離，並為了試探魯國實力時輕鬆滅譚，齊國勢力漸漸向西拓展。宋國於乘丘之役以後，再次討伐魯國，卻因為兵力不足無法列陣而被擊潰於鄑，南宮長萬於隔年殺害宋閔公，宋國處於內亂的局面，齊桓公欲平定宋國之亂，因此於北杏會盟各路諸侯，魯國周邊國家皆參與此會，魯國處於毫無外援的窘境，北杏之會後，齊桓公以「遂人不至」為理由，佔據遂國並發兵伐魯，此時齊國勢力再次逼近汶河，魯國提出會盟的請求，曹劌策劃於會盟時劫齊桓公，以智謀使魯國保全國土，最終以汶河為界，齊魯交惡致此和平落幕。

柯之盟後，齊桓公集結諸侯勢力出師伐宋，受到周王室的認同與協助，以平定宋亂，齊國勢力已籠罩周朝東半部國土，周朝內亂至此獲得短暫歇息，齊桓公於後伐戎，使外族歸順，周朝外患問題亦由此止息，然成為霸主的齊桓公漸漸失去作為臣子的本分，做出踰矩的行為，並邀請魯莊公觀祭祀齊國先祖的祭典，曹劌認為不可，出言勸諫，仍無法阻止魯莊公違禮。

四　出土文獻之佐證

《曹沬之陣》此篇出土文獻貢獻極大，補足了史料不完整的問題，更展現曹劌於長勺之戰前的策謀與智慧，唐代柳宗元認為《左傳》與《國語》曹劌問戰之事應是妄說，原因乃是曹劌問戰應著重戰略、兵力、訓練、地形等等，然《曹沬之陣》所記與《孫子兵法》多有相似之處，值得學者對照與考究，更顯示出曹劌乃重戰略、重士氣、重人命的優秀將才。

書文至此曹劌的整體形象為：拯救魯國兩次「智」、「忠」、「勇」的魯國英雄。

附錄

附錄一

李零〈為什麼說曹劌和曹沫是同一人〉

前人對《左傳》「曹劌」和《史記》「曹沫」是否為一人，這件事也不是沒有爭論。但一般說，大家的疑點，主要是此人是否真的當過刺客，而不是說「曹劌」和「曹沫」是兩個人。比如，大家可以讀一下楊伯峻《春秋左傳注》第一冊194頁的討論。前人討論這一問題，誰都承認，曹劌（或曹沫）曾為刺客是戰國秦漢流行的說法（不但見於梁玉繩引用的上述各書，漢畫像石也有曹劌劫桓公的圖像，說明當實很流行），惟各書所記，某些細節，似仍有疑問。如長勺之戰，《左傳》既言齊敗魯勝，為什麼《史記．齊世家》反言柯之盟，齊盡返「曹沫三敗所亡之地」；《春秋》經傳既述齊滅遂於柯之盟前，為什麼《齊世家》反言「桓公五年，伐魯，魯將師敗。魯莊公請獻遂邑以平，桓公許，與魯會柯而盟。」學者復疑《管子．大匡》、《呂氏春秋．貴信》所言「魯請比關內侯」，《公羊傳》所言「請汶陽之田」，皆為不可能之事，甚至說春秋不應有刺客，當時不用匕首。所以，前人有指這類描述都是戰國人編撰的故事。這類問題，涉及古書研究的方法，涉及辨偽學的重新思考，當然可以討論，而且也應當討論。戰國時期的傳說，肯定有添油加醋的文學誇大（這類問題在諸子和事語類的古書中極為常見），但哪些是真有所本，哪些是毫無故實，應當細緻甄別，信以傳信，疑以傳疑，切忌使用默證（這是司馬遷作《史記》的一貫態度，我也這麼看）。比如，上面講的基本史實，長勺之戰在公元前六八四年，齊滅遂和柯之盟在公元前六八一年（滅遂在夏天，盟柯在冬天)。《齊世家》記齊敗魯，上距長勺之戰已三年，魯勝長勺，並不能證明柯之盟前，魯未三敗（當時齊強魯弱，魯一勝三敗，不足為奇)；魯獻遂，可能也是對齊滅遂的承認（屬於合法性問題)。至於春秋時不應有刺客，或當時還沒有匕首（見上引《史記會注考證》，頁1551)，這些也是揣測和估計，不能當證據。研究宋代辨偽學，我有一個看法，就是這裡面有儒家道統的干擾，比如宋人疑《孫子》晚出，詆其書下流，即多源於他們對世道人心的估計。前人不敢相信《刺客列傳》，主要也是這類考慮。這就是，憑他們估計，春秋時代，世道人心雖不好，但尚未最墮落到戰國水平，魯莊公和曹劌都是體面人物，不該在國際外交場合，行此野蠻無禮之事。況且，即便真幹，也只能雇用殺手，何必親自為之。其實不然。我不但相信，春秋時代可能有刺客，而且從考古發現看，當時肯定有匕首（中國的兵器，短劍實早於長劍，西周、春秋皆有之)。證據是什麼？很簡單。司馬遷講四大刺客，其中兩人都是春秋時人，一是曹沫，一是專諸。如果大家對曹沫有懷疑，專諸刺王僚，怎麼否認？他可是明見於《左傳》的著名刺客（昭公二十和二十七年，寫法略異，是作「設諸」，《漢書・古今人表》把曹劌列入第三等，把專諸列為第七等，似以後者身分比較低賤，但曹劌的出身也並不高貴)，絕非太史公的杜撰。更何況，還有一條很過硬的證據是，《孫子・九地》說「吾士無餘財，非惡貨也；無餘命，非惡壽也。令發之日，士卒坐者涕沾巾，偃臥者涕交頤。投之無所往，諸、劌之勇也」，「諸」是專諸，「劌」是曹劌，也分明是以這兩大刺客併說，用他們的榜樣，鼓勵士兵拚命（等於林彪說的「槍聲一響，老子今天就死在這個戰場上了」)。現在，治軍事史者，或以為只有「堂堂之師」、「正正之旗」，才叫軍事，殊不知我國兵法，自古就有另外一路。比如，《吳子・勵士》說：「今使一死賊伏于曠野，千夫追之，莫不梟視狼顧。何者？恐其暴起而害己也。是以一人投命，足懼千夫。今臣以五萬之眾，而為一死賊，率以討之，固難敵矣。」這和《孫子兵法》的說法就是完全相似。我們看吳起之死，猶「示子吾用兵」，令圍攻他的楚國大臣坐三族之罪，他是實踐了自己的理解。自古師旅，皆道孫、吳，這不是兵法是什麼？我們明白這一點，就不會說，軍事家怎麼可以當刺客了。其實，什麼樣的暴力都是暴力，美國這個國際警察說流氓國家不許有大規模殺傷武器，那只是合法性的解釋權在誰手裡。其實，在使用暴力這一點上，歷史上的流氓、黑幫和警察，他們的角色經常是互換，比如黃金榮，他就既當過小流氓，也幹過巡捕房，而且還是總統的老師，上海和全國的文人和賢達。看看美國的黑幫片（如著名的紐約黑幫和芝加哥黑幫）吧，這對理解當代的政治和軍事很有幫助（美國的國防部長就很欣賞這些老前輩）。現在，沒有哪個詞比「恐怖主義」更為流行，也沒有哪個詞比「恐怖主義」更為混亂，光是定義就有一二百種，劍拔弩張，各說各的道理，立場不同，根本無法對話，這裡不必多談。但軍事家也可以當刺客，還是不必大驚小怪，更沒有必要拿道德來說事。刺客不等於壞蛋，軍事家也不等於好蛋。最後，簡單總結一下，我們可以說，曹劌就是曹沫，這是沒有問題的。至於此人是否當過刺客，我只能說，這是古人的成說，而且從《孫子兵法》看，還很有根據。它不僅見於戰國秦漢的古書，也被《史記》採用。司馬遷講曹沫，特意記載的就是他劫齊桓公的壯舉，不但《刺客列傳》講，還載之《年表》與《齊世家》、《魯世家》，反於論戰之事不置一詞，可見這種說法在漢代影響非常大。學者懷疑，可以，但如果不是別有所見，我們還是應該尊重古人，至少是留有餘地。

附錄二
公羊傳傳承表

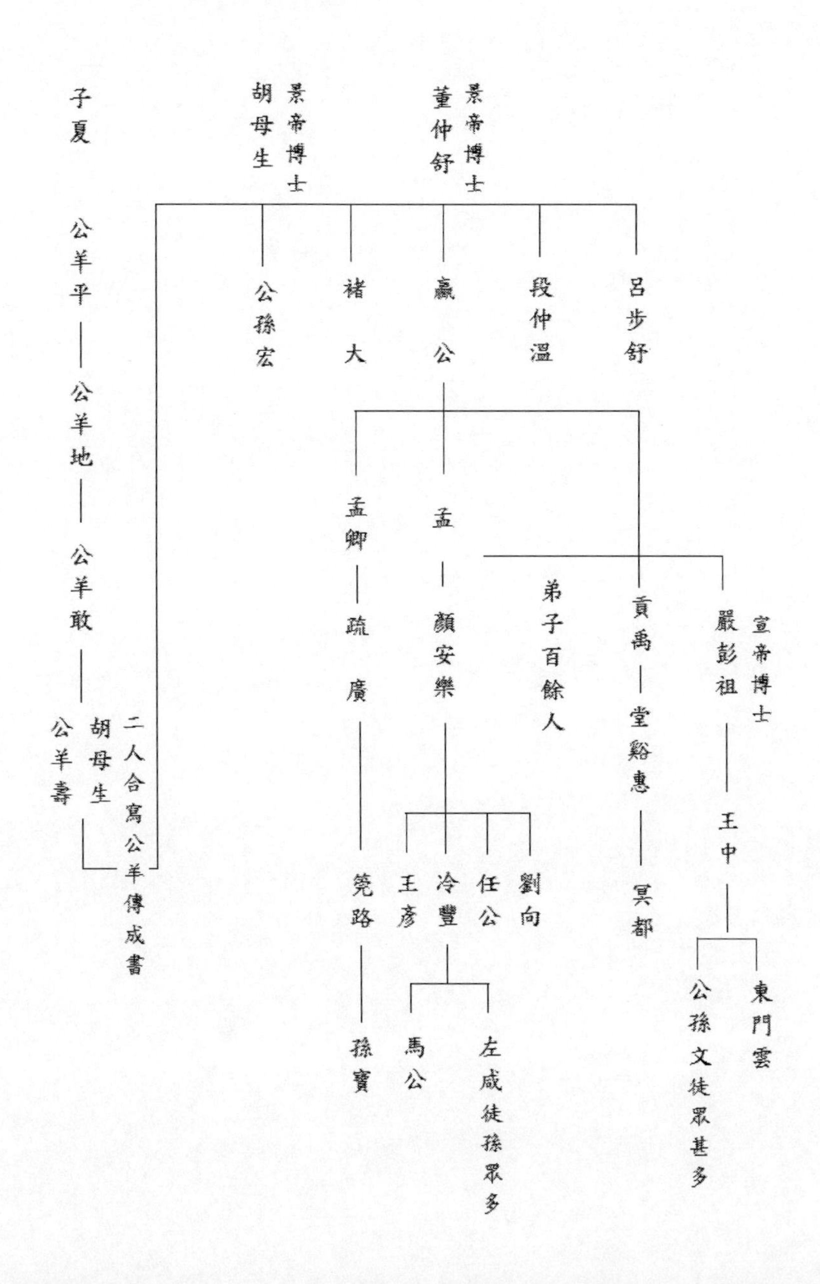
子夏
公羊平
公羊地
公羊敢
公羊壽
胡母生
二人合寫公羊傳成書
景帝博士
胡母生
景帝博士
董仲舒
公孫宏
褚大
嬴公
段仲溫
呂步舒
孟卿
孟
疏廣
顏安樂
弟子百餘人
貢禹
嚴彭祖
宣帝博士
堂谿惠
王中
筦路
王彥
冷豐
任公
劉向
冥都
公孫文徒眾甚多
東門雲
孫寶
馬公
左咸徒孫眾多

附錄三
穀梁傳傳承表

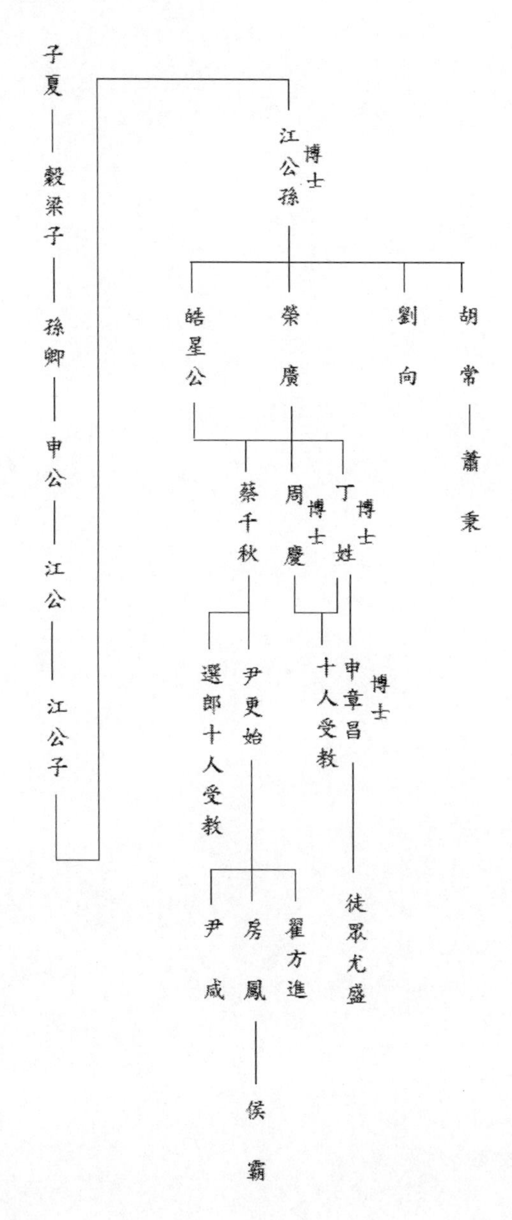
子夏
穀梁子
孫卿
申公
江公
江公子
江公孫 博士
皓星公
榮廣
劉向
胡常
蕭秉
蔡千秋
周慶 博士
丁姓 博士
選郎十人受教
尹更始
十人受教
申章昌 博士
尹咸
房鳳
翟方進
徒眾尤盛
侯霸

附錄四

先秦至漢代史書成書時間總表

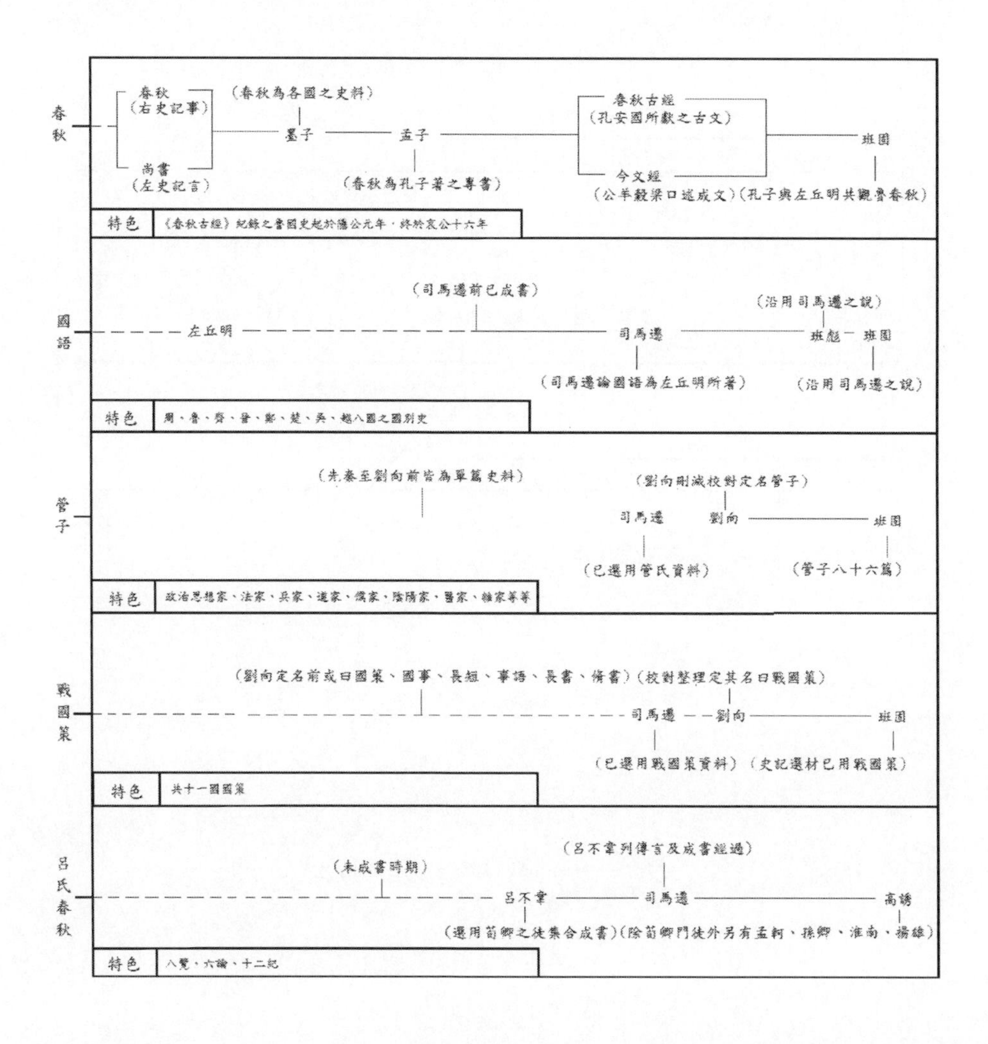

（續上表）

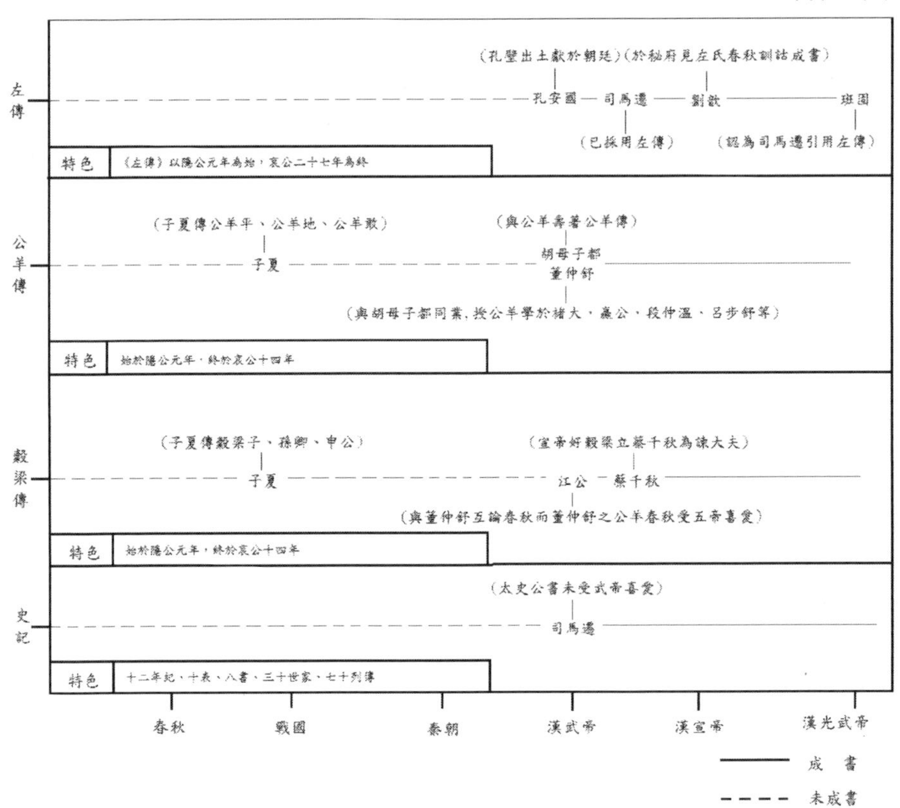
左傳
（孔壁出土獻於朝廷）
（於秘府見左氏春秋訓詁成書）
孔安國
司馬遷
劉歆
班固
（已採用左傳）
（認為司馬遷引用左傳）
特色
《左傳》以隱公元年為始，哀公二十七年為終
公羊傳
（子夏傳公羊平、公羊地、公羊敢）
子夏
（與公羊壽著公羊傳）
胡毋子都
董仲舒
（與胡毋子都同業，授公羊學於褚大，嬴公，段仲溫、呂步舒等）
特色
始於隱公元年，終於哀公十四年
穀梁傳
（子夏傳穀梁子、孫卿、申公）
子夏
（宣帝好穀梁立蔡千秋為諫大夫）
江公
蔡千秋
（與董仲舒互論春秋而董仲舒之公羊春秋受五帝喜愛）
特色
始於隱公元年，終於哀公十四年
史記
（太史公書未受武帝喜愛）
司馬遷
特色
十二年紀、十表、八書、三十世家、七十列傳
春秋
戰國
秦朝
漢武帝
漢宣帝
漢光武帝
成　書
未成書

附錄五
歷代學者所論曹劌形象總表

<table>
<tr><th>朝代</th><th>注者</th><th>注書</th><th>引用</th><th>莊公十
（長勺之戰）</th><th>莊公十三
（柯之盟）</th><th>莊公二十三
（如齊觀社）</th></tr>
<tr><td>東漢</td><td>何休</td><td>公羊傳</td><td></td><td></td><td>（負面）：
狡詐</td><td></td></tr>
<tr><td colspan="7">原因：爾劫桓公取汶陽田，不書者諱行詐劫人也。</td></tr>
<tr><td>東漢</td><td>高誘</td><td>戰國策</td><td>左傳</td><td></td><td>無法對照</td><td></td></tr>
<tr><td colspan="7">原因：〈齊策三〉曹劌為刺客一說，與《左傳》曹劌形象相差甚遠。</td></tr>
<tr><td>三國</td><td>韋昭</td><td>國語</td><td>左傳</td><td>（正面）：
重團結</td><td></td><td></td></tr>
<tr><td colspan="7">原因：誠以中心圖慮民事，其智雖有所不及，必將至於道也。</td></tr>
<tr><td>晉</td><td>杜預</td><td>左傳</td><td></td><td>（負面）：
狡詐
（正面）：
重團結</td><td></td><td></td></tr>
<tr><td colspan="7">原因：（負面）齊人雖成列，魯以權譎稽之，列成而不得用，故以未陳為文。
（正面）所謂道，忠於民而信於神也。</td></tr>
<tr><td>晉</td><td>范甯</td><td>穀梁傳</td><td>公羊傳</td><td></td><td>（負面）：
狡詐</td><td></td></tr>
<tr><td colspan="7">原因：《穀梁傳》的曹劌形象，與《公羊傳》相同。</td></tr>
<tr><td>唐</td><td>孔穎達</td><td>左傳</td><td>孫子
佚文</td><td>（負面）：
狡詐</td><td></td><td></td></tr>
<tr><td colspan="7">原因：敵未陳曰敗，魯以曹劌之語，權謀譎詐以稽留之。</td></tr>
</table>

<table>
<tr><th>朝代</th><th>注者</th><th>注書</th><th>引用</th><th>莊公十
（長勺之戰）</th><th>莊公十三
（柯之盟）</th><th>莊公二十三
（如齊觀社）</th></tr>
<tr><td>唐</td><td>尹知章</td><td>管子</td><td></td><td>（負面）：
狡詐
（正面）：
忠、勇</td><td></td><td></td></tr>
<tr><td colspan="7">原因：（負面）曹劌之為人也，堅強以忌，不可以盟取信也。
（正面）拔劍當階，所以拒管仲，二君欲改先者所圖，今不當有進者也。</td></tr>
<tr><td>唐</td><td>楊士勛</td><td>穀梁傳</td><td>公羊傳</td><td></td><td>（負面）：
狡詐</td><td></td></tr>
<tr><td colspan="7">原因：以《公羊傳》為《穀梁傳》參照對象，《公羊傳》所述略為詳細。</td></tr>
<tr><td>唐</td><td>李筌</td><td>孫子
兵法</td><td></td><td></td><td>（正面）：
勇</td><td></td></tr>
<tr><td colspan="7">原因：夫獸窮則搏，鳥窮則啄，令急迫，則專諸曹劌之勇也。</td></tr>
<tr><td>唐</td><td>司馬貞</td><td>史記</td><td>左傳
公羊傳
穀梁傳</td><td></td><td>否定史料</td><td></td></tr>
<tr><td colspan="7">否定：《史記》曹劌形象出自《公羊》，以《左傳》對照，並無記載劫桓公之事。</td></tr>
<tr><td>唐</td><td>馬總</td><td></td><td></td><td></td><td>（正面）：
忠、勇</td><td></td></tr>
<tr><td colspan="7">原因：一怒卻萬乘之師，存千乘之國，此君子之勇也。</td></tr>
<tr><td>唐</td><td>柳宗元</td><td>國語</td><td>國語</td><td>否定史料</td><td></td><td></td></tr>
<tr><td colspan="7">否定：以獄訟而戰，未之信也。曹劌應問：「謀敵、兵力，練兵、器械、地形。」</td></tr>
<tr><td>唐</td><td>趙匡</td><td>公羊傳</td><td></td><td></td><td>否定史料</td><td></td></tr>
<tr><td colspan="7">否定：桓公未嘗侵魯地及盟後，未嘗歸魯田，其事既妄又不可訓。</td></tr>
</table>

<table>
<tr><th>朝代</th><th>注者</th><th>注書</th><th>引用</th><th>莊公十
（長勺之戰）</th><th>莊公十三
（柯之盟）</th><th>莊公二十三
（如齊觀社）</th></tr>
<tr><td>北宋</td><td>劉敞</td><td>杜預注</td><td>左傳</td><td>否定史料</td><td></td><td></td></tr>
<tr><td colspan="7">否定：杜預「齊人雖成列，魯以權譎稽之，列成而不得用，故以未陳為文。」非也。
原因：要是傳所據者，當時雜記，妄出曹劌及戰事耳，不足以為據。</td></tr>
<tr><td>北宋</td><td>崔子方</td><td>春秋</td><td>左傳・莊公十一年</td><td>（負面）：
狡詐</td><td></td><td></td></tr>
<tr><td colspan="7">原因：凡言敗某師者，未得乎戰也，詐戰也不正。</td></tr>
<tr><td>北宋</td><td>孫覺</td><td>穀梁傳
公羊傳</td><td>趙匡
春秋</td><td>否定史料</td><td>否定史料</td><td></td></tr>
<tr><td colspan="7">否定：《穀梁傳》曰：「不日疑戰也。」按《春秋》不以日月為例，詳略因舊史爾，疑戰之例不通也。
否定：《公羊》載曹劌劫盟之事，《經》無其事未可遽信，趙子曰：「其事迹既妄又不可以訓。」</td></tr>
<tr><td>北宋</td><td>張方平</td><td>左傳
國語</td><td></td><td>（正面）：
愛民</td><td></td><td></td></tr>
<tr><td colspan="7">原因：「小大之獄雖不能查，必以情。」劌曰：「此可以一戰。」蓋謂其重人命也。</td></tr>
<tr><td>北宋</td><td>陸佃</td><td>鶡冠子</td><td></td><td></td><td></td><td></td></tr>
<tr><td colspan="7">原因：正德之人，誠信素明，則將無與魯地而誅沫矣，何足貴乎？</td></tr>
<tr><td>北宋</td><td>蘇轍</td><td>公羊傳</td><td>左傳</td><td>（正面）：
知義</td><td>否定史料</td><td></td></tr>
<tr><td colspan="7">否定：《公羊傳》三戰三敗之說；「柯之盟」應不是重要的會盟。
原因：沫蓋知義者也，而肯以其身為刺客之用乎？</td></tr>
<tr><td>北宋</td><td>胡安國</td><td>春秋</td><td></td><td>（負面）：
狡詐</td><td></td><td></td></tr>
</table>

朝代	注者	注書	引用	莊公十 （長勺之戰）	莊公十三 （柯之盟）	莊公二十三 （如齊觀社）
原因：齊師伐魯，經不書伐意責魯也，詐戰曰敗，敗之者為主。……故書魯為主以責之，皆已亂之道，寡怨之方，王者之事也。						
南宋	趙鵬飛	春秋	春秋・桓公十一年			
原因：公敗齊師於長勺，無詞來伐，故以偏敗為文，內外異體，戰敗名而曲直。						
南宋	葉夢得	公羊傳 穀梁傳 左　傳	左傳	否定史料 否定史料	否定史料 否定史料	忠
否定：觀劌始見莊公論戰，蓋近於知義者，非刺客一夫之勇與沫事不類；柯盟之後，未再與齊交兵，亦安得有三戰復地之事，二者皆無實，此蓋六國之辯士假託之言無足取信。						
南宋	鮑彪	戰國策			（正面）： 善謀略、忠	
原因：此霸者之事，欲興霸則可責以義，故沫與魯君計言此。						
南宋	綦崇禮	左傳 國語		（正面）： 知安國之道、重團結		
原因：大小之獄必以情，庶幾乎聖人之用心，其於得民也何有以是而用其人戰，豈有不勝者？						
南宋	程俱	左傳 國語	詩經・車攻	（正面）： 重士氣		
原因：惠信孚於上下，刑賞當於人心，則人悅服，則士氣振，士氣振則赴功徇國，忘軀衛上之心生矣。						
南宋	鄭樵	左傳		（正面）：	（正面）：	（正面）：

<table>
<tr><th>朝代</th><th>注者</th><th>注書</th><th>引用</th><th>莊公十
（長勺之戰）</th><th>莊公十三
（柯之盟）</th><th>莊公二十三
（如齊觀社）</th></tr>
<tr><td></td><td></td><td>國語
管子
史記</td><td></td><td>忠</td><td>忠</td><td>忠</td></tr>
<tr><td colspan="7">原因：莊公十年採《左傳》、《國語》，莊公十三年採《管子》、《史記》，莊公二十三年採《左傳》、《國語》。</td></tr>
<tr><td>南宋</td><td>員宗興</td><td>史記</td><td>穀梁傳</td><td></td><td>（負面）：
狡詐</td><td></td></tr>
<tr><td colspan="7">原因：曹沫之事不足書也，以千乘之相而躬匹夫之行，此宜匹夫稱之也。</td></tr>
<tr><td>南宋</td><td>呂祖謙</td><td>左傳</td><td>周禮</td><td>（正面）：
重團結、
重國家、
有慎有謀</td><td></td><td></td></tr>
<tr><td colspan="7">否定：宗元之所言，皆所謂戰而非所以戰也，吾視以知春秋之時，雖不學之人一話一言有後世文宗巨儒所不能解者也，況當時所謂有學術者耶？
原因：蓋有論戰者有論所以戰者，軍旅形勢者戰也，民心者所以戰也，二者猶涇渭之不相亂，河濟之不相涉。</td></tr>
<tr><td>南宋</td><td>業適</td><td>公羊傳</td><td>左傳</td><td></td><td>否定史料</td><td></td></tr>
<tr><td colspan="7">否定：三戰而再勝末嘗失地，三年不交兵何用要劫？二十三年曹劌復諫觀社，詳其前後詞語，豈操匕首於壇坫之間者耶？</td></tr>
<tr><td>南宋</td><td>周必大</td><td>左傳</td><td>詩經・
泮水</td><td>（正面）：
智勇雙全</td><td></td><td></td></tr>
<tr><td colspan="7">原因：曹劌之問莊公之對，始欲加民以惠，次欲事神以信，終欲察獄以情，得民得天庶或兩盡，然後因曹劌之謀而用其將帥甲兵之力，齊師雖眾能勿敗乎？</td></tr>
<tr><td>南宋</td><td>家鉉翁</td><td>左傳</td><td>胡安國</td><td>（正面）：
君子</td><td></td><td></td></tr>
</table>

<table>
<tr><th>朝代</th><th>注者</th><th>注書</th><th>引用</th><th>莊公十
（長勺之戰）</th><th>莊公十三
（柯之盟）</th><th>莊公二十三
（如齊觀社）</th></tr>
<tr><td colspan="7">否定：愚謂胡氏以《左氏》記事之常辭而律《春秋》經世之大法，非聖人意也。
原因：桓公挾其殺糾之餘怒，以兵加魯，魯之師直，桓之師曲，《春秋》書法坦然易見也。幸魯有君子曰曹劌，明義正色與之爭，於是有長勺之勝。</td></tr>
<tr><td>南宋</td><td>真德秀</td><td>戰國策</td><td></td><td></td><td>否定史料</td><td></td></tr>
<tr><td colspan="7">否定：此下云云皆誘惑燕將之辭，非事實也。</td></tr>
<tr><td>南宋</td><td>趙與權</td><td>公羊傳</td><td>左傳</td><td></td><td>否定史料</td><td></td></tr>
<tr><td colspan="7">否定：劌與莊公言戰，如彼詳緩觀社之行，劌諫莊公之辭，根據義理，必非懷利以僥倖者。</td></tr>
<tr><td>南宋</td><td>陳深</td><td>左傳</td><td>左傳·莊公十一年</td><td>（負面）：狡詐</td><td></td><td></td></tr>
<tr><td colspan="7">原因：《傳》例皆陣曰戰，未陣曰敗，今不先書戰而書敗，惡詐戰也。</td></tr>
<tr><td>南宋</td><td>王應麟</td><td>史記</td><td>左傳</td><td></td><td>否定史料</td><td></td></tr>
<tr><td colspan="7">否定：柯之事太史公遂以曹沫列為刺客之首，此戰國之風，春秋初未有此習也，此游士之虛語。</td></tr>
<tr><td>南宋</td><td>黃震</td><td>公羊傳</td><td>春秋</td><td></td><td>否定史料</td><td></td></tr>
<tr><td colspan="7">否定：《公羊》謂不背曹沬之盟者也，然此戰國之說也，齊威方以禮合諸侯，寧有是事《春秋》之所不書，不可信也。</td></tr>
<tr><td>元代</td><td>金履祥</td><td>春秋</td><td></td><td>（負面）：狡詐</td><td></td><td></td></tr>
<tr><td colspan="7">原因：曹劌用而始勝齊，然魯之用奇，自是始《春秋》書敗齊師，書其實亦以示貶也。</td></tr>
<tr><td>元代</td><td>程端學</td><td>左傳
穀梁傳</td><td>趙與權</td><td>（正面）：智
否定史料</td><td></td><td>忠</td></tr>
</table>

<table>
<tr><th>朝代</th><th>注者</th><th>注書</th><th>引用</th><th>莊公十
（長勺之戰）</th><th>莊公十三
（柯之盟）</th><th>莊公二十三
（如齊觀社）</th></tr>
<tr><td colspan="7">否定《左傳》：既曰齊師伐我，公將戰，用曹劌之言，齊三鼓魯一鼓則是皆陳而非詐戰明矣。
否定《穀梁傳》：則以不日為疑戰，又其謬之尤者。
原因：（智）謂魯亦有以召之其幸，而勝不足論也。
（忠）諸侯非王事不出境，且諸侯各有其社舍所事，而觀他國之社已非禮矣。</td></tr>
<tr><td>元代</td><td>楊維楨</td><td>春秋</td><td>左傳</td><td>（正面）：
智、忠</td><td></td><td></td></tr>
<tr><td colspan="7">原因：魯為齊弱，誠不忍其君將或北而其宗社之或社也，噫使魯在位君子皆如劌之憂，為其君深謀而遠計，魯有不霸乎？</td></tr>
<tr><td>元代</td><td>鄭玉</td><td>胡安國</td><td>高　閌
家鉉翁</td><td>否定史料</td><td></td><td></td></tr>
<tr><td colspan="7">否定：愚謂《春秋》之法，詐戰曰敗，然魯之敗齊，齊曲魯直，故《春秋》喜魯之勝，非喜其勝也，喜其勝於齊也。</td></tr>
<tr><td>明代</td><td>丘濬</td><td>左　傳</td><td></td><td>（正面）：
智、忠</td><td></td><td></td></tr>
<tr><td colspan="7">原因：惟察獄以其情，是為盡心之忠，如是而後可戰，可謂得戰之本矣。若夫三鼓則氣竭，懼其有伏，必其轍亂旗靡然後逐之，可謂得戰之法矣。</td></tr>
<tr><td>明代</td><td>熊過</td><td>春　秋</td><td>胡安國</td><td>（負面）：
詐戰</td><td></td><td></td></tr>
<tr><td colspan="7">原因：古者車戰之法，定日刻期兩陣而決之與此說矣。</td></tr>
<tr><td>明代</td><td>陸粲</td><td>左　傳</td><td></td><td>（正面）：
智</td><td></td><td></td></tr>
<tr><td colspan="7">原因：曹劌與莊公論戰，其言甚誼而正，至於知彼竭我盈之可克，視轍亂旗靡而逐焉，亦用師之道，當然不可謂之詐。</td></tr>
</table>

<table>
<tr><th>朝代</th><th>注者</th><th>注書</th><th>引用</th><th>莊公十
（長勺之戰）</th><th>莊公十三
（柯之盟）</th><th>莊公二十三
（如齊觀社）</th></tr>
<tr><td>明代</td><td>湛若水</td><td>左　傳
公羊傳</td><td></td><td>（正面）：
智、忠</td><td>（負面）：
狡詐</td><td></td></tr>
<tr><td colspan="7">原因（正面）：曹劌與公所言，皆主於忠，至於相時而動，好謀而成，亦兵家之道，未見其有詐謀取勝之跡也。
原因（負面）：莊公用曹子之謀，而必且行劫焉，此愚所謂會盟之非也。</td></tr>
<tr><td>明代</td><td>姜寶</td><td>胡安國</td><td>左傳</td><td>否定史料</td><td></td><td></td></tr>
<tr><td colspan="7">否定：彼竭我盈而後克之，此則所謂詐謀取勝爾，若視其轍亂望其旗靡，此又是逐奔之法，非詐戰也。</td></tr>
<tr><td>明代</td><td>傅遜</td><td>左傳</td><td></td><td>（正面）：
忠</td><td></td><td></td></tr>
<tr><td colspan="7">原因：以情必盡以情，此以誠心體民，故曰「忠」。</td></tr>
<tr><td>明代</td><td>朱睦㮮</td><td>左傳</td><td></td><td>否定史料</td><td></td><td></td></tr>
<tr><td colspan="7">原因：傳者以未陣為敗詐也，夫魯敗某師多矣，無有書戰者，豈皆未陣而敗乎？</td></tr>
<tr><td>清代</td><td>馬驌</td><td>呂氏
春秋</td><td>左　傳</td><td></td><td>否定史料</td><td></td></tr>
<tr><td colspan="7">否定：《左氏》不載曹子事，而諸家亟稱之，恐亦非實也。</td></tr>
<tr><td>清代</td><td>朱鶴齡</td><td>左　傳
公羊傳
穀梁傳</td><td>張　預
左　傳
左　傳</td><td>（正面）：
智</td><td>否定史料</td><td></td></tr>
<tr><td colspan="7">否定：劌之論戰與諫觀社不類劫壇者，太史公好奇，遂以列刺客之首。
原因：敵人新來而氣盛，則且以不戰挫之，俟其衰倦而後擊。</td></tr>
<tr><td>清代</td><td>張尚瑗</td><td>左　傳
公羊傳</td><td>戰國策
史　記
左　傳
呂氏春秋</td><td>（正面）：
忠信禮義</td><td>（負面）：
狡詐</td><td></td></tr>
</table>

<table>
<tr><th>朝代</th><th>注者</th><th>注書</th><th>引用</th><th>莊公十
（長勺之戰）</th><th>莊公十三
（柯之盟）</th><th>莊公二十三
（如齊觀社）</th></tr>
<tr><td colspan="7">原因（正面）：《左氏》載劌，皆忠信禮義之詞，後世雜說，始有盟柯劫齊桓公，司馬遷遂列於刺客之首，是時東遷未百年，人才雖陋，未至便為刺客，遷考之不詳也。
原因（負面）：《史記》刺客傳，據此與《左傳》互異，觀仲連遺燕將書亦稱之戰國去春秋未遠，所傳想未盡訛也。</td></tr>
<tr><td>清代</td><td>張自超</td><td>左傳</td><td></td><td>（負面）：
狡詐</td><td></td><td></td></tr>
<tr><td colspan="7">原因：故雖用詐取勝，而春秋不當深罪之也。</td></tr>
<tr><td>清代</td><td>高士奇</td><td>左傳</td><td>國語</td><td>（負面）：
狡詐</td><td></td><td></td></tr>
<tr><td colspan="7">原因：曹劌揶揄肉食，逞三鼓以勝齊，律以王事，真小人矣。</td></tr>
<tr><td>清代</td><td>毛奇齡</td><td>左　傳
公羊傳</td><td></td><td>（負面）：
狡詐</td><td>（負面）：
狡詐</td><td></td></tr>
<tr><td colspan="7">原因：臨難辟讎，不廢權譎，況用兵乎？
原因：魯自長勺、乘丘之役見忌於齊，故專為此盟。</td></tr>
<tr><td>清代</td><td>焦袁熹</td><td>左　傳
公羊傳</td><td></td><td>（正面）：
智</td><td>（正面）：
智</td><td></td></tr>
<tr><td colspan="7">原因：兵不厭詐，何云：「惡也」？況此舉亦非詐，《左氏》序之詳矣。
原因：得曹子之力，取舊所失之田，盟誓既定而退也。</td></tr>
<tr><td>清代</td><td>葉酉</td><td>左傳</td><td></td><td>（正面）：
智</td><td></td><td></td></tr>
<tr><td colspan="7">原因：先儒謂惡其詐，非也。若惡其詐，孰有詐如城濮之戰者乎？且長勺之戰並無詐謀，不過待其衰而鼓之耳。</td></tr>
<tr><td>清代</td><td>李鍇</td><td>史記</td><td>春秋</td><td></td><td>否定史料</td><td></td></tr>
<tr><td colspan="7">否定：按遂國名舜後，以不會北杏故滅之，非魯邑也，且長勺、郎之師、魯皆勝，無三敗事，《史》誤又曹沬事傳不載。</td></tr>
</table>

<table>
<tr><th>朝代</th><th>注者</th><th>注書</th><th>引用</th><th>莊公十
（長勺之戰）</th><th>莊公十三
（柯之盟）</th><th>莊公二十三
（如齊觀社）</th></tr>
<tr><td>清代</td><td>何焯</td><td>史記</td><td></td><td></td><td>否定史料</td><td></td></tr>
<tr><td colspan="7">否定：刺客列傳曹沬篇。曹沬之事，亦戰國好事者為之，春秋無此風也，又況魯又禮義之國乎？</td></tr>
<tr><td>清代</td><td>紀昀</td><td>左傳莊公十一年體例</td><td></td><td>否定史料</td><td></td><td></td></tr>
<tr><td colspan="7">否定：凡魯勝則曰：「敗某師。」蓋平辭也。
夫長勺，魯地。齊師加己而應之，何己之責？
宋襄不鼓、不成列，之謂聖人因時以制義，未可以迂儒眇見窺之也。</td></tr>
<tr><td>清代</td><td>梁玉繩</td><td>史記</td><td></td><td></td><td>否定史料</td><td></td></tr>
<tr><td colspan="7">否定：無齊伐魯，及魯敗獻邑事，滅遂亦與魯無涉，此及刺客列傳同誤。
劫齊事妄，說在刺客傳。
魯祇一戰而一勝，安得有三敗之事，……遂非魯地，何煩魯獻，此皆妄也。</td></tr>
<tr><td>清代</td><td>瀧川龜太郎</td><td>史記</td><td>張照
蘇轍
梁玉繩
沈家本
何焯</td><td></td><td>否定史料</td><td></td></tr>
<tr><td colspan="7">否定：引各家之說否定三戰三敗及曹劌為刺客二說。</td></tr>
</table>

參考書目

一　古籍類

（一）經部類

1. 〔清〕阮元校刊　《十三經注疏·詩經》　臺北市　藝文印書館　1979年3月
2. 〔清〕阮元校刊　《十三經注疏·尚書》　臺北市　藝文印書館　1979年3月
3. 〔清〕阮元校刊　《十三經注疏·禮記》　臺北市　藝文印書館　1979年3月
4. 〔清〕阮元校刊　《十三經注疏·公羊傳》　臺北市　藝文印書館　1979年3月
5. 〔清〕阮元校刊　《十三經注疏·穀梁傳》　臺北市　藝文印書館　1979年3月
6. 〔清〕阮元校刊　《十三經注疏·左傳》　臺北市　藝文印書館　1979年3月
7. 〔清〕阮元校刊　《十三經注疏·論語》　臺北市　藝文印書館　1979年3月
8. 〔漢〕許慎　《說文解字》　臺北市　黎明文化事業公司　1985年9月
9. 〔漢〕何休　《春秋公羊傳注疏》　上海市　人民出版社　文淵閣四庫全書

10.〔晉〕范甯　《春秋穀梁傳注疏》　上海市　人民出版社　文淵閣四庫全書
11.〔宋〕劉敞　《春秋權衡》　上海市　人民出版社　文淵閣四庫全書
12.〔宋〕崔子方　《崔氏春秋經解》　上海市　人民出版社　文淵閣四庫全書
13.〔宋〕孫覺　《孫氏春秋經解》　上海市　人民出版社　文淵閣四庫全書
14.〔宋〕胡安國　《胡氏春秋傳》　上海市　人民出版社　文淵閣四庫全書
15.〔宋〕趙鵬飛　《春秋經筌》　上海市　人民出版社　文淵閣四庫全書
16.〔宋〕葉夢得　《春秋公羊傳讞》　上海市　人民出版社　文淵閣四庫全書
17.〔宋〕葉夢得　《葉氏春秋傳》　上海市　人民出版社　文淵閣四庫全書
18.〔宋〕葉夢得　《春秋左傳讞》　上海市　人民出版社　文淵閣四庫全書
19.〔宋〕葉夢得　《春秋考》　上海市　人民出版社　文淵閣四庫全書
20.〔宋〕呂祖謙　《左氏傳續說》　上海市　人民出版社　文淵閣四庫全書
21.〔宋〕呂祖謙　《左氏博議》　上海市　人民出版社　文淵閣四庫全書
22.〔宋〕陳深　《讀春秋編》　上海市　人民出版社　文淵閣四庫全書

23.〔宋〕魏了翁　《春秋左傳要義》　上海市　人民出版社　文淵閣四庫全書

24.〔宋〕段昌武　《段氏毛詩集解》　上海市　人民出版社　文淵閣四庫全書

25.〔宋〕嚴粲　《詩緝》　上海市　人民出版社　文淵閣四庫全書

26.〔宋〕衛湜　《禮記集說》　上海市　人民出版社　文淵閣四庫全書

27.〔元〕程端學　《三傳辨疑》　上海市　人民出版社　文淵閣四庫全書

28.〔元〕程端學　《程氏春秋或問》　上海市　人民出版社　文淵閣四庫全書

29.〔元〕程端學　《春秋本義》　上海市　人民出版社　文淵閣四庫全書

30.〔元〕鄭玉　《春秋闕疑》　上海市　人民出版社　文淵閣四庫全書

31.〔明〕陸粲　《春秋胡氏傳辨疑》　上海市　人民出版社　文淵閣四庫全書

32.〔明〕湛若水　《春秋正傳》　上海市　人民出版社　文淵閣四庫全書

33.〔明〕姜寶　《春秋事義全考》　上海市　人民出版社　文淵閣四庫全書

34.〔明〕何楷　《詩經世本古義》　上海市　人民出版社　文淵閣四庫全書

35.〔明〕傅遜　《春秋左傳屬事》　上海市　人民出版社　文淵閣四庫全書

36.〔明〕朱睦㮮　《五經稽疑》　上海市　人民出版社　文淵閣四庫全書
37.〔明〕丘濬　《大學衍義補》　上海市　人民出版社　文淵閣四庫全書
38.〔清〕朱鶴齡　《讀左日鈔》　上海市　人民出版社　文淵閣四庫全書
39.〔清〕張尚瑗　《三傳折諸・左傳折諸》　上海市　人民出版社　文淵閣四庫全書
40.〔清〕張尚瑗　《三傳折諸・公羊折諸》　上海市　人民出版社　文淵閣四庫全書
41.〔清〕張自超　《春秋宗朱辨義》　上海市　人民出版社　文淵閣四庫全書
42.〔清〕高士奇　《左傳記事本末》　上海市　人民出版社　文淵閣四庫全書
43.〔清〕毛奇齡　《春秋毛氏傳》　上海市　人民出版社　文淵閣四庫全書
44.〔清〕焦袁熹　《春秋闕如編》　上海市　人民出版社　文淵閣四庫全書
45.〔清〕葉酉　《春秋究遺》　上海市　人民出版社　文淵閣四庫全書
46.〔清〕紀昀　《御纂春秋直解》　上海市　人民出版社　文淵閣四庫全書
47.〔清〕泰衢　《桓公疑問》　上海市　人民出版社　文淵閣四庫全書

(二) 史部類

1. 〔漢〕韋昭注 《國語》 上海市 人民出版社 文淵閣四庫全書
2. 〔漢〕高誘注 《戰國策》 上海市 人民出版社 文淵閣四庫全書
3. 〔漢〕班固 《漢書》 上海市 人民出版社 文淵閣四庫全書
4. 〔晉〕陳壽 《三國志》 上海市 人民出版社 文淵閣四庫全書
5. 〔劉宋〕范曄 《後漢書》 上海市 人民出版社 文淵閣四庫全書
6. 〔劉宋〕裴駰 《史記集解》 上海市 人民出版社 文淵閣四庫全書
7. 〔宋〕蘇轍 《古史》 上海市 人民出版社 文淵閣四庫全書
8. 〔宋〕鮑彪 《鮑氏戰國策注》 上海市 人民出版社 文淵閣四庫全書
9. 〔宋〕鄭樵 《通志》 上海市 人民出版社 文淵閣四庫全書
10. 〔元〕吳師道 《戰國策校注》 上海市 人民出版社 文淵閣四庫全書
11. 〔元〕金履祥 《御批資治通鑑綱目前編》 上海市 人民出版社 文淵閣四庫全書
12. 〔清〕馬驌 《繹史》 上海市 人民出版社 文淵閣四庫全書
13. 〔清〕李鍇 《尚史》 上海市 人民出版社 文淵閣四庫全書
14. 〔清〕瀧川龜太郎 《史記會注考證》 高雄市 麗文文化事業公司 1997年1月

（三）子部類

1. 〔戰國〕呂不韋　《呂氏春秋》　上海市　人民出版社　文淵閣四庫全書
2. 〔漢〕《鶡冠子》　上海市　人民出版社　文淵閣四庫全書
3. 〔唐〕尹知章注　《管子》　上海市　人民出版社　文淵閣四庫全書
4. 〔清〕孫星衍　《孫子集註》　臺北市　東大出版社　2006年4月
5. 〔清〕王先謙　《荀子集解》　臺北市　藝文印書館　1973年9月

（四）集部類

1. 〔漢〕王逸　《楚辭章句》　上海市　人民出版社　文淵閣四庫全書
2. 〔後梁〕劉勰　《文心雕龍》　上海市　人民出版社　文淵閣四庫全書
3. 〔唐〕馬總　《意林》　上海市　人民出版社　文淵閣四庫全書
4. 〔唐〕柳宗元　《柳河東集》　上海市　人民出版社　文淵閣四庫全書
5. 〔唐〕韋莊　《浣花集補遺》　上海市　人民出版社　文淵閣四庫全書
6. 〔宋〕張方平　《樂全集》　上海市　人民出版社　文淵閣四庫全書
7. 〔宋〕陸佃　《鶡冠子注》　上海市　人民出版社　文淵閣四庫全書
8. 〔宋〕綦崇禮　《北海集》　上海市　人民出版社　文淵閣四庫全書

9. 〔宋〕程俱 《北山集》 上海市 人民出版社 文淵閣四庫全書
10. 〔宋〕員興宗 《辯言》 上海市 人民出版社 文淵閣四庫全書
11. 〔宋〕葉適 《習學記言》 上海市 人民出版社 文淵閣四庫全書
12. 〔宋〕周必大 《文忠集》 上海市 人民出版社 文淵閣四庫全書
13. 〔宋〕真德秀 《文章正宗》 上海市 人民出版社 文淵閣四庫全書
14. 〔宋〕王應麟 《黃氏日抄》 上海市 人民出版社 文淵閣四庫全書
15. 〔宋〕黃震 《黃氏日抄》 上海市 人民出版社 文淵閣四庫全書
17. 〔宋〕郭茂倩 《樂府詩集》 上海市 人民出版社 文淵閣四庫全書
18. 〔宋〕辛棄疾 《稼軒詞》 上海市 人民出版社 文淵閣四庫全書
19. 〔清〕何焯 《義門讀書記》 上海市 人民出版社 文淵閣四庫全書

二　近人專書

（一）經學

經學史

1. 高本漢 《左傳真偽考及其他》 臺北市 泰順書局 1971年11月

2. 王靜芝　《經學通論》　臺北市　環球書局　1972年9月
3. 梁啟超　《中國近三百年學術史》　臺北市　華正書局　1974年10月
4. 馬宗霍　《中國經學史》　臺北市　臺灣商務印書館　1976年2月
5. 錢基博　《經學通志》　臺北市　臺灣中華書局公司　1978年9月
6. 劉汝霖　《漢晉學術編年》　臺北市　長安出版社　1979年10月
7. 李威熊　《中國經學發展史論》　臺北市　文史哲出版社　1988年12月
8. 楊伯峻　《經書淺談》　北京市　中華書局　1989年10月
9. 錢　穆　《中國近三百年學術史》　臺北市　臺灣商務印書館　1996年7月
10. 陳祖武　《清代學術拾零》　長沙市　人民出版社　1999年8月
11. 皮錫瑞　《增註經學歷史》　臺北市　藝文印書館　2000年11月
12. 林慶彰　《五十年來的經學研究》　臺北市　臺灣學生書局　2003年5月

詩經

1. 蔣善國　《三百篇演論》　臺北市　臺灣商務印書館　1969年9月
2. 何定生　《詩經今論》　臺北市　臺灣商務印書館　1973年9月
3. 胡樸安　《詩經學》　臺北市　商務印書館　1973年12月
4. 耿　煊　《詩經中的經濟植物》　臺北市　臺灣商務印書館　1974年10月
5. 陸文郁　《詩草木今釋》　臺北市　長安出版社　1975年4月

6. 裴普賢　《詩經研讀指導》　臺北市　東大圖書公司　1977年3月
7. 謝无量　《詩經研究》　臺北市　臺灣商務印書館　1980年6月
8. 熊公哲　《詩經論文集》　臺北市　黎明文化事業公司　1981年1月
9. 周錫馥　《詩經選》　臺北市　源流文化事業公司　1982年10月
10. 于省吾　《詩經楚辭新證》　臺北市　木鐸出版社　1982年11月
11. 屈萬里　《詩經詮釋》　臺北市　聯經出版事業公司　1984年9月
12. 宮玉海　《詩經新論》　長春市　人民出版社　1985年5月
13. 江　磯　《詩經學論叢》　臺北市　崧高書社公司　1985年6月
14. 駱賓基　《新詩新解與古史新論》　太原市　山西人民出版社　1985年9月
15. 文幸福　《詩經周南召南發微》　臺北市　學海出版社　1986年8月
16. 姜昆武　《詩書成詞考釋》　濟南市　齊魯書社　1989年11月
17. 周嘯天　《詩經楚辭鑑賞辭典》　成都市　四川辭書出版社　1990年6月
18. 蘇東天　《詩經辨義》　杭州市　浙江古籍出版社　1992年4月
19. 吳培德　《詩經論集》　昆明市　雲南大學出版社　1993年11月
20. 林業連　《詩經論文》　臺北市　臺灣學生書局　1996年5月

尚書

1. 朱廷獻　《尚書異文集證》　臺北市　臺灣中華書局　1970年6月
2. 屈萬里　《尚書釋義》　臺北市　華岡書局　1972年4月

3. 陳新雄、于大成主編　《尚書論文集》　臺北市　木鐸出版社　1976年1月
4. 陳夢家　《尚書通論》　北京市　新華書店　1985年10月
5. 劉起釪　《尚書學史》　北京市　中華書局出版　1989年6月
6. 錢宗武　《尚書入門》　貴陽市　人民出版社　1991年11月
7. 屈萬里　《尚書集釋》　臺北市　聯經出版事業公司　2003年10月
8. 王雲五　《尚書今註今譯》　臺北市　臺灣商務印書館　2009年11月

易經

1. 王瓊珊　《易學通論》　臺北市　廣文書局公司　1971年5月
2. 高　亨　《周易古經通說》 臺北市　華正書局公司　1977年5月
3. 顧立三　《左傳與國語之比較研究》　臺北市　文史哲出版社　1983年12月
4. 楊伯峻　《春秋左傳注》　臺北市　漢京文化事業公司　1988年9月
5. 廖名春　《周易研究史》　長沙市　湖南出版社　1991年7月
6. 孫劍秋　《易理新研》　臺北市　臺灣學生書局　1997年12月
7. 黃忠天　《周易程傳註評》　高雄市　復文圖書出版社　2007年9月

春秋

1. 顧立三　《左傳與國語之比較研究》　臺北市　文史哲出版社　1983年12月
2. 楊伯峻　《春秋左傳注》　臺北市　漢京文化事業公司　1987年9月

3. 智　雄　《穀梁傳思想析論》　臺北市　臺灣商務印書館　2000年6月

(二) 史學

1. 劉甫琴　《司馬遷之人格與風格》　臺北市　臺灣開明書局　1976年3月
2. 張忱石、吳樹平　《二十四史紀傳人名索引》　北京市　新華書局　1980年5月
3. 周　緯　《中國兵器史稿》　臺北市　明文書局　1981年5月
4. 王蔭麟　《中國上古史綱》　臺北市　里仁書局　1982年9月
5. 譚其驤　《中國歷史地圖集》　上海市　地圖出版社　1982年10月
6. 方詩銘、王修齡　《古本竹書紀年輯證》　臺北市　華世出版社　1983年2月
7. 李學勤　《東周與秦代文明》 臺北市　駱駝出版社　1983年3月
8. 張正男　《戰國策初探》　臺北市　商務印書館　1984年4月
9. 張高評　《史記研究粹編》　臺北市　臺灣商務印書館　1984年4月
10.傅樂成　《中國通史》　臺北市　大中國圖書公司　1984年4月
11.屈萬里　《先秦文史資料考辨》　臺北市　聯經出版事業公司　1985年3月
12.顧　俊　《春秋戰國史話》　臺北市　木鐸出版社　1986年9月
13.王貴民　《商周制度考信》　臺北市　明文書局　1989年12月
14.侯志義　《採邑考》　西安市　西北大學出版社　1989年12月
15.何建章　《戰國策注釋》　北京市　中華書局　1990年2月

16.新科、俞樟華　《史記研究史略》　西安市　三秦出版社　1990年11月
17.王閣森　《齊國史》　濟南市　山東人民出版社　1992年3月
18.裘錫圭　《古代文史研究新探》　南京市　江蘇古籍出版社　1992年6月
19.徐中舒　《先秦史論稿》　成都市　巴蜀書社　1992年8月
20.鄒昌林　《中國古禮研究》　臺北市　文津出版社　1992年9月
21.王　寧　《評析本白話晏子春秋》　北京市　新華書店　1992年12月
22.王志民　《齊文化概論》濟南市　山東人民出版社　1993年1月
23.朴宰雨　《史記、漢書比較研究》　北京市　新華書店　1994年8月
24.劉操南　《史記春秋十二諸侯史事輯證》　天津市　天津古籍出版社　1995年9月
25.陳奇猷　《呂氏春秋校釋》　上海市　新華書店　1995年10月
26.陳桐生　《史記名篇述論稿》　汕頭市　汕頭大學出版社　1996年1月
27.姜亮夫　《古史學論文集》　上海市　古籍出版社　1996年6月

（三）子學

1. 譚戒甫　《公孫龍子形名發微》臺北市　中華書局　1963年8月
2. 劉子靜　《荀子哲學綱要》　臺北市　臺灣商務印書館　1972年9月
3. 顏昌嶢　《管子校釋》　高雄市　復文書局　1973年11月
4. 楊筠如　《荀子研究》　臺北市　臺灣商務印書館　1974年10月

5. 韋政通　《荀子與古代哲學》　臺北市　臺灣商務印書館　1974年10月
6. 饒　彬　《荀子疑義輯釋》 臺北市　蘭台書局公司　1977年1月
7. 周紹賢　《荀子要義》　臺北市　臺灣中華書局　1977年3月
8. 高　明　《高明孔學論叢》　臺北市　黎民文化事業公司　1978年7月
9. 辛錦俊　《孫臏兵法》　臺北市　星光出版社　1980年2月
10.鮑國順　《荀子學說析論》 臺北市　華正書局公司　1982年6月
11.楊伯峻　《孟子譯注》 臺北市　源流文化事業公司　1983年9月
12.郭志坤　《荀學論稿》　上海市　新華書店　1991年9月
13.黃　繩　《從文學的角度看孟子》　廣州市　廣東教育出版社　1992年8月
14.王懷成　《韓非子經濟思想研究》　高雄市　復文圖書出版社　1995年2月
15.王強模　《列子》　臺北市　台灣古集出版社公司　1996年6月
16.劉春生　《尉繚子》 臺北市　台灣古集出版社公司　1996年6月
17.徐漢昌　《先秦諸子》　臺北市　臺灣書局　1997年9月
18.劉仲文　《孫子集註》　臺北市　東大圖書公司　2006年4月
19.李　勉　《管子今註今譯》　臺北市　臺灣商務印書館　2013年2月

（四）文字

1. 王初慶　《中國文字結構析論》　臺北市　文史哲出版社　1980年6月
2. 李靜中　《中國文字構形法例之研究》　臺北市　文史哲出版社　1983年9月

3. 杜學知　《文字學綱目》 臺北市　臺灣商務印書館 1984年10月
4. 呂思勉　《文字學四種》　上海市　教育出版社　1985年6月
5. 弓英德　《六書辨正》　臺北市　臺灣商務印書館　1986年2月
6. 戴增元　《文字學初步》　臺北市　臺灣中華書局公司　1987年12月
7. 謝雲飛　《中國文字學通論》　臺北市　臺灣學生書局　1989年6月
8. 李學勤　《古文字學初階》　北京市　中華書局　1989年12月
9. 黃寬德、陳秉新　《漢語文字學史》　合肥市　安徽教育出版社　1990年11月
10. 張建葆　《說文解字借釋義》　臺北市　文津出版社　1991年12月
11. 李孝定　《漢字的起源與演變論叢》　臺北市　聯經出版事業公司　1992年7月
12. 胡樸安　《中國文字學史》　臺北市　臺灣商務印書館　1992年9月
13. 陳光政　《段注說文以聲勘誤之研究》　高雄市　復文圖書出版社　1993年9月
14. 陳煒湛　《漢字古今談》　北京市　語文出版社　1993年10月
15. 應裕康、王忠林　《說文研究》　高雄市　復文圖書出版社　1994年10月
16. 張涌泉　《漢語俗文字研究》　長沙市　岳麓書社　1995年4月
17. 林慶勳、竺家寧、孔仲溫　《文字學》　臺北市　國立空中大學　1995年9月
18. 潘重規　《中國文字學》　臺北市　三民書局公司　2004年1月
19. 蔡信發　《六書釋例》 臺北市　臺灣學生書局　2006年9月

20.蔡信發　《說文答問》 臺北市　臺灣學生書局　2006年9月
21.洪燕梅　《漢字文化的模式與內涵》　臺北市　文津出版社公司　2013年3月

(五) 聲韻

1. 陸志韋　《古音說略》　臺北市　臺灣學生書局　1979年9月
2. 董　琨　《古代漢語漫談》　濟南市　齊魯書社　1986年5月
3. 竺家寧　《古音之旅》　臺北市　國文天地雜誌社　1987年10月
4. 王　力　《古代漢語》　臺北市　藍燈文化事業公司　1989年1月
5. 林慶勳、竺家寧　《古音學入門》　臺北市　臺灣學生書局　1989年7月
6. 董希謙　《古漢語研究》　開封市　河南大學出版社　1989年11月
7. 荊貴生　《古代漢語》　濟南市　黃河出版社　1995年8月
8. 許進雄　《中國諧聲字根》　臺北市　臺灣商務印書館　1995年9月
9. 魏建功　《古音系研究》　北京市　中華書局　1996年12月
10.陳新雄　《古音研究》　臺北市　五南圖書出版公司　1999年4月
11.林　尹　《中國聲韻學通論》 臺北市　黎明文化事業公司 2009年9月

(六) 出土文獻

1. 文史哲編輯部　《漢語古文字字形表》　臺北市　文史哲出版社　1982年4月
2. 容　庚　《今文編》　北京市　中華書局　1985年7月
3. 高　明　《古文字類編》　臺北市　大通書局　1986年3月

4. 徐中舒　《甲骨文字典》　成都市　四川辭書出版社　1988年11月
5. 張世超・張玉春　《秦簡文字編》　京都　中文出版社　1990年12月
6. 陳建貢、徐敏　《簡牘帛書字典》　上海市　書畫出版社　1991年12月
7. 張光裕　《包山楚簡文字編》　臺北市　藝文印書館　1992年11月
8. 張光裕　《包山楚簡文字編》　臺北市　藝文印書館　1992年11月
9. 袁仲一　《秦文字類編》　西安市　陝西人民教育出版社　1993年11月
10. 馬如森　《殷墟甲骨文引論》　高雄市　復文書局　1997年1月
11. 荊門市博物館編集　《郭店楚墓竹簡》　北京市　文物出版社　1998年4月
12. 何琳儀　《戰國古文字典》　北京市　中華書局　1998年9月
13. 張光裕　《郭店竹簡研究・第一卷・文字編》　臺北市　藝文印書館　1999年1月
14. 丁四新　《郭店楚墓竹簡思想研究》　北京市　東方出版社　2000年10月
15. 丁原植　《郭店楚簡儒家佚籍四種釋析》　臺北市　台灣古籍出版公司　2000年12月
16. 涂宗流、劉祖信　《郭店楚簡先秦儒家佚書校釋》　臺北市　萬卷樓圖書公司　2001年3月
17. 李　零　《郭店楚簡校讀記》　北京市　北京大學出版社　2002年3月

18.馬承源主編　《上海博物館藏戰國楚竹書（四）》　上海市　古籍出版社　2004年12月
19.劉　釗　《郭店楚簡校釋》　福州市　福建人民出版社　2005年1月
20.高佑仁　《上海博物館藏戰國楚竹書（四）·曹沫之陣》　臺北縣　花木蘭文化出版社　2008年3月
21.鄭玉姍　《上博（一）·孔子詩論研究》　臺北縣　花木蘭文化出版社　2008年3月
22.梁　濤　《郭店竹簡與孟思學派》　北京市　中國人民大學出版社　2008年5月
23.李學勤　《清華大學藏戰國竹簡（壹）》　上海市　文藝出版公司　2010年12月

三　期刊、論文

1. 徐漢昌　《管子思想之綜合研究》　臺北市　國立政治大學中國文學研究所博士論文　1988年6月
2. 孔仲溫　《孔仲溫教授論文集》　臺北市　臺灣學生書局　2002年3月
3. 李零　〈為什麼說曹劌和曹沫是同一人〉　《讀書》　2004年9期
4. 蔡根祥　〈《左傳》杜預《集解》解議——以僖公十五年「秦、晉韓之戰」為範圍〉　《許錟輝教授七秩祝壽論文集》　2004年9月
5. 蔡根祥　〈《上博（五）·鮑叔牙與隰朋之諫》「天不見禹，地不生龍」解義〉　經學國際學術研討會　2009年5月

四　網路資料

1. 中國哲學電子化計畫《慎子》　http://ctext.org/shenzi/yi-wen/zh
2. 廖名春〈楚竹書《曹沫之陣》與《慎子》佚文〉　簡伯研究網 2005年2月12日　http://www.jianbo.org/admin3/2005/liaominchun003.htm
3. 國立故宮博物院　http://www.npm.gov.tw/exh99/bell/2_ch.htm
4. 教育部異體字字典 http://dict.variants.moe.edu.tw/yitib/frb/frb02050.htm

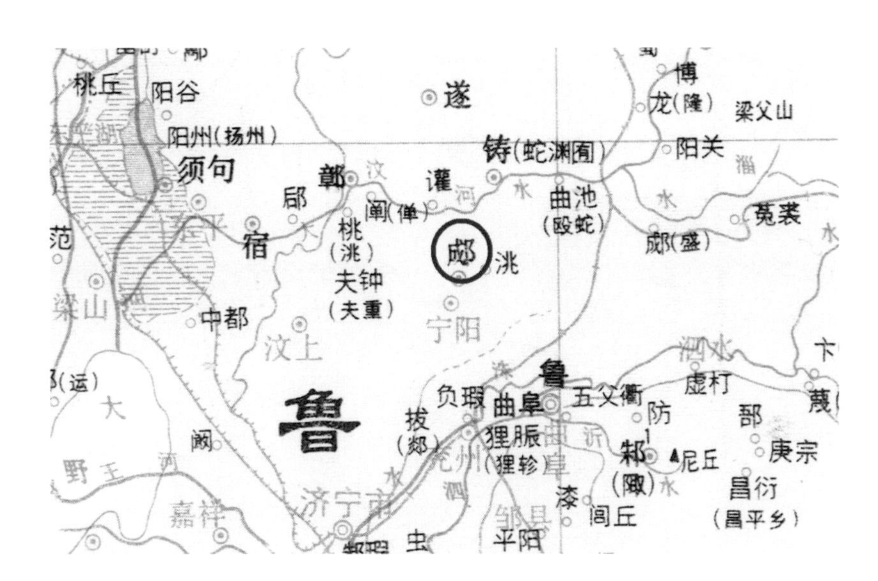

圖一　郕國地理位置圖

圖二　乾時地理位置圖

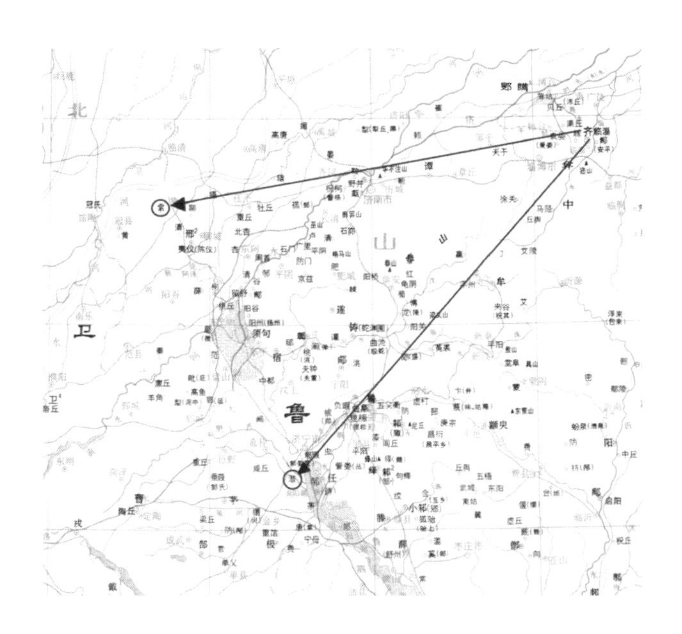

圖三　管仲策謀侵魯方向圖

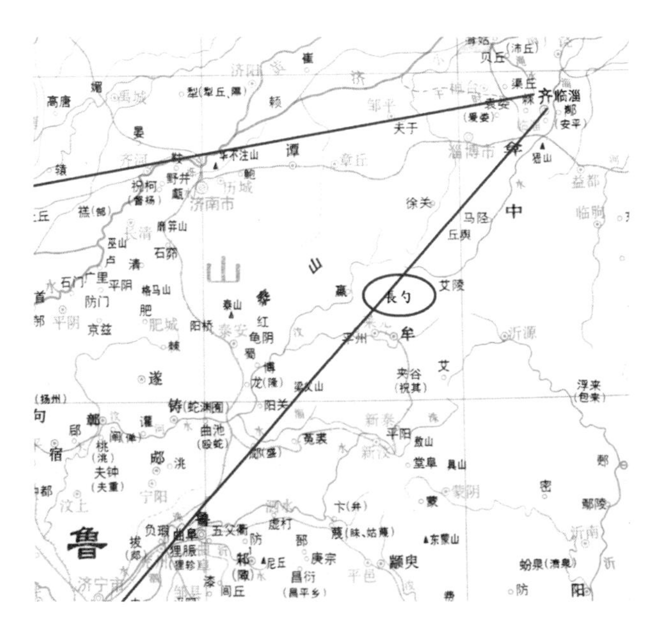

圖四　長勺地理位置圖

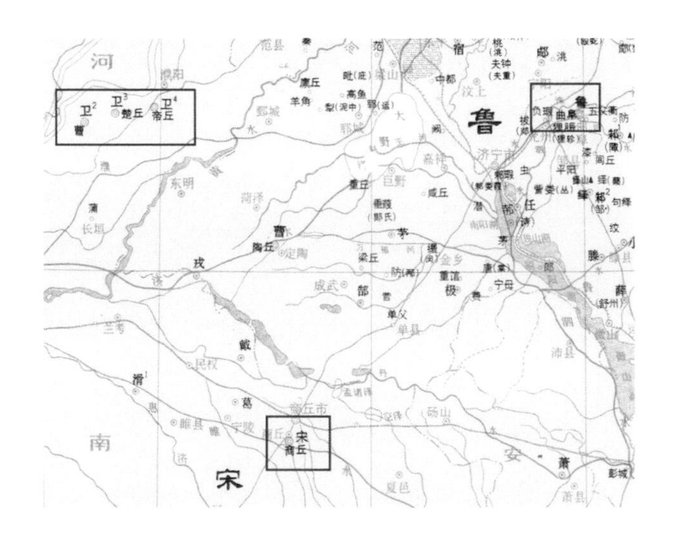

圖五　魯、衛、宋三國地理位置圖

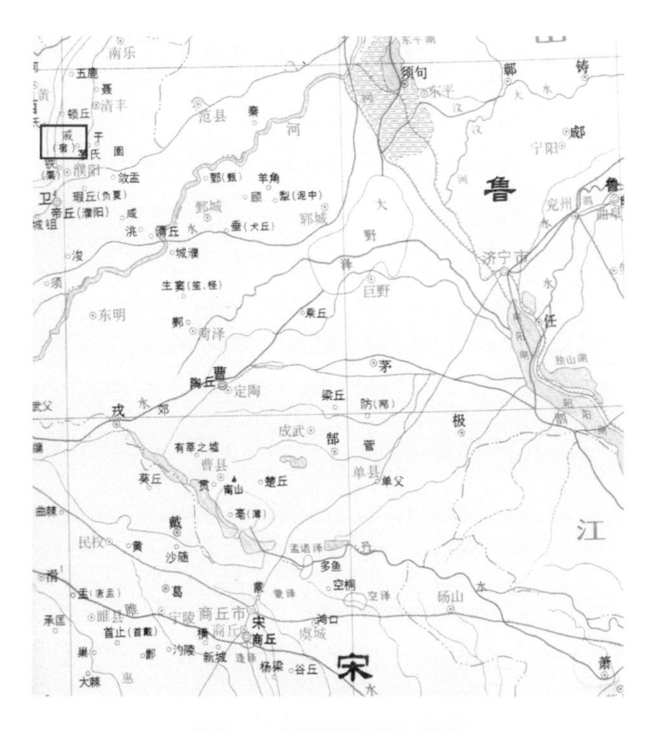

圖六　宿國地理位置圖

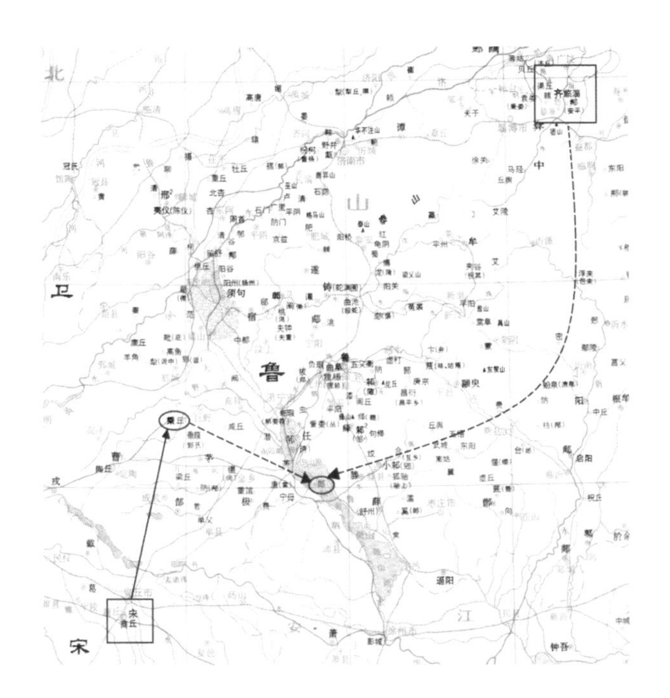

圖七　乘丘之役齊宋進軍路線圖

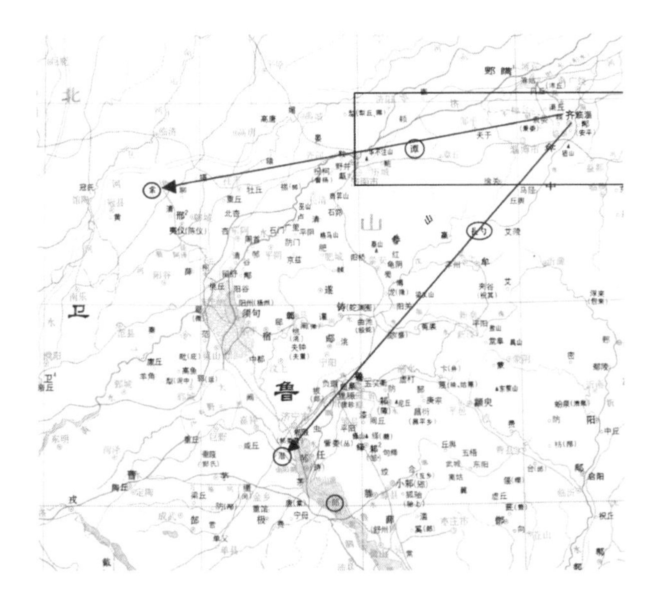

圖八　譚國地理位置圖

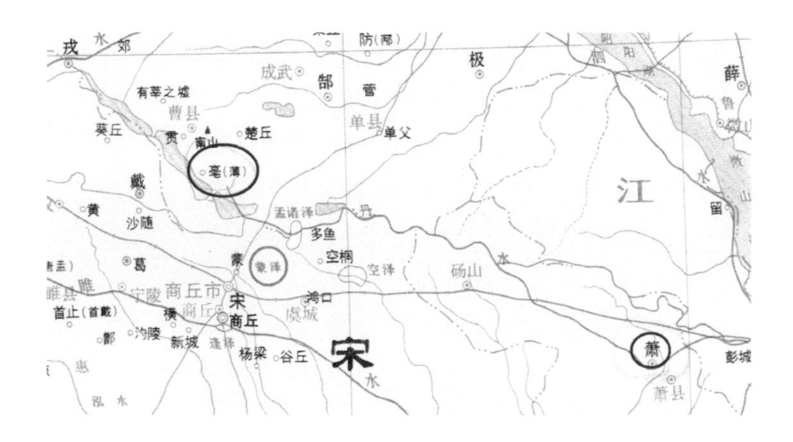

圖九　亳、蕭、蒙澤地理位置圖

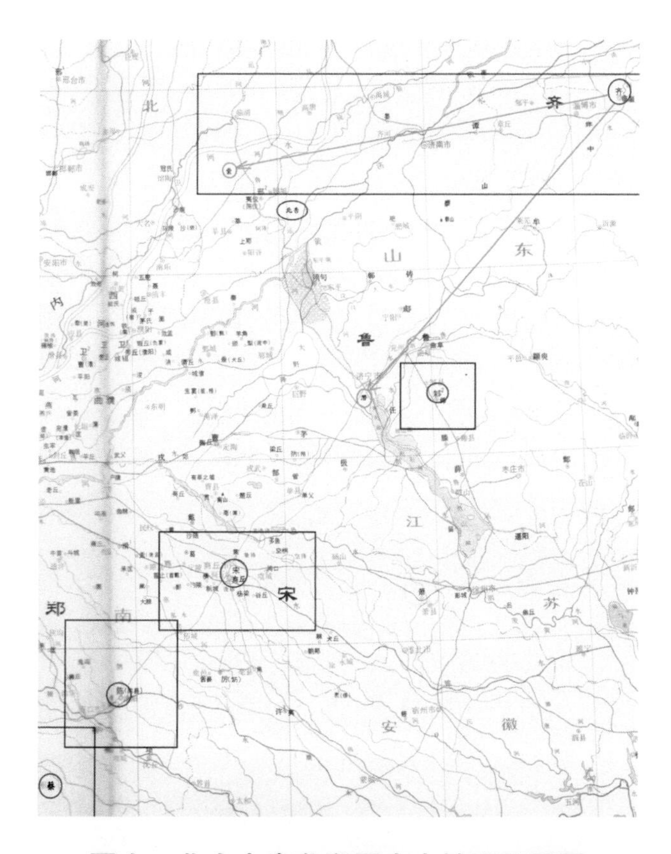

圖十　北杏之會參與國家之地理位置圖

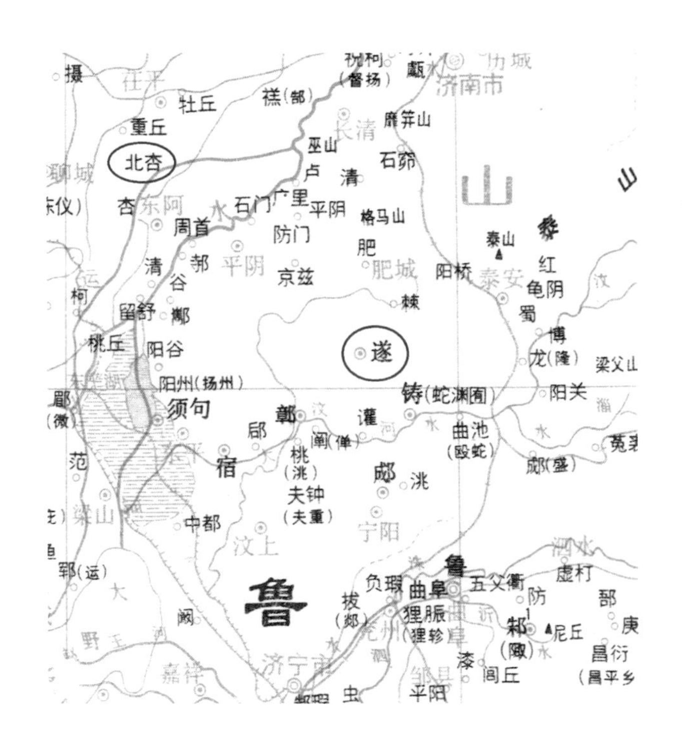

圖十一　遂國地理位置圖

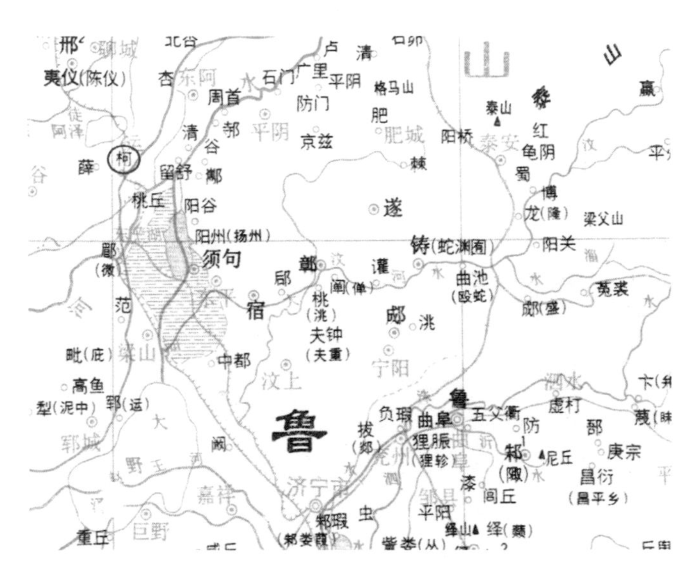

圖十二　柯之盟地理位置圖

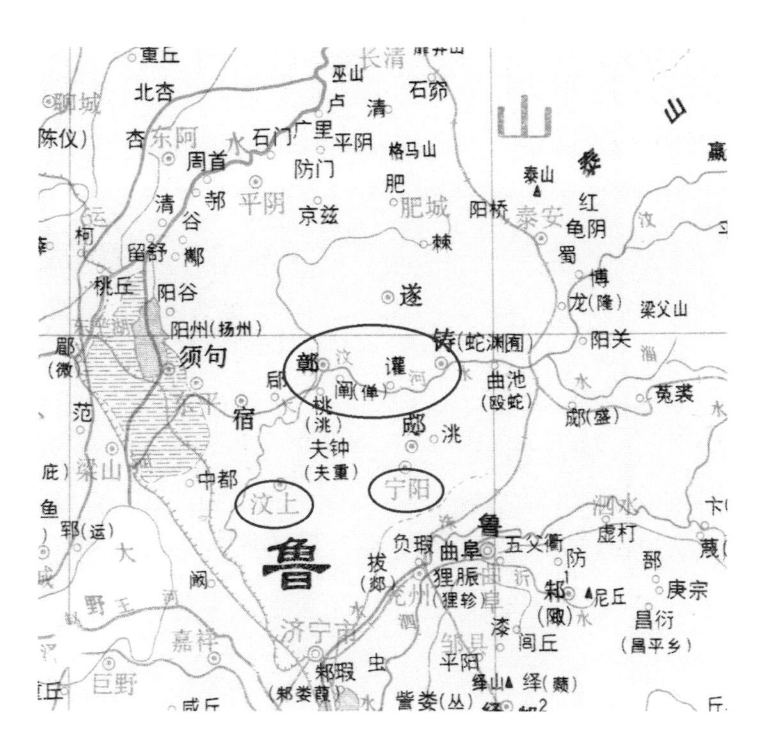

圖十三　汶河地理位置圖

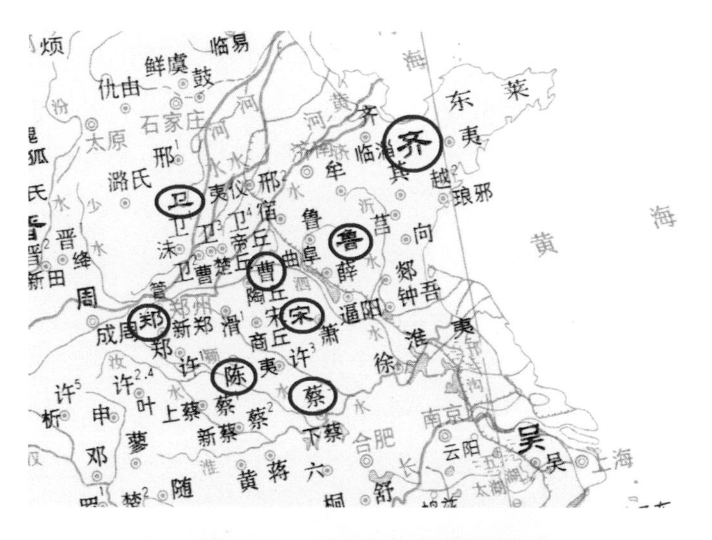

圖十四　齊桓公始霸盟國圖

經學研究叢書·經學史研究叢刊 0501017

春秋曹劌形象之研究

作　　者　孔令元
責任編輯　吳家嘉
特約校稿　林秋芬

發 行 人　陳滿銘
總 經 理　梁錦興
總 編 輯　陳滿銘
副總編輯　張晏瑞
編 輯 所　萬卷樓圖書股份有限公司
排　　版　林曉敏
印　　刷　百通科技股份有限公司
封面設計　百通科技股份有限公司

發　　行　萬卷樓圖書股份有限公司
臺北市羅斯福路二段 41 號 6 樓之 3
電話 (02)23216565
傳真 (02)23218698
電郵 SERVICE@WANJUAN.COM.TW
香港經銷　香港聯合書刊物流有限公司
電話 (852)21502100
傳真 (852)23560735

ISBN 978-957-739-989-2
2018 年 9 月初版二刷
2016 年 3 月初版
定價：新臺幣 600 元

如何購買本書：
1. 劃撥購書，請透過以下郵政劃撥帳號：
帳號：15624015
戶名：萬卷樓圖書股份有限公司
2. 轉帳購書，請透過以下帳戶
合作金庫銀行 古亭分行
戶名：萬卷樓圖書股份有限公司
帳號：0877717092596
3. 網路購書，請透過萬卷樓網站
網址 WWW.WANJUAN.COM.TW
大量購書，請直接聯繫我們，將有專人為您服務。客服：(02)23216565 分機 10
如有缺頁、破損或裝訂錯誤，請寄回更換

國家圖書館出版品預行編目資料
春秋曹劌形象之研究 / 孔令元著. -- 初版. -- 臺北市：萬卷樓, 2016.03
面；公分. -- (經學研究叢書. 經學史研究叢刊)
ISBN 978-957-739-989-2(平裝)

1.左傳 2.研究考訂

621.737　105002416